KB214904

복 있는 사람

오직 여호와의 율법을 즐거워하여 그 율법을 주야로 묵상하는 자로다.
저는 시냇가에 심은 나무가 시절을 좇아 과실을 맺으며 그 잎사귀가 마르지 아니함 같으니
그 행사가 다 형통하리로다. (시편 1:2-3)

기독교는 살아 있는 생동적 실재라는 말을 부정할 교회사가는 거의 없을 것이다. 하지만 모든 교회사 서술이 기독교의 살아 있는 모습을 성공적으로 묘사하는 것은 아니다. 그런 점에서 익숙한 이야기도 신선하게 들려주는 이재근 교수의 글쓰기는 특별하다. 20세기에 활동하다 세상을 떠난 21명의 믿음의 선배는 이 책을 통해 지금도 우리와 함께 하나님을 예배하고, 하나님 나라를 위해 동역하며, 기쁜 일에 웃고 슬픈 일에 울고, 때로는 신학 토론도 펼치는 살아 있는 인물로 생생하게 되돌아온다. 전작 『세계 복음주의 지형도』로 속성 과외를 받은 덕분에 겨우겨우 학생들을 가르치고 글을 써온 사람으로서, 『20세기, 세계, 기독교』로 다시 찾아온 소중한 배움의 기회를 그냥 지나칠 수 없다.

김진혁 | 햇불트리니티신학대학원대학교 조직신학 교수

20세기는 기독교가 범위와 영향력 측면에서 진정 '세계 종교'가 된 시기다. 교회사 전체에서 지형과 역학 구조, 신앙과 신학이 가장 빠르고 역동적으로 변모했으며, 그 과정과 영향이 현재까지 지속되고 있다. 특히 영국을 대신해서 미국이 정치·경제·종교 면에서 세계의 주도권을 장악했지만, 동시에 기독교의 무게중심은 북반구에서 남반구로 빠르게 이동했고, 한국 교회가 '세계기독교' 무대에 본격적으로 등장한 때이기도 하다. 그래서 이 시기의 세계 기독교를 총체적으로 이해하고 정리·평가하는 작업은 지극히 난해하다. 그런데 이 힘든 과제를 이재근 교수가 탁월하게 성취했다. 20세기 기독교 형성에 기여했던 21명의 대표적인 인물을 선별하여 각 인물의 생애, 업적, 한계, 그리고 한국과의 인연 등을 짧은 분량 안에 맛깔나는 문장으로 치밀한 조사, 학자의 통찰과 함께 탁월하게 녹여 낸 것이다. 20세기 기독교를 이해하는 입문서로 손색없는 작품이며, 한국 교회를 위한 소중한 선물이다. 또 하나의 필독서가 탄생했다, 『20세기, 세계, 기독교』.

배덕만 | 기독연구원느헤미야 교회사 교수

이재근 교수의 출간 소식은 언제나 기다려진다. 그의 번역은 정확하고 논문은 심도 있으며 대중적 글과 단행본은 흥미롭다. 『20세기, 세계, 기독교』가 출간된다니, 독자로서 동료 학자로서 한국 작가가 쓴 기독교 문헌이 늘어나게 되어 기쁘다. 저자는 세계기독교학(세계기독교 사관)이라는 새로운 학문의 전문가인데, 이 책도 그런 시각에서 썼다. 이 학문은 세계 종교가 된 기독교를 기존의 서구 중심적 시각을 벗어나 비서구적 시각을 강조하여 균형 잡힌 지구촌적 시각을 견지하고자 한다. 따라서 이 책은 '20세기'와 '전 세계'를 망라한다. 빌리 그레이엄, 데즈먼드 투투, 조용기 등 소개된 인물들 면면이 대단한데, 복음주의, 비서구, 오순절주의, 혼종 등 4가지 범주로 묶었다. 마더 테레사는 혼종에 속해도 괜찮겠다. 원래 30명을 염두에 뒀다가 21명만 다뤘다니, 누가 누락됐는지 궁금하다. 향후 수정본이 나온다면, 20세기 세계 기독교의 다른 측면, 특히 20세기 후반을 대변하는 인물도 소개되면 좋겠다. 이 책은 온라인 신문 연재물을 토대로 해 읽기 쉽지만, 페스토 키벵게레, 판디타 라마바이 등 한국 독자에게 낯선 이도 소개해 지적 도전도 만만치 않다. 일독을 권한다.

안교성 | 장로회신학대학교 교회사 및 역사신학 교수

신학교에서 교회사를 가르치는 사람으로 이재근 교수가 저술한 『20세기, 세계, 기독교』의 출간을 진심으로 축하한다. 21세기가 시작된 지가 벌써 20년이 넘었지만 20세기는 여전히 과거라기보다는 현재로 인식되고 있으며, 이에 대한 체계적인 연구는 이제 시작 단계에 있다. 교회사의 입장에서 보았을 때 20세기는 진정으로 기독교의 세계화가 이루어진 세기였다. 이 시기 동안 유럽은 교파를 막론하고 더 이상 기독교의 중심적 위치를 유지할 수 없게 되었다. 20세기의 기독교를 이해하는 방법이 여러 가지가 있겠지만, 가장 쉬운 방법 중 하나는 영향력 있는 인물을 중심으로 연구하는 것이다. 이 책을 통해서 독자들은 20세기 기독교의 여러 흐름들을 쉽게 파악하고 자신의 정체성을 보다 정확하게 이해할 수 있을 것이다. 특히 제2부는 제3세계 선교에 관심이 있는 선교 지망생들에게 큰 통찰력을 제공할 것이다. 이 책의 출판을 계기로 앞으로 정교회나 루터파 등에 대해서도 관심이 확대되어 보다 다양하고 풍성한 '세계기독교'에 대한 연구가 계속 이루어지기를 기대한다.

이성호 | 고려신학대학원 역사신학 교수

20세기, 세계, 기독교

20세기, 세계, 기독교

2022년 11월 2일 초판 1쇄 인쇄
2022년 11월 9일 초판 1쇄 발행

지은이 이재근
펴낸이 박종현

(주) 복 있는 사람
주소 서울특별시 마포구 연남동 246-21(성미산로23길 26-6)
전화 02-723-7183(편집), 7734(영업·마케팅)
팩스 02-723-7184
이메일 hismessage@naver.com
등록 1998년 1월 19일 제1-2280호

ISBN 979-11-92675-22-0 03230

ⓒ 이재근 2022

20세기, 세계, 기독교

지난 100년간
세계기독교를 만든
21명의 증인들

이재근 지음

복 있는 사람

차례

들어가는 말

남쪽을 향하여: 마크 놀의 세계기독교 이야기

거의 40여 년 전, 스코틀랜드의 교회사가 앤드루 월스Andrew Walls는 아프리카가 기독교의 새로운 심장부가 될 것이며, 남반구와 동방의 다른 지역들이 기독교적 실천과 사상을 위한 새로운 중심지가 될 것이라고 예언했다. 월스의 동료 중에서 그의 말에 관심을 보인 사람은 거의 없었다. 하지만 오늘 우리는 그가 얼마나 예언자적이었는지 알게 되었다. 역사학자 필립 젠킨스의 표현처럼, '세계기독교World Christianity의 도래'가 광범위한 관심과 주목을 얻고 있으며, 그것의 증표는 너무 명백하다.[1]

지난 2013-2014년에 미국 칼빈대학 소재 네이절 세계기독교 연구소 소장을 맡고 있던 교회사학자 조엘 카펜터는 출판사 베이커 아카데믹Baker Academic과 협력하여 독특한 시리즈를 발간했다. '남쪽

을 향하여: 세계기독교 시대의 기독교 학자들 시리즈'라는 다소 독특한 제목을 가진 시리즈였다.

이 시리즈를 기획한 카펜터에 따르면, 세계기독교학의 개척자 앤드루 월스가 1970년대 중반 이후 세계기독교의 지형변화에 대해 제시한 통계와 해석은 20세기 말과 21세기 초 북대서양 지역의 많은 기독교 학자들을 경악시켰다. 이전까지는 주로 급속한 세속화로 인해 기존 서양 기독교세계Christendom가 탈기독교화하는 현상에 위기의식을 느낀 기독교계 학자들이 이 세계의 지성 영역을 탈환하는 것에 관심이 많았다. 그러나 월스의 새로운 통찰은 많은 학자로 하여금 서양 세계 바깥에 존재하는 기독교세계의 성장과 활력에 주목하게 만들었다. 필립 젠킨스의 원서 제목을 빌리자면『다음 기독교세계』*The Next Christendom*, 이 책의 한국어 번역판 제목을 활용하자면,『신의 미래』[2]가 새 시대 기독교의 희망으로 떠오른 것이다.

카펜터는 월스의 영향을 받아 남반구 혹은 비서양 기독교에 대한 관심을 갖게 된 학자 세 명, 즉 니콜라스 월터스토프, 수잔 반젠텐, 마크 놀의 이야기를 이 시리즈에 담아냈는데, 그중 두 권은 한국어로도 번역되었다.[3] 세 학자는 각각 철학, 문학, 역사학 분야에서, 기독교인으로서의 정체성을 유지하면서도 동시에 학문적 탁월성을 선양한 것으로 널리 알려졌다. 이들은 공통적으로 생애 후반에 선교, 강연, 우정, 학회, 독서, 미디어 등을 통해 자신이 평생 몸 바친 세계, 특히 서양 기독교 세계 바깥에 존재하는 전혀 다른 기독교 세계를 경험하며 사고와 인식의 전환을 경험했다. 심지어 이들은 비서양, 남반구 기독교가 그저 서양과 북반구의 바깥에 존재하는 정도로 그치지 않고, 기존의 기독교세계에 침투하여 역으로 영향을 끼치는 현상을 목격하고 깊은 인상을 받았다.

세 학자 중 특히 마크 놀의 회고는 다른 두 학자의 것보다 훨씬 경험과 이해의 폭이 넓고 깊다. 철학자 월터스토프는 주로 정의라는 주제에 집중하며 남아프리카공화국과 온두라스라는 공간을 제한적으로 경험한 내용을 들려준다. 문학자 반젠텐은 주로 아프리카 문학과 교육이라는 장르에 집중한다. 그러나 마크 놀의 원서 제목이 『모든 민족과 열방으로부터』From Every Tribe and Nation인 데서 알 수 있듯, 이 책은 시공간에서나 주제에서 훨씬 포괄적인 시야를 보여준다. 한국어 번역판은 아예 『나는 왜 세계기독교인이 되었는가: 마크 놀의 세계기독교 이야기』라고 제목을 정했다. 어린 시절 선교사가 모교회에 와서 선교 보고를 하던 이야기부터 시작해서 교회사를 공부하며 책 속에서 경험한 다른 세상 이야기, 미국 바깥에서 강의하며 만난 신학생과 목회자들의 이야기, 북극성 같은 선교학자 앤드루 월스를 만나 학문적 회심을 경험한 이야기, 이어서 미국 기독교사 전문가에서 세계기독교학 연구자로 지경을 넓힌 과정까지 담담하게 고백한다. 그러나 한 분야에 일가를 이룬 대가의 자서전인 만큼, 진솔한 고백 안에는 예리한 지적 통찰이 가득 담겨 있다.

나는 왜 세계기독교인이 되었는가:
이재근의 세계기독교 이야기

이제 필자가 이 책을 쓰게 된 이유, 더 거슬러 올라가 세계기독교에 관심을 갖고 학자의 길을 걷게 된 과정을 마크 놀의 자서전 형식을 빌어서 이야기하고자 한다.

필자가 처음으로 한국 바깥, 즉 다른 세상의 기독교인에 대한 관심을 갖게 된 것은 고등학교 시절이었다. 필자는 당시 부산에서 살면서 학교와 교회를 다녔다. 고등부에서 소그룹으로 함께 기도하고 성경을 공부하던 열심 있는 친구들과 의기투합하여, 당시 한국교회에 큰 바람을 일으키던 경배와찬양 모임에 참석하게 되었다. 필자는 찬양 가사에 담겨 있던 해외선교와 열방에 기대와 헌신, 집회 특유의 선교적 분위기에 매료되었다. 19세기 말과 20세기 초 영어권 학생자원자운동SVM에 참여하여 선교사로 자원한 많은 이들에게 그랬듯, 필자에게도 회심과 소명, 선교사 헌신은 거의 연쇄적으로 이루어진 경험과 결단이었다.

선교사가 되기 위해 진학한 ACTS(아세아연합신학대학교, 현 아신대학교)는 문자 그대로 '세계' 기독교인의 전시장이었다. 아마 그 당시 한국에서 ACTS만큼 기독교인의 국제성과 세계성을 압축적으로 체화한 공간은 없었을 것이다. 1968년에 아시아 기독교 지도자들을 훈련하는 아시아교회 연합 기관을 구상하기 시작한 때부터, 그리고 1981년에 구체적으로 이 비전이 실현되어 학교가 세워진 시기부터 ACTS는 비서양 지역의 많은 기독교인이 목회자, 신학자, 선교사가 되려고 유학하러 오는 국제적인 복음주의 신학교였다. 필자가 1993년에 신학과 학부생으로 입학한 이후 내내 대학원 과정 유학생이 늘 30-50명 정도 재학하고 있었다. 여러 명이 나눠 쓰는 기숙사 방에서 함께 룸메이트가 되어 영어로 대화하고 기도하고 토론한 경험은 한국 바깥 기독교세계의 존재와 비중을 처음 인식한 계기였다.

ACTS 졸업 후 합동신학대학원대학교 목회학석사M.Div. 과정과

ACTS 대학원 신학석사Th.M. 과정을 거치는 동안 필자의 관심사는 완전히 변했다. 선교학 대신 조직신학과 교회사, 선교사 대신 학자, 선교 현장mission field 대신 강단이 새 관심사가 되었다. 16-17세기 종교개혁과 정통주의 시대에 대한 교회사적 관심사에 몰입했던 필자는, ACTS에서 석사를 마무리한 후 미국으로 유학을 떠났다. 보스턴대학 신학석사과정s.t.m.에 진학했을 당시 연구하고자 했던 주제도 16-17세기 이래 개혁파와 재세례파 간의 상호관계였다.

그러나 세계기독교와 선교에 대한 관심은 예기치 못하게 느닷없이 찾아왔다. 마치 C. S. 루이스의 회심이 '예기치 못한' 것이었던 것과도 같았다. 보스턴대학 신학부 교회사 분과에는 전임교수가 두 명 있었다. 선교 역사와 세계기독교학을 가르치는 베테랑 교수 데이나 로버트, 그리고 루터파 종교개혁 전문가인 소장파 교수 크리스토퍼 브라운이었다. 종교개혁에 관심이 많던 필자에게 배정된 지도교수는 크리스토퍼 브라운이었다. 그러나 개설된 교회사 과목이 많지 않았기에, 브라운과 로버트 교수의 과목을 모두 들어야 했다. 그 과정에서 로버트는 서서히 필자에게 북극성이 되어 갔다. 역사가 마크 놀의 머리 위에 앤드루 월스라는 북극성이 떠올라 학문 여정의 방향을 바꾼 것처럼, 필자의 학문 여정도 보스턴 하늘 위에 떠오른 북극성으로 인해 전환되었다.

로버트 교수는 역사가였으므로, 주로 역사적 관점에서 선교학의 논쟁 역사를 다루었다. 제3세계 기독교의 등장과 특징도 가르쳤고, 여성 학자였기에 선교 역사에서 여성의 위치와 공헌에 대한 주제도 자주 논의했다. 무엇보다도 로버트는 앤드루 월스가 1990년대부터 학계에 널리 퍼뜨린 담론, 즉 '비서양' 기독교와 '남반구' 기독교의 확장에 따른 '세계' 기독교 논의 분야에서 미국을 대표하는 학자 중 하나였다. 필립 젠킨스가 2002년에 『신의 미래』로 세계기독교 담론을 대중화시키기 훨씬 전부터 학계에 꾸준히 연구물을 발표한 학자가 바로 데이나 로버트였다.

한국에서 석사과정을 밟는 꽤 긴 시간 동안 기독교의 세계화와 선교학에 관심을 유지하지 못했던 탓에, 필자는 보스턴에 가서도 몇 달 동안이나 로버트가 얼마나 유명한 학자인지, 학문적으로 어떤 공헌을 했는지 알지 못하고 있었다. 그러나 학점을 채워야 하는 어쩔 수 없는 상황이 뜻밖의 발견serendipity이 되었다. 한국에서 신학을 공부한 13년 동안 단 한 차례도 들어본 적이 없는 주제의 신학문이 그렇게 필자의 평생 연구 과업이 되었다.

학문적 관심사를 새로 정립한 필자는 이 주제를 가장 잘 다룰 수 있는 학자가 있는 곳에서 박사과정을 밟아야 했다. 힘겨운 박사 지원 과정을 거친 후, 필자가 인도된 공간은 스코틀랜드 에든버러대학이었다. 16세기에 세워진 고색창연한 에든버러대학은 필자가 소속된 교단인 장로교회의 발상지이자 역사적으로 세계적인 신학자들을 많이 배출한 곳으로서 필자에게 매력적이었다. 그러나 무엇보다도 세계기독교학의 창시자 앤드루 월스가 가르치고 은퇴한 대학, 그가 창설한 세계기독교연구소가 있는 곳으로서 이 분야 연구자들에게는 성지나 마찬가지였다. 교회사, 종교학, 선교학 등과 구별된 별개의 세계기독교학을 박사과정 전공으로 선택할 수 있는 세계에서 거의 유일한 학교였으므로, 이 학과에는 문자 그대로 세계의 여러 학생들이 와서 공부하고 있었다.

미국과 영국, 호주, 뉴질랜드 등 서양 영어권 출신 학생들이 비서양 기독교인 위에서 우쭐대거나 자기네 전통을 배우라고 강요하는 분위기는 전혀 없었다. 오히려 이들 서양 학생들은 자신이 연구하는 아프리카, 아시아, 남태평양 등지의 기독교를 배우는 데 있어 간접 수단인 글로만이 아니라, 그 지역 출신에게 직접 배우기 위해 비서양 출신 학생들을 열린 태도로 대하며 존중했다. 매주 열린 학과 세미나 때마다 교수들과 박사들, 학생들이 전 세계 기독교의 다양한 양상을 발표하고 토론했다. 그 자리에는 은퇴한 앤드루 월스도, 다른 분과의 유명 은퇴 학자들과 현역 교수도, 스코틀랜드교회의 목회자도, 오랫동안 선교지에서 활동하고 귀국한 은퇴 선교사들도 참석했다. 모두가 모두에게 배우려고 했다.

에든버러에서 필자가 누린 가장 큰 복은 영국 세계기독교 학계와 선교 역사 학계를 이끌던 주역 중 하나인 역사학자 브라이언 스탠리를 지도교수로 만난 일이다. 케임브리지대학 헨리마틴연구소 소장이던 스탠리는 필자가 에든버러 생활을 한 지 2년째 되던 해에 에든버러대학 세계기독교학연구소 소장으로 부임했다. 세계기독교학은 학과와 분과를 넘나드는 간학문성inter-disciplinary이 강한 학문이었으므로, 연구자에 따라 이 학문을 신학, 역사학, 인류학, 사회학, 종교학, 철학, 문학 등 다양한 방법론으로 연구할 수 있었다. 교회사를 전공한 필자의 방법론은 역사학이었으므로, 스탠리가 지도교수가 되었다. 앤드루 월스의 후계자로서, 세계기독교학 학자들의 연구 문헌에 이름이 가장 많이 인용되는 학자 대여섯 명 안에 드는 스탠리의 에든버러 부임과 지도교수 선정은 필자에게 꿈의 실현이었다.

필자는 스탠리의 지도를 받으며, 미국 남장로교회의 해외선교 정책 변화와 이 교단의 동아시아(한국, 중국, 일본) 선교 역사를 비교 분석하는 박사 논문을 썼다. 이 과정에서 세계선교 역사와 각 나라별, 민족별 기독교사에 대해 백과사전 같은 지식을 갖고 있는 스탠리의 세심한 지도가 필자를 박사와 학자로 만든 절대적인 원인이었다. 특히 에든버러에 있는 동안, 1992년부터 매년 스코틀랜드 에든버러대학과 미국 예일대학에서 번갈아 가며 열린 예일-에든버러 세계기독교 및 선교역사학회Yale-Edinburgh Group on World Christianity and the History of Mission에 여러 차례 참석하여 세계 곳곳에서 온 학자들과 함께 발제하고 토론하고 교제했던 경험은 필자를 문자 그대로 세계기독교인으로 빚어 내는 작업이었다.

이때의 공부와 경험이 바탕이 되어, 박사 학위를 마치고 2003년에 한국으로 귀국한 후에 필자는 세계기독교학을 소개하는 글을 여러 지면에 발표했다. 한국에서는 세계기독교학이 독립된 분과로 존재하지 않으므로, 가까운 주제를 연구하는 연구자 집단인 한국기독교역사학회와 아시아기독교사학회에서 주로 활동하며, 한국 및 아시아 기독교 역사, 선교 역사를 세계기독교라는 더 큰 틀에서 분석하는 작업에 집중하려고 노력한다.

이 책이 나오기까지

2018년 6월, 온라인 신문 「뉴스앤조이」에서 필자에게 '20세기 세계기독교를 만든 사람들'이라는 주제로, 서양과 비서양을 망라해서 20세기 세계기독교의 특별한 지형을 형성하는 데 기여한 인물들을 다뤄 보자고 제안했다. 마감일에 압박받는 시리즈 연재에 부담이 있었지만, 필자가 공부한 주제를 더 많은 대중 독자에게 소개하고자 하는 열망에 승낙했다.[4] 2주 단위로 한 편씩 1년 동안 연재하기로 했지만, 완료하는 데 거의 정확히 3년이 걸렸다. 야심차게 약 30명 정도를 다루려고 마음먹었지만, 결국 20명으로 명단이 줄었다.[5] 인내하고 기다리고 마음 졸인 담당 기자와 운영진에게는 지금도 미안한 마음이다.

지역별, 대륙별, 교파별, 전통별로 기독교 유산의 발전에 기여한 수많은 주역 모두를 다룰 수는 없기에, 20세기 세계기독교의 다채로운 스펙트럼을 형성한 인물을 선정했다. 각 인물에 대한 평가에 최대한 중립적이려고 노력했다. 필자의 신학적, 지역적, 인종적, 성별 배경이 해당 인물에 대한 판단에 전혀 영향을 끼치지 않는다고 자신할 수는 없다. 하지만 하나님 나라라는 거대한 숲 안에서, 우세종으로서 각 구역의 식생을 주도한 거대한 나무들의 가치와 기여를 최대한 있는 그대로 드러내려고 했다. 최종 판단과 평가는 독자 몫이다.

연재했던 원고의 구조를 완전히 재편했다. 연재 당시에는 인물 선정에 일종의 교차구조를 선택한다는 간단한 원칙을 세웠다. 서양 백인에 대한 글을 쓰면, 그 다음에는 식상하지 않도록 비서양 지역 기독교 형성에 기여한 인물, 또는 직전에 다룬 인물과는 소속 집단과 전통이 매우 다른 인물을 다루는 방식이었다. 이와 달리 본서는 총 4부로 나뉜다. 오늘날 세계기독교의 특징을 대표하는 여러 주제어 중 네 가지, 즉 '복음주의', '비서양', '오순절', '혼종'에 맞추어 인물들을 분류했다.

1부는 '복음주의: 정통의 범위를 형성하다'라는 제목을 달았다.

여기에는 칼 헨리, 마틴 로이드 존스, 존 스토트, 제임스 패커, 빌리 그레이엄, 칼 매킨타이어가 포함되었다. 이들 모두는 한국에도 널리 알려진 유명한 인물들이자, 많은 한국 기독교인이 참고하고 수용한 정통의 범위를 형성하고, 지침과 기준을 제시한 복음주의 지도자라는 공통점이 있다. 일부 독자에게는 이들이 거의 차별성이 없는 유사 인물군으로 보일 수도 있다. 그러나 세세하게 살펴보면 활동가, 설교자, 운동가, 학자, 부흥사 등 각자의 두드러진 역할에서 서로 구별되고, 세계기독교의 여러 주장과 운동, 방향성에 대해 서로 다른 목소리를 냈음을 알 수 있다. 이는 복음주의의 스펙트럼이 상당히 넓다는 사실을 보여준다. 특히 마지막 인물 칼 매킨타이어는 정통을 혁신, 보수, 확장한 앞 인물들과는 달리, 극단의 분리주의를 주도하며 결국 정통의 범위를 축소했다는 점에서 크게 구별된다.

2부는 본서를 읽는 독자들이 가장 낯설게 느낄 만한 인물들을 다룬다. '비서양: 새 하늘과 새 땅을 열다'라는 제목의 2부는, 교회 역사 속에서 내내 무시당한 비서양 지역의 기독교운동가들을 다룬다. 서양 지도자들에 비해 덜 알려지기는 했지만, 이들은 어쩌면 거의 단색으로 획일화된 서양식 기독교에 다채로운 색채를 덧입힌 예술가로 불릴 만하다. 더구나 살아생전에 서양 기독교인에게 영감을 주어, 영향력 끼치는 방향을 역전시킨 이들이기도 하다. 일본 빈민의 아버지 가가와 도요히코, 1910년 에든버러 세계선교대회의 비서양 기독교 대표자이자 인도 성공회 주교였던 V. S. 아자리아, 해방신학의 대변자로서 1960년대 이후 전 세계 급진 기독교 이론과 실천을 기초를 닦은 남미의 구스타보 구티에레스, 아파르트헤이트를 철폐하고 남아프리카 흑인의 인권 보장에 일생을 바친 데즈먼드 투투,

20세기에 부활한 성프란치스코 마더 테레사, 20세기 최대 동아프리카부흥을 주도한 페스토 키벵게레가 주인공이다. 각 지역에서 자기 몫을 다한 이들이지만, 지역의 경계를 넘어 세계기독교인이 되었다는 사실이 가장 중요하다.

'오순절: 성령에 취하다'라는 제목의 3부에서는 20세기 기독교 역사에서 가장 역동적이고 변혁적인 운동으로 평가되는 오순절운동의 주역들을 다룬다. 오순절운동에 대한 평가는 양극을 달린다. 16세기 종교개혁에 이은 제2의 종교개혁이라며 극찬을 보내기도 하고, 기독교를 샤머니즘을 비롯한 원시적 토속종교와 결합한 신비주의적인 혼합물로 폄하하기도 한다. 한편 20세기 세계기독교 맥락에서는 오순절운동의 역동성이 서양의 주도권을 붕괴시키고 비서양, 특히 아프리카와 남아메리카를 중심으로 남반구 기독교를 발흥시킨 핵심 요인이었다는 평가도 가능하다. 인도의 지성인 판디타 라마바이는 1900년대 초에 세계 여러 곳에서 동시다발적으로 일어난 오순절운동의 시원 중 하나다. 피터 와그너는 20세기 말 오순절운동의 분화 과정에서 탄생한 신사도운동의 대표자 중 하나로, 기록된 계시보다는 개인 체험에 더 권위를 두는 오순절운동의 변칙성을 보여주는 대표적인 모델이다. 세계 최대 교회를 일궈낸 한국 오순절운동의 대표 조용기는 오순절운동이 성장을 지향하는 극빈 개발도상국의 정치, 사회, 경제적 현실과 조우하는 과정에서 나타나는 현상을 가장 가까이서 목격할 수 있는 예시다.

4부의 제목은 '혼종: 경계를 넘어서다'이다. 한 틀이나 영역만으로는 규정하기 힘든 이들을 다룬다. 이들은 여러 영역에서 20세기 기독교의 다양성과 초경계성을 구현했다. 실제로 2,000년 역사의 복잡하게 얽힌 시공간에서 탄생하고 자라난 20세기 기독교인 모두는 혼종 기독교인이라 해도 과언이 아니다. 20세기 전반기 전 세계선교 및 연합운동을 주도한 노벨평화상 수상자 존 모트, 20세기 신학의 거의 모든 주제에 영향을 끼치며, 개신교 개혁파 진영을 넘어서 가톨릭과 정교회, 보수신학과 진보신학, 당대 유럽 정치 무대에까지 이름을 새긴 신학자 칼 바르트, 흑인 민권운동을 이끌며 20세기 최강대국 미국의 치부를 드러내고 1960년대 이후 세계 인권운동 변곡점의 한 축을 그려 낸 마틴 루터 킹, 20세기에 가장 오랜 기간 교황에 재임하며 기독교 최대 교파인 가톨릭교회의 세계화를 이끈 요한 바오로 2세, 또 잉글랜드와 스코틀랜드, 인도와 영국, 성공회와 장로회, 선교사와 학자, 복음주의와 에큐메니컬운동 모두로부터 영향을 받고 영향을 끼친 선교 변증가 레슬리 뉴비긴, 마지막으로 무신론에서 기독교로 극적인 개종을 겪은 후, 문학의 언어로 기독교를 세계에 널리 알린 작가 C. S. 루이스.

이제 20세기 기독교로 시간여행을 떠날 때가 왔다.

복음주의

정통의 범위를 형성하다

제1부에서는 한국 독자들에게 가장 익숙한 20세기 인물들을 다룬다. 이들은 주로 '복음주의자'라는 수식어로 유명하다. 이들은 세속화되는 서구 사회에서 기독교 사상이 고민하며 나아간 지점을 잘 보여준다. 당시 기독교는 한편으로 현대 사상의 흐름에 맞추어 초월적인 것을 부정하려는 움직임과, 다른 한편으로 사회 현실에 무관심한 종교로 고립되려는 움직임을 모두 보였다. 이 사이에서 균형을 찾고자 고뇌한 결과로서 이들의 믿음과 활동은 이후 보편적인 공감을 얻어 정통으로 여겨졌고, 20세기를 거쳐 영어권을 넘어 전 세계로 퍼졌다.

칼 헨리는 1940년대 이래 보수주의 개신교가 잃어버렸던 지성과 양심, 사회의식의 회복을 외치며 등장한 '신복음주의'운동의 대변자로, 기독교 잡지를 펴내고 저술 활동을 하여 기독교 내 다양한 담론의 교류를 이끌어 냄으로써 고립적 근본주의에 갇혀 있던 정통을 혁신하고 범위를 넓힌 인물이다.

마틴 로이드 존스는 설교라는 영역에서 가장 독보적인 위상을 보인 대표 설교자이지만, 한편 복음주의 진영 전체에서 본다면 정통의 내용을 규정하고 보수하는 데 가장 크게 기여했다고 평가할 만하다. 특히 강해 설교와 저술로 대중이 복음주의 정통의 내용을 이해하고 받아들이는 데 큰 영향을 미쳤다.

성공회 복음주의자 **존 스토트**와 **제임스 패커**는 당대를 살아가는 이들에게 복음주의 기독교가 합리적으로 수용되도록 그 외양을 혁신하는 데에도 애쓴 균형감각을 보여주었다. 스토트는 지역교회 목회자로서, 또 세계적 규모의 기독교 모임의 강사와 지도자로서 그 역할을 해냈고, 패커는 학계에서 교수와 학자로서 성실하게 그 임무를 다했다.

빌리 그레이엄은 20세기에 전 세계에 가장 널리 알려진 기독교인이었다. 전도 활동이라는 전통적인 복음주의의 행동주의 요소를 대표한 인물로서, 전통적 복음주의 신앙이 세계인의 신앙이 되는 데 가장 크게 기여한 인물이다.

마지막으로 **칼 매킨타이어**는 1940년대 이후 복음주의 주류의 흐름을 일종의 배도로 인식하고, 타협 없는 분리주의를 거듭하여 정통의 축소를 지향한 인물이다.

**칼 헨리(왼쪽)와 「크리스채너티투데이」 설립자 빌리 그레이엄.
칼 헨리가 첫 번째 호를 들고 있다.** CT Archives, 허락받아 사용함.

「크리스채너티투데이」
1956년 10월 15일 창간호.
CT Archives, 허락받아 사용함.

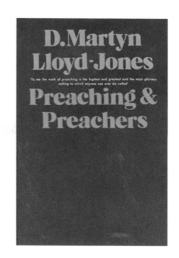

로이드 존스의 설교론을 담은
『설교와 설교자』의 1972년 초판 표지.

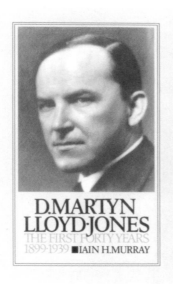

위 이안 머레이가 쓴 로이드 존스 전기 두 권 세트.

왼쪽 로이드 존스가 사역한 웨스트민스터채플.

Foreveryounger / Wikimedia Commons

스토트가 목회한 런던 올소울즈교회.
John Salmon / Wikimedia Commons

노년의 존 스토트. Langham Partnership International / Wikimedia Commons

패커가 다닌 글로스터의 크립트학교, 1539년에 설립되었고
18세기 전도자 조지 휫필드가 다니기도 했다.
Philafrenzy / Wikimedia Commons

패커에게 세계적 명성을 안겨다 준 『하나님을 아는 지식』
1975년 원서 초판 표지.

1986년 리젠트칼리지 저녁 수업에서 학생들과 함께.

Joel Gillespie, 허락받아 사용함.

1949년 빌리 그레이엄이 이끈 LA 집회 당시 천막. BGEA Archives, 허락받아 사용함.

위 1954년 6월 네덜란드 스키폴에 도착한 그레이엄.

아래 2010년 4월, 빌리 그레이엄을 찾은 오바마 대통령.

네덜란드 위트레흐트에서 열린 ICCC 개혁교회 증인의 날(1973년 9월 29일)에
발언하는 매킨타이어.

1963년 구입한 크리스천애드미럴호텔. 케이프메이 해변에 위치해 있다.
이곳에서 ACCC 및 ICCC와 관련한 집회를 비롯해 각종 기독교 대회를 열었다.

「더크리스천비컨」 창간호.
Carl McIntires 50 YEARS 1933-1983

1. 칼 헨리

복음주의 진영에서의 헨리의 위치는 신정통주의 진영에서의 칼
바르트의 위치와 로마가톨릭 진영에서의 카를 라너의 위치와
비견된다.

역사학자 티모시 조지는 칼 헨리Carl F. H. Henry, 1913-2003가 20세
기 기독교에서 차지하는 위치를 이렇게 평했다.[1] 이들 셋은 모두 칼
Carl 또는 카를Karl이라는 이름을 가진 동명삼인이다. 칼 바르트는 20
세기 세계 개신교 진영에서 가장 막강한 영향력을 떨친 신학자였
다. 개신교 현대 신학은 그의 등장 전후로 나뉘며, 그에게 동조하든
반대하든 모든 신학자는 반드시 그의 글을 읽고 학문 비평의 관문
을 통과해야 한다. 가톨릭 신학에서 카를 라너도 그와 비슷한 역할
을 한다. 그러나 칼 헨리가 복음주의 진영에서 차지한 지위는 라너
와 바르트가 가톨릭과 개신교 신학에서 확보한 지위보다는 덜 주목
받는 것 같다. 신학과 지성보다는 행동, 운동, 실천에 더 방점을 찍는

복음주의의 특성상, 부흥사 빌리 그레이엄이나 설교자 마틴 로이드 존스, 혹은 보다 대중적인 신학자 제임스 패커나 목회자 존 스토트에게 그 자리를 맡겨야 한다고 생각할 수도 있기 때문이다.

헨리는 이전 세기와는 다른 유형의 20세기 신복음주의운동을 하나의 조직으로 탄생시키고, 얼굴마담으로 전면에 나서기보다는 배후에서 신학적 정교함과 일관된 사회의식을 조종간 삼아 복음주의 전체 네트워크의 방향을 이끈 항해사navigator였다. 이 점에서 헨리의 역할은 지대했다.

불편한 양심

칼 헨리는 1913년에 뉴욕 맨해튼의 독일인 이민자 가정에서 8남매 중 맏아들로 태어났다. 미국으로 이민 간 제빵 기술자 카를 하인리히Karl F. Heinrich는 뉴욕에서 요한나 패트뢰더Johanna Vaethroether를 만나 1910년에 결혼했다. 부모는 큰아들에게 아버지의 독일어식 이름 카를Karl을 영어식 칼Carl로 바꿔서 물려주었다. 아들의 이름은 칼 퍼디난드 하워드 하인리히Carl Ferdinand Howard Heinrich였다. 그러나 1914년에 제1차 세계대전이 일어나 독일이 미국의 적국이 되자, 차별과 핍박을 두려워한 많은 독일계 이민자가 그랬듯,[2] 가족은 아예 성까지 영어식으로 바꾸어 버렸다. 그래서 카를 하인리히가 칼 헨리가 되었다.

헨리의 부모는 각각 독일인이 전통적으로 소속된 교파인 루터교와 가톨릭 교인이었으나 교회에 출석하지 않았고, 기도나 성경 읽기와 같은 신앙생활도 하지 않았다. 그러나 헨리와 동생들은 부모와 상관없이 매주 먼 거리를 걸어서 성공회 교회 주일학교에 참석했다. 성실성의 보상인 개근상도 늘 받았다. 헨리는 열두 살이 지난 후 같은 교회에서 세례와 견진성사를 연이어 받고 성공회 교인이 되었다.[3]

이 점에서 헨리는 20세기 초중반에 근본주의자 혹은 복음주의자로 이름을 떨친 많은 기독교 지도자의 성장 배경이었던 분리주의적 근본주의의 가정 문화를 직접 체험하지는 않았다. 따라서 성인이 된 후 헨리가 당대 근본주의에서 느낀 양심의 불편함, 그래서 결국 근본주의를 이탈하게 만든 그 양심의 가책은, 억압적이고 폐쇄적인 가정 환경과 부모에 대한 반항심에서 비롯되었다기보다는, 그가 성인이 된 후 교계에 참여하면서 얻게 된 지적이고 사회적인 문제의식을 통해 형성된 것 같다.

부모 대신 어린 헨리의 신앙 양심을 자극한 인물은 주변에 여럿 있었다. 고등학교를 졸업하고 대학 진학을 하지 않은 대신 그는 지역 주간신문 「이슬립프레스」Islip Press에 타자 직원이자 지역 스포츠 칼럼니스트로 취직했다. 이것이 헨리의 이름을 유명하게 한 언론인 경력의 시작이었다. 그러나 기자 경력보다 더 중요한 경험은 이 회사의 감리교인 동료 밀드레드 크리스티Mildred Christy 부인과의 만남이다. 친부모에게서 신앙적인 도움을 전혀 받을 수 없었던 헨리에게 영적 어머니가 되어 준 인물이었다.

회사 편집부 직원 크리스티는 헨리의 기사를 접수하고 교정하는 일을 맡았다. 자주 자기 집 식사 시간에 초대하거나 같이 차를 타고 귀가하면서, 거듭남의 필요성을 헨리에게 들려주었다. 또한 18

세기 옥스퍼드대학에서 웨슬리 형제가 이끌었던 모임에서 이름을 차용한 롱아일랜드 지역 '옥스퍼드그룹'에 그를 초대하기도 했다. 당시 이 모임을 이끌던 진 베드퍼드Gene Bedford와의 만남이 결정적으로 중요했다. 신앙에 헌신하기를 주저한 헨리와 베드퍼드의 만남은 수차례 결렬되었다. 헨리는 「뉴욕타임스」The New York Times를 비롯한 주요 신문사에 기사를 송고하고 롱아일랜드의 주간신문 「스미스타운스타」Smithtown Star에서 편집자로 일하는 등, 언론인으로서 전망이 매우 밝았기 때문이다.

그러나 1933년 6월 10일 토요일 오전에 세 시간가량 베드퍼드를 만나고 나서 마침내 헨리는 회심에 이르렀다. 폭풍우 속 차 안에서 이루어진 두 사람의 대화와 극적인 회심은 헨리 자신이 묘사한 대로, 마르틴 루터가 1517년 95개 조항 발표 이전에 경험한 폭풍우와 그 후에 있었던 탑 사건과 유사했다. 이 경험은 18세기 이래 영미 청교도와 부흥사, 선교사들의 신앙 간증에서 흔히 읽을 수 있는 전형적인 복음주의적 회심 체험이었다.[4] 즉 죄 용서와 하나님의 임재를 구한 기도, 죄 사함에 대한 내적 확신, 예수 그리스도를 개인의 구원자로서 영접함, 하나님이 인도하는 곳 어디든지 따르겠다는 헌신, 다른 이들에게 자신이 경험한 신앙을 나누겠다는 행동주의적 결단 등으로 이루어졌다.[5] 하나님께 반역하는 죄인으로서 가책에 시달리던 헨리의 불편한 양심은 이렇게 해방되었다.

극적인 회심을 경험한 이들 다수가 그렇듯, 회심 이후 헨리는 진로를 놓고 깊은 고뇌에 빠졌다. 전임 사역자가 되고 싶었던 그는 휘튼칼리지를 소개받고 지원 의지를 굳혔다. 그러나 그의 집안에서 대학 교육을 받은 사람이 한 명도 없었다는 점, 대공황기였던 당시 재정 상황이 극히 나빴다는 점이 문제였다. 그러나 학교에 다니는 동안 주변 도시의 여러 신문사에서 시간제 근무자로 일하면서, 또는 학교에서 타자를 가르치는 강사로 강의하면서 재정 문제를 해결했다.

철학과로 입학한 헨리의 휘튼 생활은 지성의 기반이 되는 학문의 기초를 쌓았다는 점 외에 평생 동역하게 될 여러 동지를 만났다는 점에서 의미가 있었다. 그중 최고의 동지는 졸업반이던 1940년에 아내가 된 헬가 벤더Helga Bender로, 카메룬으로 파송된 침례교 선교사의 딸이었다. 같은 기숙사에서 생활한 새뮤얼 H. 마페트(마포삼락, 장로회신학대학교 교수)와 하워드 마페트(마포화열, 대구 동산병원 원장)는 평양에서 활약한 미국 북장로회 한국 선교의 거인 새뮤얼 A. 마페트(마포삼열, 평양신학교 교장)의 아들들로, 후에 둘 다 선교사 및 학자로 아버지에 필적하는 존경과 명성을 누렸다.[6] 복음주의 부흥사 빌리 그레이엄, 풀러신학교 동료 해럴드 린셀과 에드워드 카넬도 같은 시기에 사귄 친구들이었다.[7]

휘튼에서 헨리의 사상 형성에 큰 영향을 끼친 스승은 올리버 버스웰 학장과 고든 클락 교수였다. 휘튼에서 각각 신학과 철학을 대표하는 학자였던 두 사람은, 각각 다른 면에서 헨리의 학자로서의 미래에 영향을 끼쳤다. 먼저 31세의 젊은 나이로 휘튼의 학장이 된 버스웰은 보수 신앙을 높은 학문적 기준과 연계하는 데 성공한 학자이자, 재임 시 학생 수를 이전의 세 배까지 늘리는 데 성공한 행정가였다. 버스웰은 보수적인 근본주의 인사였지만, 전투적 근본주의에는 반대한 중용적 인물이었다. 헨리는 휘튼에서 학부와 신학 석사M.A. 과정을 1938년에 마쳤는데, 그 시절의 헨리에게 학문과 신앙의 조화를 구현한 것으로 비춰진 버스웰은 지극한 존경의 대상이었다.[8] 이후 변증신학자가 된 헨리의 진로에 가장 큰 흔적을 남긴 인물은 장로교인인 고든 클락이었다. 클락은 유신론의 합리성과 성경 진리의 명제적 본질을 강조하는 합리주의적 복음주의의 주창자였고, 이러한 클락의 철학적인 입장은 이후 헨리의 저작에 큰 그림자를 드리웠다.[9]

휘튼에서 석사학위를 밟던 1938년, 헨리는 시카고 서부의 노던침례신학교에 지원해서 목회자 과정을 밟기 시작했다. 왜 헨리는 침례교 신학교로 진학했을까? 헨리가 다닌 휘튼은 초교파 학교였지만 학문을 이끈 주요 지도자는 장로교인이었고, 헨리가 가장 존경한 스승들도 장로교인이었다. 또 헨리는 어렸을 적 세례와 견진을 받은 성공회에서 목회 과정을 밟을 수도 있었다. 노던침례신학교에 지원하기 한 해 전인 1937년, 헨리는 롱아일랜드 바빌론에서 가족과 함께 시간을 보내던 중 그 지역 침례교회 성경 공부 모임에 참석했었다. 헨리는 거기서 유아세례를 반대하는 침례교회의 대표적인 교리인 신자 세례와 침례를 확신하기에 이르렀고, 휘튼으로 돌아가기 전에 침례를 받은 후 성공회에서 침례교로 공식적인 소속을 바꾸었다. 안 그래도 헨리는 1920-1930년대 미국 장로교 내부의 지리멸렬한 분열 상황에 염증을 느끼던 참이었다.[10]

노던침례신학교는 원래 중서부 지역에서 북침례교 목회자 교육을 담당하던 시카고대학 신학부가 최첨단의 현대 신학을 수용하자, 이에 대한 보수파의 대안으로 세워진 학교였다. 이 학교에 다니는 동안 헨리는 그의 이름에 덧붙여질 여러 경력 사항과 호칭을 얻게 된다. 결혼(1940), 휘튼 석사(1941), 노던침례신학교 신학사(1941),

시카고 홈볼트침례교회에서 목사 안수(1941), 노던침례신학교 신학박사(1942) 등이었다.[11] 그러나 이 학교에서 학사와 박사과정을 밟는 동안 헨리는 이미 휘튼과 노던침례신학교의 근본주의에 문제의식을 느꼈다. 당시 학교 커리큘럼에 사회 윤리를 다루는 과목이 전혀 없었다는 것이 주요 문제였고, 이때 느꼈던 생각이 1947년에 등장하는 『복음주의자의 불편한 양심』의 기본 얼개가 된다.[12]

1942년 5월에 노던침례신학교에서 박사학위를 취득한 동시에 모교의 전임 교수로 임용된 헨리는 1947년에 미시간 지역 종교 신문 「릴리저스다이제스트」*Religious Digest*에 복음주의 기독교가 복음의 사회적 측면에 침묵하는 현상을 지적하는 일련의 기고문을 실으려다 거절당했다. 그러나 이 글은 네덜란드계 미국 출판사 어드만스Eerdmans의 제안으로, 단행본 소책자 형태로 출간될 수 있었다.[13] 당시 추천사를 썼던 풀러신학교 초대 총장 해럴드 오켕가Harold Ockenga는 "성경을 믿는 기독교인이 전쟁, 인종차별, 계급 격차, 노동권, 금주법, 제국주의 같은 사회문제와 관련해 잘못된 편에 서 있다면, 이제 담을 넘어 올바른 편에 서야 할 때가 왔다. 교회에는 대사회적 메시지를 지닌 '진보적인 근본주의'가 필요하다"며, 헨리의 이 책이 그 역할을 감당할 것이라 추천했다.[14] 이 책의 출간은 "마치 포위된 근본주의 진영에 폭탄을 던진 것과도 같았다."[15]

헨리에게 그해 1947년은 인생의 새로운 이정표를 세운 해였다. '복음주의자의 불편한 양심'을 가지고 그는 근본주의 진영의 폐쇄적이고 자폐적인 고립주의가 종교개혁 기독교 및 19세기 복음주의의 역사적 전통에 어긋난다고 주장했다. 이런 현실을 바라보는 자신의 양심이 불편해서 도저히 견딜 수가 없다는 것이다. 이미 1942년

4월에 해럴드 오켕가를 중심으로 한 보수 개신교인 147명이 전미 복음주의자협회 National Association of Evangelicals, NAE를 창설했는데, 이는 오켕가가 헨리의 책 서문에서 밝힌 소위 '진보적 근본주의'를 대변하는 기관이었다. 그 점에서 헨리가 1947년에 쓴 책은 비록 공식적이지는 않았지만, NAE의 대사회 메시지 선언문과도 같았다.

같은 해 9월에 헨리는 오켕가가 총장으로 임명된 신설 풀러신학교의 교무처장으로 부임했다. NAE, 풀러신학교, 『복음주의자의 불편한 양심』으로 대변되는 1940년대 '진보적 근본주의'는 1950년대 말에 이르러 '신복음주의' New Evangelicalism로 알려졌다. 이 운동은 "지배적인 문화 및 신학 의제를 변화시키려는 선교 의식 때문에 독특하게 된 것으로, 이 선교 의식은 신학적으로 오류가 있는 이들을 떠나 지조 있는 고립을 지키기보다는 흔들림 없는 영향력을 떨치려는 운동"[16]이었다.

1947년에 거의 확립된 헨리의 사회의식을 지위 면에서도 더 견고히 해 준 것은, 그가 1949년에 보스턴대학에서 취득한 기독교 윤리학 분야 박사학위 Ph.D.였다. 헨리는 풀러신학교 동료 에드워드 카넬의 지도교수이자, 후에 흑인 민권운동의 기수 마틴 루터 킹의 지도교수까지 맡게 되는 에드거 브라이트먼에게 논문 지도를 받았다. 이렇게 학문성이 검증된 종합대학 학위까지 취득하면서, 그는 선배들의 반지성적이고 반사회적인 근본주의와 결별한다는 선언을 분명히 했다.

결국 20세기 복음주의 대표 신학자 헨리는 칼뱅주의 개혁신학을 기반으로, 교회론에서는 침례교회의 회중주의를 따르지만 동시에 초교파적 에큐메니즘을 지향하며, 다른 한편으로는 근본주의의 반지성적이고 반사회적인 고립주의에서 탈피해 적극적으로 복음의 총체성을 설파하는, 그야말로 개신교 복음주의 종합 세트를 구현한 인물이었다.

편집장

1942년부터 1947년까지는 근본주의 노던침례신학교에서, 1947년부터 1956년까지는 신복음주의 풀러신학교에서 교수를 지낸 헨리였지만, 그가 복음주의운동에 가장 크게 기여한 영역은 신학교보다는 언론이었다. 젊은 시절부터 여러 신문사에서 타자수와 기자, 편집자로 활약한 경력과 재능을 다시 펼칠 수 있는 현장이었다. 1955년에 오켕가와 그레이엄은 1884년에 창간된 후 기독교 잡지의 선두 주자로 군림하고 있던 자유주의 성향의 「크리스천센추리」 Christian Century에 대응하는 복음주의 잡지를 창간하기로 합의하고, 기독교인 석유 사업가 하워드 퓨의 동의를 받았다. 그해 9월에 열린 이사회에서 헨리가 편집장, 마셀러스 킥이 보조 편집자, 넬슨 벨이 실행 편집자로 선출되었다. 헨리는 이 잡지 「크리스채너티투데이」 Christianity Today의 편집장으로 12년간 재직했다.

헨리의 지도력 아래 「크리스채너티투데이」는 1년 만에 발행 부수에서 경쟁지를 넘어섰다. 처음에는 창간호를 1956년 10월 15일에 발간한 지 1년이 지났을 때 이미 3만 8,000명의 유료 구독자를 확보했다. 이는 경쟁지 「크리스천센추리」보다 4,000명이나 많았다.[17] 헨리가 편집자로 일한 지 12년째 되는 해에는 17만 부까지 발행 부수가 늘었다. 헨리는 장문 사설과 논문으로 부상하는 복음주의운동의 정의와 방향을 제시했다. 그가 쓴 첫 사설에는 헨리가 이 잡지를 어떤 방향으로 이끌기 원했는지를 알 수 있는 내용이 담겼다. 이 사설에서 헨리가 강조한 세 가지 목적을 브라이언 스탠리는 다음과 같이 정리한다.

> 첫째, 「크리스채너티투데이」는 '전 세계의 점증하는 복음주의 학자 집단'이 현세대에 적합하고 타당한 방식으로 신앙을 해설하고 변호하는 도구가 되어야 한다. 즉 이 잡지는 생각하는 남녀를 위한 잡지다.
> 둘째, 이 잡지는 '하나님의 기록된 말씀'으로서의 성경의 '완전한 신뢰성 … 권위 … 온전한 영감'에 대한 입장을 타협하지 않을 것이다. 즉 이 잡지는 길 한복판에 모호하게 서 있는 잡지가 아니다.
> 셋째, 이 잡지의 목적은 힘과 권세의 회랑을 뚫고 전진하는 것이지, 신학교 강의실에서 강의만 하고 마는 것이 아니다. 즉 「크리스채너티투데이」는 삶의 모든 영역에 복음 메시지 전부를 적용함으로써 현대사회의 위기에 성경 계시를 적용할 것이다. 이는 근본주의가 '자주 실패한' 것이다.[18]

헨리는 편집장으로 활동하며, 기독교적 가치와 원칙을 사회의 전 영역에 적용하려면 복음주의자들이 후방에서 나와 전방으로 가야 한다는 주장, 즉『복음주의자의 불편한 양심』에서 이미 했던 주장을 「크리스채너티투데이」에서도 수없이 반복했다. 신실한 복음주의 기독교인으로서 기도와 경건 생활과 훈련의 중요성에 대해서도 글을 썼으나, 이 세상이 당면한 필요에서 기독교인을 단절시키는 유형의 침묵주의와 신비주의에는 확고히 반대했다. 근본주의의 분리주의 성향을 파악하고 있던 헨리는, 이 잡지가 다양한 소속의 복음주의 기독교인이 모이는 구심점이 되기를 바랐다. 따라서 헨리 자신은 신학에서 개혁신학, 교회관에서는 침례교 회중주의 입장에 있었음에도, 모든 범위의 복음주의자들이 지닌 다양한 견해를 「크리스채너티투데이」에 실었다. 또한 헤릿 코르넬리위스 베르카우어르, 에밀 브루너, 헬무트 틸리케, 칼 바르트 같은 저명한 유럽 신학자들이 미국을 방문할 때마다 그들과 나눈 인터뷰를 실었고, 그들이 기고한 글도 가능한 한 정기적으로 실으려 했다.[19]

그러나 미국 복음주의 지성의 대변인으로 널리 명성을 떨치던 편집장 헨리의 위치는 1960년대에 위기를 맞는다. 신학적으로 그는 여전히 철저한 전통주의자였으나, 이 잡지를 재정적으로 후원하는 하워드 퓨에게는 그의 정치 및 사회관이 너무 넓고 진보적으로 보였다. 퓨는 이 잡지가 1960년대의 진보적 사회운동과 에큐메니컬운동에 더 단호하게 반대하는 보수주의 견해를 표방해야 한다고 주장했다. 결국 헨리는 압력을 받아 1968년 7월 5일에 편집장직을 사임하고, 9월 27일자로 풀러의 좀 더 보수적인 동료 해럴드 린셀에게 이 직책을 물려주어야 했다.[20]

1994년에 미국 역사학자 마크 놀은 "창간 후 약 10년 동안 복음주의의 지성적 지도력에 활력을 불어넣은 이 잡지가 이후 상업적으로 변질되어, 뉴스와 중간 지식층의 종교 주석서 수준으로 변형되었다"라고 평가했다. 그 결과 "복음주의권 일반 대중을 위해 자연, 사회, 정치, 예술 세계를 진지하게 고려할 목적으로 존재하는 복음주의 잡지를 찾기가 힘들다"라고 언급하면서 이것이 바로 '복음주의 지성의 스캔들' 중 하나라고 지적했다.[21] 마크 놀이 이 잡지의 지성적 전성기로 잡은 초기 10년은 바로 헨리가 편집장을 역임한 시기와 일치한다.

편집장 사퇴 후 헨리는 잉글랜드 케임브리지대학에서 1년간 안식년을 보낸 후, 이스턴침례신학교로 이동해서 1969년부터 1974년까지 5년간 교수로 일했다. 이 기간 중 1976년에 『신, 계시, 권위』 *God, Revelation and Authority*의 첫 두 권이 출간되었다. 여섯 권으로 된 이 책은 헨리의 대표작으로, 20세기에 전 세계의 복음주의 신학자가 쓴 모든 신학적 인식론 저술 중 가장 탁월하고 가장 오래 활용되었다. 『신, 계시, 권위』는 헨리의 지성의 폭이 얼마나 넓은지, 또 경쟁하는 신학 입장들을 서로 비교하고 통합하는 그의 능력이 얼마나 탁월한지 보여주는 대작이다. 예컨대 이 책에서 그는 세속주의, 자연주의, 실존주의 및 다양한 유형의 현대 무신론을 광범위하게 다룬다. 또한 해방신학, 급진 페미니즘, 과정철학 및 신학을 포함해서, 그가 판단하기에 비정상이자 이탈한 신학 견해들에 대해 아주 잘 알고 있었음을 보여주었다.[22]

한국

사람들에게 거의 알려지지 않았지만, 헨리가 한국 및 한국 교회와 맺은 인연은 결코 가볍지 않았다. 한국과 인연을 맺게 된 계기는 이스턴침례신학교에서 사임한 1974년부터 1986년까지 그가 국제 월드비전 주강사로 활약한 일이었다. 월드비전은 중국에서 선교사로 활동한 미국 침례교 목사 밥 피어스가 1950년 한국전쟁 당시 거리를 떠돌던 전쟁고아와 난민을 돌보기 위해 설립한 국제 구호단체였다. 창설 시기부터 한국이 주 활동무대였기에, 그는 한경직 등 한국인 지도자들과도 긴밀히 협력했다.[23] 따라서 월드비전의 유명 강사였던 그가 한국을 자주 방문한 것은 자연스러웠다.

헨리는 1974년 4월부터 7월까지 세 달간의 아시아 투어 중 첫 방문지로 한국을 찾았다. 당시 그는 그해 서울에 정식 설립된 ACTS에서 2주 반가량 강의했고, 장로회신학대학과 서울신학대학, 침례신학대학에서도 강연했다. 또한 CCC가 '엑스플로 74'를 준비하던 때에 CCC 회관에서 강의했고, 한경직 목사가 시무하던 영락교회에서도 설교했다.[24] 이는 국제 복음주의 대표 대변자 중 하나인 헨리의 광범위한 세계 복음주의 네트워크의 결과였다.

1974년에 설립된 ACTS의 초대 이사장은 미국 교계에도 널리 알려진 한경직, 원장은 휘튼 기숙사에서 동고동락한 새뮤얼 H. 마페트, 부원장은 미국복음주의신학회를 본 따 한국에 한국복음주의신학회를 창립한 한철하였다. 또한 국제 CCC 창립자 빌 브라이트와 한국 CCC의 김준곤은 헨리가 교수로 가르친 풀러신학교 출신이었다. 비록 김준곤은 헨리에게 직접 배우지는 못했지만, 교수로서의 헨리와 이후 편집장으로서의 헨리의 명성을 익히 알고 있었을 것이다.

실제로 헨리는 ACTS가 1974년에 국제 복음주의 신학대학원으로 한국에 설립되었을 때, 초대 원장을 맡아 달라는 요청을 받은 바 있었다. 그러나 당시 한국의 혹독한 겨울 날씨 등을 들어 그 제안을 거절했다. 그러나 1974년 첫 강의를 포함해, 1980년까지 다섯 차례 월드비전 강사로 한국을 찾을 때마다 ACTS에서 3주, 혹은 그보다 짧은 강의를 맡았다. 이런 인연으로 그는 농담 삼아 자신을 ACTS의 '설립 강사' founding lecturer라고 부르기도 했다.[25] 1975년에 두 번째로 한국을 찾았을 때에는 구어체 영어 성경으로 미국 복음주의자들의 사랑을 받은 리빙바이블Living Bible의 번역자 케네스 테일러와 마페트(마포삼락)의 집에서 조우하기도 했다. 헨리와 테일러와 마포삼락은 모두 휘튼 동기였으며, 헨리와 테일러는 노던침례신학교 동문이기도 했다. 이때 헨리의 아내 헬가는 한국식으로 환갑잔치를 치르기도 했다.[26]

그렌츠와 올슨은 두 사람이 함께 쓴 20세기 신학의 지성사를 돌아보는 저술에서 헨리를 "결코 한 진영에 국한된 입장이 아니라 광범위한 복음주의 연합 사상을 대표하는 신학을 구가"한 인물로 평가한다.[27] 또한 "구속의 메시지야말로 삶의 모든 영역에 함의를 갖고 있다"는 확신 아래, "역사적 기독교를 유력한 세계 이데올로기로 제기시키려는 비전"을 품은 인물로 묘사한다.[28] "복음주의 신학의 제1의 해석가요, 지도적 위치에 있는 이론가요, … 전통 전체를 대변하는 비공식적 대변인"[29]이자 "20세기 신학적 선각자 중 한 사람"[30]이라는 다른 학자들의 평가도 인용하면서, "20세기 후반 가장 탁월한 복음주의 신학자는 분명히 칼 헨리"라고 선언한다.[31]

그러나 헨리는 분명 신학자 이상의 인물이었다. 그는 1940년대 이후 등장한 신복음주의운동, 즉 고전적 종교개혁 신학과 영미권 청교도 및 부흥운동의 오래된 전통을 충실히 따르면서도 20세기의 분리주의적 근본주의의 고립형 게토에 머물지 않고, 기독교 전통의 다채로운 유산을 새로운 시대에 걸맞은 지성, 사회의식, 연합 정신으로 포괄한, 오래되고도 새로운 복음주의 기독교의 탁월한 대변자였다.

2. 마틴 로이드 존스

젊은 신학도였던 시절 필자에게 가장 큰 영향을 끼친 교회사의 인물 한 사람을 꼽으라면 단연 마틴 로이드 존스일 것이다. 1990년 대에 성서유니온과 두란노서원을 중심으로 한 성경 묵상운동 가운데 하나인 큐티Quiet Time가 기독교 대중에 널리 소개되었다. 목회자 사이에는 영어권 강해 설교자들이 자주 한국에 초청되어 강해 설교 열풍이 불었다. 깊이 있는 묵상과 해석을 강조하는 이런 분위기 속에서 주목받은 설교자들이 있었다. 영국인으로는 OMF 선교사 출신의 데니스 레인, 잉글랜드 성공회 존 스토트, 빅토리아침례교회 목사였던 레이먼드 브라운, 독립교회인 런던 웨스트민스터채플의 마틴 로이드 존스가 관심을 많이 받았다. 미국인으로는 미국 필라델피아 제십장로교회 담임목사를 역임한 도널드 그레이 반하우스와 제임스 보이스, 그레이스커뮤니티교회 목사 존 맥아더, 침례교 칼뱅주의자 존 파이퍼가 대표적이었다. 이들 모두의 설교가 널리 읽혔지만, 다른 이들을 압도했다고 할 만큼 가장 많은 사랑을 받은 이는 단연 로이드 존스였다.

필자는 1993년에 ACTS에 입학한 이후 곧 선배들로부터 마틴 로이드 존스를 소개받았다. 그의 설교집은 ACTS 학부 내내, 또 개혁파 신학교인 합동신학대학원 재학 초기에 다른 어떤 저자의 책보다도 필자의 손에 자주 들려 있었다. 부흥, 구원, 십자가, 은혜, 설교와 설교자, 하나님의 주권, 독서 생활, 변치 않는 하나님의 말씀에 대한 그의 뜨거운 강변은, 과도하게 진지했던 한 어린 신학생의 영적 감수성을 완전히 뒤흔들었다. 로이드 존스 설교 연구로 박사학위를 받은 울산교회의 정근두 목사는 예전에 자신이 로이드 존스의 『산상설교』를 누워서 읽다가 그 말씀의 깊이에 감동한 나머지 벌떡 일어나 무릎을 꿇고 책을 읽어야겠다고 느꼈노라 간증한 적이 있었다. 필자 역시 부흥에 대한 그의 강해서를 읽으며, 과연 무릎을 꿇어야겠다고 결심할 정도로 그의 설교와 강해를 흠모했다.

20세기 말에 많은 한국 신학생과 목회자에게 로이드 존스, 특히 설교자로서의 로이드 존스는 거의 절대적인 모델이었다. 그러나 그는 단지 위대한 설교자이기만 한 것은 아니다. 그는 20세기 영미 복음주의 역사에서도 큰 거인이었다. 그가 왜 거인인지, 복음주의 교계에 얼마나, 어떻게 영향력이 있었는지 알아보기 위해 우선 그의 생애 전반을 간략하게 살펴보자.

닥터

데이비드 마틴 로이드 존스David Martyn Lloyd-Jones, 1899-1981는

19세기가 완전히 저물어 가던 1899년 12월 20일에 영국을 구성하는 네 나라 중 하나인 웨일스의 수도 카디프에서 삼형제 중 둘째로 태어났다. 일상에서 웨일스어를 사용한 그의 부모는 1906년에 카디건셔의 랑게이토Llangeitho, Cardiganshire로 이사한 후에 한 칼뱅주의 감리교회에 출석하기 시작했다. 이 교회는 18세기 영국 부흥운동 시기에 웨일스에서 활동한 부흥사 대니얼 롤런드Daniel Rowland가 세운 교회였다. 18세기 영국 부흥운동 당시 감리교도들Methodists은 이 운동의 두 주역인 웨슬리 형제와 조지 휫필드를 중심으로 둘로 갈라졌다. 전자는 신학적으로 예정론을 반대했고, 후자는 예정을 믿는 칼뱅주의자였다. 당시 웨일스 부흥 지도자들은 휫필드와 연대하여 칼뱅주의 감리교운동을 이끌었는데, 그 대표자 중 하나가 대니얼 롤런드였다. 칼뱅주의자의 교리적 엄격함과 감리교도의 부흥에 대한 열정이 결합하여 탄생한 유산이 바로 칼뱅주의 감리교회(다른 표현으로, 웨일스 장로교회)였다. 로이드 존스 가족은 이 시기부터 이 유산을 자신들의 것으로 수용했다.

웨일스의 트레가론카운티중등학교에서 공부하던 1914년에 온 가족이 잉글랜드 런던으로 이사했다. 런던에 간 로이드 존스는 1916년에 매릴번 문법학교를 졸업한 후 런던 세인트바살러뮤 병원에 진학해서 의학을 공부했다. 25세에 의대 학부와 대학원 학위를 모두 취득한 로이드 존스는 이 시기에 같은 병원에서 아내가 될 베선 필립스Bethan Phillips를 만났다. 학창 시절이던 1921년에 왕실 주치의 토머스 호더 경의 보조 가정 의사가, 1923년에 선임 보조 의사가 되었다. 이후 박사 후 과정을 밟고, 바트 병원에서 근무하던 1927년 1월에 베선 필립스와 결혼했다. 후에 부부에게 딸 엘리자베스와 앤이 태어났다.

그가 일곱 살이던 1906년부터 온 가족이 교회에 출석하기 시작하여 성실한 교인이 되었음에도, 여전히 로이드 존스는 이른바 회심한 기독교인은 아니었다. 그러나 20대 초반에 자신이 죄인이라는 사실을 인식하고 회개하고 회심에 이르면서, 점점 더 목회에 소명 의식을 느끼기 시작했다. 마침내 소명을 확신하게 되었지만, 그는 일반적인 목회자 양성 과정과는 달리 신학을 독학으로 공부하기로 결정했다. 이유는 크게 두 가지였다. 하나는, 자신이 의학을 공부하며 병의 원인과 결과, 치료 과정을 분석하고 진단하기 위해 받은 훈련이 신학 공부와 목회, 설교에 충분히 적합했다고 믿었기 때문이다. 다른 하나는, 그가 생각한 목회자의 정의 때문이었다. 그에게 목회자란 무엇보다도 하나님의 말씀을 전하는 설교자였다. 그러나 당대에 신학을 가르치는 대학 대부분이 성경에 오류가 있다고 믿는 자유주의에 물들어 있었기 때문에, 하나님의 말씀을 가르치는 설교자에게는 오히려 정규 신학 공부가 해롭다는 것이 그의 입장이었다.

1925년부터 1929년 사이에 로이드 존스는 이런 신학 독학 과정의 일부로, 청교도와 영국 현대 신학자들의 글을 연구했다. 특히 17세기 잉글랜드 청교도들, 18세기 조지 휫필드와 조나단 에드워즈, 속죄 교리에 대한 저서를 남긴 19세기 스코틀랜드 신학자 제임스 데니와 P. T. 포사이스Forsyth가 그에게 큰 감흥을 주었다. 2차대전 기간(1939-1945)에는 19세기 미국 구프린스턴 전통의 찰스 하지와 B. B. 워필드, 이어서 리버풀의 성공회 복음주의자 주교 J. C. 라일의 글을 탐독했다. 이 과정에서 교리의 중요성을 인식했다. 특히 칼뱅주의 개혁파 교의를 성경에 가장 가까운 교리 체계로 확신하게 되었다. 그렇다고 그가 과거의 유산에만 머물러 있었던 것은 아니다. 당대 주요 신학자 에밀 브루너와 칼 바르트의 글도 많이 읽었고, 옥스퍼드의 뱀턴 강연Bampton Lectures과 스코틀랜드의 네 개 대학(에든버러, 세인트앤드루스, 애버딘, 글래스고)이 주최한 기퍼드 강연Gifford Lectures에 발표된 강연문을 꾸준히 읽으며 현대 신학의 흐름을 살폈다.

의사의 길을 떠난 후에도 여전히 존경의 의미로 '독터'Doctor로 불린 목사 로이드 존스의 목회 경력은 공간과 시간을 기준으로 크게 둘로 나뉜다. 제1기는 1927년부터 1938년까지 약 10년 동안 웨일스 남부 애버라본Aberavon에서, 제2기는 1938년부터 1968년까지 30년 동안 잉글랜드 런던에서 이루어졌다. 로이드 존스의 첫 목회지는 남부 웨일스의 쇠락한 탄광 도시 애버라본의 한 선교 교회였다. 웨일스 장로교회(칼뱅주의 감리교회)가 주도한 전진운동Forward Movement 관리하에 있던 이 교회는, 한때 탄광 노동자의 열악한 처우 개선을 위한 사회복음을 강조했다. 그러나 이 교회가 복음의 사회적 측면에만 집중하다 죄 사함과 구속, 회심이라는 기독교의 핵심 신앙을 상실했다고 판단한 로이드 존스는, 강력한 전도와 복음 설교로 교회의 체질을 완전히 바꾸어 놓았다.

웨일스에서 복음주의 강해 설교자로 사역한 11년간 로이드 존스의 명성은 런던을 포함한 영국 전역으로 퍼졌다. 당대 영국에서 가장 영향력 있는 비국교회 목회자 중 하나였던 캠벨 모건Campbell Morgan의 은퇴를 약 5년 남겨 놓은 런던 웨스트민스터채플이 모건의 후임을 염두에 두고 그를 부목사로 청빙했다. 부목사와 동사목사를 거친 후, 그는 1943년에 단독 담임목사가 되었다. 이때 이후 그가 웨스트민스터채플 강단에서 전한 연속 강해 설교들은 생전과 사후에 거의 모두 책으로 출간되었고, 한국어를 비롯한 여러 나라 언어로 번역되어 전 세계에서 널리 읽혔다.

런던 목회 시기에 로이드 존스는 한 지역 교회 담임 교역자를 넘어, 영어권 세계 전체의 복음주의 지도자로 부상했다. 웨일스 목회 시기 말기인 1935년이 의미 있는 기점이었다. 이 시기부터 로이드 존스는 웨일스와 칼뱅주의 감리교단을 넘어, 영국 전역과 영어권 복음주의 전체에 영향을 끼치기 시작했다. 영국 복음주의 지성을 이끄는 대표적인 청년 학생 조직인 기독학생회IVF 및 연관 단체들에 지도자로 참여하기 시작한 것이다. 1939년부터 1942년까지 3년간, 이어서 1952년에는 영국 기독학생회 대표를 역임하기도 했다. 1947년부터 약 20년간 IVF의 국제 조직인 IFES에서도 여러 차례 의장과 회장을 역임했다. 기독학생회는 성공회 복음주의 조직으로 시작했기에 보수적이지만 극단적이지 않은 온건한 지적 복음주의 성향이었는데, 여기에 로이드 존스의 영향으로 성경에 대한 철저한 믿음을 기초로 삼는 교리와 설교라는 특징이 가미되었다.

1941년 웨스트민스터 목회자회 태동, 1945년 런던 복음주의 도서관 개소, 1950년 청교도대회 시작, 1957년 배너오브트루스 Banner of Truth 출판사 설립, 1977년 런던신학교 개교 등은 종교개혁, 청교도, 복음주의 부흥에 대한 로이드 존스의 개인적인 관심을 영국 교계에 확산하고자 한 의지의 표현이었다. 이런 모임과 조직을 통해 비국교도 독립교회 복음주의자였던 그는 잉글랜드국교회(성공회)와 스코틀랜드국교회(장로회)에 속한 복음주의자들과 광범위하게 교류하며 영향을 끼쳤다. 그의 공식 은퇴는 거의 70세에 이른 1968년에 있었다. 그러나 1981년에 사망할 때까지 여러 교회를 순회하

며 설교했고, 말로 전했던 설교를 글로 출간하는 작업도 지속했다.[1]

설교자

81년 3개월을 의사로, 목회자로, 복음주의운동 지도자로, 신학자와 저자로 살았지만, 로이드 존스에게 가장 중요한 유산은 바로 설교자로서의 정체성이다. 그는 생전에도, 사후에도 자주 당대 '기독교 세계에서 가장 위대한 설교자'로 묘사되었다. 그의 설교의 특징은 설교를 직접 듣거나 읽어 보아야 느낄 수 있다. 그러나 그 스스로 자신의 설교 이해와 이론을 체계적으로 정리한 『설교와 설교자』 *Preaching & Preachers*도 그의 설교관을 이해하는 데 유익하다.

로이드 존스는 16세기 종교개혁 이래, 지속해서 몰락하던 설교의 위치를 제 위치로 회복시키려는 노력에 크게 공헌했다. 따라서 역사상 가장 위대한 설교자 중 한 사람으로 평가받아야 한다. 목회자로서, 신학자로서, 복음주의운동가로서도 위대했지만, 그 스스로가 주장했듯, 모든 개신교 목회자의 가장 큰 영광은 바로 하나님의 말씀을 맡은 자로서의 설교자가 되는 것이었다.

로이드 존스는 구약 예언자의 비관적이고 종말론적인 유산과 신약 사도의 교리 강론 유산을 잘 조화시킨 가장 이상적인 설교자였다. 그의 가슴에는 이스라엘 백성들의 죄악상을 눈 뜨고 볼 수 없어서, 죄와 심판과 회개와 은혜를 온몸으로 절규하며 외친 구약 선지자의 불덩어리가 타올랐다. 한편 그의 두뇌에는 그리스도의 성육신과 십자가 죽음과 부활과 재림의 의미를 체계적으로 풀어 설명하고 설득하는 사도의 이성, 특히 사도 바울의 논리가 자리하고 있었다.

그래서 그는 설교를 '불붙은 논리'logic on fire라고 표현했다. 아마도 로이드 존스의 설교 신학을 가장 잘 반영하는 어구일 것이다. 하나님의 말씀을 차가운 이성의 논리로 최대한 풀어서 설명하지만, 그 논리가 성령의 불 위에서 타오르고 있다면, 이를 듣는 신자에게는 뜨거운 감동과 삶의 변혁을 체험하지 않을 도리가 없다. 로이드 존스를 가장 닮은 한국인 설교자 박영선의 표현을 빌자면, "복음의 본질을 흔드는 위협 앞에서도 하나님의 주권을 강조하며 일관되게 하나님을 편들어 온 그의 설교"[2]야말로, 그가 책임지고 인내한 그 정체성을 형성한 유산이었다.

18세기 복음주의

로이드 존스는 자신을 1730-1740년대 영국과 영국령 북미 식민지에서 발흥한 18세기 부흥운동의 후계자로 자처했다. 특히 그는 흔히 1차 대각성이라 불리는 이 운동의 칼뱅주의 계보의 후계자였다. 18세기 1차 대각성의 주역인 감리교의 웨슬리 형제와 조지 횟필드, 회중교회의 조나단 에드워즈, 장로교회의 테넌트 가문, 네덜란드계 개혁교회의 시어도어 프렐링하이젠 등은, 교회에 소속되어 있는 '교인'affiliated Christians이라는 것과 진짜 '신자'believers인 것은 전혀 별개의 문제라 주장했다. '회심'conversion, 혹은 당대의 표현대로, '신생'new birth은 모든 교인이 반드시 경험해서 새로 태어나야 하는 개인적 사건이었다. 앞에서 언급했듯이, 어린 시절부터 부모와 함께 이 전통을 강조하는 교회에 출석했지만 그가 명목상 교인의 범주를 벗어나 진짜 신자가 된 것은 회심을 개인적으로 경험한 이후였다.

특히 이 회심 경험이 인간의 자발적 선택, 인위적인 개입이나 조작, 혹은 정교하게 조직된 프로그램으로 조장된다고 믿지 않았다는 점에서, 로이드 존스는 18세기 웨슬리 형제나 19세기 찰스 피니의 아르미니우스주의와는 달리 휫필드와 에드워즈, 테넌트, 프렐링하이젠으로 대변되는 칼뱅주의적 부흥주의, 즉 개혁신학에 근거한 부흥 신앙을 따른다.

그가 일생 그토록 강렬하게 사모하고 주창했던 부흥은 이 18세기 복음주의운동에 대한 그의 관심에서 비롯되었으며, 그의 성령론이 17세기 정통 개혁주의 전통의 소위 성령 은사 및 성령 세례 중단론과는 다른 구도를 따른 것도 이 운동의 유산이다. 이 점에서 그는 18세기 유형의 신파 칼뱅주의 전통을 따랐지만, 이 전통은 감정주의 및 행동주의로 연결될 수 있는 거의 모든 신앙 경험을 의심한 17세기 칼뱅주의의 '구파 정통주의'Old School Orthodox와는 결이 다르다.

웨일스 칼뱅주의

로이드 존스의 생애나 사역을 연구한 학자나 전기 작가들은 그의 웨일스 정체성을 지나치다 싶을 만큼 강조한다. 로이드 존스가 자신의 웨일스 칼뱅주의 감리교 유산에 일생 집착하고, 휴가는 무조건 웨일스로 가고, 런던에 정착한 이후에도 웨일스어를 여전히 가정과 일부 교회에서 사용하고, 전국적이고 세계적인 유명 인사가 된 후에도 설교 및 강연 여행을 웨일스를 중심으로 다닌 것을 보면, 웨일스에 대한 애정과 긍지는 확고부동했던 것 같다. 역사가이자 BBC 방송인, IFES 활동가였던 로이드 존스의 외손자 크리스토퍼 캐서우드 역시 할아버지의 웨일스 정체성을 강조했다. 그는 위대한 지식인인 동시에 불과 같은 감성을 지닌 인간이라는 희귀한 결합이 전형적인 웨일스 정체성과 연관이 있다고 설명했다.[3]

이런 비주류, 분리주의, 독립적 민족주의를 강조하는 웨일스 정신은 그가 런던에서 목회하면서, 영국 기독교에서 가장 중요한 복음주의 단체인 IVF와 관계를 맺는 대목에서도 확연하게 드러난다. 영국 기독교 역사에서 IVF는 복음주의를 대표하지만, 한편으로는 잉글랜드와 성공회 내부의 복음주의자를 중심으로 조직된 기관이었다. 반면 SCM은 진보적인 자유주의 학생·청년 조직이지만, 주로 국교인 성공회가 아닌 다양한 배경의 비국교도를 중심으로 조직된 운동이었다. 로이드 존스는 신학적으로 보수적인 복음주의에 속한 인물이었지만, IVF의 복음주의운동을 잉글랜드인 성공회 복음주의자들이 주도하는 것에 불편해했다. 물론 표면적으로 그가 내세운 이유는 더 철저하게 '성경의 무오성'을 주창하지 않는 IVF의 신학 입장에 대한 불만이었지만, 웨일스인 특유의 비주류 저항 정신과 그의 IVF 활동 중지는 깊은 관계가 있음에 분명하다.

웨일스 민족, 언어, 문화 정체성도 로이드 존스를 규정하는 중요한 요소지만, 웨일스 신학도 그의 정신을 지배한 사상이었다. 시간이 갈수록 폭이 넓어지기는 했지만 일생 말년까지도 그에게는 웨일스 칼뱅주의 신학이 새로운 사상을 판단하는 기준이었다. 그러나 웨일스에 대한 로이드 존스의 애착과 영향력도, 로이드 존스에 대한 웨일스인들의 애정도 사실상 이중적이었다. 웨일스의 모든 교회가 칼뱅주의 감리교회인 것도, 모든 웨일스 기독교인이 복음주의자인 것도 아니었기 때문이다. 오늘날 웨일스 기독교와 복음주의 내에 분열된 계파가 여럿 있는데, 이 분열에 로이드 존스가 기여한 몫도 적지 않다.[4]

현대주의-근본주의 논쟁

18세기 대각성 유산과 웨일스 정체성이 20세기 초 근본주의 유산과 만난 것이 로이드 존스의 교회론을 결정지은 중요한 요인이었다. 로이드 존스는 1899년에 태어나 1981년에 사망했다. 20세기 거의 전체를 살았던 로이드 존스 시대에 세계기독교의 지형도를 그리는 데 가장 큰 영향을 끼친 사건은 1890년대에 태동해서 1920년대에 정점에 이르렀다가 오늘날까지도 그 그림자를 진하게 드리우고 있는 현대주의-근본주의 논쟁Modernist-Fundamentalist Controversy이다. 실제로 이 시기 이후 전 세계 개신교회는 크게 두 진영으로 나뉘어, 이따금 상호 교감하는 경우를 제외하면 철저하게 이원화된 분열의 길을 걷고 있다.

로이드 존스가 설교, 강연, 글에서 하는 주장 대부분이 내용상 역사적 개신교의 유산을 충실히 반영하고는 것 같으면서도, 성향과 태도 면에서 전투적이거나 분리주의적으로 느껴지는 이유가 바로 이 근본주의 유산 때문이다. 민족적으로 비주류인 웨일스인의 유산에 더하여, 정규 신학교 교육 대신 독학으로 자기 신학을 형성한 경험도 중요했다. 같은 보수 신학을 공부하더라도, 체계적인 정규 신학 교육을 통해 틀을 형성하는 것과 독학으로 선택적 취식만 한 결과는 다를 수밖에 없다.

로이드 존스가 교회론적 분리주의자의 모습으로 가장 뚜렷하게 드러난 사건은 1966년 10월 런던에서 열린 전국복음주의자회의 National Assembly of Evangelicals 제2차대회에서 일어났다. 성경에 제시된 복음적 교리에 충실한 복음주의자들에게 자유주의적 소속 교단을 떠나 복음주의들만의 연대를 만들자고 호소한 로이드 존스의 연설은, 그 호소의 진짜 의미와 의도가 뭔지, 신학적 타당성과 실천적 가능성이 있는지 등 엄청난 논쟁을 야기했다. 진짜 의도가 무엇이었든, 영국 복음주의의 주류였던 성공회 복음주의 진영을 이끌던 존 스토트, 제임스 패커 등의 지지를 받지 못한 로이드 존스는 이후 영국 복음주의 내에서 영향력을 크게 상실했다. 1967년에 그의 주도 하에 설립된 영국복음주의협회 BEC는 성공회나 다른 주류 교단 바깥에 있는 분리주의적 복음주의자가 연합한 소수파 조직이었다.[5]

그렇다고 해서 그를 미국에서 특히 강했던 전형적인 반지성적, 반사회적 근본주의자 집단의 일원으로 규정하기는 어렵다. 영국에서는 미국에서와 같이 근본주의가 강력한 반사회적 대안 집단으로 부상하거나, 혹은 정치와 결탁하면서 대사회적 영향력을 과시하려 한 경우가 거의 없었기 때문이다. 그러나 로이드 존스가 영국 내에서 자기 확신적 고립주의 유산을 형성하기에 적합한 배경을 두루 지녔음은 분명해 보인다.

3. 존 스토트

존 스토트John Robert Walmsley Stott, 1921-2011를 수식하는 말은 아주
많다. 마틴 로이드 존스와 함께 '20세기 영어권 최고의 설교자'로 자
주 꼽힌다. 빌리 그레이엄과 함께 '20세기 세계 복음주의의 세계화
와 확산을 이끈 지도자'라는 평가도 유명하다. 제임스 패커와 더불
어(사실은 그보다 훨씬 많이) '20세기에 가장 많이 판매된 기독교 베스
트셀러들을 쓴 저자'이기도 하다. 칼 헨리와 함께 '20세기 복음주의
를 고립된 게토에서 공적 영역으로 끌어내어 자신감을 갖게 만든 인
도자'라는 수식어도 가능하다. 이외에도 세계 성공회 복음주의의 대
변자, 전 세계 기독 청년 학생의 대부, 전 세계 개신교 목회자 및 사
역자들의 멘토, 영국에서 가장 영향력 있는 복음주의 성공회 교회
의 주임사제, 세계선교운동의 방향을 조정한 항해사, 여왕의 사제
등으로 불린다. 뿐만 아니라 2005년에 시사 주간지 「타임」Time은 그
를 '세계에서 가장 영향력 있는 인물 100인' 중 하나로 선정했으며,[1]
BBC는 그의 사망 부고 기사에서, 만약 개신교에도 가톨릭처럼 교

황이 있다면 그 자리에 가장 어울리는 인물은 존 스토트라고 했다.[2] 물론 격의 없는 편안함을 사랑한 스토트는 그 자리를 거절했을 것이다. 교황 같은 추앙을 받았지만, 교황 같지 않은 소박한 삶으로 후대의 가슴에 남은 존 스토트의 유산을 살펴보자.

목회자

존 스토트는 세계 무대를 누볐지만 그를 더 빛나게 하는 것은 그가 한 지역교회에서 최선을 다해 목회한 진실한 목회자였다는 사실이다. 존 스토트가 지적이면서도 동시에 정서적으로 안정된 목회자가 된 데는 몇 가지 중요한 배경과 요인이 있었다. 먼저, 그의 가정환경이었다. 1921년에 존 스토트를 낳은 부모는 아들의 안정감과 따뜻한 성품의 요체였던 것 같다. 아버지 아놀드 스토트는 1차대전 당시 영국군 의무부대 소령으로 복무했고, 런던 웨스트민스터병원에 심전도검사 학부를 개설한 저명한 의사이자 학자였다. 할리스트리트 58번지에 진료실 겸 집을 가진 그는 노년에는 왕실 의사가 될 정도로 실력을 인정받은 인물이었다.

아버지보다 다섯 살 연상인 어머니 릴리 스토트는 독일인 모친에게서 태어났기에, 독실한 루터교 신자로 자랐다. 어머니는 존보다 각각 아홉 살, 두 살 많은 두 딸 조애나와 조이, 그리고 막내인 존을 신앙으로 길렀다. 가족이 다니기로 한 교회는 랭엄플레이스에 위치한 성공회 올소울즈교회였다. 아버지는 별로 신앙이 없어서 거의 교회에 출석하지 않았지만, 나머지 가족은 열심히 다녔다. 이 교회가 바로 스토트 가족의 모교회로, 나중에 이 교회 목회자가 되는 스토트는 일평생 한 교회에만 정식 등록한 '한 교회의 사람'이 되었다.

신앙의 유산은 어머니로부터 물려받았지만, 세상에 대한 따뜻한 관심을 물려준 이는 아버지였다. 그는 과학이 세상을 더 낫게 해준다고 확고히 믿은 인본주의자였다. 그러나 동시에 열정적인 자연주의자이기도 해서 음악, 우표 수집, 제물낚시, 와인 수집, 곤충 채집, 식물 관찰을 즐기면서, 아들을 이 취미에 끌어들였다. 존은 우표와 와인에는 관심이 없었지만, 음악과 곤충에 대한 애정은 나중에 새에 대한 더 큰 애정으로 발전했다.

8살에 존은 글로스터셔 소재 오클리홀기숙학교에서 학생회장을 역임하고 졸업한 후, 1935년에 명문 사립 기숙학교 럭비스쿨 Rugby School에 장학생으로 입학했다. 아버지의 모교이기도 했던 이 학교에서 존은 오케스트라 첼로 주자로 활약했고, 채플 성가대 솔로 주자로도 봉사했다. 여름방학에는 독일과 프랑스에서 언어를 배웠는데, 이는 아버지가 아들을 외교관으로 키우기 원했기 때문이었다. 15살인 1936년 성공회에서 견진을 받고 입교 신자가 되기는 했지만, 이 시기까지도 그에게 종교는 큰 관심사가 아니었다.

신앙에 별로 관심이 없던 존은 에릭 내시 Eric John Hewitson Nash 와의 만남을 통해 변했다. 럭비스쿨에 다니던 1938년 2월, 그는 감정에 치우치지 않은 뚜렷하고 의식적인 회심을 경험했다. 배시 Bash라는 애칭으로 널리 알려진 내시는 성공회 복음주의 사제이자 성서유니온 소속 사역자로, 영국 내 상위 30개 명문 사립 기숙학교(영국에서 public school은 공립이 아니라 기숙형 사립학교) 학생들을 대상으로 선교한 인물이었다. 내시의 사역을 통해 영국 개신교, 특히 성공회를 이끄는 복음주의 지도자 다수가 배출되는데, 존 스토트도 그 열매 중 하나였다. 스토트는 학교에서 공부 외에도 연극, 연설 등 과외 활동에서 두각을 드러내며 학생 대표에까지 선출되었지만, 자신이 성공회 목회자 소명을 받았다고 확신했다. 신앙이 별로 없었던 데다 아들이 외교관이 되기를 바랐던 아버지와는 극심한 갈등에 시달릴 수밖에 없었다.[3]

럭비스쿨 졸업 후 스토트는 케임브리지대학 트리니티칼리지에서 프랑스어와 독일어를 중심으로 언어를 전공한 후, 이어서 신학을 공부했다. 두 전공 모두에서 최우등 성적을 받고 학사와 석사학위를 취득했다. 이 시기에는 케임브리지기독학생연합Cambridge Inter-Collegiate Christian Union, CICCU에서 활동했다. 세계 대학생 선교 단체의 시조로서 1877년 설립된 CICCU는 1928년에 옥스퍼드의 OICCU 및 다른 대학 조직들과의 연합을 통해, 기독학생회Inter-Varsity Fellowship, IVF로 재탄생했다. CICCU 활동과 에릭 내시를 도와 배시캠프Bash Camp 운영에 참여한 일은 그가 목회 후보자로 준비되어 가는 과정이었다.

대학 졸업 후 그는 케임브리지 소재 성공회 신학교 리들리홀에 입학해 목회자 교육을 받았다. 1881년에 설립된 리들리홀은 헌장에 복음주의 신학교라는 명시가 있었음에도, 스토트가 다니던 당시에는 신학적으로 훨씬 자유로운 성향의 교수가 적지 않았다. 성경의 신뢰성에 대한 의문이 팽배한 이런 분위기가 오히려 스토트를 더 자극했다. 그는 이 상황이 자신이 더 철저한 성경 연구를 통해, 오히려 성경에 내재된 일관되고 신뢰할 만한 논리를 찾아낼 수 있게 만든 '영적 광야'였다고 고백한 바 있다.[4]

신학 공부를 끝낸 후 1945년 12월에 스토트는 성공회 부제로 안수를 받았다. 그의 첫 사역지는 모교회 랭엄플레이스 올소울즈교회였다. 당시 이 교회의 교구사제는 해럴드 언쇼 스미스였다. 스미스도 복음주의 성공회 사제였다. 영국의 대표적인 연례 사경회인 케직사경회 강사로도 활약한 그는 1936년부터 올소울즈에서 사역하면서, 전시 공습 기간에도 지하 방공호에서 겁에 질린 시민을 위로하는 사역을 한 성실한 사역자였다. 스토트는 "나는 그분의 구두라도 기꺼이 닦았을 것"이라 말할 만큼 언쇼 스미스를 존경했기에, 그를 통해 복음주의 설교와 목회를 잘 배웠다. 또한 올소울즈교회는 복음 전파의 전략적 요충지에 자리 잡은 교회이기도 했다. BBC 방송국이 바로 옆에 있었고, 병원과 상점, 기업체가 즐비한 곳이었다. 그러나 놀랍게도 언쇼 스미스는 59세라는 비교적 젊은 나이에 수면 중에 갑작스러운 심장성 천식으로 급사했다. 1950년 3월이었다.[5]

올소울즈는 총리의 조언을 받아 왕실이 교구사제vicar를 임명하는 전통대로 왕실은 29세의 스토트를 교구사제로 임명했다. 후임자가 너무 젊고 경험이 부족하다는 일부 교인의 우려에도, 그는 훌륭한 설교자, 능력 있는 행정가, 가난한 이들과 청년 및 어린이를 위한 사역자로 인정받았다. 교구사제가 된 후 스토트는 기도, 강해 설교, 정기 전도, 새 신자 제자 훈련, 평신도 지도자 훈련을 교회의 우선순위로 삼고 전략적으로 목회했다. 특히 교구사제 시기에 그는 건실한 목회와 탁월한 강해설교를 하는 젊은 복음주의 성공회 목회자로 명성을 얻었다.[6]

명성이 높아지면서, 국내·북미·오세아니아·남아프리카 등지에서 열린 IVF를 비롯한 청년·학생집회, 케직사경회, 복음주의연맹, 성서유니온, 티어펀드, 어바나 대회 등에서 강사로 초빙되거나 임원으로 봉사하는 일이 많아졌다. 그 결과, 그는 교구사제가 된 지 20년째 되는 1970년에 교구사제직을 마이클 본에게 위임했다. 스토트는 일상 목회의 의무를 경감받은 교구담임사제rector가 되어 외부 사역에 한층 매진할 수 있게 되었다. 1975년에는 은퇴사제로서 명예직만 유지할 수 있게 되자, 이후 30년간 전 세계를 교구로 삼는 인생의 제2막을 시작했다.

BBC 복음주의자

한 지역 교회 목회자였던 존 스토트가 세계의 지도자가 된 것은 그가 전도집회나 사경회에서 설교하며 복음주의 신앙운동을 확산시켰기 때문만은 아니다. 이 확산된 복음주의 공동체가 어떤 신앙과 실천을 그 공동체의 핵심 강령으로 삼아야 하는지 일종의 매뉴얼을 제공한 인물이 스토트였기 때문이기도 했다. 스토트의 복음주의는 그 자신이 자주 언급한 대로, 영국 공영 방송국의 이름을 따서 주로 BBC로 불린다. 'Biblically Balanced Christianity'(또는 Biblical and Balanced Christianity), 즉 성경적으로 균형 잡힌 기독교(성경적이고 균형 잡힌 기독교)였다.

스토트의 복음주의 신앙이 자란 모판은 이미 언급한 대로 럭비 스쿨 시절 배시와의 만남이었다. 스토트가 자신이 회심했다는 내용의 편지를 배시에게 보낸 후, 배시는 이후 5년간 매주 한 통씩 스토트에게 기독교 교리나 신앙 훈련, 훈계 등을 담은 장문의 편지를 보냈다. 배시의 여름 캠프에 참여하면서 그를 도운 일도 스토트가 복음주의 신앙을 형성하는 데 큰 도움을 주었다. 케임브리지 CICCU에서 강조한 그리스도의 십자가, 속죄 및 이신칭의 등의 정통 교리도 그를 복음주의자로 만들었다. 리들리홀에 다니면서 복음주의 신앙의 내적 일관성을 발견한 것도 중요한 요인이었다. 스토트는 이런 형식적인 과정 이외에, 자신이 복음주의 신앙의 핵심이라 할 수 있는 '회심'을 경험하게 된 과정을 내밀하고 개인적인 언어, 즉 아주 전형적인 복음주의의 언어를 통해 고백한다. 천국의 사냥개가 바울이나 아우구스티누스, 맬컴 머거리지, C. S. 루이스를 추적했듯이, 자신도 그 사냥개의 추적을 받았다고 말이다. 그는 그리스도가 직접 찾아오셔서 문을 두드렸을 때, 자신이 그리스도께 끌린 두 가지 방식 중 하나가 하나님으로부터의 소외감, 두 번째가 자신의 패배감이었다고 한다. 그러나 그 두 감정 속에서 마음의 문을 꽁꽁 닫고 있던 자신에게 그리스도는 지속적으로 문을 두드려 결국 마음 문을 열었다고 고백한다.[7]

그가 일개 교회의 사역자 범위를 넘어, 처음에는 영국 복음주의권, 이후에는 미국을 포함한 세계 복음주의권의 지도적 인물로 부상하기 시작한 시기는 1955년 이후였던 것 같다. 이 과정은 1945년 이후 영국 복음주의 진영 전반의 흐름 속에서 파악해야 한다. 역사가 브라이언 스탠리에 따르면, 전후 영국 복음주의에는 미국에서와 같이 극단적으로 보수적이고 분리적인 성향을 가진 근본주의자가 거의 없었다. 영국의 교파 지형은 미국만큼 다채롭지 않았고 개교회적이지 않았기에, 의견이 다르다고 해서 교단을 바로 뛰쳐나가 새로운 교파나 회중을 설립하는 경우도 많지 않았다. 따라서 '복음주의자'

라는 용어 자체도 영국에서는 대체로 미국보다 더 느슨하게 정의되었다. 주로 성경의 권위를 강조하며, 그러므로 바로 그 성경이 명령하는 대로 전도에 우선순위를 두는 공동체를 지칭하는 정도였다.

그러나 2차대전 이후에 이 느슨한 연대에 좀 더 분명한 색깔과 경계를 규정해야 하는 현실이 찾아왔다. 하나는 잉글랜드국교회, 즉 성공회 내부의 일부 진보적 복음주의자 그룹이 뚜렷한 자유주의 성향으로 이동하면서, 자신들을 더 이상 복음주의자라 지칭하지 않게 된 현상이었다. 이로써 성공회 복음주의 왼쪽의 한 영역에 자리매김하던 집단이 사라졌다. 또 하나는 미국 복음전도자 빌리 그레이엄의 영국 런던 해링게이 집회(1952-1954)와 케임브리지 집회(1955)가 준 충격이었다. 당시 미국에서 전국구 부흥사로 떠오른 빌리 그레이엄은 원래 미국 남부 근본주의 배경 출신이었다. 그가 근본주의자가 아닌 다른 진영의 기독교인과도 관계를 확장한다는 이유로, 미국 근본주의 진영의 비난이 쏟아졌다. 그러나 반대로, 영국에서는 그레이엄이 전형적인 미국식 근본주의, 분파주의, 인기 영합주의를 추구하는 인물로 비판받았다.

이 때문에 영국 복음주의자가 빌리 그레이엄과 연대할 수 있는지, 할 수 있다면 어떤 방식으로 할 수 있는지가 논란거리였다. 이 논란에 스토트가 끼어든 것이 1955년으로, 그는 그해 11월과 이듬해 5월에 잡지 「크루세이드」*Crusade*에 글을 실었다. 여기서 그는 신앙의 근본을 붙든다는 의미에서의 근본주의를 지지하고 인정하므로 빌리 그레이엄 사역을 지지하지만, 미국식 근본주의의 과장, 이벤트성, 반지성주의, 반문화주의에는 반대하는 복음주의를 지향한다고 밝혔다. 이 두 기고문이 1956년 소책자 『근본주의와 전도』

Fundamentalism and Evangelism[8]로 재출간되었다. 이 책이 스토트를 무대 전면에 등장시킨 계기를 만들었고, 이후 그는 "영국판 신복음주의의 가장 영향력 있는 설계자"가 되었다.[9]

이렇게 무대에 등장한 스토트의 복음주의, 즉 BBC 복음주의의 특징은 비교·대조의 방식으로 설명하면 더 분명해질 것이다.

첫째, 빌리 그레이엄을 대표로 하는 미국 복음주의와의 차이. 나이가 비슷했던 스토트(1921년생)와 그레이엄(1918년생)은 서로를 아끼고 존경하고 협력한 특별한 친구였다. 1946년부터 영국에서 집회를 인도한 그레이엄이 1952년에 세계복음주의연맹WEA의 초청으로 런던 해링게이에서 2년간 연속 집회를 연 이후, 두 사람은 절친이 되었다. 그레이엄은 집회가 없는 날에 스토트의 교회에서 예배하거나 성찬에 참여했고, 스토트는 교인들과 함께 그레이엄 집회에 꾸준히 참석했다. 마지막 해링게이 집회에는 한 번에 12만 명이 모였다. 영국 역사상 한 자리에 가장 많은 청중이 모인 신앙집회였다.

영국의 교회가 비어 가는 와중에 그레이엄의 집회에 이토록 사람이 많이 모이는 이유가 무엇이냐는 질문에, 스토트는 "빌리는 이 사람들이 지금껏 보아 온 사람들 중 가장 투명하고 신실한 설교자"였기 때문이라고 대답했다.[10] 그레이엄은 1955년 11월의 케임브리지 집회가 끝난 후 스토트에게 쓴 편지에서 이렇게 말했다. "우리 두 사람은 아직 젊어요. 많은 사역이 우리 앞에 기다리고 있어요. … 웨슬리와 휫필드의 우정처럼 우리도 그분께 쓰임 받기를 바랍니다. 이렇게 짧은 시간을 만나면서 당신처럼 사랑하고 존경하게 된 사람은 별로 없었답니다. 케임브리지에서 해준 모든 일에 진심으로 감사드립니다."[11]

이런 우정에도 스토트는 그레이엄이 대변한 미국식 복음주의의 전반적인 대중 영합주의, 상업주의, 반지성주의, 사회 문제에 무관심한 태도와는 선을 그었다. 예컨대 1974년 로잔 대회의 성격을 둘러싸고 벌어진 논의가 대표적이었다. 1966년 베를린 전도대회의 후속 대회를 전 세계 규모로 방대하게 열자는 그레이엄의 제안에, 스토트는 이 대회가 이벤트성 집회가 아니라 충분히 준비된 학술 대회가 되어야 한다는 의견을 피력하며 참가를 주저했다. 스토트의 견해는 당시 영국 복음주의자 전반의 의견을 대변했다. 또한 대회의 최종 결과로서 로잔언약이 복음전도와 함께 사회참여를 기독교인의 실천의 양 날개로 규정한 것도 이런 차이를 보여준다. 당시 북미, 특히 미국 복음주의자들은 이런 주장이 개신교 에큐메니컬 진영이나, 가톨릭 해방신학의 영향으로 인한 것이라며 크게 우려를 표했다. 그러나 스토트는 성경의 원리는 인간의 영혼과 교회뿐만 아니라, 사회의 모든 영역과 광범위한 도덕 이슈에도 같은 무게로 적용되어야 한다고 믿었다. 이 점에서 스토트의 BBC 복음주의는 그레이엄의 것보다 훨씬 포괄적이고, 전인적이고, 총체적이었다.[12]

둘째, 마틴 로이드 존스를 대표로 하는 영국 비국교도 개혁파 복음주의와의 차이. 1899년생인 로이드 존스는 스토트보다 22살이 많았으므로 사실상 로이드 존스가 스토트보다 한 세대 앞선 선배였다. 둘은 서로를 존경하고, 설교와 강연, IFES 사역을 통해 영국 복음주의의 부흥에 함께 했지만, 교회론에서 강조점이 달랐다. 결정적인 계기는 이미 언급한 대로, 1966년 10월의 제2차 전국복음주의자회였다. 영국의 두 주요 복음주의 진영의 갈등은 1967년 4월 킬Keele에서 열린 전국복음주의성공회대회National Evangelical Anglican

Congress와 이 대회 직후 탄생한 킬 성명서Keele Statement를 통해 논란에 종지부를 찍었다. 이 대회에서 스토트, 패커, 마이클 그린, 필립 휴즈 등이 이끄는 성공회 복음주의자 1,000여 명이 자신들은 분리주의를 지향하지 않는다는 선언을 명확히 하고, 동시에 복음의 사회적 측면도 강조했다. 이로써 스토트가 대표한 잉글랜드 성공회 복음주의는 분파적 고립주의를 피하고, 교회의 공교회성과 일치, 사회적 책임을 강조하는 개방적이고 참여적인 복음주의로 자리매김했다.[13]

셋째, 성공회 내부 고교회 및 광교회와의 차이. 스토트는 일평생 성공회 신자이자 사제였음에도, 성공회 정체성에 크게 집착하지 않았다. 그는 1980년대에 다음과 같이 말한 적도 있다.

> 가장 먼저 저는 하나님의 순전한 자비하심으로 예수
> 그리스도를 따르는 그리스도인입니다. 그다음으로 저는
> 복음주의 그리스도인입니다. … 셋째로, 저는 성공회 복음주의
> 그리스도인입니다. 제가 속한 역사적 전통과 교파가 성공회이기
> 때문입니다. 그렇지만 교파주의를 변호하기는 어렵기 때문에, 저는
> 성공회를 가장 먼저 내세우지 않습니다. 제 생각에는, 어떤 사람을
> 복음주의 '성공회' 교인이라고 하기보다는 성공회 '복음주의자'라고
> 부르는 편이 더 옳은 것 같습니다.

그는 자신의 기독교 정체성의 순서를 그리스도인, 복음주의자, 성공회 신자 순으로 두었다. 이 점에서 성공회 내부의 고교회파Anglo-Catholics, 광교회파Liberals보다도, 성공회 바깥의 복음주의자와 더 친밀감이 높았다. 그럼에도 스토트가 성공회 신자였다는 점이 그

의 복음주의가 띠게 될 색깔을 예측할 수 있게 해주었다고도 할 수 있다. 성공회 특유의 중도성, 즉 유연성과 공존을 강조하는 에큐메니컬 정신 때문에, 고교회파가 성공회를 이탈해 가톨릭으로 가지 않듯, 광교회파가 성공회를 이탈해 자유주의 교단을 만들지 않듯, 저교회파 복음주의자인 스토트와 그의 동료들도 로이드 존스의 요청을 따르기를 거부한 것이다.

넷째, 르네 파디야가 대표하는 남미 복음주의와의 차이. 주로 전도와 영혼 구원을 우선순위로 두는 복음주의는 대체로 정치·사회 문제에 소극적이다. 그러나 19세기 복음주의 2차 대각성이 영적 해방으로서의 회심, 부흥, 전도라는 영역에 제한되어 있던 구원 개념을 억압받고 소외되고 핍박받는 흑인, 여성, 고아와 과부, 이민자, 문맹자, 노동자의 사회적 해방으로 확대 적용한 전례가 있었다. 바로 이런 이유로 1947년 이래 미국 신복음주의운동의 지도자 칼 헨리는 『복음주의자의 불편한 양심』을 통해 복음주의 사회참여 지향성의 역사적 유산을 소환한 바 있었다. 그러나 헨리가 주로 애통해했던 미국 근본주의 및 복음주의 전통과는 달리, 영국의 두 국교회인 잉글랜드 성공회와 스코틀랜드 장로회에서는 교회와 세속과의 관계가 밀접히 연결되어 있었다. 따라서 미국식 정교분리 제도는 영국에서는 낯선 전통이었다.

이런 이유로, 로잔 대회에 초대받은 남미 복음주의자들이 대회에서 급진적 제자도에 근거하여 정치 상황에 적극적인 목소리를 내자고 요청했을 때, 미국 지도자들은 화들짝 놀라며 진의를 의심했다. 이와는 달리, 스토트를 비롯한 영국 복음주의자들은 그 요청을 진지하게 고려했다. 남미 급진 복음주의 지도자 르네 파디야는 그

일을 평생 잊지 못했던 것 같다.

> 하나님께서는 존을 로잔 1차 대회의 핵심 인물로 사용하셨다. 나는
> '복음전도와 이 세상'이라는 주제에 대한 회의에서 발제를 하도록
> 초청받았다. 거기서 나는 복음주의자들이 주의 깊게 검토해야
> 한다고 믿은 여러 이슈들, 즉 생활 방식의 문제, 교회 성장을 위한
> '종족 단위 원리' 채택의 문제, 복음과 문화의 관계, 복음전도와
> 사회적 책임의 관계와 같은 이슈를 제기하였다. 그 결과 나는
> 대부분의 복음주의 진영, 특히 미국 복음주의 진영에서 의심의
> 눈초리를 받으며 거부당했다. 그러나 이런 모든 이슈는 로잔 언약에
> 포함되었다. 뿐만 아니라 내가 여전히 존에게 깊이 감사하는 것은,
> 그가 1977년부터 1982년까지 로잔의 신학과교육위원회의 의장으로
> 주도한 일련의 회담에서 같은 이슈들을 다루어 주었다는 사실이다.
> 그는 그 모든 회담에 나를 주강사 중 하나로 초대해 주었다.[14]

서양, 특히 미국 지도자 대부분에게 거부당한 남미 지도자 파디야, 사무엘 에스코바르, 올란도 코스타스를 스토트는 품었고, 그 결과 20세기 복음주의운동의 일대 전환을 만든 로잔언약이 탄생했다.[15] 그러나 남미 복음주의자들과 친밀했고 그들의 지극한 존경을 받았음에도, 그는 이 급진 복음주의자들의 일부 주장에는 동의하지 않았다. 자신의 형상을 따라 인간을 만드신 하나님은 인간을 비인간화하는 모든 것에 반대하신다는 믿음으로, 그는 남미 해방신학의 '해방' 개념을 기본적으로 수용했다. 그러나 그는 남미 지도자 일부가 그 주장을 정당화하기 위해 억지로 끌어들이는 논리, 또한 모든

문제의 원인을 서구, 특히 미국 탓으로 돌리는 주장, 폭력 혁명을 노골적으로 지지하는 데는 동의하지 않았다.[16]

엉클 존

많은 이들이 스토트에게 20세기 기독교의 명설교자이자 목회자, 세계 복음주의운동 최고의 지도자라는 호칭을 붙이는 것이 어색하지 않다고 생각할 것이다. 그러나 그가 동료와 후배, 제자, 독자, 청중에게 가장 오래도록 남긴 인상은 이런 공적이고 외적인 찬사나 호칭 이면에 있는 다른 무엇인 것 같다.

스토트가 2011년 사망한 직후 영국 IVP에서 펴낸 *John Stott: A Portrait by His Friends*에는 스토트와의 개인적인 만남을 추억하고 회고하는 이들의 글이 35편 실려 있다. 그해가 가기 전에 신속하게 번역 출간된 이 책의 한국어판 『존 스토트, 우리의 친구』에는 원서와는 달리 44편의 글이 실려 있는데, 이는 스토트에게 영향을 받은 한국인 저자 아홉 명(옥한흠, 하용조, 홍정길, 김상복, 김명혁, 한철호, 이기반, 안동규, 이태웅, 권영석, 김중안, 정옥배, 양희송, 지강유철)의 글이 추가로 실렸기 때문이다. 이들이 공통적으로 회고하는 스토트의 가장 위대하고도 중요한 유산은 전염성 높은 친밀함이다. '개신교의 교황'이라 불릴 정도로 무게감을 가진 인물이지만, 그가 확보한 권위는 조직과 제도, 형식이 부여한 것이 아니었다. 나이·국적·성별·교파·인종·배경에 상관없이, 스토트를 개인적으로 아는 이는 그를 '교황 성하'도 아니고, 심지어 '스토트 신부님' 또는 '스토트 목사님'

Reverend Stott도 아니고, 아예 '존', 또는 '엉클 존'Uncle John이라 불렀다. 책 제목이 알려 주듯, 이들 모두에게 존 스토트는 '친구'였다.

그는 개신교 교파 중 권위와 형식, 질서와 서열을 가장 많이 강조하는 성공회에서 교구사제이자, 왕실 목회자Chaplain to the Queen로까지 지명된 인물이었다. 케직사경회 주강사, 영국 복음주의연맹EA, 성서유니온, 티어펀드, 국제기독학생회 등의 주요 복음주의 기관 회장을 수없이 역임했다. 미국 선교운동인 어바나 대회 정기 성경 강해자, 로잔언약 작성위원장, 로잔계속위원회 특별위원, 성공회 복음주의협의회 회장, 런던현대기독교연구소 소장에다, 잉글랜드 국교회에서 학문적으로 탁월한 공을 세운 성공회 사제에게 수여하는 램버스 명예 신학 박사학위를 받기도 했다.

그러나 그는 실제로는 최고위 성직자가 될 모든 기회를 거부했다. 잉글랜드 여러 주교좌의 주교, 호주 시드니 대주교, 몇몇 신학대학 교수, 옥스퍼드 위클리프홀 학장, 세계복음주의협의회 회장이 될 기회를 모두 거부했다.[17] 그는 오직 한 지역 교회 사제로 봉사했고, 권위와 명예보다는 실제적 헌신이 필요한 자리에서만 회장직을 맡았다.

일평생 독신으로, 런던 올소울즈교회 근처 작고 소박한 플랫flat(아파트에 해당하는 영국식 표현)에 살면서, 단벌 양복과 단벌 구두만으로 만족한 인물. 가난한 제3세계 출신 유학생과 나그네에게 늘 손수 자신의 주식이던 햄버거와 수프를 대접하고, 이들 각자에게 편지를 쓰고, 함께 기도했던 인물. 비서실 쓰레기통을 손수 비운 인물. 가정이나 숙소에서 함께 식사를 하면 늘 먼저 설거지를 하고, 아침에 일찍 일어나 친구를 위해 기도하고, 진흙에 엉망이 된 친구의 신발을 닦았던 인물. 한 번 만난 친구의 이름을 기억하고, 만날 때마다 그들의 가족의 안부를 물었던 인물. 스토트는 그를 만난 모든 이들의 친구였다.

한인애요한

스토트 여러 사역의 공식 후계자라 할 수 있는 구약학자 크리스토퍼 라이트는 『존 스토트, 우리의 친구』의 편집을 맡아 서문을 쓰면서, 스토트가 지닌 최고의 은사는 그가 놀랍도록 친구를 잘 사귀는 것이라고 했다. 그를 만난 후 미담을 회고하려는 이들의 글만으로도 백과사전 한 질을 만들 것이라고 말한다.[18] 아마도 스토트는 20세기 개신교인 중 가장 사랑과 존경을 많이 받은 사람 중 하나일 것이다.

이런 스토트에 대한 한국 기독교인의 사랑 또한 아마도 세계 최상위에 자리하지 않을까 한다. 한인애요한韓人愛約翰. 한국인은 요한 John을 사랑했고, 여전히 사랑한다. 스토트가 쓴 책은 거의 다 한국어로 번역되었다. 시간이 조금 지나긴 했지만, 2010년에 목회자용 월간지 「목회와신학」이 한국 목회자 860명을 대상으로 설문조사를 벌인 결과, 가장 선호하는 기독교 작가로 뽑힌 인물도 존 스토트였다.[19]

『존 스토트, 우리의 친구』에 글을 실은 한국인 9인의 회고는 지극히 감동적이고, 일화 하나하나가 모두 흥미진진하다. 그중 스토트가 처음 한국을 방문한 1993년 IVF 전국 수련회 당시 3,000명이 모인 연세대 원주캠퍼스 노천극장에서 있었던 일화가 특히 인상적이다. 갑작스러운 우천 때문에 설교를 끝내려는 스토트에게 장대비를 맞으면서도 "계속해 주세요", "Go on, please!"라고 외쳤던 IVF 학생들. 그 현장에 있었던 학생들에게는 "그 수련회가 학생 시절 최고의 수련회"였다. 스토트 역시 "장맛비 속에서도 꿈쩍하지 않고 말씀을 듣는 학생들을 보고 큰 감동을 받았다." 이들은 모두 자신이 받은 엉클 존의 유산을 소중하게 추억했다.

애조가

스토트는 단순한 애조가를 넘어, 아마추어 조류학자였다. 그는 자신이 찍은 새 사진들을 신앙 묵상과 함께 엮은 『새, 우리들의 선생님』 *The Birds Our Teachers*을 출간하기도 했다. 이 책 서문에 따르면, 스토트의 자연 사랑은 아버지가 물려준 유산이었다. 아버지는 아들을 매 여름마다 시골로 데려가, 입은 닫고 눈과 귀만 열어 놓으라는 자연 관찰법을 아들에게 가르쳤다. 학교에 다니느라 새에 대한 관심을 얼마간 잃었던 스토트가 다시 새를 찾게 된 것은 런던에 사제로 부임하고 난 후였다. 런던의 여러 저수지, 공원, 심지어 폭격을 맞거나 오래되어 붕괴된 건물이 1년 내내 수많은 새의 은신처가 된다는 사실을 발견했기 때문이다.

이 관심사는 복음을 전하는 일을 제외하고는 그에게 가장 중요한 일상이 되었다. 그래서 거의 모든 세계집회 일정의 일부로, 그 지역에 서식하는 특별한 새 관찰 일정을 집어넣고, 언제나 망원경을 휴대했다. 북극과 남극에서부터 사막, 열대우림을 포괄하여, 전 세계 약 9,000종에 이르는 새 가운데 총 2,500종 이상을 직접 눈으로 목격했다고 한다. 이는 일반인에게는 거의 불가능한 경험으로, 전문 조류학자나 탐험가도 이렇게 많은 종류의 새를 실물로 직접 보기는 어렵다고 한다.[20]

실제로 스토트가 한국에 첫 방문한 1993년에 비무장지대와 한반도 최서단 칠발도로 떠난 새 탐방 일정에 동행한 유명한 조류 박사 경희대 윤무부 교수는 스토트가 자신보다 새를 훨씬 많이 보았을 뿐만 아니라, 더 전문가이기까지 하다고 인정했다. 그해 한국 방문 일정 전체에서 스토트를 수행한 한림대 안동규 교수는 스토트에게 "새에 너무 미쳐 있는 것 아닙니까?"라고 물었다. 스토트는 "나는 예수님이 공중에 나는 새를 보라고 하신 명령을 지키고 있답니다"라고 대답했다.[21]

스토트가 안동규 교수에게 한 대답은 농담만은 아니었다. 서문에서 스토트는 성경에서 새를 언급하는 본문들을 끄집어내서, 그리스도인이 하나님이 선하다고 선언하신 피조 세계를 열심히 주목하고 관찰해야 하며, 그 관찰에서 교훈을 얻어야 한다고 주장한다. 스토트의 신앙이 총체적이고 전인적인 데는 자연과 생명, 환경에 대한 그의 이런 애정도 한몫을 한 것이다.

4. 제임스 패커

20세기 영미권 대표 복음주의자 중 신학 분야를 대표하던 제임스 인넬 패커James Innell Packer, 1926-2020가 2020년 7월 17일에 만 93세의 나이로 소천했다. 94세 생일을 5일 앞둔 날이었다. 이로써 20세기 세계 복음주의의 형성과 발전에 가장 큰 영향력을 끼쳤다고 평가받은 다섯 명이 모두 사망했다. 이들이 기독교 세계에 끼친 영향력에 대해서는 영국 역사가 크리스토퍼 캐서우드가 1984년에 출간한 『5인의 복음주의 지도자들』*Five Evangelical Leaders*이라는 제목의 책이 잘 묘사하고 있다.[1]

로이드 존스, 셰퍼, 스토트, 그레이엄이 각각 사망한 직후, 세계 기독교계는 넘치도록 많고 다양한 추도문과 평가를 내놓았다. 한국에서도 이들을 개인적으로 추억하고, 역사적으로 평가하는 글이 적지 않았다. 거의 한 세기나 되는 일생을 살면서 방대한 유산을 남기고 간 패커에 대해서도 계속해서 다양한 형태로 그의 일생과 업적을 기억하는 추도의 말과 글을 남기고 있다. 필자는 패커가 범개신교권에 남긴 유산을 그가 가진 세 정체성을 기반으로 회고해 보려 한다. 패커는 활동의 측면에서는 복음주의자였고, 소속은 성공회였으며, 신학적으로는 개혁파였다.[2]

복음주의자 활동

패커는 무엇보다도 교파를 초월해서 역사적 기독교 전통과 정통을 유지해야 한다고 믿는 20세기 복음주의자들을 지속적으로 대변했다. 이는 그가 처음 기독교 신앙을 수용하고 기독교 신자가된 배경에서부터 비롯되었다. 라틴어와 그리스어 고전을 공부하기 위해 옥스퍼드대학에 들어간 1944년 가을, 그는 복음주의 학생 조직 IVF 및 IFES와 연결된 옥스퍼드대 복음주의 학생 선교 단체 OICCU를 통해 회심했다. 책을 워낙 좋아한 탓에 회심 후 OICCU에서 보조 사서로 지내면서 기증받은 기독교 고전 서적들을 탐독할 기회를 얻었는데, 17세기 청교도 존 오웬의 책이 그에게 특히 깊은 감흥을 주었다.

복음주의자로 회심했기 때문에 그가 선택한 교육 기관도 모두 복음주의권 신학교였다. 옥스퍼드에서 고전어를 공부한 덕에 런던 소재 성공회 복음주의 신학대학 오크힐칼리지에서 강사로 라틴어와 그리스어를 가르쳤다. 이 학교의 복음주의 분위기에 매료된 탓에, 1949년에 정식으로 신학 공부를 시작한 곳도 옥스퍼드 소재 복음주의 신학대학 위클리프홀이었다. 박사과정을 밟던 1950년에는 동료와 함께 조직한 청교도 연구대회Puritan Studies Conferences를 런던 웨스트민스터채플에서 개최했다. 그러면서 이 교회 담임목사이자 당대 최고의 설교자라는 평가를 받던 비국교도 복음주의자 마틴 로이드 존스와 교제를 시작했다. 1953년에 성공회 사제로 안수받은 후에는 역시 복음주의 성공회 신학교 브리스톨 틴들홀에서 교회사, 종교개혁사, 성경신학 등을 가르쳤다. 복음주의자 교수로서 이름을 떨치기 시작하면서 영국대학 복음주의 학생 조직인 CU(Christian Union)와 IVF의 강사로 자주 초청받았다.

패커를 복음주의 신학의 대변자로 널리 알린 계기는 그가 1958년에 출판한 『근본주의와 하나님의 말씀』*Fundamentalism and the Word of God*이었다. 계몽된 지성인이라면 성경을 신적 계시로 믿을 수 없다는 자유주의자와 세속학자들의 주장에 맞서, 성경무오설을 포함하여 성경에 근거한 전통적인 복음주의 신앙이 얼마나 합리적인지를 논증했다. 이 책으로 패커는 일약 복음주의권의 지적 대변인으로 떠올랐다. 이어서 1961년에 출간한 『복음전도란 무엇인가』*Evangelism and the Sovereignty of God*는 복음주의의 주요 특징 중 하나인 복음전도를 다루었다. 하나님의 주권과 예정이라는 칼뱅주의 신학과 인간의 행동을 강조하는 복음전도 행위가 어떻게 조화될 수 있는지 명쾌히 설명함으로써, 칼뱅주의 신앙을 가진 복음주의자가 내외적으로 받는 비판을 해명하고 자아 정체성을 확립하는 데 기여했다.

1961년부터 1970년까지는 잉글랜드 성공회 연구소로서 복음주의 대의를 대변하는 옥스퍼드의 라티머하우스*Latimer House*의 사서와 관장으로 재직했다. 1967년에는 잉글랜드 성공회 역사의 획기적 전환점 중 하나로 평가받는 전국복음주의성공회대회*National Evangelical Anglican Congress, NEAC*를 킬대학에서 개최했다. 이때부터 그는 존 스토트와 함께 성공회 복음주의 진영을 이끄는 쌍두마차로 주목받기 시작했다.

브리스톨 트리니티칼리지에서 부학장으로 일하던 1979년에 영국에서 캐나다로 이주하면서, 패커의 경력은 새로운 전기를 맞았다. 영국만큼이나 북미에서도 명성을 떨치고 있었으므로 캐나다나 미국이 그에게 낯선 환경은 아니었다. 그러나 새로 부임한 리젠트칼리지가 그의 교수 경력 사상 처음으로 성공회 소속 학교가 아니었다는 점은 새로운 모험이었다. 리젠트칼리지는 주로 평신도를 대상으로 신학과 기독교학을 가르치는 초교파 복음주의 대학이었다. 그러나 북미로 무대를 옮긴 만큼, 더 광범위한 복음주의 현장에서 활동한 유익은 컸다. 이때부터 패커는 북미 복음주의운동의 여러 현장에 폭넓게 참여했다.

은퇴가 가까워진 1990년대에는 복음주의권에서 거의 흠 없는 인물로 존경을 한 몸에 받던 패커가 거의 처음으로 동료와 후배들의 공격과 비난의 대상이 되는 사건이 있었다. 로마 가톨릭교회 내에서 정통 신앙을 견지한다고 그가 판단한 이들과 연대하여 「복음주의자-가톨릭 연대」*Evangelicals and Catholics Together*(1994)와 「구원의 선물」*The Gift of Salvation*(1997)이라는 문서를 공동으로 작성하고 서명한 일이었다. 1962년 바티칸 공의회 이래로 구원론을 비롯한 여러 교리에서 가톨릭교회가 종교개혁 정통에 더 가까워졌다고 판단한 패커는 두 교회의 연대가 신학과 사회의 세속화를 막을 수 있는 선하고 유익한 에큐메니즘이라 믿었다. 그러나 여전히 가톨릭을 교리적, 사회적으로 의혹의 눈초리로 바라보던 더 보수적인 이들에게 패커는 변절자로 보였다. 물론 바티칸공의회 이후 가톨릭의 변화를 유의미하게 인식하고 교감의 폭을 넓힌 복음주의자들은 패커의 행보에 공감하기도 했다.

성공회 소속

여러 유형의 복음주의자들과 폭넓게 교제한 범복음주의자pan-evangelical였음에도 불구하고, 패커의 복음주의는 처음부터 끝까지 잉글랜드의 국교인 성공회 유산으로 진하게 채색된 복음주의였다. 그는 이 유산을 숨기려 하지 않고 오히려 자랑스러워했다. 기로에서 판단을 내려야 했을 때, 성공회 신자다운 결정을 자연스럽게 내릴 수밖에 없었다.

성공회 신자로서의 그의 정체성을 가장 잘 보여준 사건이 1966년에 일어났다. 이미 언급한 대로, 1966년 10월 18일에 런던 웨스트민스터 센트럴홀에서 복음주의연맹EA 주최로 제2차 전국복음주의자회의가 열렸다. 개회 연설을 맡은 로이드 존스는 교리적으로 오염된 교단에 속한 이들은 소속 교단에서 나와서 교리적으로 순수한 다른 교파의 복음주의자들과 연합해야 한다고 주장했다. 전기에 감전된 것 같은 충격을 받은 당시 현장의 복음주의자들을 대신하여 대회 의장이었던 스토트가 일어났다. 그는 자신이 속한 주류 교단을 떠나지 않고, 그 안에서 영적 쇄신을 일으킬 복음주의자가 필요하다는 취지의 발언을 하며 분위기를 무마했다.

로이드 존스의 발언의 의도가 무엇이었는지에 대해서는 지금도 논쟁이 분분하다. 그러나 영국 내 복음주의 성장을 위해 한길을 걸었던 '분리파' 비국교도 복음주의자와 '잔류파' 성공회 복음주의자 간의 형제 관계는 이전과 같을 수 없었다. '1966년의 그림자'가 20세기 내내 영국 복음주의 진영을 따라다녔다. 패커와 로이드 존스의 깊었던 관계에도 영향을 끼쳤다. 스토트와 뜻을 같이한 패커는 복음주의자로서 대의를 공유하는 자들이 서로 다른 교단에 속해 있으면서도 훌륭한 연대를 유지할 수 있다는 주장을 말과 글과 행동으로 널리 대변하는 인물로 활약하며 로이드 존스를 실망시켰다. 실제로 패커는 복음주의자이자 개혁파였지만, "성공회는 모든 기독교 세계 가운데서 가장 부유하고, 가장 참되며, 가장 지혜로운 유산을 구현한다"라고 주장할 만큼 성공회가 고대교회로부터 연속성을 계승한 사도적 교회라 자부했다.

패커가 성공회 소속 성직자로서의 자기 정체성을 확고하게 보여준 또 하나의 사례는 캐나다 성공회와 관련된 것이었다. 그는 1979년에 캐나다로 이주한 이후 성공회 교회에서 부교역자로 활동하기도 했다. 그런데 캐나다 성공회는 1970년대까지 신학에서 대체로 자유주의적이었으며, 교단의 정치 지도자 중에도 친복음주의 저교회파가 아니라 친가톨릭 고교회파나 친자유주의 광교회파가 많았다. 패커가 이주한 직후 1980년대부터 캐나다 성공회 내에서 정통 신앙의 가치를 인정하는 이들이 점점 많아졌다. 바나바성공회선교회Banabas Anglican Ministries와 토론토 위클리프칼리지가 그 중심에 있었다. 초교파 리젠트칼리지도 이런 복음주의 부흥에 기여했는데, 저명 복음주의 신학자 패커가 합류하면서 캐나다 성공회에도 이 영향이 유입되기 시작했다.

특히 1994년 여름에 열린 성공회 복음주의자 대회 'Essentials

1994' 대회가 중요했다. 패커와 잉글랜드 성공회 복음주의자 마이클 그린이 주강사였는데, 지적 열등감에 시달리던 복음주의자에게 정통 신앙에 대한 확신을 가져다주는 반향을 불러일으켰다. 이 대회가 1967년에 영국에서 패커의 주도로 결성된 전국복음주의성공회대회NEAC와 유사한 역할을 했다고 조심스럽게 평가하는 학자도 있다.

개혁파 신학

패커를 주목받는 학자로 만든 첫 책『근본주의와 하나님의 말씀』은 20세기 근본주의 성경무오설을 대변한 책이라기보다는, 16세기 이래 종교개혁자들이 주창한 하나님의 말씀으로서의 성경에 대한 논증이었다. 특히 그는 19세기 미국 프린스턴의 구학파 개혁신학자 찰스 하지와 B. B. 워필드의 용어를 빌려와 자기 논증에 사용했다. 두 번째 유명 저서『복음전도란 무엇인가』는 더 노골적으로 개혁파적인 책이었다. 한국어판 제목과는 달리, 영어 제목이 *Evangelism and the Sovereignty of God*인 데서 알 수 있듯, 이 책은 칼뱅주의 예정론자였던 패커가 전도와 하나님의 주권 사이의 모순을 해결하려는 시도였다. 그는 세 개의 실재들realities, 즉 하나님의 주권, 인간의 책임, 기독교인의 전도 의무 간의 관계에 아무런 모순이 없다고 주장했다. 그는 비록 개혁파 신학을 공식적으로 채택한 장로회나 회중교회 같은 교단에 소속되지는 않았지만, 개혁파 기독교가 "가장 순수한 형태의 복음주의"라 믿었다. 제한 속죄나 영원한 형벌 같은 논란 많은 개혁파 신학 주제를 놓고 벌이는 논쟁에서도 앞장서서 변호했다. 다만, 복음주의자와 성공회라는 정체성을 동시에 갖고 있었기에 그의 개혁신학은 분리주의 근본주의자들처럼 편협하거나 전투적이라기보다는 공교회성에 기반한 보편적이고 포괄적인 신학이었다고 할 수 있다.

20세기 세계 복음주의의 위대한 건설자 중 한 사람이 본향으로 돌아갔다. 패커의 죽음으로 이제 2020년 이후의 복음주의는 이전의 복음주의와는 다를 것이다. 젊은 세대 복음주의자들은 패커라는 거인의 어깨에 서서 성경과 교회와 세상을 바라보았다. 패커는 자신을 내세우지 않는, '소리'와 같은 거인이었다. 1997년에 패커 전기를 쓴 앨리스터 맥그라스는 그를 이렇게 평가한다.

> 패커는 현대의 많은 복음주의자들에게서 흔히 볼 수 있는 전형적인 자기과시의 경향을 조금도 보이지 않았다. 그래서 그의 이름을 딴 조직으로서 예컨대 'J. I. 패커 주식회사'라든지 '패커 선교회'와 같이 그의 이름이나 가르침을 기리기 위한 기구 같은 것이 전혀 존재하지 않는다. 패커는 그가 어떤 사람으로 기억되기를 원하는지에 대하여 추호의 의심도 없다. 곧, 그는 '하나의 소리'로서만 기억되기를 원하는 것이다. 어쩌면 그 소리는 성경에 나오는 탁월한 한 전례의 모습대로 광야에서 외치는 소리기도 했을 것이다. 그럼에도 패커는 그가 맡은 독특한 역할과 부르심이 다른 사람들에게 들려지는 소리라는 것은 확실하다. 때로 그는 인기 없는 소리기도 했다. 또 다른 경우에는 그가 말하는 것이 청량제와도 같았다.[3]

5. 빌리 그레이엄

전도자 빌리 그레이엄 Billy Graham, 1918-2018이 2018년 2월 21일에 자택이 있던 노스캐롤라이나 산악 지대 몬트리트에서 사망했다. 1918년 11월 7일에 태어났으니, 한국식으로 계산한다면 정확히 100년을 채우고 별세했다. 빌리그레이엄도서관에 시신이 안치되었다가, 2월 28일부터 3월 1일까지는 워싱턴 D.C. 국회의사당에서 명예 조문을 받았고, 다시 샬럿으로 돌아간 3월 2일에 장례식이 열렸다. 장례식은 빌리그레이엄도서관 근교에서 임시 제작한 2,601제곱미터 크기의 대형 천막에서 진행되었다. 이 천막은 빌리 그레이엄이 전국구 인사로 부상한 상징적인 1949년 LA 집회에서 사용한 천막을 본떠 만들었다고 한다. 이 자리에 당시 미국 정부 수반이던 트럼프 대통령 내외, 펜스 부통령 내외 등 2,000여 명의 주요 미국 정치인과 종교인이 참석했다. 한국인 중에서는 1973년 서울 집회 당시 통역을 맡았던 김장환 목사가 참석해서 추모사를 읽었다.

빌리 그레이엄이 사망한 직후 전 세계 주요 언론이 그의 죽음을 빠르게 기사로 타전했다. 일반 언론의 발 빠른 행보에 이어, 주요 기독교 언론들도 기사와 기고문을 통해 빌리 그레이엄의 100년 생애와 사역이 미국 기독교, 세계기독교, 미국 사회에 끼친 영향을 다양한 관점에서 분석했다. 빌리 그레이엄의 생애와 업적을 평가하는 글이 미국과 다른 서양 국가에서는 물론이고, 한국에서도 이후 여럿 나왔다. 본 글은 지난 수십 년간 발간된 문헌과 그의 사망 전후에 나온 여러 기사를 바탕으로 작성되었다.[1]

복음전도자

빌리 그레이엄에게 붙을 수 있는 수식어는 다양하다. 그러나 그는 그 무엇보다도 복음전도자로 기억되어야 한다. 그레이엄 스스로가 이를 원했기 때문이다. 미국 남부 장로교 중산층 집안에서 자란 빌리 그레이엄이 오늘날 우리가 기억하는 세계적인 전도자가 된 가장 중요한 사건은 그가 대학에 진학하기 전 16세 생일 직전에 일어났다. 당시 미국 남부 문화를 특징짓는 가장 중요한 전통 중 하나가 대형 부흥회였다. 장로교 배경에서 엄숙하고 감정이 절제된 신앙생활을 하던 그레이엄은 죄와 지옥을 강조하는 소위 유황불 설교로 유명한 전도자 모디카이 햄의 집회에 참석한 후 처음으로 회심을 경험했다. 다음 해에는 역시 유명 부흥사 밥 존스가 인도하는 집회에 참석해서 추가로 영적 결단을 한 후 그가 세운 근본주의 고등교육기관 밥존스대학에 입학하게 된다.

그레이엄이 밥존스대학의 극단적인 분리주의적 근본주의 분위기에 환멸을 느끼고 학교를 일찌감치 떠났다는 일화는 널리 알려져 있다. 그러나 이후 남부 근본주의의 고립주의를 떠났다고는 해도, 그가 유년기와 청소년기에 남부에서 경험하고 전수받은 가장 중요한 유산은 결국 평생 그를 이끈 엔진이 되었다. 야외집회 현장의 작렬하는 태양빛 아래서 유황과 불로 가득한 지옥을 설교하는 열정적인 설교자, 그리고 그 앞에서 울부짖으며 죄를 회개하고 자백하며, 그리스도를 받아들이기로 결단하는 회심. 이것이 전도자 그레이엄을 만든 가장 중요한 유산이었다.

1949년 LA 집회와 1950년 빌리그레이엄전도협회BGEA 결성 이래로 빌리 그레이엄은 전 세계를 돌아다니며 2억 명이 넘는 사람에게 직접 복음을 전했다. 방송과 위성이라는 간접 수단을 통해서는 22억 명에게 복음을 전했으며, 이 중 약 300만 명에게 그리스도를 영접하겠다는 결신을 이끌어 냈다. 이 점에서 그는 인류 역사상 존재한 그 누구보다 많은 이들에게 복음을 전한 바로 '그 전도자'The Evangelist라 불릴 만하다. 그러나 그가 이런 대형집회 부흥 전도자 전통의 창시자는 아니었다. 빌리 그레이엄은 이 점에서 거대한 역사적 전도자들의 반열에 선 계승자요 후계자였다.

18세기 전반기에 복음주의 부흥운동을 부흥 설교자의 대형 야외집회 전통으로 정착하게 한 조지 휫필드 이래로, 19세기 전반기에는 찰스 피니, 후반기에는 D. L. 무디, 20세기 전반기에는 빌리 선데이가 이 전도자 전통의 주요 계승자였다. 이런 주류 계보에 이름을 올린 이들 외에도, 수많은 다른 전도자가 영혼 구원과 영적 각성이라는 같은 목적 아래 비슷한 형식과 내용으로 전도의 시대를 이끌었다. 그러나 1940년대에 빌리 그레이엄이 등장한 이후 뛰어난 외모, 그리스도와 십자가와 부활, 죄 사함과 회심이라는 주제를 쉽고 간명하게 전하는 전달력, 소탈한 성격과 친화력, 두드러진 균형 감각, 교통과 통신 혁명이라는 최첨단 과학 문명의 발전을 힘입어, 그레이엄은 그 누구도 필적할 수 없는 전도의 열매와 유산을 남긴 인물이 되었다. 그와 동시대이거나 더 젊은 세대의 전도자들이었던 제리 폴웰과 짐 베이커, 팻 로버트슨, 지미 스웨거트 등이 정치 및 성, 재물, 메시지 내용과 관련된 추문으로 뒤로 물러날 때도, 그는 도덕적으로 건실한 인물로 인정받으며 건재를 과시했다.

빌리 그레이엄의 전도자 유산에는 양면이 공존한다. 18세기 복음주의 부흥 이래 교회가 꾸준히 견지한 복음의 핵심, 즉 모든 인간이 죄인이며 그리스도가 필요하다는 메시지를 일관되게 전했다는 것은 밝은 측면이다. 그러나 그가 전한 개인 중심의 영혼 구원 메시지가 기독교 복음의 전부는 아니라는 사실, 그리고 그가 이 메시지를 전하는 과정에서 활용한 즉흥적이고 도취적이고 소비적인 자본주의 문화의 도구들이, 그가 전한 복음의 무게를 가볍게 보이게 했다는 사실은 어두운 측면이다.

복음주의자

빌리 그레이엄에게 흔히 붙는 또 하나의 수식어는 '복음주의의 대부'다. 여러 의미에서 빌리 그레이엄은 20세기 복음주의의 대부 역할을 충실히 수행했다고 할 수 있다. 그러나 '20세기', '미국', '복음주의'라는 세 단어가 결합되어야 그에게 붙은 이 수식어의 의미를 더 명확히 할 수 있다. 20세기 복음주의는 16세기 복음주의나 18세기 복음주의와 연속성과 불연속성을 지닌다. 종교개혁의 이신칭의, 성경 및 십자가 중심주의와 회중 중심주의를 계승했다는 점에서 16세기 복음주의와 연속성이 있다. 형식이나 관습, 교리 체계보다는 체험과 경건, 실천과 행동으로 신앙을 체화하려 했다는 점에서는 18세기 복음주의의 연장선상에 있다. 그러나 20세기 복음주의는 19세기 말과 20세기 초 미국을 중심으로 첨예한 갈등을 유발한 현대주의-근본주의 논쟁이 낳은 유산이라는 점에서, 이전의 두 복음주의 전통과 불연속성을 지닌다. 널리 알려져 있듯이, 1947년을 상징적 기점으로 하여 탄생한 미국 (신)복음주의는 신앙고백적인 면에서 근본주의의 정통성을 보수하되, 사회와 세상, 지성에 대한 태도에서는 개방성과 통합성을 강조하는 지극히 20세기적이고, 지극히 미국적인 사조이자 운동이었다. 빌리 그레이엄은 이 운동의 지성, 언론, 기관, 전파 및 홍보 영역 중에서 전파 및 홍보 영역을 대표한 인물로 규정될 수 있다.

이미 언급했듯이, 그레이엄은 원래 남부 근본주의 부흥사 밥 존스가 세운 전투적 근본주의 대학에 입학해서 첫 성년기를 맞았다. 그러나 이 학교의 극단적 폐쇄성에 염증을 느끼고, 플로리다주 탬파의 플로리다성경학교로 전학했다. 기독교선교연맹C&MA이 세운 보수적인 학교이기는 했지만, 이 학교는 밥존스대학과는 달리 여러 다양한 교파의 학생들이 어울려 연합 정신에 따라 따뜻한 교제를 유지하는 학교였다. 이 학교의 분위기가 밥존스보다 훨씬 그레이엄에게 잘 맞았다. 신앙의 근본 색깔은 여전히 보수적이지만, 고립과 단절보다는 연합과 관용을 더 지향하는 복음주의와 만난 첫 접점이었다. 이어서 진학한 일리노이의 휘튼칼리지는 그레이엄을 말 그대로 복음주의의 대부로 키우는 가장 중요한 자양분을 제공한 현장이었다. '복음주의의 메카'라는 별칭에 걸맞게, 지성적 복음주의, 전도와 선교에 대한 열정, 복음주의적 에큐메니컬 연합 등이 휘튼이 대변한 정신이었는데, 이것이 이후 그레이엄의 정체성이 된다.

이후 그가 대중 전도자로 처음 데뷔한 십대선교회YFC도 중요한 복음주의 기관이었다. 십대선교회는 십자가 중심주의와 회심주의, 행동주의에 충실한 대중전도운동을 그가 경험하고 자기 기관을 설립할 수 있는 기초를 제공했다. 1949년 LA 집회에 이어 1950년에 자신의 이름을 딴 빌리그레이엄전도협회를 만들 수 있었던 요인은 이런 주요 복음주의 기관들에서 배우고 익힌 신앙과 학문, 몸으로 익힌 복음주의 분위기와 정신, 그리고 특유의 친화력으로 쌓은 인적 네트워크였다. 이후 2005년에 은퇴할 때까지 그레이엄은 미국 복음주의를 대표하는 인사로 차곡차곡 경력을 쌓아 간다.

그렇다면 빌리 그레이엄의 20세기 미국 복음주의가 가진 특징이 무엇일까? 이는 그가 안팎에서 받은 '회색분자'라는 비판의 내용을 들여다보면 더 명확해진다. 그레이엄을 비판한 이들은 크게 세 부류로 나뉜다.

첫째, 근본주의자들이다. 그레이엄이 원래 근본주의에 속해 있다가 그 진영을 떠나 소위 신복음주의 탄생에 산파 역할을 했기 때문에, 처음부터 근본주의자들은 그레이엄을 일종의 배교자로 인식했다. 1957년 뉴욕 집회가 결정적인 계기였다. 당시 근본주의자들이 자유주의적 배교 집단으로 인식하던 뉴욕시 개신교협의회가 그레이엄에게 뉴욕에서 집회를 열어 달라고 요청하면서, 재정과 인력을 대량으로 지원했다. 그레이엄은 여기서 결신한 많은 사람에게 협회에 가입된 교회에 등록하라고 권했다. 그레이엄에게 근본주의자라는 딱지 대신에 복음주의자라는 칭호를 붙이게 된 분수령이 바로 이 집회라고 판단하는 학자도 있다. 빌리 그레이엄이 밥존스대학 근교 도시에서 집회를 열었을 때 학교 당국은 학생들에게 집회 참석 금지령을 내렸다. 그레이엄을 근본주의 전체를 떠나 자유주의자와 타협한 배교자 및 이탈자로 인식했음을 보여주는 중요한 사례다.

1970년대 이후 기존 근본주의 내부에서 미국 사회의 변화를 민감하게 감지한 인사들이 신근본주의라는 새 명칭 아래 도덕적 다수Moral Majority 등, 극우 도덕운동 및 정치운동을 일으켰을 때에도 그레이엄은 이 운동과 일정한 거리를 두었다. 이들은 그가 소련이나 중국, 북한 등 공산권을 방문했을 때에 적그리스도를 대변하는 공산주의를 비판하지 않고 우호 제스처만 취하고 왔다고 비난하기도 했다. 기독교계의 다양한 분화 현상을 잘 알지 못하는 많은 언론이나 호사가들이 복음주의와 근본주의를 하나로 뭉뚱그려 취급하는 경우가 많지만, 그레이엄의 사례에서 볼 수 있듯이, 실제로는 이 두 진영이 노골적인 상호 적대감을 표출하는 경우가 많았다.

둘째, 종교개혁의 개혁파 신학을 따르는 정통 개혁주의자들이다. 이 진영이 그레이엄을 비판한 내용은 한편으로는 근본주의와 겹치며, 다른 한편으로는 근본주의와는 다른 면모를 띤다. 예컨대 영국 개혁파 복음주의자 이안 머레이는 사람들을 그리스도께로 인도하고자 하는 그레이엄의 열정이 교리적 순결성이나 교파적 충성심까지 다 내다버리고, 문제가 많은 에큐메니컬 연합에 헌신하게 만들었다고 비난한다. 즉 그가 수치도 모르는 실용주의에 오염되었다는 것이다. 이는 근본주의자와 개혁주의자가 그레이엄에게 가한 비난을 공유하는 지점이다.

비슷하기는 하지만, 개혁파 설교자 마틴 로이드 존스가 한 비판은 조금 결이 다르다. 그의 비판은 한층 신학적이다. 빌리 그레이엄이 전도집회에서 사용하는 회심 초청이 구원에 대한 하나님의 주권, 즉 오직 하나님만이 죄인을 중생케 하는 역사를 왜곡하며, 초청에 응하는 것 자체를 회심으로 오해하게 만들며, 이런 반응이 개인의 영적 상태를 제대로 보지 못하고 잘못된 위안을 갖게 한다는 것이다. 개혁파 구원론의 하나님의 절대주권 사상을 위반하는 신인협력주의적 요소가 문제라는 지적이었다. 이들은 대형집회의 감정적 격앙, 대중 동원, 즉흥적 설교, 음악 등을 이용한 인위적 자극 같은 문제도 동시에 지적했다. 이는 19세기에 장로교 목사였던 찰스 피니가 결국 이런 비판 때문에 회중교회로 소속을 옮긴 상황을 상기시킨다.

세 번째 비판자들은 진보적인 사회 의제를 따르는 에큐메니컬 진영 기독교인, 그리고 기독교 외부 인사들이다. 그레이엄이 뉴욕에서 에큐메니컬 인사들과 좋은 관계를 유지한 것은 이미 살펴보았다. 그러나 이 진영이 흔히 자기정체성으로 추구한 정의와 평화, 인권 같은 가치를 증진하는 운동에 그레이엄이 직접 동참한 것은 아니다. 그럼에도 그레이엄이 말과 행동으로 비교적 개혁적인 목소리를 냈다는 사실은 인정해야 한다. 예컨대 그는 전도자 경력 초기의 조심스런 접근과는 달리, 1960년대에 마틴 루터 킹을 중심으로 흑인 민권운동이 시작되기도 전인 1952년부터 남부에서 열린 집회에서 흑인과 백인이 앉는 공간을 분리하는 것에 반대하는 발언을 했다. 실제 두 공간을 가르는 밧줄을 직접 치우는 용기를 보여주기도 했다.

대법원이 학교 내 인종 구별이 헌법에 위반된다고 결정하기 이전이었다. 남아프리카에서는 단 한 차례, 즉 1973년에만 집회를 인도했는데, 이 집회는 이 나라 역사상 흑백이 함께 모인 첫 집회였다. 이 집회를 제외하고는 남아프리카에서 온 초청은 전부 거절했다. 이 나라의 인종차별 정책, 즉 아파르트헤이트에 대한 노골적인 반대 때문이었다.

이런 전향적인 태도에도 불구하고 그레이엄은 진보 진영의 비판의 칼날을 피하지 못했다. 인종차별을 반대하면서도 인종차별 철폐를 요구하는 흑인 민권운동에는 직접 참여하지 않았고, 보편 인권의 진보를 추구하는 캠페인을 자신의 복음전도운동의 영역에 포함하기를 주저했기 때문이다. 냉전기 1950년대와 그 이후 수십 년 동안 반공을 기치로 내세운 미국의 보수 정권 및 기관들과 긴밀한 연결 고리를 유지하면서, 인권운동을 주도하는 진보 진영과 거리를 둔 것도 당연히 비판받았다.

복음전도와 사회참여를 복음주의 신앙과 선교의 양 날개로 제시한 1974년 로잔 대회와 로잔언약은 빌리 그레이엄과 존 스토트가 만들어 낸 성과로 흔히 인정된다. 그러나 당시 상황을 면밀히 분석한 글을 보면, 그레이엄은 대회의 주창자요 가장 중요한 후원자이기는 했지만, 정작 이 대회에서 사회정의와 인권 주제가 힘을 얻으며 미국 등 서양 교회에 비판이 집중되는 것에는 우려를 표했다. 복음주의 내부의 더 진보적인 인사나 남미 등 제3세계 출신에게는 이 점도 비판의 대상이었다.

결국 이 세 진영이 그레이엄에게 가한 비판은 각 진영의 대의와 반대되는 길을 걸은 그레이엄에 대한 정죄이기에 각각 독립적이고 구별된다. 그러나 이 세 비판에도 공통점이 있다. 그레이엄의 색 깔이 어중간하고 타협적이라는 지적, 즉 회색분자라는 비판이다. 즉 근본주의가 볼 때 그레이엄은 너무 진보적이며, 에큐메니컬이 볼 때 에는 너무 보수적이며, 개혁파가 볼 때는 너무 인본주의적이고, 또 한 자유주의자가 볼 때는 너무 영적이고 교회 중심적이다. 이는 복 음주의라는 역사적 운동과 사조가 대체로 사방에서 욱여쌈을 당하 며 받는 전형적인 비판과도 닮았다. 그레이엄은 이 점에서 20세기 미국 복음주의자의 운명을 몸소 짊어진 상징적인 인사였다.

미국인

그레이엄에게는 '미국의 목사'America's pastor라는 별칭도 있다. '미국의 목사'는 2007년에 조지 부시George H. W. Bush, 1924-2018(아버지 부시) 전 대통령이 그레이엄에게 붙인 별명으로, 그가 미국 현대사 에서 가장 존경받고 사랑받고 영향력 있는 개신교 목회자라는 칭송 이었다. 실제로 그레이엄은 소위 미국식 기독교를 표준화하는 데, 또한 세계화하는 데 가장 큰 기여를 한 인물이라고 해도 과언이 아 니다. 정말로 미국식 기독교가 존재하느냐 하는 질문에 대한 답은 다양할 수 있으나, 사람들은 대략적인 느낌으로도 유럽 기독교와는 다른 외양과 형식으로 발달한 미국식 기독교가 있음을 파악할 수 있다.

미국교회사가 마크 놀은 이 특징을 좀 더 분석적으로 제시하는 데, 요약하면 다섯 가지다. 첫째, 전통이나 역사보다 성경과 개인의 양심. 둘째, 형식과 교의보다 실용과 상식. 셋째, 위계에 의한 임명보다 자수성가형 성공. 넷째, 전통적 전수보다 자발적 창의성. 다섯째, 통제된 경제활동보다 자유로운 시장. 언뜻 보면, 미국 종교보다는 미국 문화나 사회 및 경제 구조를 말하는 것 같기도 하다. 하지만 이 특징은 동시에 미국 기독교를 유럽 기독교와 구별 짓는 차이점이다. 개인, 창의, 자유, 실용, 상식, 자력이 미국 기독교를 대변하는 가치인 것이다. 그레이엄이 주도한 대형 복음전도집회는 대체로 이 정신을 한 세트 안에 구현한 압축적 프로그램이라 할 수 있다.

물론 빌리 그레이엄이 이런 미국식 기독교를 창조하고 형성한 단 한 사람은 아니다. 이미 북미에 유럽 열강의 식민지가 형성되고 이민자들이 자신들의 기독교를 신대륙으로 가지고 온 17세기부터, 국교 제도와 전통적 계급 구조에 기반하여 존속하던 유럽 기독교의 특징은 해체되기 시작했다. 연이은 서부 개척 시대와 대각성운동, 독립혁명과 미국식 민주주의 발전 등이 20세기 미국식 기독교를 만들어 낸 300년 간의 유산이었다. 결국 빌리 그레이엄은 이렇게 태동하고 성장한 미국형 기독교를 20세기에 일종의 표준화된 패키지로 만들었다고 평할 수 있다. 물론 그는 이 패키지를 세계로 가져가서 세계화함으로써, 결국 미국 기독교의 세계화를 이끈 가장 중요한 주역이기도 했다.

세계인

그레이엄을 '미국의 목사'라 칭한 조지 부시의 발언에는 분명

타당한 논리가 있었다. 그러나 간단히 언급했듯이, 미국 복음주의 기독교를 세계화하는 데 가장 크게 기여한 인물도 그레이엄이었다. 그 점에서 그는 세계인cosmopolitan이었다. 실제로 그레이엄은 20세기 후반기에 전 세계의 기독교인 명사celebrity라는 영예를 누릴 만한 거의 유일한 인물이었다. 이미 언급했듯이, 직간접 수단으로 전 세계 무려 22억 명에게 복음을 전했으며, 물리적으로도 전 세계 모든 대륙과 모든 문명권, 심지어 북한 등 공산권에서도 복음을 전한 유일한 인사였다.

그레이엄이 주최한 전도집회에 이정표가 되는 세 단계 전기가 있다고 흔히들 말한다. 즉 1949년 LA 집회가 그를 미국의 특정 지방을 넘어 미국 전역에 알려진 전국구 인사로 만든 계기였고, 1954년의 런던집회가 그를 미국 너머 유럽에서도 통하는 국제적 인사로 만들었으며, 1957년의 뉴욕 집회가 그를 복음주의 진영을 넘어서는 전 개신교 보편 교회 인사로 등극하게 했다. 그러나 실제로 그레이엄이 일생 진행한 집회 중 가장 많은 인원이 모인 집회는 하루에 112만 명이 모였고, 대회 총 참석 인원이 321만 명이었다고 추정하는 1973년 서울 대회였다. 그레이엄이 주창해서 열린 1974년 로잔 대회도 선교대회 역사상 다양성과 국제성이 가장 짙은 대회였다. 최종 참석 인원 2,473명이 150개국, 135개 교단에서 왔는데, 이 중 절반에 조금 못 미치는 약 1,000명이 비서양 세계에서 참석했다.

개신교 복음주의권에는 바티칸 교황청이라는 단일한 기구가 있는 가톨릭이나, WCC라는 세계 교회 연합 기구를 가진 에큐메니컬 진영 같은 일원화한 통합 조직이 없다. 이 점에서 빌리그레이엄 전도협회는, 세계복음주의협의회WEF와 함께, 상대적으로 결속력이 약했던 세계 복음주의 진영을 네트워크화하는 데 기여했다. 빌리그레이엄전도협회는 각 지역 지부에서 현지인을 지도자로 임명하면서, 복음전도운동의 토착화도 지원했다. 심지어 여기서 발굴한 인사가 세계 무대에서 활동할 수 있도록 도움을 주기도 했다. 예컨대 1956년 인도 뉴델리 집회 당시 통역자로 지명된 아크바르 압둘하크Akbar Abdul-Haqq는 1957년 이후 자신만의 전도집회를 인도와 세계 여러 곳에서 연 저명 부흥사가 된다. 심지어 1960-1970년대에는 북미 대학과 신학교에서 정기 집회 강사로 자주 초대받아 설교했다. 이는 오늘날 유럽을 포함한 서양 국가에서 복음을 전하는 비서양 출신 선교사들의 활동을 일컫는 역선교reverse mission의 초기 모델이었다. 이런 비서양 출신 전도자들의 부상을 도운 그레이엄의 열린 정신은 긍정적인 평가의 대상이다. 그레이엄은 오늘날 세계기독교의 가장 강력한 세력 중 하나인 범복음주의 건설에 지대한 영향을 끼쳤다.

정치인

마지막으로 그레이엄에게는 '정치인'이라는 별칭도 자주 따라붙는다. 여기서 사용된 영어 단어 'statesman'은 흔히 정치인, 정치가로 자주 번역된다. 직업적인 전문 정치인을 의미하기도 하지만, 그와 비슷한 역할을 하는 사람을 지칭하는 일반 명사로도 자주 사용된다. 대변자, 대표자, 대언자 등으로 이해하면 좋을 것이다. 이미 여러 차례 언급한 것처럼, 그레이엄은 미국 및 세계, 20세기, 복음주의 등을 대변하고 대표하고 대언하는 기독교인이었다. 그 점에서 그는 탁월한 'statesman'이었다.

그러나 동시에 그는 실제로 미국 정치에 관여한 정치적 인물이기도 했다. 트루먼과 아이젠하워 시절부터 부시와 오바마에 이르기까지, 그는 그 시기 미국의 모든 대통령의 영적 조언자 역할을 맡았다. 미국의 어떤 영향력 있고 유명한 성직자도 그처럼 역대 대통령들과의 깊고 다양하고 우호적인 관계를 누리지 못했고, 그만큼 대통령들의 존경을 받지도 못했다. 무엇보다 역대 대통령이 속한 당과 정치적 성향, 신앙 색깔이 다양했음에도 불구하고, 이들 거의 모두와 일관된 우정 관계를 유지했다는 것은 그가 그만큼 많은 사람에게 매력적인 인물이었음을 역설한다.

단지 역대 대통령들과 친했다는 이유만으로 그가 정치적인 인물이라고 이야기하는 것은 아니다. 그레이엄의 정치적 입장과 태도는 시간이 지나면서 어느 정도 변화를 겪었다. 젊은 시절이라 경험이 많지 않았고, 보수적인 남부 출신에 반공 및 냉전 시대 미국식 사고의 전형이기도 했기 때문에, 초기의 그레이엄은 오른쪽으로 급격히 기울어 있는 보수파 인사였다. 따라서 비록 케네디 같은 민주당 대통령과도 좋은 관계를 유지하는 융통성을 보이기는 했지만, 보수 지도자들과 더 친밀했던 것은 사실이다. 그러나 닉슨 대통령과 지나치게 가까이 지내던 와중에 터진 1972년 워터게이트 사건의 여파로, 그는 정치권에 지나치게 밀착되는 것의 위험과 부담을 더 잘 이해하게 되었다. 이때부터 신중한 비정파 조언자 역할에 머문다.

복음주의자로서 근본주의와 에큐메니컬 사이에 다리를 놓은 역할을 꾸준히 감당했던 것처럼, 미국 정치와 문화계의 진보와 보수 양 진영 사이에서 대화를 추진하는 역할도 맡았다. 심지어 소련과 중국 등 공산권 지도국과 미국 간 핵 억제와 협상을 중재하는 국제 평화의 사도직도 수행했다. 이 점에서 그는 전문 정치인politician은 아니지만, 존경받는 종교인으로의 자기 지위에 가장 걸맞은 정치력을 발휘한 대변자statesman 역할은 상당히 잘 수행했다고 평가받을 만하다.

빌리 그레이엄 사망 이후 한 미국 언론이 이런 주제로 흥미로운 기고문 하나를 실었다. 보스턴대학 종교학과에서 가르치는 스티븐 프로세로가 한 정치 잡지에 실은 '빌리 그레이엄은 한 운동을 건설했다. 지금 그의 아들은 그 운동을 붕괴시키고 있다'라는 의미심장한 제목의 글이었다. 미국에서 가장 진보적인 교단인 성공회에서 자라고, 역시 미국에서 가장 진보적인 신학을 가르치는 학교 중 하나에서 교수하는 프로세로에게도 빌리 그레이엄은 상당히 긍정적인 신앙과 삶의 모범을 보여준 기독교인이었던 것 같다.

그는 빌리 그레이엄이 보수 문화와 정치를 상당 부분 대변했고, 인종 및 인권, 사회 정의 문제에서도 만족스런 행보를 보여주지 못했다고 지적한다. 그러나 그런 약점에도, 극우 보수 세력의 '혐오' 정치 문화와는 거리를 두며 통합, 상생, 공존, 평화의 가치를 말과 행동으로 실천하려 했다는 점을 칭찬한다. 또한 수십 년간 그토록 영향력 있는 자리에 있었음에도, 겸손한 말과 행실을 보여주었고, 그 흔한 추문 하나 없이 건실하고 도덕적인 삶을 살았다는 사실을 인정한다.

그러나 그는 그레이엄의 사망은 단지 유명한 전도자 한 사람의 소천이 아니라 믿음, 소망, 사랑에 근거하여 세워진 건전한 복음주의의 종말을 뜻한다며 슬퍼했다. 이유는 바로 아버지를 계승한 아들 프랭클린 그레이엄이 믿음, 소망, 사랑 대신에, 타자 및 소수자에 대한 공포와 혐오를 무기 삼아 미국 복음주의의 질을 급격하게 떨어뜨렸기 때문이라는 것이다. 프로세로는 아들 그레이엄을 혐오 정치 및 음모론을 퍼뜨려 미국 백인 복음주의자 대다수가 도널드 트럼프를 지지하도록 만든 정치 협잡꾼이라고 단호하게 주장한다. 빌리 그레이엄이 구축한 균형 잡히고 단정한 20세기 복음주의 건축물을 프랭클린 그레이엄이 붕괴시키고 있고, 아버지의 영적 유산을 정치적 사업으로 바꾸고 있다는 것이다. 그레이엄의 이름은 이제 전도자에서 혐오자로, 그 이름을 딴 운동은 이제 영적 운동에서 정치운동으로 변질되었다고 애통해한다.[2]

어느 누구도 모든 사람에게 칭찬과 존경을 받을 수는 없다. 더구나 유명할수록, 영향력이 클수록, 오래 살고 삶의 농도가 짙을수록 그에 대한 평가는 다양하고, 또 극단적으로 상반될 가능성도 크다. 빌리 그레이엄도 그런 인물이었다. 따라서 그가 남긴 유산에 대한 평가도 그만큼 다채로울 수밖에 없다. 아직도 더 많은 평가가 필요하다. 그 평가는 유산을 직접 계승한 미국인에게서 가장 많이 나올 수밖에 없겠지만, 그가 세계인이었던 만큼 한국 교계와 사회 또한 빌리 그레이엄이 우리에게 남긴 것에 대한 반성적 숙고를 진지하게 시작해야 한다.

6. 칼 매킨타이어

　20세기 개신교 역사를 대표하는 중요한 키워드 하나를 선정하라고 할 때 빠질 수 없는 것이 있다. 바로 '분열'이다. 개신교에는 태생부터 분열 DNA가 있었다. 1517년에 마르틴 루터가 종교개혁의 기치를 높이 들었을 때, 처음부터 교회의 분열을 의도하지는 않았다. 그저 부패한 교회의 회복과 개혁을 원했을 뿐이다. 그러나 그가 주창한 '전 신자 사제론'(만인제사장론)에 담긴 혁명적 요소 때문에, 개신교 내부 분열은 사실상 정해진 수순이었다. 분열을 통제하고, 분리주의를 막으려는 여러 원리가 제시되었음에도, 가톨릭교회를 지탱한 제도적·기관적 통일성이 붕괴된 개신교가 민족, 지역, 성경 해석, 권위자에 따라 이합집산하는 현상은 필연이었다. 분열은 신학적이기도 하고, 정치적이기도 하고, 문화적이기도 하며, 지역적이거나 민족적 혹은 인종적이기도 하고, 대개는 이 모든 것이 결합하여 일어난다. 따라서 분열 당사자도, 주변 관찰자도, 후대 역사가도 각 분열의 원인과 결과를 빠르고 단정적으로 판정하기는 어렵다.

그러나 교회사를 보면, 이토록 결정하기 어려운 갈등과 긴장 사이에 있을 때마다, 분리를 우선적 선택으로 고려하는 소위 분리주의자separatist가 있었다. 일치unity와 조정보다는 순결purity을 신앙 및 교회 정체성의 1순위로 놓고, 그 판단의 기준이 되는 교리나 윤리 항목에 배치된다고 판단할 때에는 분열division, schism을 정당화한다. 교회사에서 분리주의자로 평가받은 대표적인 전통으로는 4세기 북아프리카의 도나투스주의자Donatists, 16세기 유럽 종교개혁기의 다양한 아나뱁티스트Anabaptists(재세례파), 17세기 잉글랜드 및 뉴잉글랜드의 분리파 청교도Puritans(purity에서 유래한 이름), 20세기의 근본주의자Fundamentalists 등을 들 수 있다. 이 중에서 근본주의자는 주로 1890-1920년대에 영어권에서 진행된 근본주의-현대주의 논쟁 시기에 결속된 힘을 보여준 보수 신앙인들을 가리키지만, 이 시기 외에도 근본주의의 기원과 전개는 워낙 복잡다단하기 때문에, 단순하게 획일화할 수는 없다.[1] 같은 이유로, 어떤 특정 인물이나 진영을 근본주의자로 간단하게 이름 붙이고 희화화해서도 안 된다. 근본주의자라는 이름에는 다중성이 있고, 역사성이 있으며, 근본주의자들의 세계에도 입장에 따른 스펙트럼이 넓고 다양하다.

이런 모든 변수를 고려할 때, 칼 매킨타이어Carl McIntire, 1906-2002는 그야말로 20세기 전 세계를 대표하는 전투적 근본주의자이자 분리주의자로 불리기에 독보적인 인물이다. 성인이 되어 교계에 입문한 1920년대부터 거의 100세가 되어 사망한 2002년까지, 20세기 전체를 오롯이 분리주의적 근본주의자로서 한길을 걸었기 때문이다. 또한 다른 근본주의자들과는 달리, 특정 교단이나 지역과 언어권을 뛰어넘어, 국제기관ICCC을 설립하는 등 말 그대로 세계를 무대로 영향력을 퍼뜨리며 활약했기 때문이다. 또한 의외로 잘 알려지지 않았지만, 매킨타이어는 반공주의 및 교회 분열 등, 해방 후 한국 개신교의 여러 특징이 형성되는 과정에도 뚜렷한 흔적을 남겼다.

분리주의자

매킨타이어는 20세기가 시작된 직후 1906년 5월 17일에 미국 중서부 미시건주 입실란티의 목회자 및 교사 가정에서 태어났다. 아버지 찰스 커티스 매킨타이어가 북장로교 목사, 어머니 헤티가 교사이자 사서, 할머니가 오클라호마에서 촉토 인디언Choctaws 대상으로 선교 활동을 벌인 선교사였던, 경건하고 지성적인 중산층 가문 출신이었다. 그러나 외적으로 건실해 보이는 가정이었음에도, 내적으로는 심각한 문제가 있었다. 가정의 기둥이었던 아버지가 환상을 보는 등, 정신 질환으로 1914-1919년에 정신병원에 입원하는 바람에, 어머니 홀로 네 아들을 키워야 했다. 결국 가족의 안전을 지키기 위해 부부는 이혼했고, 어머니는 1922년에 이혼한 후 오클라호마에서 한 대학의 학감이 되었다. 청소년기를 어렵게 보낸 매킨타이어는 우선 가족이 거주하던 오클라호마주에 소재한 사우스이스턴주립칼리지에 다니다가, 좀 더 나은 교육 환경의 미주리주 소재 파크칼리지로 전학했다.[2]

파크칼리지[3]는 장로교 계열 학교로, 처음에는 주로 미국 중서부 지역 장로교 선교사 후보자 교육을 위해 1875년에 세워졌다. 신실한 장로교 가문 출신 학생이 선교사나 교육자, 목회자, 변호사, 의

사 등 전문 직업으로 진출하기 전에 전형적으로 거치는 교육을 매킨타이어도 밟은 것이다. 실제 그는 교사 교육을 전공으로 1927년에 졸업했고, 법학과 신학 사이에서 고민하다가, 결국 목회자가 되기로 결심하고 1928년에 프린스턴신학교에 입학했다.

　매킨타이어를 강한 분리주의 성향의 근본주의자로 제련한 용광로는 바로 프린스턴신학교였다. 1학년에 입학하자마자 학년 대표로 선출된 데서 알 수 있듯, 매킨타이어는 리더십이 강했다. 이 당시 프린스턴신학교는 1890년대부터 시작된 근본주의-현대주의 논쟁이 가장 뜨겁게 달아오른 전국구 전투장이었다. 장로교회는 미국에서 가장 큰 교파는 아니었다. 감리교인이나 침례교인 숫자가 훨씬 많았다. 그러나 유럽 개신교 이민자들이 북미에 정착한 17세기 초기에 성공회, 청교도 회중교회에 이어 뿌리내리며 상당한 지적, 문화적 영향력을 발휘한 역사적 교파였다. 더구나 성공회와 회중교회가 19세기 중후반 이래 신학적 현대주의를 폭넓게 수용하게 된 것과는 달리, 장로교는 찰스 하지, 벤자민 워필드 등 북장로교 구프린스턴학파Old Princeton School 주역들을 통해 역사적 개혁파 신앙의 근본fundamentals을 지켰다. 이렇게 미국 장로교는 침례교 및 다른 보수 전통 교단들에 전통 신앙의 지적 자양분을 공급한 보수 신앙의 수원이기도 했다. 이 학교가 1920년대 내내 심각한 논쟁에 휩싸였는데, 당시 근본주의 진영의 독보적인 대변자 역할을 하던 인물이 바로『기독교와 자유주의』를 쓴 신약학자 그레셤 메이첸Gresham Machen이었다.[4]

　매킨타이어가 입학한 1928년은 이 갈등이 가장 첨예하게 부각되어 사실상 학교가 두 개로 쪼개지기 직전이었다. 신학적 자유주의가 프린스턴신학교 이사진을 지배한다고 판단한 메이첸은 이듬해 1929년 프린스턴을 떠나 펜실베이니아주 체스터힐에 웨스트민스터신학교를 세웠다. 입학 직후부터 메이첸을 가장 충실히 따르던 제자 중 하나였던 매킨타이어는 메이첸을 따라 웨스트민스터로 이동해서 1931년에 졸업했다. 졸업 직후에는 텍사스주 출신의 페어리 유니스 데이비스와 결혼했다. 학교가 두 개로 분열되었지만 아직 새로운 교파는 탄생하지 않았던 1931년 6월 매킨타이어는 북장로교회 목사로 안수 받았다. 안수 후 그는 뉴저지주의 첼시장로교회 목사로 청빙받았는데, 이 교회는 전임 목사가 자살로 삶을 마감한 상태였다. 특유의 넘치는 에너지로 해변 길가에서 설교하고 전도한 결과, 이 교회는 2년 안에 약 200명이 출석하는 교회로 성장했다. 이어서 1933년 9월에는 교인 수가 1,000명에 이르는 대형 교회로 당시 북장로회의 대표적 근본주의 교회 중 하나였던 뉴저지주의 콜링스우드장로교회 담임목사로 청빙받았다. 여기서 그는 이후 66년간 목사직을 수행하는데, 이 시기에 이 교회는 미국에서 가장 전투적인 근본주의 장로교회로 명성을 떨치게 된다.[5]

　메이첸과 웨스트민스터신학교가 여전히 북장로회 안에 남아 있기는 했지만, 갈등은 지속되었다. 북장로교 해외선교부PBFM가 자유주의자인 선교사들을 용인한다고 판단한 메이첸은 1933년에 교단의 통제에서 벗어난 장로교 독립해외선교부IBPFM를 설립했다. 매킨타이어도 이 선교부에 합류했다. 그러자 북장로회 총회는 메이첸과 매킨타이어 등 분열에 참여한 이들을 교회의 무질서를 조장했다는 이유로 북장로회 총회 재판에 회부하고, 결국 그해 6월에 교단에서 추방했다. 이 싸움 와중에 매킨타이어는 지역 필라델피아 라디오

방송에 자기가 교회에서 설교한 내용을 내보내고, 이후 50년 동안 발행하게 되는 주간 신문 「더크리스천비컨」*The Christian Beacon*에 글을 실어 교단에 맞섰다. 추방된 이들이 즉각 미국장로교PCA(이후 정통 장로교회 곧 OPC로 명칭 변경)를 창설하는 것으로, 신학교 분열에 이은 교단 분열이 완료되었다. 그러나 정통장로교회의 탄생은 연쇄 분열의 시작이었다. 먼저 신학교와 교단을 포함하여, 이 진영의 영혼이라 할 만한 메이첸이 1937년 새해 첫날 예상치 못하게 급사하면서, 대표 지도력에 공백이 발생했다. 메이첸 사후 이 작은 보수파 장로교단 진영에서 일어난 거의 모든 분쟁의 근원이 바로 당시 31세였던 젊은 매킨타이어였다.

메이첸 사망 후 6개월 안에 새 교단은 주요 계파 둘로 갈라졌는데, 이 계파를 편의상 고백주의파(혹은 역사적 개혁주의파)와 근본주의파(분리주의파)로 구분할 수 있다. 쟁점은 두 가지였다. 하나는 종말론이었고, 다른 하나는 그리스도인의 자유 문제였다. 고백주의자는 역사적 개혁파 신앙고백과 신조에 충실했기에, 주로 무천년주의자였다. 또는 심지어 무천년론자가 아니더라도, 특정 종말론에 집착할 필요가 없다고 믿었다. 메이첸도 생전에 이렇게 주장했다. 매킨타이어가 이끄는 근본주의자는 반드시 전천년설(세대주의 유형이든, 역사적 전천년설 유형이든)을 믿어야 한다고 주장했다. 또한 메이첸의 후계자들은 술과 담배가 각 그리스도인이 양심에 따라 자유롭게 판단할 사안이라 법으로 금지할 문제가 아니라 생각했지만, 근본주의파는 술을 절대 금지해야 한다고 주장했다. 즉 16세기 이래의 역사적 개혁주의를 따라야 하느냐, 19세기 말 이후 새로이 부상한 전투적 근본주의에 충실해야 하느냐를 놓고 벌어진 갈등이었다.

매킨타이어는 메이첸이 사망하기 전인 1936년 11월에 열린 장로교 독립해외선교부 회의에서 이미 근본주의파와 무당파 중립 인사들을 규합하여 메이첸을 독립해외선교부 의장직에서 쫓아낸 바 있었다. 정통장로교회의 1937년 3차 총회에서, 또 다른 근본주의 지도자 올리버 버스웰이 사교 음주social drinking를 금하지 않으면 교단을 탈퇴하겠다고 으름장을 놓았다. 총회가 이를 거부하자, 결국 버스웰은 매킨타이어를 포함한 14명의 목사와 세 명의 장로와 함께 총회를 떠나 1938년에 성경장로교회 Bible Presbyterian Synod/Church, BPC를 세웠다. 독립해외선교부를 장악하기는 했지만 웨스트민스터신학교를 빼앗는 데는 실패한 성경장로교회는 교단 목회자 양성 학교로 페이스신학교Faith Theological Seminary를 세웠다.

신생 교단과 신학교는 설립 초창기부터 최고 권력자 매킨타이어의 지독한 전투성과 독단적 성격 때문에 극히 불안정했다. 비록 개혁파 고백주의를 강조한 정통장로교회와 결별하기는 했지만 장로회 교회론에 충실하고자 했던 인사들은 매킨타이어가 전투적 근본주의를 명분으로 다른 교파 근본주의자들과 협력하는 것, 선교 활동을 교단 치리회(노회 혹은 총회)가 책임지지 않고 독립 조직을 통해 회중주의적으로 운영하는 것에 반대했다. 이들을 중심으로 1956년에 성경장로교회에서 또다시 내부 분열이 일어나, 교단 내 40퍼센트에 달하는 매킨타이어 반대자들이 또 하나의 성경장로교회를 조직했다. 이 조직은 5년 후 1961년에 교단 명칭을 복음주의장로교회 Evangelical Presbyterian Church, EPC로 바꾸고, 교단 신학교로 커버넌트신학교를 열었다.[6] 19세기 말에 자유주의와 현대주의에 맞서는 대항마로 탄생한 근본주의 진영 전체에서 가장 독단적이고 전투적인 분리

주의를 지향한 매킨타이어는 20세기 미국 장로교회 분열 역사에서도 가장 두드러진 흔적을 남겼다.[7]

국제 투사

1933년에 매킨타이어가 북장로교회에서 추방되자, 그가 목회하던 콜링스우드장로교회에서도 교단에 남을 것인지, 매킨타이어를 따를 것인지를 놓고 회의가 열렸다. 카리스마 넘치는 지도자였던 덕에, 여덟 명을 제외한 교인 모두가 자발적으로 북장로회를 떠나 매킨타이어를 따르기로 했다. 그러나 교회 건물 소유권이 북장로교단에 있다는 법원 판결이 내려지자, 이들은 새로운 건물을 짓고 교회 이름을 콜링스우드성경장로교회라 불렀다. 이름에 '성경'이라는 단어가 들어있는 데서 알 수 있듯, 성경 무오 교리에 근거한 근본주의 교회임을 표방하는 선언이었다.

이런 식으로 매킨타이어는 교회, 신학교, 교단을 독보적으로 장악했다. 매킨타이어의 전투 행보는 여기서 멈추지 않았다. 에큐메니컬운동의 일환으로 1948년에 세계교회협의회 World Council of Churches, WCC가 결성되고, 1950년에 전미교회협의회 NCC가 이 국제기구의 미국 지부 기능으로 결성되었다. 매킨타이어는 이미 1941년에 미국기독교교회협의회 ACCC를 결성해서, 신학적으로 더 개방적인 미국 주류 교회들의 연합체로 1908년에 설립된 전미연방교회협의회 Federal Council of Churches(1950년에 FCC가 NCC에 통합)에 대응한 바 있었다. 그런데 1948년에 WCC가 스위스 제네바에서 설립되자, 그는 이

제 이 조직에 맞대응한다는 명분으로 같은 해에 국제기독교교회협
의회 International Council of Christian Churches, ICCC를 네덜란드 암스테르담
에 설립했다. 설립한 위치에 의미가 있듯, 명칭에도 분명한 의미가
있었다. WCC는 그저 전 세계 교회들의 협의체였지만, ICCC는 국
제 '기독교' 교회들의 협의회였다. 즉 매킨타이어가 보기에 WCC는
기독교인의 조직이 아니었다.[8]

    ACCC와 ICCC가 박멸을 목표로 맞서 싸웠던 주적은 크게 네
가지였다. 공산주의, WCC와 에큐메니컬운동, 로마 가톨릭, 그리고
신복음주의였다. 매킨타이어가 발행한 「어떤 차이가 있는가?」*What
is the difference between* 팸플릿 시리즈[9] 중 하나인 'NCC와 ACCC 간에는
어떤 차이가 있는가?'에 실린 내용을 보면, 매킨타이어와 ACCC,
ICCC가 지향하는 바와 WCC 및 NCC에 반대하는 내용과 이유가
무엇인지를 그가 활용한 이분법적 구도 속에서 명확히 확인할 수
있다.

> NCC는 포괄주의자, 현대주의자이며, 사회복음을 지지한다.
> ACCC는 분리주의자, 근본주의자이며, NCC의 주장이 '개신교의
> 목소리'라는 것과 미국 기독교인을 대변한다는 주장에 도전한다.
> … NCC의 목표와 목적은 에큐메니컬운동을 촉진하고 하나의
> 세계 교회를 건설하는 것이다. 이것이 요한복음 17장의 예수의
> 기도의 성취라고 주장한다. … ACCC는 이런 꿈을 종말의 때에
> 적그리스도의 신부와 창녀 교회가 있으리라는 계시록의 예언의
> 성취로 본다. … NCC는 사회복음을 촉진한다. 우리 구주께서
> 선포하신 하나님 나라는 마르크스주의 원리 위에 세워진 사회

체계로 환원되며. … NCC는 하나의 세계정부 건설을 돕고 있다. … NCC 지도부는 중공을 인정하라고 하고, 공산주의와의 평화로운 공존을 요청해 왔으며, NCC는 … 그 일부는 소련의 비밀경찰 요원으로 판명된 철의 장막 뒤에 숨어 있는 교회 지도자들을 공식적으로 미국으로 데려왔다. ACCC는 전투적인 반공주의이며, '동과 서의 화합'이라고 그들이 말할 이 영역에서의 NCC의 활동을 폭로하고 있다. ACCC는 신 없는 공산주의와 기독교의 화해, 무신론 마르크스주의와 하나님이 자유를 만드신 사회 간의 화해는 있을 수 없다고 주장한다.

위에 인용한 팸플릿은 매킨타이어가 1955년 3월 7일부터 펜실베이니아주 체스터 소재 WCVH 방송국에서 방송하기 시작한 30분짜리 라디오 프로그램 「20세기 종교개혁의 시간」*20th Century Reformation Hour*에서 사용하기 위해 제작한 것이다. 그는 이 방송에서 거의 매일 배교와 공산주의를 이중 위협으로 보고 거칠게 비난했다. 1950-1980년대 냉전 시대에 이 방송은 인기를 끌었다. 1955년 시작부터 5년 안에 전국 600개 이상의 방송국이 매킨타이어의 목소리를 송출했고, 2,000만 명 가까운 청취자가 보낸 기부금이 1년에 200만 달러에 달했다. 여기서 번 돈으로 뉴저지주 케이프메이에 호텔 몇 채를 구입해서, 이곳들을 근본주의자들이 모이는 집회소로 개조했다. 추가로 1964년에는 성경 학교였던 셸턴칼리지를 인수하고, 1968년에는 중등학교, 1973년에는 초등학교도 세웠다.[10] 매킨타이어는 '빨갱이 색출'로 유명한 상원의원 조지프 매카시 및 상원 반미활동조사위원회가 공산주의자로 의심한 성직자를 색출하는 일에도 긴밀히 관여했다. 실제로 매킨타이어는 매카시가 미국 정계에서 한 일을 교계에서 한 인물이었다. 결국 매킨타이어의 이 사례는 20세기 후반에 미국에서 국가의 개입을 반대하고 개인의 자유를 강조하는 자유민주주의, 자본주의, 신자유주의, 시장주의, 복지 반대주의를 기독교 신앙과 결합한 종교 우파Religious Right가 등장하는 기원이 되었다.[11] 1970년과 1971년에는 최소 5만 명을 동원하여 베트남전을 지지하는 일련의 '승리 행진'을 주도하며 전국 언론의 주목을 끌었다. 베트남전 반대운동을 일종의 용공, 혹은 친공 활동이라고 확신했기 때문이었다.

매킨타이어의 적은 공산주의와 신학적 자유주의만이 아니었다. 1945년에 매킨타이어는 개신교 근본주의 진영 거의 전체의 공유된 의견이라고 할 만한 발언을 했다.

> 우리가 전후 세계로 진입하면서, 오늘날 세계가 직면한 자유와
> 해방의 가장 큰 적은 로마 가톨릭 체제입니다. 그렇습니다.
> 러시아에는 공산주의가 있고, 거기서는 모든 것이 그와 연관되어
> 있습니다. 그러나 우리가 둘 중 하나를 선택해야 한다면 …
> 로마가톨릭교회의 파시스트 체제에 사느니 차라리 공산주의 사회에
> 사는 편이 훨씬 낫습니다. … 미국은 로마가톨릭교회의 공포를
> 직시해야 합니다. 미국 기독교인이 그 위험에 눈을 뜨는 것이 더
> 빠르면 빠를수록 우리나라는 더욱 안전해질 것입니다.[12]

매킨타이어는 공산주의 체제가 가톨릭 체제보다는 낫다며, 가톨릭을 자유와 평등, 민주주의의 가치를 파괴하는 파시스트로 규정

하며 경계했다. 이전부터 철저한 반공주의자였던 그가 이 시기에는 가톨릭교회를 더 강력한 적으로 인식했음을 확인할 수 있다. 그러나 1969년에는 발언의 기조가 조금 바뀐다. "나는 동정녀 탄생을 부정하는 자유주의 개신교보다 그것을 믿는다는 점에서 가톨릭 신자에 좀 더 가깝습니다."[13] 이 발언은 미국 가톨릭교회가 1960년대 이후 사회주의, 동성애, 낙태 같은 주제에서 정치사회적으로 보수적인 입장을 취하던 상황, 즉 근본주의 개신교 진영의 대의와 공유하는 것이 많아진 상황에서 등장했다. 또한 제2차 바티칸공의회(1962-1965년) 이후에는, 이전과는 달리 개신교 신앙의 여러 요소를 좀 더 긍정적으로 수용한 시대 분위기를 반영한다. 그러나 개신교 보수 진영 내부에서도 자신이 강조하는 몇 가지 신앙 조항을 수용하지 않는 이들과는 결별을 불사한 매킨타이어가 가톨릭을 동지로 인식했을 리 만무하다.

매킨타이어가 1947년 이후 신복음주의자를 대한 태도에서도 그의 근본주의적 전투성을 확인할 수 있다. 그는 전미복음주의자협회NAE, 빌리 그레이엄 및 다른 소위 신복음주의자가 비근본주의자와의 분리를 단행하지 않는 '회색분자'라는 이유로 지치지 않고 공격을 퍼부었다. 이런 비난은 신복음주의자들이 스스로 자초한 면도 있었다. NAE는 이전 시대 근본주의자들의 전투적 분리주의와 고립주의를 탈피하고자 했던 새로운 세대의 젊은 근본주의자들이 1942년에 설립한 조직이었다. 이때 이들은 자신들의 위치를 FCC와 ACCC 사이에 놓으면서, 의도적으로 ACCC보다 넓고 열린 보수 신앙을 지향하며 근본주의와 거리를 두려 했기 때문이다.[14]

집한파

매킨타이어가 한국 개신교와 관계 맺은 기간은 그리 길지 않았지만, 그가 남긴 흔적은 깊고 짙었다. 매킨타이어는 한국을 사랑한 애愛한파, 한국을 잘 알았던 지知한파라기보다는, 한국에 집착한 집執한파에 가까웠다. 매킨타이어가 한국에 집착한 이유는 그가 미국에서 경험한 장로교 분열 역사와 한국 장로교 분열 역사가 깊게 맞물려 있는 데다, 1940년대 이후 투신한 반공 투쟁이 한국 현대사 및 교회사에서도 절대적인 영향을 끼친 것이 현실이었기 때문이다.

매킨타이어와 그가 설립한 ICCC와 한국 교회를 연결하는 고리를 만든 인물은 북장로회 독립해외선교부 소속 선교사 드와이트 맬스버리(마두원)였다. 맬스버리는 원래 해방 전 1922년부터 평양 숭실전문학교에서 음악을 가르쳤다. 그러다 2차대전으로 인한 미국과 일본의 관계 악화로 1940년에 영미권 선교사 대부분이 귀향할 때 미국으로 돌아갔다. 귀국한 그는 매킨타이어가 세운 성경장로교회의 페이스신학교를 졸업한 후, 한국 해방 후 1948년에 다시 내한했다. 1946년에 설립된 고려신학교에서 가르치며, 1952년에 탄생한 예장 고신 교단과 연관을 맺었다. 1959년에는 ICCC 한국 지부장 및 ICCC 국제 본부의 부회장직을 맡을 정도로 매킨타이어 진영의 핵심 인물이었다.[15] 맬스버리의 중재 덕에 고려신학교는 ICCC로부터 수년간에 걸쳐 많은 금액을 지원받았는데, 아마도 성경장로교회와 고신 교단, 페이스신학교와 고려신학교가 신학 입장 및 모교단에서 분리된 소수파라는 의식 및 지향성 등에서 유사한 면이 많았기 때문일 것이다.

맬스버리 외에, 한국인으로서 한국 교회에 ICCC를 공식 소개한 첫 인물은 신학자 박윤선이었다. 그는 1950년에 ICCC가 WCC에 대항할 수 있는 기구로서, 전통적인 복음 신학을 선양하는 진리의 깃발을 들고, 26개국 61개 교단이 참여하는 조직이라는 찬사를 아끼지 않았다.[16] 1953년 10월에는 박윤선과 맬스버리를 포함한 고려신학교 교수진과 학생 일동이 학교의 교리 선언문을 영어로 작성하고 서명하여 ICCC에 보냈다. 아마도 ICCC에 연결된 맬스버리의 중재 때문이었을 것이다.[17] 1954년에는 고려신학교 인사들인 박윤선, 한상동, 이약신, 박손혁 목사가 8월 3일부터 18일까지 미국에서 열린 ICCC 제2차 총회에 참관인으로 초청받아 참석했다. 회의 참석 후 이들은 정통장로교회, 성경장로교회, 북미주개혁교회CRC 교단을 방문해 교제하고 연설한 후 10월에 귀국했다. 놀랍게도 성경장로교회의 페이스신학교는 한상동과 박윤선에게 명예 박사학위를 수여하기까지 했다. 이런 호의는 성경장로교회와 갈등 관계에 있던 정통장로교회의 선교부 총무 갤브레이스에게도 지나치게 보였던지, 그는 고려파 대표들이 "거기에서 두드러지게 많은 근본주의자에게 삼켜질까 두렵다"라며 걱정하기도 했다.[18] 1959년 4월에는 고신의 김경래 장로과 함께, 중국인 성도 네 명이 ICCC의 초청으로 미국을 찾아 중공과 북한의 실체를 알리는 연설을 하기도 했다.[19]

이 시기까지 매킨타이어 및 ICCC와 한국 교회의 관계는 고신 교단에만 제한되어 있었다. 그러나 1959년 5월부터 예수교장로회 총회 경기노회가 에큐메니컬 진영과 복음주의 진영으로 나뉘어 다투고 있다는 소식을 알게 된 매킨타이어는 「더크리스천비컨」 10월 22일 호부터 매번 WCC와 싸우고 있는 복음주의자들을 위해 기도

하자는 호소를 실었다. 그러다 급기야 맬스버리 선교사를 대동한 매킨타이어 및 ICCC 지도부 4인이 한국을 찾았다. 이들은 전국을 순회하며 집회를 인도했는데, 매 강연에 수천 명이 몰렸다. 11월에 미국으로 돌아간 이들은 한국 반WCC 교회의 투쟁과 고아 상황을 알리며 '한국 크리스마스 기금'Korean Christmas Fund 10만 달러를 모금했다. 이 기금이 1960년에 한국으로 보내진 후, 일부는 고아를 위해 쓰였다. 나머지 일부는 기존 장로교 선교사들의 재정 지원을 잃은 승동 측(합동)을 위해 남산(용산)에 신학교를 짓는 비용으로 활용되었다. 1959년 분열 당시 WCC 회원 교단이었던 미국 북장로회와 남장로회, 호주 장로회 및 캐나다 연합교회 소속의 재한 선교사 대부분이 연동 측(통합)을 지지했기 때문이다.[20]

그러나 ICCC 및 매킨타이어와 관계를 맺은 장로교 보수 진영인 고신과 승동(합동)은 2년이 채 지나지 않은 1961년에 ICCC와의 관계를 공식 단절한다. 1960년 12월에 고신과 승동이 전격 통합된 후 1961년 9월 21-22일 열린 제46차 총회에서, 고신 출신의 당시 총회장 한상동은 "회장이 총회 산하에 있는 개인이나 단체로 ICCC에 우호 관계를 맺을 수 없음을 선언한다"라고 공표했다. 이 선언은 지나치게 극단적인 분리주의와 공격에 혈안이 된 ICCC와의 관계 단절을 요청하는 청원이 당시 합동 총회에 올라온 후, 정치부와 총회에서 깊은 논의를 거쳐 결정된 사안이었다. 다음 해 47차 합동 총회에서는 ICCC 국제 대회에 참석하고 귀국한 인사들이 공개 사과하는 일이 있었고, ICCC와 우호 관계를 지속한 회원에 대해서는 권면위원 3인이 설득하고 권면하기로 하는 결정이 내려지기도 했다. 이렇게 해서 합동은 1961년부로 공식적으로 ICCC와의 관계를 단절했다. 합동의 관계 단절 이후에도 신학적으로 보수적이면서, 재정 상태가 취약한 다른 소규모 장로교 및 성결교 교단이 ICCC와의 관계를 얼마간 더 유지했다. 그러나 기독교대한성결교회(기성)에서 1962년에 분리된 후 ICCC와 관계를 유지하던 예수교대한성결교회(예성)는 1965년, 예장대신 교단의 전신인 대한예수교성경장로회는 1968년, 합동과 다시 결별한 후 ICCC의 도움을 다시 받던 고신은 1971년에 각각 ICCC와 단절했다. 이로써 한국 개신교회와 ICCC 와의 공식 관계는 1971년으로 완전히 정리되었다.[21]

그러나 공식 관계가 단절되었다고 해서, 매킨타이어와 ICCC 가 한국 교회, 특히 보수 장로교 진영에 물려준 유산이 사라진 것은 아니다. 특히 한국 보수 장로교 신학계의 두 기둥이라 할 만한 박윤선과 박형룡의 근본주의에 대한 태도는 상당히 달랐다. 예컨대 박윤선은 총신대학원장으로 있던 1979년에 쓴 논문에서, 그가 1950년대 초에 ICCC에 보였던 우호적인 태도와는 달리, 총신과 합동 교단이 따라야 할 신앙 사조는 역사적 개혁주의지, 근본주의가 아니라고 주장했다. 근본주의의 문제로 교리의 균형 상실, 단편적이고 경건주의적인 성경관, 신구약의 연속성 교리 부재를 지적한다.[22] 이와는 달리, 박형룡의 신학을 체계적으로 연구한 백석대학교 교수 장동민에 따르면, 박형룡은 1950년대 이래 반공, 반자유주의(반WCC), 반복음주의(반NAE·반WEF·반RES) 등, 매킨타이어가 적으로 간주하고 투쟁한 주제와 태도를 거의 그대로 답습했다. 심지어 교회론과 종말론에서도 1970년대에 이르면 역사적 개혁주의와는 달리, 근본주의와 세대주의의 분리주의 교회관, 또한 (비록 세대주의는 아니지만) 역사적 전천년주의에 근거한 종말론에 집착했다. 마치 메이첸과 매킨타이어, 정통장로교회와 성경장로교회, 웨스트민스터신학교와 페이스신학교가 미국 보수 장로교 안에 서로 상당히 다른 두 흐름을 만들어 낸 것처럼, 박윤선과 박형룡은 모두 한국 장로교회 보수 진영의 추앙받는 두 거두였음에도, 한 진영 안에 역사적이고 총체적인 개혁주의(고백주의) 대 근본주의적 분리주의라는 두 흐름이 공존하는 독특한 한국 장로교 지형을 빚어냈다.

　여느 독재자가 그렇듯, 매킨타이어는 추한 말년을 보냈다. 1971년 이후 교계에서 영향력이 크게 쇠퇴했다. 1971년에 페이스신학교는 매킨타이어의 독재에 반대하는 총장과 직원, 학생의 대거 이탈로 또 한 번 크게 흔들렸다. 1996년에는 재정 문제로 페이스신학교가 폐교되었다. 지금 미국에 현존하는 같은 이름의 학교는 역사적으로 이전 학교와는 아무런 상관이 없다. 그는 수년간 라디오방송국 WXUR의 허가 문제를 놓고 연방언론위원회와 싸웠다. 셸턴칼리지는 인가 문제를 둘러싸고 뉴저지주와 20년 동안 다툼을 벌이다 거의 폐교 직전 상태가 되었다. 불치의 질병을 가지고도 1990년대까지 공산주의 및 에큐메니컬운동과 계속해서 치열하게 싸웠지만, 상황은 더 악화되었다. 아내가 1992년에 사망했다. 「더크리스천비컨」도 곧 정간되었다. 1999년에는 콜링스우드성경장로교회에서 은퇴를 거부하며 버티다가 결국 강제로 쫓겨났다. 노년을 쓸쓸하게 보내던 그는 2002년 3월 19일에 95세를 일기로 사망했다.[23]

비서양

새 하늘과 새 땅을 열다

제2부에서 다루는 인물들은 20세기에 서양 세계 바깥에서 뚜렷한 발자취를 남긴 기독교 활동가들이다. 특히 비서양 기독교의 표현과 역량, 지도력, 역동성을 서양으로 역수출한 모범을 만들어 기독교의 진정한 세계성을 고양한 인물들이다.

문학가, 학자, 저술가, 빈민운동가, 노동운동가, 농민운동가, 협동조합운동가, 전도자 등 다양한 면모를 지녔던 **가가와 도요히코**는 당대에 간디, 슈바이처만큼이나 추앙받았던 일본 기독교의 대표자였다.
1910년 에든버러세계선교대회에서 비서양 기독교를 대표하는 인물로 연설했던 인도의 성공회 주교 **S. V. 아자리아**는 인도 기독교를 식민지 유산으로부터 자립시키고 분열을 치료하는 데 크게 기여했다.
1960년대 남미의 정치사회적 현실에서 탄생한 해방신학의 주창자 **구스타보 구티에레스**는 현실과 상황으로부터 성경을 읽는 새로운 방식을 창안함으로써, 이후 등장한 다양한 상황신학과 윤리학의 기초를 세웠다.
데즈먼드 투투 주교는 남아프리카공화국 백인 기독교 정권의 인종차별적 아파르트헤이트 정책에 맞서서 흑인과 유색인의 인권을 위해 투쟁한 공로로 노벨평화상을 수상했다. 그는 악한 정권과의 투쟁 과정에서뿐만 아니라, 이들에 대한 심판, 용서, 화해, 평화 구축 역시 기독교 신앙 위에서 구축될 수 있음을 보여주었다.

알바니아를 떠나 인도에서 빈민 구제 활동을 펼친 공로로 노벨평화상을
수상한 **마더 테레사**는 '가난한 이들 중 가장 가난한 이'를 섬기고 환대
하는 고대교회 전통이 현대 교회에도 살아 있음을 보여주었다.
페스토 키벵게레는 20세기 최대 부흥이라 불리는 동아프리카 부흥의
주역으로서, 오늘날 세계에서 가장 빠르게 성장하는 기독교 대륙이 된
아프리카의 가능성과 중요성을 보여준 인물이다.

가가와 도요히코는 1923년 간토대지진 당시 예수단과 함께 구제 활동에 참여했다.

가가와 도요히코는 전 세계를 다니며 수많은 강연에서 유창한 언변을 통해 많은 이를 감화했다.

가가와 도요히코와 아내 하루.

위 1936년 봉헌된 도르나칼 성공회 대성당. 건축 양식과 외양이
인도적인 특징을 띠는 교회당이다. Jacob Pabbathy / Wikimedia Commons

아래 베다나야감 새뮤얼 아자리아 주교.

오른쪽 터번을 쓰고 있는 아자리아.
Stevemacias / Wikimeda Commons

아래 아자리아는 1912년 12월 29일 주교가 됐다.
Stevmacias / Wikimedia Commons

1994년 호세 카를로스 마리아테구이 탄생 백주년 국제 심포지엄에 참석한 구티에레스.
Jose Carlos Mariategui Archive / Flickr

2007년 7월 20일자 구티에레스 사진.
Mohan / Wikimedia Commons

구티에레스에게 세계적 명성을 안겨준
『해방신학』의 1971년 스페인어 초판 표지.

위 2011년 평화행진에서 부부젤라를
불고 있는 투투. darlene susco/
Wikimedia Commons

아래 네덜란드교회협의회 초청으로
스키폴 공항에 도착한 데즈먼드 투투.

위 2004년에 14대 달라이라마와 만난 투투.
Carey Linde / Wikimedia Commons

아래 2012년 디엘더스 모임에 참석한 메리 로빈슨 전 아일랜드 대통령(왼쪽부터),
윌리엄 헤이그 전 영국 외무장관, 지미 카터 전 미국 대통령과 데즈먼드 투투 대주교.
FCDO / Wikimedia Commons

1995년, 테레사 수녀. John Mathew Smith / Wikimedia Commons

1985년 미국 대통령 로널드 레이건에게 '평화의 메달'을 받고 있는 테레사 수녀.

인도 전통의상인 사리를 입은 수녀들.

우간다 독재자 이디 아민
1973년 모습. 뉴질랜드 국립아카이브

『나는 이디 아민을 사랑한다』의
영어 원서 초판.

페스토 키벵게레. Korirk01 / Wikimedia Commons

7. 가가와 도요히코

일본 기독교 역사는 약 500년에 달할 정도로, 결코 짧지 않다.[1] 가톨릭 해외 선교의 선구자이자 예수회Jesuits 창시자 중 하나인 프란치스코 하비에르Francisco Xavier가 1549년에 가고시마에 상륙해 가톨릭 선교가 시작되었다. 하비에르를 시작으로 여러 예수회 선교사들이 헌신한 결과, 가톨릭은 규슈, 주고쿠, 간사이를 중심으로 상당한 개종자를 얻었다. 오다 노부나가 통치기와 도요토미 히데요시 통치 초기에 권력자들의 보호로 전 계층에서 비약적인 성장을 이루었으나, 히데요시가 전략적으로 기독교 금교령(1587)을 선포한 이래 대규모 핍박이 이어졌다. 그 핍박과 순교의 내용은 마틴 스콜세이지가 영화 「사일런스」Silence(2016)로 각색했던 엔도 슈사쿠遠藤周作의 소설 『침묵』(1966)에서 극적으로 묘사되었다. 이런 핍박에도, 1600년경 약 60만 명에 달한 일본 '기리시탄'(크리스천)은 총인구의 약 2.4퍼센트에 달하는 상당한 숫자였다.[2] 그러나 1600년의 2.4퍼센트는 이후 일본 기독교 역사에서 다시는 도달하지 못한 최대치였다. 도쿠가와

이에야스의 금교령하의 잠복 시대 가톨릭, 그리고 1859년 이후 서양 개신교 선교사들이 인력과 재력을 대규모로 투입하며 선교에 매진했지만, 오늘날 일본 기독교는 가톨릭과 개신교 모두 합쳐도 인구의 1퍼센트도 채 되지 않을 정도로 열세를 면치 못하고 있는 소수 중의 소수 종교일 뿐이다.[3]

그러나 기독교인 수가 많지 않고 교회도 많지 않으며, 같은 이유로 신학이나 기독교 계통 학문에 종사하는 인구가 적은 것에 비하면, 일본 기독교가 배출하여 세계에 알려진 신학자와 활동가의 수가 적지 않다. 일본이 서양에 개방되고 개신교가 도입된 메이지유신 초기에 신종교를 수용한 이들 다수가 몰락한 사무라이 계층의 지식욕이 왕성한 청년 및 학생층이었기 때문이었다. 한국에서 학생, 교수, 선교사로 활동한 일본인 신학자 사와 마사히코澤正彦[4]는 1969년에 일본 신학 사상의 발전사를 다루면서, "처음에는 중국에서 출판한 기독교 서적을, 다음은 스스로 영서를 읽고 서양 신학을 잘 씹어 소화하려고 했다. 그 씹는 속도가 너무 빨라서 선교사들은 이미 1890년대에는 일본 청년 신학도들의 질문에 대답할 수 없었고, 일본인 국가주의까지 합쳐져 선교사의 영향이라기보다는 일본인 주체의 신학 사상 모색이 시작되었다"라고 설명했다. 바로 이런 이른 시기에 시작된 주체적 신학 작업 때문에, 일본 신학계는 제2차 세계대전 전부터 윤곽이 꽤 분명한 자체 신학 계보를 형성할 수 있었다.[5] 특히 전쟁 직후에 나온 기타모리 가조의 『하나님의 아픔의 신학』*Theology of the Pain of God*(1946)은 영어로 번역(1965)된 첫 일본 신학 서적으로, 독일어, 스페인어, 이탈리아어, 한국어 등으로도 소개되었다.[6]

한편 전문적인 신학자보다도 더 널리 알려져 서양 세계에 일종의 충격을 가져다준 일본 기독교인도 있다. 바로 무교회주의 창시자인 우치무라 간조內村鑑三와 본 글의 주인공 가가와 도요히코賀川豊彦, 1888-1960다. 이들은 나름대로의 신학적 공헌을 했지만 학문에 업적을 남겼다기보다는 그들만의 지적 확신을 바탕으로 성경 연구, 전도, 교회, 사회, 협동조합, 국가, 군사, 경제, 운동의 영역에서 활약했다.[7] 이들의 사역과 저술은 위에서 언급한 신학자들의 작업보다 훨씬 이른 시기에 서양에 소개되었고, 상당한 지지자와 추종자를 양산할 만큼 대중적인 인기를 끌었다. 특히 우치무라 간조는 오늘날에도 지속적으로 전 세계 독자층을 형성하고 있으며, 한국에서는 김교신, 함석헌, 송두용 등 유명한 무교회주의자들의 스승으로 조명받는 인물이다.

그러나 사실상 살아생전에 일본뿐만 아니라 세계 무대에서 우치무라보다 더 유명했으며, 더 광범위한 지지를 받았고, 더 많은 경외와 감동을 불러일으켰던 인물이 가가와 도요히코였다. 활동 당시 그는 동시대를 살았던 간디, 슈바이처와 함께 현존하는 3대 성인으로 추앙을 받았고, 그런 이유에서 노벨평화상 후보에 오르기도 했다. 생전에 380권에 이르는 책을 썼고, 그중 일부는 경이적인 판매율을 보인 베스트셀러가 되었으며, 일본 빈민운동과 노동운동의 선구자로서 일본식 협동조합운동과 반전 평화운동을 일으키고, 그 운동을 서양에까지 역수출한 인물이었다. 전도와 사회정의, 교회와 사회, 영성과 사회성, 일본과 세계, 하나님 나라와 세상을 모두 아우르는 총체적이고 전인적인 사랑, 평화, 정의의 복음을 실천하려 한 '온전한' 기독교인이었다. 이토록 전설적인 삶을 살았던 인물임에도, 의외로 사망 후 빠르게 잊어져 새로운 세대에게는 거의 알려지지 않은 비운의 인물이기도 하다. 그러나 어떤 대단한 위인(偉人)도 흠 없는 성인(聖人)이 될 수는 없는 것처럼, 그에게도 특정 시대, 상황, 국가, 민족이라는 배경을 극복하지 못한 한계가 있었다.

가가와 유산

가가와는 한두 가지로 설명할 수 없을 만큼 많은 분야에서 유산Kagawa Legacy을 남긴 인물이다. 그러나 그는 오늘날 '일본 협동조합의 아버지'라는 말로 가장 잘 알려져 있다.[8] 여기서 협동조합은 무한 시장 경쟁 체제와 파괴적 자본주의에 저항하여, 경제적으로 소외된 계층의 사람들이 형제애적 연대와 협력, 분배와 공유, 자조, 민주, 공정, 연대를 기반으로 운영하는 경제조직을 뜻한다. 가가와가 이 운동에 전념하게 되는 것은 20대 중반 이후인데, 이 운동에 투신하기 이전인 21세에 빈민가에서 구빈 활동을 시작하면서 가난한 이들의 처지를 이해한 것이 조직적 협동조합운동의 예비 단계였다. 그러나 소외된 이들에 대한 관심과 공감은 평범하지 않은 어린 시절에 그가 겪은 차별과 고아가 된 경험에서 비롯된 것 같다.

가가와 도요히코의 아버지 덴지로는 1847년에 일본 열도를 구성하는 네 섬(혼슈, 규수, 홋카이도, 시코쿠) 중 가장 작은 시코쿠 동부의 아와에서 아홉 형제 중 하나로 태어났다. 그는, 그 지방의 가장 유력한 지주 가문의 당주(당대 호주)였지만 아들이 없던 가가와 세이베이의 양자로 들어가 가가와 가문의 14대 당주가 되었다. 이름도 덴지로에서 준이치로 개명했다. 가문의 명예에 어울리게 지성적으로 탁월했기에, 자유 민권운동을 후원하면서 정치결사 조직인 지조샤 自助社의 임원도 맡았다. 도쿄에서 천황의 자문기관인 원로원 서기관 으로 활동하다가, 요코하마로 가서 달러 시세거래소(도쿄증권거래소 의 전신)에서 중개업을 하기도 했고, 다시 고베로 가서 해상운송 대 리점인 가가와회조점賀川回漕店을 설립한 후 지점을 낼 정도로 성장 시켰다.[9]

　　그러나 그의 결혼 생활은 안정적이지 못했다. 준이치는 아내가 아이를 낳지 못하자 게이샤로 일하던 마스에와 동거를 시작했다. 이 둘 사이에서 다섯 아이가 태어나는데, 1888년 7월 10일에 태어난 가 가와 도요히코는 셋째 자녀이자, 둘째 아들이었다. 당시 일본 전통 상, 아이를 낳지 못하는 정실부인 대신 첩을 들여 대를 잇는 일은 흔 한 풍습이었다. 그러나 청교도처럼 예민한 도덕주의자로 성장하는 훗날의 가가와에게 일부다처제는 죄악이었다. 가가와는 상업으로 성공한 부친과 그의 사랑을 받는 둘째 아내의 아들로, 부모 생전에 는 대체로 부유하고 행복하게 자랐다. 그러나 행복은 오래가지 않았 다. 아버지가 이질과 독감으로 1892년 11월에 44세의 젊은 나이로 요절했고, 어머니도 이듬해 1월에 넷째 아들을 낳은 후 8일 만에 죽 고 말았다. 가가와는 당시 다섯 살이었다. 다섯 아이는 그렇게 급작 스레 부모 없는 고아 신세가 되고 말았다. 여덟 살인 누나 에이와 다 섯 살인 차남 도요히코는 정실부인인 미치와 친할머니와 함께 살게 되었다. 남편에게 사랑을 받지 못했던 미치는 갑작스레 떠맡게 된 아이들에게 애정이 없었다. 가가와는 이런 어린 시절의 경험과 감 정을 여러 글과 발언에서 표현했는데, "사랑 없는 너른 집"a big house without love으로 여행을 떠나는 것 같은 경험이었다는 표현이 대표적이었다.[10] 친부모의 죽음으로 양모에게서 학대를 받고, 아이들로부터 첩의 자식이라 놀림받으며, 홀로 꽃밭이나 숲, 들판, 창고에 숨어 들어 책을 읽거나 주위를 관찰하는 것을 유일한 낙으로 삼았던 극도로 외로운 소년 시절의 가가와. 거부와 상실, 자기 비하와 혐오의 경험이, 자신과 같은 처지에 있는 사람들에게 공감하는 사랑의 화신으로 가가와를 빚어낸 근원 중 하나였던 것 같다.[11]

가가와의 일생을 바꾼 결정적인 만남은 중학교 입학과 함께 찾아왔다. 현립 도쿠시마중학교에서 1년을 보낸 후, 이듬해 1901년에 기독교인이 운영하는 가타야마학교로 옮겼다. 많은 아이가 그랬듯, 가가와도 처음에는 영어를 배우려고 교회 예배에 출석하면서 처음으로 외국인 선교사들을 만났다. 이렇게 만나게 된 찰스 로건 박사는 당시 스물여덟 살의 미국 남장로회 소속 선교사로, 학교에서 예수의 생애를 영어로 가르쳤다. 또 한 명의 남장로회 교사 선교사 해리 마이어스 박사도 아내와 함께 총명하고 감수성 예민한 가가와를 정성껏 돌보았다. 부모도 없었고, 친척에게서 사랑을 받아 본 일도 없는 '세상에서 가장 외로운 소년' 가가와에게 이 외국인들은 제2의 부모와 같은 존재가 되었다. 그는 이때 느낀 감정을 여러 수사를 동원해 감동적으로 표현한다.

솔직히 말하면, 그 당시의 나는 이 세상에서 가장 고독한
인간이었으며, 누구든지 나에게 친절히 대해 줄 사람을 간절히 찾고
있었기 때문에, 자연스럽게 그분은 나를 끌어당길 수 있었다.

로건 박사와 마이어스 박사의 가정은 사랑이 무엇인가를 나에게

가르쳐 주었다. 그리스도교가 무엇인지를 가르쳐 준 것은 비단 성서만이 아니다. 이들 두 가정이 보여준 사랑이었다. 싸움에 지쳐 갈 곳이 없을 때, 이 두 가정은 언제든지 나에게 열려 있었고, 날 기쁘게 맞아 주었다. 그들은 나를 마치 자신들의 자식 가운데 한 명인 것처럼 보듬고 키워 주었다.

성서와 선교사를 통한 감화에도 불구하고, 조숙했던 가가와는 약 3년간 내면의 복잡한 문제들로 고민했다. 그러다 16살인 1904년 2월에 기독교 신앙을 확신하고 도쿠시마일본기독교회에서 마이어스 박사에게서 세례를 받고 기독교인이 되었다. 가가와가 이들에게서 배운 것은 신앙과 지성으로서의 성서, 감정의 교감으로서의 가정과 가족, 실천으로서의 이웃에 대한 사랑이었다. 따라서 선교사들에게서 기독교 신앙을 지성, 감정, 실천 중 하나로만 습득하지 않고, 전인적으로 배운 것이 가가와가 이후 총체적 하나님 나라 복음을 가르치고, 실천할 동력이 되었던 것 같다.[12]

이때 이후 가가와는 진로를 정했다. 중학교 학비를 대주던 숙부는 장래가 보장되는 도쿄제국대학에 입학하면 다시 학비를 주겠다고 제안했다. 그러나 가가와는 기독교 사역자가 되기 위해 마이어스 박사가 모금한 재원으로 도쿄의 장로교계 대학인 메이지가쿠인대學明治學院大學 고등부 신학예과에 입학했다. '초연'超然이라는 별명을 가진 학생답게, 그는 학교 도서관에 소장된 책 거의 전부를 읽었다고 말할 정도로 신학, 문학, 철학, 자연과학, 역사, 농학, 예술 등 광범위한 분야의 독서에 매진했다. 심지어 독서하느라 수업에 빠지기까지 했다. 재학 중에 가가와를 내내 가르친 미국 북장로회 선교사 오거스트 칼 라이샤워 박사Dr. August Karl Reischauer는 그를 메이지가쿠인 개교 이래 가장 우수한 학생이라 평하기도 했다.[13]

광범위한 독서로 탄탄한 지식과 교양을 갖춘 가가와는 중학교 시절에 이미 평화주의자 톨스토이, 러스킨, 칸트, 일본 기독교 사회주의자 기노시타 나오에와 아베 이소의 책을 섭렵했다. 1904년 러일전쟁이 터지면서, 학교 교과과정까지 국수주의와 군국주의를 강화하는 방향으로 흘러갔고, 교련이 정규 과목으로 편성되어 모든 학생이 모형 총을 들고 군사훈련에 참여해야 했다. 그러나 15살의 가가와는 교련 시간에 총을 던져 버리면서, 자신은 평화주의자이므로 살육 훈련에 참여할 수 없다고 선언했다. 교사에게 체벌을 받고, 교장에게 훈계를 들으면서도 마태복음 26장 52절 "네 칼을 도로 칼집에 꽂으라. 칼을 가지는 자는 다 칼로 망하느니라"를 들어 자기 논리를 단호하게 변호해 냈다. 메이지가쿠인에서는 마르크스, 다윈, 엥겔스의 글을 읽으며, 이 사상가들의 무신론과 유물론, 과도한 폭력성을 비판했지만, 한편으로 약육강식 자본주의와 비인간적 기계주의 등에 대한 평가는 긍정적으로 수용했다. 이때부터 세계 평화, 반전反戰, 형식주의 종교, 육식, 일부다처제(첩 문화) 등을 주제로 글을 쓰거나 항의 행동을 하며, 차후에 명성을 떨치게 되는 '행동하는 비판적 기독교 지식인'으로서의 성장 과정을 보여주었다.[14] 미성숙하기는 하지만, 그는 이미 어느 정도는 반제국주의자, 기독교 사회주의자, 평화주의자, 환경보호주의자였던 것이다.

1907년 3월에 메이지가쿠인대학 예과를 졸업한 가가와는 같은 해 9월 미국 남장로회에서 개교한 고베신학교(전후에는 고베중앙신학교)에 진학했다. 마이어스 박사가 고베신학교 교수로 임명되자 스승을 따라간 것이었다. 종합대학의 자유롭고 학구적인 분위기에 매료되었던 가가와에게는 신학이 보수적이고 도서관이 부실한 고베신학교가 성에 차지 않았다. 그러나 고베에서 가가와는 목회자로 빚어졌다. 아이치현 오카자키교회와 도요하시일본기독교회에서 목회를 배운 가가와는, 특히 도요하시교회 나가오 마키 목사의 겸손, 청빈, 고난, 환대, 전도에 큰 감화를 받았다. 이때부터 가가와는 대중집회 및 거리 전도 활동에 시간을 쏟는 전도자로 알려지기 시작했다.[15] 그러나 12-13세 무렵부터 각혈하는 등 결핵 증세를 보였던 그는 이 무렵 몸을 아끼지 않은 전도 활동의 결과, 거의 죽음 직전까지 가는 두 차례의 임사 체험과 신비체험을 했다. 실제로 가가와는 일평생 폐결핵, 트라코마, 신장병, 결핵성 치루, 축농증, 심장병을 앓는 '걸어 다니는 종합 병동'이었다. 아마도 죽음 앞에 서 있다는 이런 자의식이 그를 죽음을 두려워하지 않고 사역과 활동에 매진하게 한 동력이었을 것이다. 요양 중에 그는 후소라는 어촌 마을에서『오두막 일기』를 쓰는데, 이것이 나중에『사선死線을 넘어서』라는 제목의 자전적 소설로 출간되면서 그는 일약 베스트셀러 작가로 유명세를 떨치게 된다.[16]

어린 시절의 소외 경험, 중학교와 메이지가쿠인에서의 지적·사회적 각성, 고베신학교 시절의 전도자 경험, 극한의 임사 체험을 자기 안에 종합적으로 아우른 새로운 가가와가 탄생했다. 이렇게 새롭게 태어난 가가와가 향한 곳은 고베의 빈민가 후키아이 신카와였다. 1868년에 메이지유신의 결과로 개항한 항구 고베는 1907년부터 신흥 도시로 급성장하기 시작했다. 농촌의 극빈을 피해 일자리를 찾아온 이들이 신카와 지역에 나무로 허름한 연립주택이나 칸막이 집을 만들어 대규모로 거주하고 있었다. 가가와는 신학교 기숙사를 나와 이 지역에 세를 얻어, 아예 방화범, 도박 중독자, 알코올중독자, 매독에 걸린 거지와 한방에서 살았다. 신학교 굴뚝 청소로 번 푼돈을 거리와 골목을 돌아다니며 나눠 주고, 옷을 벗어 주고, 빈민가를 공포로 몰아넣는 불량배 패거리들의 싸움을 중재하고, 가정 폭력에 시달리는 여인과 아이들을 돌보고, 고통에 빠진 자들에게 찾아가 기도해 주었다. 처음에는 미치광이 취급을 받던 가가와는 어느 순간부터 '선생님'이라는 존경받는 칭호로 불리기 시작했다. 그 이름에 걸맞게, 집에서 학교를 열어 아이들에게 국어와 산수를 가르쳤고, 초상이 난 집에서는 시신을 씻고 장례를 집전했고, 주일에는 자기 집을 예배당으로 활용했다. 처음에는 혼자 시작했지만, 이런 가가와에 감화된 동역자들이 합류하기 시작했다. 이 빈민가 사역이 바로 협동조합운동의 출발점이었다.[17]

단순히 퍼주기 구제만으로는 빈민의 실제적 자립이 일어나기 힘들다고 판단한 그는 경제적 자급을 가능하게 하는 방식이 필요하다고 생각했다. 협동조합은 1844년에 영국 로치데일에서 파업하던 직공들이 노동자의 권익 보호와 자립을 위해 만든 것이 최초였고, 일본에서도 이미 협동조합이 소개되어 운영되고 있었다. 가가와는 1905년에 이시카오 산시로의 책을 읽으며 협동조합이 빈민 문제를 해결할 수 있는 열쇠라고 생각했다. 이렇게 시작된 첫 협동조합식 사업체가 텐코구야天國屋라는 식당이었다. 1911년에는 구령단救靈団(나중에는 '예수단'으로 이름 변경)을 조직해 함께 일하고, 물건을 공유하고, 함께 기도하는 사도행전의 초대교회 공동체를 구현했다. 구령단이 더 특별했던 것은 가가와가 여기서 봉사자로 돕던 하루를 만나

아내로 맞이하게 되었기 때문이다.[18] 이렇게 시작한 협동조합운동은 그가 1914년 미국 프린스턴신학교에서 공부하던 시기에 뉴욕과 시카고의 빈민가를 직접 목격하고 연구하면서 참여 영역이 더 확장되었다. 1917년에 신카와로 돌아간 후에는 고베의 미쓰비시 및 가와사키 조선소에서 비폭력 노동쟁의를 이끌었는데, 그는 한 인간으로서의 노동자가 종속된 노예 상태에서 벗어나 해방되어야 한다고 강조했다. 특히 1921년 6월에 미쓰비시 조선소에서 벌인 노동쟁의에는 3만 5,000명이 참여했는데, 이는 당시까지 일본 역사상 최대의 노동자 시위였다.[19]

그는 노동조합 외에도, 소비자 협동조합, 농민 협동조합도 차례로 이끌었다. 보통선거권운동도 주도했는데, 1920년에 제국의회에 제출된 첫 법안은 실패했지만, 1925년에는 마침내 통과되어, 납세액과 관계없이 25세 이상의 남성은 누구나 선거권을 갖게 되었다. 이로써 이전까지 300만 명에 지나지 않던 투표권자가 1,250만 명까지 늘어나면서, 일반 노동자도 상류층 인사들과 평등한 정치적 자기표현을 할 수 있게 되었다. 1923년에 일어난 간토대지진 당시에는 도쿄로 가서 예수단과 함께 구제에 참여했다. 이후 가가와는 지속적인 계몽과 자립을 위해 농촌복음학교를 설립하고, 정치와 경제, 종교, 사회 개혁을 통합한 하나님나라운동에 매진했다. 일본이 전시체제로 돌입하는 1930년대 이후에는 반전운동에도 집중하다가 헌병대에 체포되어 구류되기도 했다. 일본의 패전으로 끝난 전후에는 일본사회당, 신일본 건설 기독교운동, 세계 연방주의자운동을 주도하거나 참여했다.[20]

가가와가 이렇게 일평생 강조한 협동조합 정신이 가장 구체적으로 표현된 강연이 있다. 그가 48세였던 1936년 4월에 뉴욕주에 있는 콜게이트-로체스터 신학교에서 이 학교의 교수이자 사회복음 운동의 주역의 이름을 딴 라우션부시 강연에서 한 내용으로, 후에 『우애의 경제학』[21]이라는 제목으로 출판되었다.

> 여러분도 잘 이해하시다시피, 그리스도의 십자가가 우리 인생의
> 중심에 서 있다. 십자가의 원칙을 경제생활에 응용하고자 할 때,
> 우리는 네 가지 원칙을 지키지 않으면 안 된다. 첫째는 '비착취의
> 원칙'으로 희생의 정신을 의미한다. 둘째는 '형제애의 원칙', 셋째는
> '나눔의 원칙', 넷째는 '사회적 연대의 원칙'이다. … 그리스도교는
> 온 세상에서 전해지고 있다. 하지만 경제에 대해서는 우리는 십자가
> 원칙의 실천을 망각하고 오히려 경쟁을 벌이고 있다. … 내가
> 형제애라고 말할 때는, 희생과 협동의 정신으로 가득 찬 바람직한
> 체제를 의미하는 것이다. 협동조합 체제에는 희생의 정신과
> 형제애의 정신이 담겨 있다.[22]

> 그리스도교 지도자 가운데에는 우리가 경제에 대해 이야기하면
> 그것이 영적이지 않다고 비판하는 사람도 있다. 하지만 아시다시피,
> 예수는 이 땅에 육체를 입고 오신 분이다. 그의 육화肉化는 그
> 자체로서 놀라운 신 존재의 명백한 현상이었다. 우리의 육체가
> 신 의식에 의해 지배될 때, 신의 율법은 물질적인 요소들 안에서
> 명백하게 드러난다. 결국 경제도 신의 율법에 따라 지배되는
> 것이다. 따라서 그리스도의 가르침은 경제적 측면에도 적용된다.[23]

구령단을 모체로, 구령단이 있던 자리에 현재 세워져 있는 고베 가가와기념관이 발행한 「가가와 도요히코 목사 관련 단체 변천도」에 따르면, 가가와가 신카와 슬럼에 들어간 1909년부터 사망한 1960년까지, 그의 영향을 받아 탄생한 사회운동 조직이 약 100개에 달한다. 또한 이 단체들의 활동을 주제별로 나누면 아동 보육, 교육, 주민 구제, 의료, 금융 보험 공제, 사회운동, 노동운동, 농민운동, 협동조합운동, 기독교 선교, 평화운동 등 최소 10여 종류에 달하며, 전문 영역별로 세분화하면 20-30종으로 분화된다.[24] 한마디로 현대 일본의 사회운동에 그의 손이 미치지 않은 영역은 거의 없다고 보아도 좋을 것이다.

가가와 전설

1935년에 일본 기독교인 츠루미 유스케는 서양에서 가가와를 숭배하는 현상Kagawa Phenomenon이 나타나는 것을 보고 다음과 같은 글을 기고했다.

> 만약 30년 전에 세계에 가장 널리 알려진 일본인이 누구였는지 묻는다면, 그 대답은 해군 제독 토고였을지 모른다. 그리고 15년 전에는 누구일지 묻는다면, 아마 하야카와 세슈였을 것이다. 그런데 오늘날에 이르러서는 바로 가가와 도요히코일 것이다. … [서양인들은] 완전히 새로운 것으로서 아시아에 서구가 갖고 있지 않은 것이 있음을 발견하기 시작했다. 그 하나는 아시아가

가지고 있는 '사물을 바라보는 눈'이다. … 그리스도교에 대해서는 어떠할까? 서구가 2,000년 동안 지켜 왔다고 생각하는 그리스도교, 그 순수한 정신은 그들의 마음속에서 점점 악화되고 있다. 하지만 이 종교는 오히려 그 태어난 고향인 이곳 동양에서 부활의 가능성을 찾고 있지는 않을까? 이러한 이유로부터, 가가와 씨나 간디를 향한 서양인들의 열렬한 흠모와 숭배의 현상이 나타났다. 그것은 결국 서양인들의 자기부정에서 비롯된 산물이며, 우월감의 꿈에서 깬 백인종의 신음 소리라고 불러도 좋을지 모르겠다.[25]

자민족 중심적인 자긍심이 다소 가미된 글이기는 하지만, 가가와가 1920년 중반 이후 서양, 특히 미국에서 일종의 현상이 된 것은 사실이다. 미국 선교사 로건과 마이어스를 통해, 가가와는 빈민 및 사회 선교 활동을 벌이는 일본인 기독교 개종자로 남장로교회에 먼저 알려졌다. 이후 미국 독지가들이 가가와의 선교 사역에 열심히 후원하면서, 그의 활동이 구미 주요 출판물에서 꾸준히 소개되었다. 그가 쓴 책도 서양 언어로 번역되었다. 이런 과정에서 1924년에 환태평양학생대회PPSC와 세계기독교총학생연맹WSCF이 가가와를 미국으로 초대했다. 또한 영국 노동당 당수 램지 맥도널드 및 고위 관료들과의 회담 약속도 받은 상태였고, 아시아의 성자 마하트마 간디와는 귀국길에 만나기를 고대했다. 이 세계 여행에서 가가와는 인종주의를 반대하며, 서양, 특히 미국과 일본의 관계를 화해시키는 평화주의 민간 특사의 역할을 떠맡았다. 20세기가 시작된 이후 이민자, 특히 아시아계 이민자 유입을 규제하던 미국의 인종주의가 1920년대에 백인 우월주의를 바탕으로 강화되고 있었기 때문이다.

이 첫 해외 순방은 1924년 11월부터 8개월 동안 지속되었다. 그가 미국 전역, 영국, 덴마크, 이스라엘을 방문하여 유창하게 영어로 연설한 내용은 서양인에게 감동과 충격, 감격을 동시에 선사했다. 그의 헌신적인 빈민 및 노동 사역을 듣고 느낀 감동, 서양 사회의 왜곡된 사회 모순에 대한 거침없는 도전에 충격을 받았다. 또한 아마도 그들의 해외선교 사역으로 배출될 수 있는 최상의 열매이자 모델을 눈앞에서 목격한 감격 때문이기도 했던 것 같다. 그의 강연은 문서로 출간되기도 했고, 영어 강연이 독일어로 번역 출간되기도 했다.[26]

가가와가 서양에서 거의 성인saint 수준의 숭배를 받게 된 것은 그가 사회사업에서 큰 열매를 맺었기 때문만은 아니었다. 인자하고 겸손하고 온화한 성품, 유머와 해학을 담아내는 유창한 언변, 소외된 자를 위한 자기희생적 봉사는 말할 것도 없고, 무엇보다도 그에게 '성스러운 아우라'aura of sanctity가 충만했기 때문이다. 그 바쁜 와중에도, 매일 거르지 않고 새벽 여명에 일어나 기도와 묵상을 쉬지 않았고, 거액의 출판 인세와 후원금에도 아내와 자녀들은 지극히 검소하게 살았다.[27] 따라서 가가와를 추앙하는 이들은 사명을 위해서 자신과 가족을 기꺼이 희생하는 그를 십자가를 진 예수 그리스도나 위대한 성인 같은 존재로 숭배했다.[28] 그가 서양 사람들의 뇌리에 이런 성인군자 이미지로 새겨지게 된 결정적인 계기는 서양인들이 써서 출간한 전기와 주간지와 신문 기사들이었다. 일본 기독교에 대해 다수의 책을 남긴 선교사 윌리엄 액슬링William Axling이 1932년에 쓴 성인전 수준의 가가와 전기는 영어로 수차례 개정판이 나왔다. 1930-1940년대에 프랑스어, 독일어, 덴마크어, 노르웨이어, 스웨덴어로도 번역될 만큼 인기를 끌었다.[29] 『사선을 넘어서』 출간 이후 명성을 얻기 시작한 그는 이제 서양에서 실제로 전설Kagawa Legend이 되었다.

미국에서는 가가와협회Kagawa Fellowship, 그리고 가가와가 1921년에 결성한 수도원식 청년 조직인 예수의벗Friends of Jesus을 후원하는 모임이 설립되어, 가가와의 미국 및 세계 강연 여행 일정을 짜고 재정을 후원했다. 1927년부터 가가와의 사역팀에 영어 비서로 합류한 선교사 헬렌 토핑[30]은 가가와의 글을 영어로 번역한 번역자이자, 가가와의 전기를 쓴 전기 작가이기도 했다. 1936년에는 가가와의 세계 강연 여행을 조율하는 총무 역할도 떠맡았다. 그런데 강연 요청이 너무 많아서 여행 5년 전에 예약이 모두 찰 정도였다. 진보 성향 개신교 잡지 「크리스천센추리」는 일상적인 출간 일정보다 더 빨리 잡지를 인쇄해서 가가와의 여정을 전 미국에 미리 알렸다. 각 교회와 학교, 협동조합에 소속된 가가와 숭배자들도 각 지역별, 단체별로 맡은 일정을 책임졌다. 연방교회협의회FCC의 J. 헨리와 제임스 마이어 목사, 미국협동조합연맹 총서기이자 미국 친우회Friends(퀘이커) 봉사위원회의 E. R. 브라운이 강연 일정 중에 미국 현지 책임자로 활약했다. 미국 협동조합운동의 주요 지도자와 협력자 거의 모두가 가가와와 함께 강연하거나 그의 강연에 참석했다. 미국 협동조합운동의 발전상에 가가와의 공헌이 컸기 때문이었다.[31]

가가와의 여정과 강연 내용을 포함한 일거수일투족을 기독교 언론뿐 아니라 「뉴욕타임스」New York Times, 「워싱턴포스트」Washington Post, 「디트로이트뉴스」Detroit News, 「클리블랜드플레인딜러」Cleveland Plain Dealer, 「뉴스위크」Newsweek 등의 저명 언론도 추적하며 소개했다.[32] 1935년에 미국에서 번역 출간된 가가와의 『십자가의 명상』Meditations *on the Cross*[33]의 광고 홍보물에는 "새롭게 등장한 은수자隱修者 베드로가 하느님의 도시를 점령하기 위한 십자군을 말하였던 것처럼, 미국과 캐나다가 새로이 눈뜨게 하도록 가가와 목사는 앞으로 반년 동안 가장 많이 언급되는 세계적인 지도자가 될 것이다"라는 문구가 등장했다. 미국 시인 에드윈 마컴Edwin Markham도 기다리던 메시아가 나타난 것을 칭송하는 14행시(소네트)의 4-5행을 "당신은 우리를 지켜보는 하늘로부터 보내진 지도자, 간디보다 위대하며 후스胡適[34]보다 위대한 이여"라는 시구로 채웠다.[35] 실제로 1936년 여행에서 가가와는 미국과 캐나다 총 150개 도시에서 75만 명을 대상으로 수백 차례나 강연했고, 라디오 방송에도 출연했으며, 어떤 날은 하루에 11시간을 강연하기도 했다. 그만큼 초청이 많았다.[36]

가가와가 미국에서 정말로 유명하고 영향력이 있었다는 것은 그를 반대하는 이들이 조직적인 반대 시위를 수차례 벌인 사실로도 확인된다. 가가와가 주창한 기독교의 사회참여와 협동조합운동을 그저 단순히 자유주의나 사회주의, 에큐메니컬운동으로 취급하는 이들이 있었다. 예컨대 가가와가 라우션부시 강연을 위해 뉴욕주 로체스터에 도착도 하기 전에, 근본주의 전도자 해럴드 스트라선Harold Strathearn은 로체스터에 진을 치고 가가와를 반대하는 시위를 시작했다. 가가와를 '사회주의 망령'spectre of socialism으로, 가가와와 협동조합을 '쌍둥이 악마'twin demons라 부르며, 이들을 저지하는 50인 위원회를 결성한 후, 당대에 가장 극단적인 근본주의자로 악명을 떨친 텍사스 포트워스의 프랭크 노리스에게 지원을 요청했다. 가가와가 3,000명 군중 앞에서 강연을 하고 있을 때, 같은 도시의 다른 강당에서는 2,500명을 모은 노리스가 가가와를 빨갱이라고, 협동조합은 소련 공산주의보다 더 위험하다고 비난했다. "우리의 일터나 가정이나 교회를 어떻게 운영할지에 대해 논의하는데, 굳이 일본인 따위를 수입할 필요가 있을까요?" 이 소식을 들은 가가와는 "저는 하나님의 사랑이 산업이나 경제나 일상생활에 적용되기를 바라고 있기 때문에 결국 공산주의자라고 비난받고 있습니다. 정말 웃기는군요. 말도 안 되는 소리입니다"라고 대응했다. 가가와가 다룬 주제가 순수하게 종교적인 것만은 아니었기에 비판자들의 범위 또한 광범위했다. 석탄 업계, 보험회사 등 시장 자본주의를 옹호하는 기업들이 지원하는 간행물들 또한 가가와의 협동조합운동을 '일본 놈' Jap이 이끄는 사회주의 혹은 공산주의 활동일 뿐이라는 비난을 퍼부었다.[37] 가가와에 대한 이런 여러 층위의 혐오 발언들은 전반적으로 극우 반공주의, 기독교 근본주의, 백인 우월주의, 인종차별주의 성향을 띠었다.

가가와 문제

가가와는 서양의 많은 사람들에게 성인 수준의 존경과 숭배를 받았다. 여전히 백인 우월주의와 서양 중심주의가 지배하던 제국주의 및 인종주의 시대에 기독교와 근대 문물을 수용한 지 얼마 되지 않은 동양의 한 기독교인이 오히려 이 요소들을 전수해 준 이들에게 찬탄의 대상이 되었다는 사실에, 같은 동양인이자 기독교인인 한국인 독자들은 놀라지 않을 수 없다. 실제로 선교 모국의 교회가 선교지 교회를 영원히 자라지 않는 어린 교회로 보고 지도력 이양의 때를 놓쳐 자립을 지체시키는 가부장적 온정주의paternalistic 문제는 선교 역사에서 늘 중요하게 다뤄지는 주제다. 그런 점에서 가가와 도요히코는 20세기 전반기 기독교 역사나 동서양 관계 역사에서도 한 획을 그은 인물이 틀림없다. 그러나 이런 도요히코도 완벽한 인간은 아니었다. 그에게도 문제Kagawa problem가 있었다. 그도 한 시대의 아들이었다. 크게 두 가지 문제를 지적할 수 있다. 하나는 중상류층 지식인으로서의 계급 차별 의식이고, 다른 하나는 일본인으로서의 민족주의 문제였다.

가난하고 소외된 빈민과 노동자와 농민을 위해 헌신한 그였지만, 일본 사회가 드러내 놓고 이야기하지 못하는 히사베츠 부라쿠민被差別部落民(피차별 부락민)의 해방운동과는 결국 갈등하는 관계가 되고 말았다. 조선 사회의 천민 집단과 마찬가지로, 부락민은 근대 이전 일본에서 사농공상의 네 계급 안에도 들지 못하는 천민이었다. 주로, 백정(가축 도살), 사형 집행 및 시체 매장, 피혁 가공 및 납품, 거리 청소, 사찰 종자, 광대 등의 직업을 가졌다. 1920년 국세조사 통계에 따르면 부락민은 일본 전체 인구의 1-2퍼센트에 해당했다. 메이지유신으로 공식적으로는 신분 차별이 철폐되었으나, 실제로는 여전히 차별이 자행되었다. 사회주의운동의 영향을 받은 이 계층 지도자들은 1922년에 전국 스이헤이샤水平社(수평사)를 조직해 일본 최초의 인권선언인 '스이헤이샤 선언'을 발표했다. 스이헤이샤운동은 우파 보수 단체인 일본 국수회國粹會와 유혈 충돌을 벌이기도 했다.[38]

가가와가 처음부터 부락민을 자신의 사회운동에서 배제한 것은 아니었다. 그도 사회운동 초창기에는 이들과 연대하여, 지지자와 조언자 역할에 충실하려 했으나, 곧 이들의 운동이 과도하게 폭력적이라 생각했다. 평화주의자에다 매사가 온건했던 가가와에게는 증오와 폭력에 기반한 해방운동이 자리 잡을 여지가 없었다. 부락민과 가가와의 관계가 틀어진 결정적인 계기는 그가 25세에 쓴 『빈민 심리의 연구』(1915)에 포함된 내용이었다. 이 책은 일본에서 빈민 문제를 탁월하게 정리한 사회학의 선구 작업으로 칭송받았지만, 책에서 그는 부락민 출신이 가난한 이유에는 유전적인 요인이 크다는 주장을 펼쳤다. 즉 부락민은 순수 일본인이 아니라 중국인, 한국인, 코카서스 백인, 니그로 흑인의 피를 가진 열등하고 오염된 인종의 후손이기 때문이라는 것이다. "간단히 말해, 부락민들은 퇴화된 인종이거나, 노예적 인종, 혹은 일본의 고대 인종으로부터 뒤처져 버린 쓸모없는 존재들이다."[39] 이 책이 출판된 직후 가가와는 부락민에게서 격렬한 비판을 받았다. 부락민의 비난이 심해지자 1929년에 가서야 책을 절판하겠다고 약속하기는 했지만, 실제로 이 책은 절판되지 않았다. 공식 사죄를 하지도 않았다. 물론 이 책을 젊은 시절에 썼다는 점, 그 시대 서양과 일본 지식인 주류가 인종주의적 사회진화론과 우생학에 영향을 받았다는 사실을 감안해야 한다. 그럼에도 비판에 직면한 이후에 보인 가가와의 행동은 여전히 시대와 출신 배경의 한계를 벗어나지 못하는 연약한 인간의 모습이었다.[40]

첫 번째 가가와 문제가 20대 시절의 사건이라면, 두 번째 문제는 완숙했던 40-50대에 표면화된 문제였다. 1931년 만주사변부터 1945년 제2차 세계대전 패전까지, 15년 동안 전시체제에 돌입한 일본 사회에서 지식인이나 사회 지도층의 운명은 이미 정해져 있었다고 해도 과언이 아니다. 침략당한 백성으로서 강요에 의한 것이라

해도, 한국인 대부분은 식민지 제국주의 일본의 내선일체 및 대동아 공영권 논리와 이에 근거한 신사참배 요구에 적극적으로든 소극적으로든 동참했다. 이처럼 제국주의가 민족주의와 결합하여 일본이 치르는 전쟁이 곧 세계 전체를 침탈하는 앵글로색슨 백인에 맞서 동양인을 해방하는 대업이라는 주장이 일본의 시민 종교가 되었을 때, 가가와도 이 주술에서 헤어나지 못했다.

가가와는 1931년 만주사변이 일어났을 때만 해도, 일본군의 확장주의와 군국주의를 비판했다. 1933년 정도에 이르러서는, 군부를 도저히 제어할 수 없다는 생각에 망연자실하고 체념하는 모습을 보였다. 그래도 1932년에 일본군이 침략한 상하이에 1934년에 방문해서는 중국인 회중에게 "만약 우리가 그리스도인이 아니라면 저는 여기에 설 수가 없을 것입니다. 저는 개인적으로 우리 일본인이 한 나라로서 자행해 온 일들에 대해 유감스럽게 생각하고 있습니다. 여러분은 그리스도인이시며 용서해 주시는 분들이기 때문에, 부족한 저를 이 강단에 세워 주고 계십니다"라고 말했다.[41] 『사랑의 과학』 중국어 번역판 서문에서도 비슷하게 사죄를 표명했다.[42]

그러나 1937년 중일전쟁과 1938년 이후 일본 본토와 식민지에서 신사참배 시행이 거의 완료되고, 1939년에 미국이 일본과 맺은 통상조약 종료를 통보한 시점 이후 전 일본은 완전히 전쟁 논리에 세뇌되었다. 가가와도 『사랑의 과학』 중국어판 서문에서 사과문을 작성한 일, 1940년에 만주의 협동조합을 방문했다가 거기서 일본군의 잔악 행위를 비판한 일, 같은 해 8월 25일 주일에 일본 교회에서 비폭력을 주제로 설교한 일이 문제가 되어 군법 위반 혐의로 경찰과 헌병대에 체포되었다. 18일 동안 연설, 책, 문장, 영어 출판물 내용, 행동을 조사받았고, 혐의에 대한 심문을 받은 후 석방되었다. 그가 발행하던 소책자 「가가와 달력」도 폐간 조치를 당했다. 이 사건 이후 가가와는 사회운동 은퇴를 선언하고 물러났지만, 1943년에도 두 차례나 반전사상을 이유로 체포되어 심문받은 후 가택 연금되었다. 결국 가가와 자신뿐만 아니라, 가가와의 교회, 조직 동료들의 활동 모두가 심각하게 위축되지 않을 수 없었다.[43]

1940년 10월에 가가와는 지금까지 자신이 정부에 대항하는 활동을 한 것을 반성하는 공식 참회문을 게재하고, 천황에 대한 경의를 표하며, 동아시아에서 일본이 맡은 신적 사명을 지지하는 내용을 잡지에 기고했다. 1941년 태평양전쟁 발발 이후에는 미군이 전장에서 일본군 및 일본군 시체를 대상으로 벌인 잔학 행위나 미국의 전반적인 인종차별을 가혹하게 비판하는 발언을 자주 했다. 비록 일시적일지라도, 또는 마지못해 그랬을지라도, 전쟁은 이렇게 세계주의자이자 평화주의자였던 가가와마저 굴복시켜 민족주의자이자 전쟁주의자로 바꾸어 버렸다.[44]

전쟁이 끝난 후 가가와는 「타임」지와의 인터뷰에서 심문과도 같은 질문을 받고 다음과 같이 대답했다.

네, 저는 그러한 (반미 선전) 활동을 했습니다. 고의적으로
했습니다. 미국이 전쟁에 이기면, 가가와가 일본의 수상이 될
것이라고 미국인들이 말했습니다. 하지만 그러한 발언으로 인해서,
저나 일본의 그리스도인들은 모두가 한순간에 매국노가 되어
버렸습니다. 따라서 저는 미국이 에이브러햄 링컨의 정신으로
돌아가지 않으면 안 된다고 일부러 말했습니다. 유감스럽게도 저는

세계적인 그리스도교로부터 국가적인 그리스도교로 내려오지 않을 수 없었습니다. 그밖에 어쩔 도리가 없었습니다.[45]

가가와는 자신이 실패했다는 사실을 인정했다. 정부의 강요에 의해 마지못해 전쟁 선전에 이용당한 면이 있음을 인정한다 해도, 전쟁 말기에 그는 아시아의 유일한 희망으로서 백인 지배자들을 쫓아내어 아시아인을 해방한다는 일본의 대동아공영권 논리에 찬동하는 모습을 보였다. 이 점에서 가가와는 실패한 예언자였다. 종전 직전 「타임」지 기사에 언급된 대로, "일본의 가장 유명한 기독교인은 가가와 도요히코라는 이름의 거의 눈먼 평화주의자"라는 평가도 틀리지 않았다.[46] 전쟁 전에 성인으로 추앙받던 가가와는 전쟁 후 미국 사회 전반과 개신교 내부에서도 엄청난 논란의 대상이 되었다.[47] 아마도 바로 그런 이유로, 그는 전쟁 전에 소외된 이들을 위해 봉사한 것에 더하여, 전후에 다시 세계 평화를 위한 활동에 매진한 공을 인정받아 1954년과 1955년에 노벨평화상 후보자로 추천되었다. 1947년과 1948년에는 노벨문학상 후보였다. 그러나 결국 그는 아무것도 받지 못했다. 분명히 일본제국 말기 전시체제하에서 남긴 오점이 컸기 때문일 것이다.[48]

문학가, 학자, 저술가, 빈민운동가, 노동운동가, 농민운동가, 협동조합운동가로서의 가가와가 남긴 유산은 위대했다. 그러나 사람들에게 일반적으로 알려진 인상과는 달리, 가가와는 일평생 자신이 전도자로 인식되기를 원했다. 18세기의 위대한 부흥사이자 전도자였던 조지 휫필드가 미국 순회 전도 현장에서 마지막 설교를 마치고 생을 마감했듯이, 가가와도 자신이 전도자 혹은 목사로 불리기를 가장 원했다.[49] 실제로 신카와 슬럼에서 죽기 일보 직전까지 혼신의 힘을 다했고, 일평생 일본과 세계를 순회하며 수많은 설교와 강연에서 하나님 나라를 선포했듯이, 마지막 남은 몇 해도 오롯이 전도자로 살다가 갔다. 사망 1년 전 전도 여행 직전에 앓아 누웠을 때에도, "전도 도상에서 죽는 것은 전도자에게 영광입니다"라며 전도집회를 이어갔다. 1946년 4월 23일에 육체의 모든 기력이 쇠하여 의식을 잃기 직전에, 그는 마지막 유언을 남겼다. "교회를 건강하게 해주세요. 일본을 구해 주세요. 세계에 평화가 올 수 있게 해주세요."[50]

8. V. S. 아자리아

그리스도의 종교는 세상에서 가장 역동적인 요소 중 하나다. 이
종교는 언제나 강하고 견고한 경계들을 무너뜨린다. 이 종교는
특정 인종, 계급, 혹은 카스트에만 국한되기를 거부한다. 이 모두를
껴안으려 한다.[1]

1864년에 나이지리아의 주교가 되었던 새뮤얼 아자이 크라우
더Samuel Ajayi Crowther, 1809-1891에 이어, 영국인이 아닌 인물로서는 세
계에서 두 번째, 인도인으로서는 최초로 성공회 주교가 된 베다나야
감 새뮤얼 아자리아Vedanayagam Samuel Azariah, 1874-1945가 1932년에 남
긴 말이다. V. S. 아자리아는 한국 기독교인에게 거의 알려지지 않은
인물이다.[2] 기독교 역사의 주류가 팔레스타인과 로마제국을 거쳐
주로 유럽과 북미를 중심으로 전개되어 온 데다, 신자 수와 영향력
면에서 지난 수백 년간 기독교 세계에서 주도권을 쥐고 있던 이들이
서양 기독교인이었기 때문이다. 그러나 20세기 중반 이후 세계기독

교의 중심은 더는 서양에 있지 않다. 비서양 지역 기독교인 수는 유럽과 북미, 오세아니아의 전통적인 백인 기독교인 수를 압도적으로 뛰어넘었다. 전도와 선교, 사회봉사 등 현장에서 활동하는 헌신자들의 수도 이제는 아시아, 아프리카, 남아메리카 기독교인이 서양 기독교인보다 많다. 에큐메니컬 진영과 복음주의 진영, 로마가톨릭 세계를 막론하고 오늘날 전 세계 규모로 열리는 주요 기독교 대회에서 강사진이 서양인 일변도로 구성되던 풍경은 이제 지나간 유산이다. 21세기에 기독교는 역사상 처음으로 진정한 의미의 세계 종교가 되었다.

V. S. 아자리아는 기독교가 서양인, 백인, 특정 계급, 특정 카스트만의 종교가 아니라 전 세계, 전 인종, 전 민족, 전 계층에 보편적으로 주어진 선물임을 실존으로 구현한 인물이었다. 이런 실재가 그저 성경에 기록된 문자 속에서만 나오는 가상현실과 다름없어 보였던 20세기 초반, 즉 지금으로부터 100년도 더 지난 시기에, 기독교의 초월성과 보편성, 세계성, 다원성, 토착성을 삶으로 구체화한 인물 중 하나였다.

YMCA

아자리아는 1874년 8월 17일에 인도 최남부 틴네벨리(오늘날의 티루넬벨리) 지역 벨라란빌라이 마을의 기독교 가정에서 태어났다. 부모는 인도 남부 타밀어 사용 지역의 하위 카스트 중 하나인 나다르Nadars 계급에 속했다. 카스트제도 바깥에 위치할 정도로 비천한 취급을 받는 불가촉천민the untouchables 혹은 달리트Dalits보다는 우월한 계층이었으나, 나다르 계급 역시 카스트제도 최하층민으로, 사회에서 가장 고된 일을 하면서 멸시받았다. 1838년, 타밀어 지역인 메그나나푸람에 성공회 복음주의 선교회인 교회선교회Church Missionary Society, CMS 소속 웨일스인 선교사 존 토머스가 도착했다. 그는 교회선교회의 선구적 신학자이자 행정가였던 헨리 벤Henry Venn, 1796-1873이 제창한 삼자三自 원리에 따라 지역 선교를 펼쳤다. 한국에 온 장로회 선교사들이 1890년 이후 활용하게 되는 네비어스 선교 정책의 원조라 할 수 있는 이 삼자 원리는 성공회 교회선교회 헨리 벤과 미국해외선교회ABCFM의 루퍼스 앤더슨이 외부 선교사의 통제를 벗어나 자전, 자치, 자립하는 현지 토착 교회indigenous church 건설을 선교의 목표라 주장하며 유명해졌다. 이 원리를 실제로 적용해서 성공한 선교 현장은 20세기 중반까지도 그리 많지 않았다.³

　토머스는 벤의 원리를 인도 현장에 맞게 잘 적용했다. 윌리엄 캐리 시대 이후 초기 인도 선교 전략은 주로 상류 카스트층을 개종시키는 것이었다. 그런데 이 전략이 별로 효과적이지 않은 것으로 드러나자, 선교사들은 인도의 소외된 계층민들에게 집중적으로 복음을 전했다. 토머스는 이런 계층에 복음을 전했을 뿐만 아니라, 이들을 양육하며 현지인 목회자로 안수하는 일에도 전력했다. 그가 인도에 온 이후 8년이 지난 1846년에도 틴네벨리 지방에서 18명의 교역자 중 인도인은 1명뿐이었다. 서양에서와 마찬가지로, 체계적인 신학 훈련과 영어, 히브리어, 그리스어를 강도 높게 이수해야 목회자 자격을 주었기 때문이다. 그러나 토머스는 인구 다수가 글조차 읽을 줄 모르는 하위 카스트 인도인을 목양하는 사역자에게 과도한 학업 성취 기준은 불필요하다고 보았다. 따라서 그는 신앙이 확실하고 지적 재능이 있는 현지인을 선발하여 현지어로 단기간에 압축적으로 교육을 한 뒤 안수를 주었다. 이로써 그가 사망하기 직전인 1870년에는 수백 개 교회가 세워지고, 그들 다수가 자전, 자치, 자립하는 교회가 되었다. 아자리아의 아버지도 토머스가 1869년에 안수를 준 인도 사역자 31명 중 하나였다.[4]

아자리아가 물려받은 아버지의 이름 베다나야감Bedanayagam은 각각 '성경'과 '주인'을 의미하는 힌두어 단어 둘을 조합해 만든 이름이었다. 아버지가 성공회 사제로 안수받은 지 5년 후에 태어난 V. S. 아자리아는 부모에게서 어린 시절부터 찬송을 부르고, 기도하고, 성경을 읽는 교육을 충실히 받아, 그 유산을 일평생 유지했다. 아자리아는 잉글랜드국교회(성공회)가 틴네벨리에 세운 교회선교회칼리지Church Missionary College에서 중고등학교 과정을 이수한 후, 19살에는 스코틀랜드국교회(장로회)가 세운 마드라스크리스천칼리지Madras Christian College에서 대학 과정을 밟았다. 그는 중고등학생 시절에 이미 기독교형제애협회Christian Brotherhood Association 설립에 참여해, 인도 사회를 얽어매고 있던 카스트제도의 악습에 저항했다. 그런 아자리아가 대도시 마드라스에 세워진 대학에서 경험한 인생 최대의 전환점은 YMCA와의 만남이었다.[5]

1844년에 영국에서 산업화와 도시화에 맞닥뜨린 젊은이들을 돕기 위해 탄생한 YMCA는 19세기 전인적 세계선교운동의 일부로 세계 각지에 전파되었다. 인도에는 YMCA가 1890년에 소개되었는데, 아자리아가 1893년에 마드라스크리스천칼리지에 입학할 당시는 YMCA가 젊은 인도 기독교인 사이에서 막 영향력을 얻기 시작한 때였다. 대학에서 YMCA를 만난 아자리아는 기도, 성경 공부, 노방전도 등 초기 YMCA가 중시했던 활동에 완전히 빠져들었다. 육체, 지성, 사회성, 영성을 고루 강조한 YMCA의 활동 중 영적인 면이 아자리아를 사로잡은 것이다. 그가 얼마나 이 활동에 몰두했던지, 심하게 아파서 대학 마지막 수학 시험에 참석할 수 없을 정도였다. 그 결과 아자리아는 대학 학위를 받지 못했다. 그러나 YMCA 활동은 그에게 인도 기독 지성 사회뿐 아니라, 목회자로서의 소명을 불러일으키고, 세계의 문을 열어 주는 통로가 되었다.[6]

아자리아가 일평생 걸은 목회자로서의 방향성은 1895년부터 1909년까지 14년간 YMCA에서 전임 활동가로 활약하면서 구체화되었다. 우선 그는 복음을 전하는 자로서의 1차 소명에 충실했다. 대학을 떠난 지 1년 후인 1897년에만 인도 전역 3,465마일(5,576킬로미터)을 다니며 무려 126차례나 연설하며 기독교와 YMCA 활동을 소개했다. 주로 소가 끄는 수레를 타고 다니면서 벌인 이런 활동에는 연설과 설교, 성경 공부, 기도회, 독서회, 토론, 강연, 콘서트, 스포츠 등이 포함되어 있었다. YMCA 활동의 두 번째 방향성은 그가 인도 사회의 가장 큰 문제로 인식한 카스트제도와의 싸움이었다. 아자리아는 힌두교 사원에도 들어갈 수 없었던 나다르 카스트 출신이었다. 따라서 그는 기독교 복음이 인종과 민족, 카스트 등의 사회 조건을 초월하여 모든 이를 구원과 해방으로 초청하는 보편적인 좋은 소식이라는 점을 지속해서 강조했다. 또한 그는 당대 선교회들의 활약으로 하층민도 신분 상승, 교육, 의료, 고용, 부의 혜택을 받을 수 있게 되어 카스트의 경계를 허무는 방편이 되었다는 점도 강조했다.[7]

그러나 YMCA가 아자리아에게 준 가장 특별한 기회는 활동무대를 전 세계로 둔 저명한 기독교인과의 교제권에 그를 편입시킨 것이었다. YMCA와 학생자원자운동SVM, 세계학생기독연맹WSCF을 통해 전 세계 개신교인을 하나로 묶는 네트워크의 실무 책임자로서, 당대에 가장 저명한 기독교인 중 하나였던 존 모트[8]가 그 교제권의 심장이었다. 아자리아는 대학 3학년이던 1896년에 이미 모트를 캘커타에서 만난 적이 있었다. 당시 모트는 YMCA 대학 총무이자 SVM 책임자로 세계 무대에서 활약하고 있었다. 이후 모트는 1910년 에든버러 세계선교대회에 아자리아를 초청해서 연설할 기회를 주고, 인도를 방문할 때마다 자신이 강연자와 주빈으로 참여하는 대회에 아자리아를 동반했다. 당시 모트 네트워크의 일원이 된다는 것은 세계 개신교계 중심부 인물이 된다는 뜻이었다. 아자리아는 의도적으로 세계 무대 중심부에 서려고 노력한 적이 없었지만, 그의 성실성과 재능, 상징성에 깊은 인상을 받은 모트는 첫 만남에서부터 아자리아가 새로 부상한 세계기독교 시대에 큰 역할을 감당할 만한 재목임을 알아차린 것 같다.[9]

　모트가 아자리아의 대부 역할을 했다면, 모트를 중심으로 편성된 YMCA 네트워크의 일원으로서 아자리아에게 진정한 친구 역할을 한 인물은 셔우드 에디Sherwood Eddy였다. 예일대학을 나온 엘리트 지식인이었지만 D. L. 무디의 노스필드 대회에 참석한 후 선교에 헌신하게 된 에디는 미국에서 SVM과 YMCA 사역자로 활동하다가, 프린스턴신학교를 졸업한 1896년부터 YMCA와 SVM 활동 책임자로 인도에서 사역했다. 아자리아와 에디의 관계는 당시에 거의 보기 힘들었던 백인과 비백인 간 평등한 우정의 모범이었다. 특히 인도 안에서도 카스트제도 때문에 동족에게서 차별받는 일이 일상이었던 아자리아에게 에디는 제국주의 시대에 세계를 지배하고 있던 앵글로색슨계 백인임에도 인종적, 문화적 우월 의식 없이 순수하게 유색인종과 평등한 우정을 쌓을 수 있음을 보여준 특별한 친구였다. 에디에게 아자리아는 기독교인으로서 삶의 모범과 제자도를 가장 완벽하게 구현한 서양 세계 바깥의 인물이자, 그 어떤 미국인도 따를 수 없는 헌신된 삶을 사는 기독교인이었다. 이들은 거리 전도, 시골 마을 전도, 독서 토론회에 함께 참여했으며, 함께 미국 부흥사 찰스 피니에 대한 전기를 타밀어로 쓰고 피니의 책을 타밀어로 번역하기도 했다.[10]

1910년 에든버러 세계선교대회

YMCA 활동을 통해 국제 네트워크 일원이 된 아자리아가 세계적 명성을 얻게 된 계기는 1910년에 스코틀랜드 에든버러에서 열린 세계선교대회에서의 활약이었다. 1910년 대회 한 해 전인 1909년에 아자리아는 YMCA를 사임하고, 자신이 직접 세운 두 인도인 선교회 중 하나인 틴네벨리인도인선교회Indian Missionary Society of Tinnevelly의 활동 지역인 도르나칼 지역 책임 선교사가 되었다. 도르나칼은 기독교인도 거의 없고, 교육받은 이도 거의 없는 가난한 농민들이 사는 시골 지역이었다. 특히 이 지역은 인도 남부의 주요 언어인 타밀어가 아니라 텔루구어를 사용하는 지역으로, 호랑이 등 야생동물들이 출몰하는 데다 정해진 길도 없는 정글이었다. 이 지역으로 선교사로 자원해 들어간 얼마 후 12월에 아자리아는 마드라스의 성공회 주교 헨리 화이트헤드를 보좌하는 사제로 안수를 받았다. 헨리 화이트헤드는 유명한 영국 철학자 앨프리드 화이트헤드의 형으로, 성공회와 대영제국 정치 무대에서 영향력이 큰 성공회 고교회파 성직자였다. 그러나 배경과는 달리 복음주의 선교사들과도 잘 지냈고, 인도인 사역자 발굴과 인도 교회 자립에도 관심이 많았다.[11]

　아자리아의 에든버러 대회 참여는, 도르나칼의 정글에서 천막을 치고 살면서 마을을 심방하며 사역하던 초기에 얼마간 해외 출장을 다녀온 것이나 마찬가지였다. 인도인으로서 국제 선교대회에 참가하게 된 아자리아가 에든버러로 가는 여정 중에 겪은 일화가 하나 있다. 화이트헤드 부인은 인도 남부에서 스코틀랜드로 가는 여정 내내 아자리아에게 터번을 쓰고 인도 전통 복장을 하라고 압박했다. 왜 그랬을까? 화이트헤드 부인 이사벨은 남편만큼이나 기질이 강했다고 알려진 인물로, 남편보다도 먼저 아자리아가 이른 시일 안에 인도인 주교가 될 만하다 생각했을 정도로 고답적인 서양인들보다는 열린 사고를 지니고 있었다. 이 점에서 본다면 이사벨은 아자리아에게 인도인 정체성을 부끄러워하지 말고 당당히 드러내라고 요구한 것으로 이해할 수도 있다. 그러나 아자리아는 그 요구를 그렇게 해석하지 않았다. 아자리아는 성인이 된 이후 특별한 경우를 제외하고는 늘 일상적인 서양식 복장을 했는데, 이는 서양 문명에 대한 사대주의가 아니었다. 인도 카스트제도하에서는 신분에 따라 입는 복장이 달랐기 때문에, 그는 자신의 열등한 계급을 대변하는 차별과 구별의 상징인 인도 전통 복장을 입기를 거부한 것이다. 불가촉천민과 하위 카스트 출신 인도인에게는 평범한 서양식 복장이 오히려 오랜 시간 억압받고 차별받은 인도 전통 사회구조로부터의 해

방을 상징하기도 했기 때문이다.[12]

　1910년 에든버러 세계선교대회는 19세기에서 20세기로 전환되는 시점에서 세계 개신교 선교를 종합적으로 되돌아보며 미래로 나아갈 이정표를 제시할 대회로 기획되었고, 실제로 역사상 가장 중요한 선교대회로 평가받는다. 특히 교파별, 국가별, 선교회별로 분열되어 각개전투식으로 경쟁하던 개신교 선교운동에 일종의 통일성을 부여했고, 연합운동으로서 에큐메니컬운동을 태동시켰기 때문이다. 다른 한편 이 대회는 거의 처음으로 세계기독교에서 서양인이 아닌 이들의 목소리가 들리기 시작한 대회다. 출간된 자료에따르면, 당시 참석한 전체 1,215명 중에서 비서양 신생 교회younger churches에서 온 대표는 총 19명에 지나지 않았다. 이런 빈약한 숫자에도, 대회장 미국인 모트와 영국인 J. H. 올덤의 배려로, 이들은 정중한 대접을 받고 대회에서도 연설과 토론 진행 등 의미 있는 공헌을 했다.

　이 중 아자리아의 연설은 이후 기독교계의 진보에 기여한 연설로 두고두고 회자된다. 인도에 있던 선교사들과 YMCA 지도부 인사들 이외의 사람들에게는 아직 거의 알려지지 않았던 아자리아는 대회에서 두 차례 연설했다. 첫 연설은 6월 15일에 열린 제1분과위원회에서였다. 여기서 그는 인도는 다른 나라보다 서양 교회의 관심을 많이 받은 지역이기는 하지만, 인구수에 비하면 여전히 선교사나 기독교인이 전혀 없는 지역이 너무나 많다며, 상상과 달리 실제로는 경시된 대륙 인도에 선교 노력을 더 기울여 달라고 요청했다. 그러나 이 짧은 연설은 이후 거의 기억되거나 인용되지 않는다. 두 번째 했던 연설의 강렬함 때문이다.[13]

두 번째 연설은 대회 공식 회의가 아니라, 6월 20일에 있었던 저녁 모임에서 한 연설이었다. 40분이라는 긴 시간을 할당받은 아자리아는 덜 형식적이고 경건한 강연 같은 분위기로 연설을 시작했다. 아자리아는 외국인 사역자와 현지인 사역자 사이, 즉 서로 다른 인종 간 협력 문제를 다루었다. 그는 상호 이해의 괴리와 닫힌 태도, 진정한 우정과 교제의 결핍 등을 지적했다. 특히 선교사가 돈을 주고 현지인은 돈을 받기 때문에 생기는 상하 관계를 언급했다. 결국 인종, 경제력, 주도권 차이가 만든 계급의식이 선교사와 현지인을 그리스도 안의 한 형제요 친구라고 여기게 하기보다는, 고용인과 피고용인, 부모와 자식, 선임과 후임 관계로 만들어서, 참된 기독교 정신을 파괴한다는 것이 요지였다. 에베소서 3장 18-19절과 고린도전서 13장을 활용한 연설의 정점은 이 주제를 연구하는 많은 학자에게 널리 알려져 있으므로, 여기서 직접 인용하는 것이 좋겠다.

그리스도의 영광의 넘치는 부요함은 잉글랜드인, 미국인, 대륙인에
의해서만, 그리고 일본인, 중국인, 인도인에 의해서만이 아니라,
모두가 함께 일하고, 모두가 함께 예배하고, 모두가 함께 우리
주 그리스도의 완전한 형상을 배움으로써 온전히 실현될 수
있습니다. '지식에 넘치는 그리스도의 사랑을 알고 하나님의 모든
충만하신 것으로 우리가 충만할 수 있는 것'은 오직 '모든 성도와
함께' 할 때입니다. 이것은 두 인종 간의 영적 우정으로만 가능할
것입니다. 우리는 서로에게서 배우고, 서로 돕고자 해야만 합니다.
… 앞으로 올 모든 세대 내내 인도 교회는 선교 단체의 영웅적인
노력과 자기 부인의 수고에 감사를 표하기 위해 일어설 것입니다.

여러분은 물질로 가난한 자들을 먹이셨습니다. 여러분은 여러분의 몸을 불사르게 내어 주셨습니다. 우리는 또한 사랑도 요청합니다. 우리에게 친구를 주십시오![14]

후에 나온 기록들에 의하면, 이 연설은 청중에게 '폭탄 같은 충격'과 '전기 같은 침묵'을 주었다. 어떤 이들은 박수갈채를 보냈는가 하면, 어떤 이들은 분노했다.[15] 실제로 이후의 서양 선교사들이 선교 및 현지인을 대하는 태도를 바꾸는 데 이 연설이 특별한 기여를 했는지 알기는 어렵다. 그러나 서양 기독교인들이 우쭐거리면서 놀던 놀이터에 아시아인 한 사람이 폭탄을 던져, 그들의 양심에 어느 정도 상처를 입힌 것만은 분명하다.

성공회 주교

전 세계 기독교 지도자들이 모인 역사상 최고의 중심부에서 화려한 스포트라이트를 받은 아지리아는 다시 오지 중의 오지 도르나칼로 돌아갔다. 화이트헤드 주교 부부는 1909년에 아자리아를 부제로 안수할 때부터 머지않아 그를 첫 인도인 주교로 안수할 마음의 준비를 하고 있었다. 그가 준비되었다는 것을 확신한 화이트헤드 주교는 인도 주재 성공회 주교들과 협의하여 그를 첫 인도인 주교로 안수하기로 결의했다. 서임식은 1912년 12월 29일에 캘커타에서 열렸고, 그는 인도인 사역자 여섯 명, 교인 8,000명이 거주하는 신생 도르나칼주교구의 주교로 부임했다.[16]

그의 주교 서임을 반대하는 목소리도 당연히 있었다. 잉글랜드에서는 국회의원을 포함한 일부 사람들이 백인이 포함된 교구에 인도인 주교를 세우면 안 된다는 인종주의적 비판을 제기했다. 대체로 영국인을 포함한 백인들은 아직 인도 교회가 독립할 만한 역량을 갖추지 못했다며 아자리아의 주교 서임을 반대했다. 반대는 인도 국내에서도 있었다. 도르나칼이 텔루구어 사용 지역이었기 때문에, 타밀어 지역 출신인 아자리아가 주교가 되는 것을 반대하는 이들이 있었다. 카스트 상위 계급 출신 인도 기독교인은 신분이 낮은 나다르 계급 출신의 아자리아가 성공회에서 가장 지위가 높은 인도인이 되는 것을 탐탁지 않게 여기기도 했다. 성공회가 아닌 다른 교파 신자와 선교사들은 아자리아의 주교 서임으로 성공회가 인도 개신교계에서 더 강한 주도권을 갖게 되지는 않을까 염려했다.[17]

그러나 이런 우려 대부분은 기우로 증명되었다. 그가 도르나칼 주교가 된 지 18년이 지난 1930년에 도르나칼 지역 성공회 교인은 10만 명 이상으로, 서임 당시 8,000명의 10배를 훌쩍 뛰어넘었다. 인도인 사역자를 세우고 지원하는 일뿐만 아니라, 주교구 내 영국인 및 미국인 사역자들을 감독하고 교제하며, 새로 설립된 주교구 조직을 체계화하고 개혁하는 일도 잘 해냈다.[18]

인도 기독교

이미 언급한 대로 근대 인도에서 진정한 의미의 인도 기독교가 탄생하는 과정에서 아자리아의 공헌은 지대한데, 그의 이상은 이미 YMCA 시절(1895-1909)에 얼개를 갖추었다. 사제로 안수받기 이전에 벌써 그는 인도인이 주도하는 두 선교회를 설립했다. '인도 기독교는 인도인의 손으로!'라는 목표를 이루기 위한 첫 시도이자, 그의 이후 사역을 특징 지은 원칙이 시도된 출발점이었다. YMCA 사역자로 활동하던 1903년에 틴네벨리인도인선교회를 설립했고, 2년 후에는 전국선교회National Missionary Society를 세웠다. 두 번째 선교회 모토가 이들 선교회의 설립 정신을 잘 반영한다. '인도인의 돈, 인도 사람, 인도인의 운영.' 그가 설립한 이 선교회들이 영국이나 미국 등 서양 선교사들 활동에 반대하고, 그들이 떠나야 한다는 '선교 모라토리엄'을 주장한 것은 아니다. 다만 미래의 인도 교회는 서양인이 아닌 인도인이 스스로 전하고 다스리고 운영하는 교회가 되어야 한다는, 말하자면 이미 선배 서양 선교사들이 주창하고 일부 실천했던 지극히 성경적인 삼자 원리에 충실하려 했을 뿐이다.[19]

1910년 에든버러 대회에서 그가 연설한 내용도 인도 교회와 교인을 대하는 선교사들의 왜곡된 우월감에 대한 비판과 그 해결책으로 제시한 진정한 친구 됨이었다. 이는 작위적 결정이나 판단, 세속사상의 영향에서 나온 것이 아니었다. 성경이 그렇게 가르치고, 참된 기독교란 원래 그런 것이기 때문이었다. 선교사들이 자신들의 권위와 지도권을 인도 현지인에게 이양하는 문제도 이 진정한 친구 됨과 밀접히 연관되어 있었다. 서양 선교사가 인도 토착 기독교인을 자신들과 동등한 형제와 친구로 인정하고 신뢰하며 사랑한다면, 기득권을 내려놓는 일이 훨씬 쉬울 수 있기 때문이었다.

도르나칼 주교가 되고 난 후 주교구에서 아자리아가 한 목회는 일견 전형적인 성공회 주교의 목회와 크게 다르지 않았다. 그러나 이런 전형적인 사역에도, 인도인인 그가 인도 문화 속에서 인도인, 특히 카스트 하층의 가난하고 무지한 인도인을 대상으로 목회한다는 점에서 인도성being an Indian이 곳곳에 묻어났다. 예컨대 성례의 의미가 인도에서는 다른 나라에서와는 다르게 받아들여졌다. 글을 읽을 줄 몰라 세례나 견진을 받기 위한 교리문답을 제대로 숙지할 수 없는 다수 신자들에게, 마치 종교개혁 시대의 마르틴 루터가 그랬듯, 그는 이 교리들을 노래로 가르쳤다. 사도신경과 십계명, 주기도문을 외우기 쉽고 단순한 가사로 바꾸고, 그 위에 음률을 입힌 것이다. 초기 선교지 한국에서 이름 없던 여성들이 교회에 출석하고 세례를 받으며 인생 처음으로 이름을 갖게 되었듯, 카스트 하층민으로 태어나서 자신을 비하하는 이름을 가졌던 이들이 세례 후 원이름 대신 성경 이름으로 새 이름을 받았다. 흐르는 냇물 속에서 세례를 받은 이들은 옛 카스트의 신분과 악습과 공포와 자기 비하가 세례의 물을 통해 완전히 씻겨 내려가고, 새롭게 된 자아로 거듭났다는 환희에 자주 휩싸였다. 성찬도 마찬가지 의미가 있었다. 서로 다른 카스트에 속한 이들과는 함께 식사하지 않는 인도 문화에서, 그리스도의 몸과 피를 같은 상 위에서 나누고, 이어서 함께 식사하는 성찬 의식은 카스트제도를 넘어서 새로운 가족을 만드는 하나님 나라의 잔치였다.[20]

아자리아는 또한 교회연합운동에도 적극적이었다. 주교가 된 지 7년째인 1919년에 그는 트란케바르에서 열린 인도인 교역자 대회에 참석했다. 그와 남인도연합교회South India United Church의 베담 산티아고 목사가 남인도 내 모든 개신교 교파에 문건을 보내 "우리는 분열되어 있어서 약하다. 전 인류의 5분의 1을 그리스도께 인도하는 사업에 착수하기 위해 단합하자"라고 요청한 결과 열린 대회였다. 남인도연합교회는 이미 1908년에 장로교회와 회중교회가 연합하여 이룬 개혁파 연합교회였다. 이 교회의 인도인 지도자들과 성공회의 아자리아는, 서양 선교사들이 인도에 전파해서 세운 수많은 교파는 성경의 명령과는 관계없는 그들의 분열 유산이라 판단했다. 따라서 이미 편견으로 가득한 선교사들 없이 인도인만 따로 모여 교회연합을 논의해 보자는 데 합의했다. 이 노력이 당장의 결실을 보지는 못했지만, 결국 1947년 9월, 즉 아자리아가 세상을 떠난 지 2년 후에 남인도연합교회와 성공회, 감리회가 연합한 남인도교회Church of South India가 탄생했다.[21] 이때의 유산인 남인도교회는 지금도 인도 최대 교회로 남아 있다.

아자리아가 남인도 개신교회들의 연합을 간절히 바란 것은 이것이 단지 성경적이라 믿어서만은 아니었다. 남인도의 특수한 현실이 교회 연합의 필요를 더 갈구한다고 믿었기 때문이었다. 먼저 남인도는 인구 대부분이 공통의 드라비다 혈통인데도, 크게는 네 개의 서로 다른 언어 지역으로 분화되어 있었다. 물론 종족과 언어를 더 세분화하면 그 수는 훨씬 늘어났다. 둘째로, 남인도에는 사도 도마로부터 기원한 무려 2,000년에 이르는 풍성한 기독교 전통이 있었다. 따라서 아자리아는 종족과 언어와 카스트별로 분열을 정당화하고 지속하는 인도 문화 속에서, 한 분이신 그리스도와 사도의 교회에서 기원한 인도 교회는 그 창시자가 하나가 되라고 하신 유언, 죽음과 삶의 문제와도 같은 이 명령을 지켜야 한다고 확신했다.[22]

아자리아의 일생에서 가장 기념할 만한 또 하나의 중요한 날은 1936년 1월 6일이었다. 이날 그가 도르나칼 주교가 된 지 24년 만에

도르나칼 성공회 대성당이 봉헌되었다. 공식 명칭이 도르나칼 주현 대성당교회Dornakal Cathedral Church of the Epiphany인 이 교회는 기독교 교회당 건물에 인도 문화의 다양한 요소를 부가한 지극히 인도적인 교회당이었다. 우선 천장을 지지하는 열두 개 기둥은 열두 사도를 의미했다. 내부는 거대한 십자가가 압도하지만, 십자가 밑에는 열두 사도의 상징만이 아니라, 인도를 상징하는 연꽃 문양도 있었다. 건물 외양은 분명한 기독교 예배당이지만, 무슬림 모스크를 연상시키는 돔도 있고, 힌두교 신전에서 볼 수 있는 것과 비슷한 기둥도 있었다. 아자리아가 교회 건축을 통해 종교다원주의를 설파하려고 한 것은 아니다. 그는 교회 연합을 추진하는 에큐메니스트이면서 동시에 신앙의 내용에서는 철저한 복음주의자였다. 다만 그는 이 요소들이 가장 인도적인 것임을 인식하고 있었다. 또한 20세기 전반기 선교 운동 전성기에 널리 퍼진 성취 신학fulfillment theology, 즉 '선하지만 미완성인 인도 신앙과 아름답지만 불완전한 인도 문화가 기독교 안에서 완성되고 성취된다는 기독교의 잠재력에 대한 주교의 극적인 표명'이 대성당에 반영되었다.[23]

　　아자리아는 마을 심방 후 걸린 말라리아로 인한 고열로 1945년 1월 1일에 사망했다. 만 70세를 앞둔 은퇴 직전이었다. 인도가 영국에서 독립하기 1년 전이기도 했다. 1910년 당시 도르나칼 지역 성공회에 대략 최소 8,000명에서 최대 3만 명까지 신자가 있었다는 보고가 있었는데, 그가 32년 동안 주교로 활약하다 사망할 당시에는 신자 수가 25만 명이었다. 그의 죽음을 애도하는 추모 예배는 남인도 전역에서뿐 아니라, 런던의 국회의사당에서도 열렸다.[24]

9. 구스타보 구티에레스

　　라틴아메리카는 '기독교 대륙'이다. 1492년 콜럼버스의 항해와 도착 이래 스페인과 포르투갈이 무력으로 신속한 식민화와 가톨릭화를 추진한 결과, 이 지역은 이미 19세기가 시작되는 1800년대에 전 인구의 92퍼센트가 기독교인이 되었다. 이는 당시 기독교인 비율이 가장 높았던 유럽 대륙의 91.8퍼센트를 뛰어넘는 기록으로, 이미 그 시기에 세계 최대의 기독교 인구 대륙이 되었음을 뜻했다. 이 비율은 점차 높아져서, 2008년이 되면 중남미 기독교 인구는 95퍼센트가 된다(같은 해 유럽에서는 76.7퍼센트, 북미에서 66.4퍼센트, 아프리카에서 47.7퍼센트였다). 지난 200년 이상 독보적으로 90퍼센트가 넘는 기독교인 비율을 유지해 온 대륙은 오직 라틴아메리카뿐이다.[1] 지난 500년간의 가톨릭 확장, 그리고 지난 100여 년간의 개신교 전파로 라틴아메리카는 21세기 세계기독교를 주도하는 대표적인 기독교 대륙이 되었다.

　　그러나 단순히 기독교인이 많다는 것과, 그 대륙 안에서 기독교인이 살아가는 현실 상황이 기독교적인가 하는 문제는 전혀 별개다. 페루 출신 가톨릭 신학자 구스타보 구티에레스Gustavo Gutiérrez, 1928-는 바로 라틴아메리카의 정치 및 사회 현실에 대한 문제의식을 바탕으로, '가난한 사람들의 경험과 그들의 해방을 위한 투쟁을 기독교 신학과 신앙의 준거점으로 삼는' 새로운 신학운동을 창시한 인물 중 한 사람이다. 주로 해방신학liberation theology이라 불리는 이 신학운동은 주창자가 여럿이므로 기원을 단 한 사람에게로 소급할 수 없다. 그러나 구티에레스는 1971년에 이 운동의 대표 교과서로 인식되는 책 『해방신학』Teología de la liberación을 저술한 이래로, 여러 의미로 '해방신학의 아버지'로 불렸다. 따라서 구티에레스의 삶의 궤적을 훑기 위해서는 그의 삶과 불가분의 관계가 있는 라틴아메리카 해방신학의 탄생과 발전, 논란 등을 함께 다루어야만 한다.

라틴아메리카

학자로서 여전히 활동 중인 구스타보 구티에레스는 페루 출신 가톨릭 철학자이자 신학자로, 해방신학의 창립자 중 하나로 평가받는다. 구티에레스는 남아메리카 페루의 수도 리마에서 1928년 6월 8일 4남매 중 막내로 태어났다. 부모는 백인과 원주민 사이에서 태어난 이들의 후손인 메스티소였는데, 원주민 중 케추아 부족 혈통이었다. 구티에레스는 열두 살부터 골수염을 앓아서, 자주 침대에 누워 지내야 했다. 따라서 12세부터 18세까진 휠체어를 사용하는 날이 많았고, 이후에도 한쪽 다리를 저는 장애를 평생 가졌다. 원래 구티에레스는 정신과 의사가 되려고 1947년에 페루 산마르코스국립대 의대에 들어갔으나, 학교에서 정치 동아리에 참석하면서 라틴아메리카 정치 현실에 눈을 떴다. 의학보다 철학과 신학에 더 관심이 많았기에, 곧 신학으로 진로를 바꾸어 사제 과정을 공부하러 리마 가톨릭신학교와 칠레 산티아고신학교에 입학했다. 이후 유럽으로 유학을 떠나 벨기에 루뱅가톨릭대학(1951-1955)에서 철학과 심리학을, 이어서 프랑스 리옹대학(1955-1959)에서 신학을 공부했다. 1959년에 사제로 안수받은 후, 1년간 교황청 그레고리오대학에서 수학하기도 했다.

이 시기에 그는 앙리 드 뤼박, 이브 콩가, 마리-도미니크 세뉘, 크리스티앙 뒤코크 등, 당대의 저명하고 개혁 지향적인 가톨릭 학자들에게서 신학을 배웠다. 또한 이들로부터 도미니코회, 그리고 예수회 사상을 배웠고, 에드바르트 스힐레베이크스Edward Schillebeeckx, 카를 라너, 한스 큉, 요한 밥티스트 메츠 같은, 가톨릭 전통 신학의 경계를 넘어서는 혁신적 대가들의 작품에 영향을 받았다. 그가 유학하던 시절의 유럽 교회는 당대 세상에 문을 열고 대화할 기반을 마련하던 시기였기에, 이런 분위기도 그에게 큰 영향을 주었다. 그는 칼 바르트 같은 개신교 신학자나 프랑수아 페로 같은 사회과학자에게도 영향을 받았다. 특히 콩가, 세뉘, 스힐레베이크스 등이 모두 도미니코수도회 소속이었던 데다가, 그의 해방신학 형성에 큰 영향을 끼친 16세기 선교 수도사 라스카사스Bartolome de Las Casas의 소속 수도회였기 때문에, 구티에레스 역시 1998년 도미니코회에 가입했다.

1960년에 귀국한 구티에레스는 페루 교황청가톨릭대학Pontifical Catholic University of Peru에서 신학과 사회과학을 가르치는 동시에, 리마 빈민 구역인 리막에서 사목 활동을 하면서 라틴아메리카의 현실에 눈을 떴다. 이 시기에 체 게바라나 카미요 토레스 같은 혁명가들과도 교제했다. 이후 그는 현실을 반영한 학문의 틀을 짜기 시작했다. 이 현실, 상황, 경험이 바로 해방신학의 근거와 기초, 추진력이었다. 특히 1974년에는 가난한 이들을 위한 라스카사스연구소Instituto Bartolomé de las Casas를 설립했다. 이후 북미와 유럽의 여러 대학에서 방문교수로 활동했다. 현재는 미국 인디애나주 소재 가톨릭 성십자회 대학인 노터데임대학에서 존 오하라 추기경 석좌교수직을 맡고 있다. 1993년에 프랑스 정부로부터 레지옹 도뇌르 훈장la Légion d'honneur을 받는 등, 여러 국가와 기관에서 권위 있는 상을 많이 받았다.[2]

구티에레스가 눈뜬 라틴아메리카의 현실은 이 대륙의 비극적인 역사에서 비롯되었다. 유럽인 도착 이전 라틴아메리카에는 그들만의 고유한 탁월성을 지닌 아즈텍, 잉카, 마야문명 같은 고도로 발전된 국가조직이 형성되어 있었다. 그러나 대항해시대가 시작된 후 1492년에 콜럼버스가 도착하면서, 이 지역은 스페인과 포르투갈이라는 유럽 해양 제국에 정복되어 착취, 추방당하는 운명으로 전락했다. 정치와 종교 간 구별이 분명치 않은 기독교세계Christendom가 지배하던 시기였기에, 두 제국이 보낸 함선 대부분에는 군인과 선원, 관리, 상인과 함께 가톨릭 선교사들이 타고 있었다. 따라서 군인이 군사적으로 정복한 곳에 관리의 정치적 통치가 뒤따랐고, 이어서 상인들에 의한 경제적 착취와 함께, 사제들의 강제 개종 활동이 뒤따랐다. 그러나 이 모두는 한데 뒤섞여 있었기에 동시다발적으로 일어났으며, 라틴아메리카 원주민 및 대륙의 생태 자체를 전복하는 총체적 변혁을 가져왔다.

라틴아메리카에 도착한 유럽인의 군대는 숫자는 미미했으나, 발전된 무기, 특히 근대식 대포, 중무장한 기사, 군용견 등을 동원하여 활과 창, 독침, 주술 등을 사용하는 원주민을 쉽사리 정복했다. 그러나 원주민의 패배와 멸절에 특히 기여한 것은 생화학 무기였다. 즉 실제 생화학 무기를 유럽인이 고의로 사용한 것은 아니지만, 그들이 몸에 지니고 온 세균과 바이러스가 오히려 더 치명적인 무기가 되었다. 이미 유럽에서 홍역을 앓고 나서 면역력을 지닌 유럽인과는 달리, 이 병에 한 번도 노출되어 본 적이 없는 원주민은 몰살당해야 했다. 이외에도 돼지인플루엔자, 천연두, 결핵, 디프테리아, 독감, 페스트 등이 사람과 가축에 엄청난 피해를 끼쳤다. 통계가 저마다 달라 정확히 알기는 어렵지만,[3] 유럽인이 라틴아메리카에 도착한 후 채 100년이 되기도 전에 원주민 전 인구의 약 절반 이상이 질병과 전투, 학살 등으로 사망했다. 따라서 이 시기 라틴아메리카에서 원주민이 당한 경험은 역사상 최대의 대학살genocide이라 칭할 만하다.

금, 은, 설탕, 커피, 면화, 담배에 대한 욕망으로 수많은 광산이 개발되고 거대 플랜테이션 농장들이 들어서면서, 원주민과 아프리카 흑인의 노예화도 가속되었다. 이 과정에서 부에 부를 쌓는 식민지 귀족 계층이 탄생했다. 19세기에 라틴아메리카 여러 식민지들이 스페인과 포르투갈에 대항하여 독립 투쟁을 전개하면서, 오늘날 지도에 그려진 라틴아메리카의 독립국들이 탄생했다. 그러나 이들 신생 독립국들의 진정한 독립은 예나 지금이나 쉽지 않았다. 유럽에 의한 종속에서 해방된 이들은 20세기 이후 미국의 경제 원조를 받으면서, 점차 미국에 종속되기 시작했다. 특히 1950년대 이후 산업화 시대에 미국의 정치적·군사적·경제적 지원에 의존하고, 이전 시대 식민지 귀족층의 후예라 할 만한 부패한 권력층이 국가가 소유한 부를 거의 독점하면서, 민중의 극단적 가난과 양극화, 군사독재 정부와 종교계 및 폭력 조직의 결탁, 인구의 도시 집중과 슬럼화, 일상적 살인과 폭력이 난무하는 세상이 되었다.

라스카사스

라틴아메리카의 비극적 현실의 또 다른 측면은 정치·경제적 부패와 인종차별 및 학살의 역사가 가톨릭의 지배와 밀접하게 연결되어 있다는 사실이었다. '지리상의 대발견' 이후 스페인의 신대륙 종교 정책은 중세 시대에 확립된 폭력적인 방식을 그대로 따랐다. 1492년 스페인 가톨릭 신자들이 영토 내에서 무슬림 무어인[4]을 몰아내는 일종의 십자군운동인 레콩키스타Reconquista(재정복)를 완수하자, 교황은 정복한 지역의 교회를 총괄하는 권한을 왕실에 하사했다. 이를 국왕의 교회 보호권patronate real이라 하는데, 이것이 신대륙에도 똑같이 적용된 것이다. 왕이 신대륙의 주교와 고위 성직자를 임명하고 재정을 독립적으로 관리하게 되어, 식민지 교회는 스페인 국가(민족)교회가 되었다. 따라서 스페인 국가의 이익과 교회의 이익이 하나로 통합되었고, 스페인군과 민간인이 자행하는 토착민과 환경에 대한 착취도 국가의 이익이라는 이름으로 정당화되곤 했다.[5]

1492년 이래 스페인과 포르투갈이 시행한 제국주의적이고 식민주의적인 착취형 선교에는 이면도 있었다. 사도 바울이 구현한 선교를 실천하기 위해, 피선교지 사람들과 같은 수준으로 살면서 동일시identification의 모범을 이루려 노력한 프란치스코회, 도미니코회, 예수회 수도사들의 헌신이 있었다. 이들 중 많은 이가 원주민의 눈으로 식민지 정책을 판단하면서, 유럽 정착민에 대항하여 원주민 권리를 옹호하는 입장에 섰다. 이렇게 상부에는 지배 계층과 교구 주교나 성직자가 있고, 하부에는 이를 비판하고 스스로 멸시의 대상이 되어 원주민과 함께 길을 걸어간 진실한 선교사가 있는 극적인 대칭 구조는, 오늘날까지 중남미 가톨릭교회의 특징으로 이어진다.

이들 중 특히 언급해야 할 가장 중요한 선교사로, 바르톨로메 데 라스카사스라는 인물이 있었다. 라스카사스는 원래 1501년부터 오늘날의 도미니카공화국에 해당하는 산토도밍고에 정착하여 사목하는 사제로 임명되었다. 초기에 그는 원주민 착취에 대해 별 의식이나 양심의 가책이 없었다. 그런데 1511년에 도미니코회 수도사 안토니오 데 몬테시노스가 산토도밍고에서 행한 설교를 듣고 번민이 시작되었다. 몬테시노스는 스페인 정착민들이 그들의 악행 때문에 무어인이나 튀르키예인과 마찬가지로 구원받을 수 없다고 설교했고, 그를 지지한 동료 도미니코회 수도사들과 지방 관리 사이에 심각한 분쟁이 일어나기도 했다. 라스카사스는 원주민 보호를 명목으로 왕에게서 위탁받은 토지 및 사람 사용권인 엔코미엔다encomienda를 활용하여 반노예나 마찬가지인 원주민을 거느리고 있었는데, 1514년 오순절에 자기 소유의 엔코미엔다를 포기하고, 기독교 신앙은 원주민 착취와 공존할 수 없다고 공개적으로 선언했다. 일종의 회심이었다. 이후 몬테시노스의 활동에 합류한 그는 스페인으로 수차례 건너가 이 제도의 악행을 고발하고 조치를 탄원했다. 그러나 그때마다 식민지 현지 백인은 그것을 받아들이지 않았기 때문에 아무엇도 바뀌지 않는 일이 반복되었다. 이후 라스카사스는 중앙아메리카, 멕시코 등지에서 비슷한 원주민 인권 활동을 벌였고, 남부 멕시코 치아파스의 주교로 임명된 후에도 개혁 활동을 계속 이어 갔다. 그러나 결국 엔코미엔다를 소유한 정착민들과의 갈등을 이겨 내지 못하고, 스페인으로 돌아가서 남은 39년 생애 동안 글과 연설을 통해 제도 개선을 시도하다가 1566년에 92세로 사망했다. 불행히도 라스카사스의 책은 1552년에 페루에서 금서로 지정되었고, 17세기 중반에는 그가 쓴 여러 책이 종교재판소가 규정한 금서 목록에 포함되는 비극을 겪었다.[6]

이미 언급했듯, 구티에레스는 1960년에 귀국한 후 교수와 사목 생활을 병행하면서 1974년에 라스카사스연구소를 설립했다. 이어서 1992년에는 『라스카사스: 예수 그리스도의 가난한 사람들을 찾아서』*En busca de los pobres de Jesucristo: El pensamiento de Bartolomé de las Casas*라는 라스카사스 전기를 출간했다. 구티에레스가 지향한 해방신학의 정신을 구현한 모델이 라스카사스임을 분명히 한 것이다.

해방신학

라틴아메리카가 처한 현실, 그리고 16세기로 거슬러 올라가는 역사적 모델로서의 라스카사스와 함께, 해방신학 탄생에 기여한 주요 요소들은 가톨릭교회에서 열린 두 차례 회의였다. 하나는 전 세계 가톨릭 전체를 대변하는 모임으로 교황 요한 23세의 주도로 1962년부터 1965년까지 열린 제2차 바티칸공의회 Vatican II였고,

다른 하나는 1968년에 컬럼비아 메데인Medellin에서 열린 제2차 라틴아메리카 주교회의CELAM II였다. 두 회의와 이때 발행된 문서들은 인간의 존엄성을 회복하고 성경이 말하는 정의와 평화를 이루기 위해 사회구조의 변혁에도 관심을 가져야 한다는 당위를 부여하여, 해방신학의 탄생에 산파 역할을 했다. 전자가 주로 일반론적인 측면에서 교회가 쇄신하고 세상에 적응해야 한다는 선언적 명제를 기술하면서 문을 열었다면, 후자는 라틴아메리카의 현실과 그 쇄신 방향을 더 구체적으로 서술했기에 해방신학의 진정한 시원으로 간주된다.[7] 광주 가톨릭대 김정용 교수는 메데인 회의의 의미를 다음과 같이 기술한다.

> 메데인 회의는 라틴아메리카 대륙이 전면적인 해방, 온갖
> 예속으로부터의 해방, 인격적 성숙, 집단적 통합을 바라는 열망으로
> 가득 찬 새로운 역사적 시점에 들어 서 있다고 진단하면서(메데인
> 문헌: 서문 4항) 남미의 상황을 '제도화된 폭력이라고 부를 불의의
> 상황'(메데인 문헌: 평화, 16항)으로 규정한다. 특히 "사회적,
> 정치적, 경제적, 문화적인 불평등이 존재하는 곳에서는, 주님이
> 주시는 평화의 선물을 거부한다. 그런 곳에서는 주님 자신조차도
> 거부된다"(메데인 문헌: 평화, 14항)고 천명하였다. 아울러 메데인
> 회의는 인간을 온갖 노예 상태에서 해방하시는 하느님의 사랑의 빛
> 속에서(메데인 문헌: 정의, 3-5항 참조) 가난한 사람들에 대한 우선적
> 선택과 연대(메데인 문헌: 교회의 가난, 9-11항 참조)를 강조하고
> 교회의 현실 참여에 새로운 계기를 마련했다.[8]

해방신학의 주창자는 여럿이다. 그중 페루의 구스타보 구티에레스, 브라질의 레오나르두 보프, 휴고 아스만, 멕시코의 호세 미란다, 우루과이의 후안 루이스 세군도, 스페인 출신으로 엘살바도르에서 활동한 혼 소브리노 등이 유명하다. 주창자들 배경이 다양하기 때문에 주장하는 내용도 조금씩 다르지만,[9] 대체로 공유하는 특징은 다음과 같다.[10]

첫째, 신학은 반드시 상황적이어야 한다. 전통적인 유럽신학은 교회의 학문이자 교리 체계를 형성하기 위한 학문이며, 위로부터의 from above 학문이다. 이런 보편적, 절대주의, 이론신학은 라틴아메리카의 사회적 상황에 부적합하다. 이와 달리 상황신학은 언제나 특정하고 구체적인 사회 문화적 환경에 깊이 연관을 맺어야 하므로, 라틴아메리카에서 시작된 해방신학은 그 대륙의 현실과 경험을 반드시 취급해야만 한다.

둘째, 라틴아메리카가 처한 구체적인 삶의 정황은 극단적인 빈곤과 양극화다. 라틴아메리카의 가난은 북미나 유럽과는 달리, 외적 요인으로 부과된 빈곤으로, 거주민 대다수의 인간성을 말살해 가면서까지 소수에게 권력과 부를 몰아주는 사회구조가 만들어 낸 결과다. 유럽과 북미 국가들과 다국적 기업이 라틴아메리카 각국 정부와 결탁하여 만들어 낸 종속 경제가 이런 고통을 극대화한다. 또한 가톨릭교회는 체제의 질서를 지지해 왔고 언제나 압제자를 편들었다. 따라서 국제 자본주의와 세계화에 함몰된 정부와 기업과 교회가 이 비참한 현실의 원인 제공자이자 결탁자다.

셋째, 하나님은 가난한 이들을 편애하시며, 우선 선택하신다. 하나님이 모든 사람을 보편적으로, 예외 없이, 우주적으로, 차별 없이 사랑하신다는 것이 전통적이고 역사적인 기독교 신학의 가르침이었다. 그러나 해방신학은 하나님의 사랑에 조건이 있고, 하나님은 편파적으로 편애하는 분이라고 가르친다. 하나님의 편파적인 사랑은 가난한 자들을 향한다. 그러나 가난한 자들이 도덕이나 행위에서 다른 이들보다 낫다는 것이 조건은 아니다. 구티에레스에 의하면 "가난한 자들이 선취권을 갖는 것이 마땅한 것은 그들이 도덕적으로나 종교적으로 다른 이들보다 더 낫기 때문이 아니라, 하나님의 눈에 나중 된 자가 먼저 된 자로 보이기 때문이다. 이러한 진술은 우리가 생각하는 좁은 의미의 정의에 대한 이해와 상충한다. 그러므로 바로 이런 선호는 우리에게 하나님의 길은 우리의 길과 다르다는 것을 일깨워 주는 것이다."[11] 메데인 회의를 재평가하기 위해 멕시코 푸에블라에서 1979년에 모인 제3차 라틴아메리카 주교회의CELAM III는 이 명제를 더욱 확고하게 지지했다.

> 생명을 살리는 성령의 힘에 대한 새로운 희망을 가지고 우리는 가난한 사람들에 대한 명백하고 예언자적인, 우선적이고 연대적인 선택을 나타낸 제2차 주교회의의 생각을 다시 수용한다. … 우리는 가난한 사람들의 포괄적 해방을 직시하면서 이들을 우선적으로 선택해야 할 전체 교회의 회개의 필요성을 확증한다. … 우리가 가난한 사람들을 동반하고 섬기기 위해 그들에게 가까이 갈 때, 우리는 우리처럼 가난한 그리스도께서 우리의 형제가 됨으로써 우리에게 가르친 바를 행하는 것이다. 그러므로 가난한 사람들을 위한 봉사는 그리스도를 뒤따르는 일에 유일한 요소는 아니지만 우선적 요소이다. … 가난한 사람들과 억압당하는 사람들을 위한

개입과 바닥 공동체의 생성은 교회가 가난한 사람들 속에 있는 복음화의 잠재력을 발견하도록 도와주었다. 이들은 교회의 회개를 외침으로써 항상 교회를 질문의 대상으로 세우기 때문이다.[12]

넷째, 신학은 프락시스praxis(실천)에 대한 성찰에 따르는 이차적 행위다. 다시 말해 해방신학은 바른 이론, 즉 정통 교리orthodox를 추구하지 않고 정통 실천orthopraxis을 추구한다. 이 바른 실천이 신학의 기준이다. 따라서 가난한 이들의 해방을 위한 바른 실천과 헌신에서 신학이 시작해야 한다. 이는 전통 신학의 순서, 즉 바른 이론에서 바른 실천이 나온다는 고전 신학의 방법론을 완전히 뒤집는 코페르니쿠스적 혁명과도 같다.

다섯째, 구원은 곧 해방이다. 하나님은 본질적으로 생명의 하나님, 사랑의 하나님이다. 생명의 하나님은 자신이 사랑하시는 이들에게도 생명을 주시고자 한다. 그런데 사랑하시는 이들이 고난과 압제 중에 있으므로, 결국 사랑이신 생명의 하나님은 해방하시는 하나님이다.

이런 해방신학의 주장이 완전히 독창적인 것은 아니다. 구티에레스가 유럽에서 공부할 때 배운 요한 밥티스트 메츠 등 유럽 정치 신학자들의 주장이 해방신학의 방법론에 차용되었다. 또한 해방신학은 기독교적 실천을 보조하는 이론적 토대로 마르크스주의를 주저없이 차용한다. 특히 라틴아메리카가 처한 특수 현실을 이해하고 이를 해결하는 토대로 마르크스주의 사회 분석을 활용했다. 자본주의에 반대한 이들은 사회주의 자체가 하나님 나라는 아닐지라도, 이 체제가 현실 사회에서는 가장 이상적인 경제체제라고 생각했다. 이들은 자신들이 마르크스주의를 활용하는 것과, 초대교회 당시 교부들이 기독교를 변증하기 위해 플라톤 등의 그리스 철학자를 활용하고, 중세 스콜라주의자들이 아리스토텔레스를 이용하는 것과 다를 바 없다고 믿었다. 따라서 구원은 천국을 보장받는 행위가 아니라, 육체적이고 사회적인 억압으로부터의 자유, 사회변혁, 이웃을 위한 삶으로의 회심을 포괄하는 총체적 해방이다.

그렇다면 이런 총체적인 해방과 정의를 위한 노력에 폭력도 수단이 될 수 있는가? 구티에레스와 보니노 등 대표 해방신학자들은 폭력을 이상화하지도, 우선 수단으로 제시하지도 않는다. 무장투쟁보다는 비폭력 저항을 더 선호한다. 그러나 최후의 수단으로 폭력이 사용되어야 하는 불가피한 경우가 있다면, 이를 피할 수는 없다고 생각한다. 특히 해방신학이 탄생하기 전에, 원래 신부이자 컬럼비아 국립대 교수였다가 교수직을 포기하고 무산계급을 위한 게릴라 혁명전에 참여하여 영웅이 된 컬럼비아인 카밀로 토레스 레스트레포[13]가 이런 인식의 선구자였다.

구티에레스를 비롯한 해방신학자들의 이런 주장은 격렬한 논쟁을 불러일으켰다. 해방신학의 주장을 독특한 기여로 인정한 이들도 있었고, 가혹하게 비판한 이들도 있었다. 기여로 인식될 만한 내용은 다음과 같다.[14] 첫째, 신자와 그들이 처한 현실의 구체성에 대한 관심이 없는 신학은 불완전하다. 둘째, 가난하고 고통받는 자들에 대한 성경과 예수 그리스도의 관심을 상기하여, 교회가 이 문제에 다시 천착하게 했다. 셋째, 구원이 영적이거나 교회적인 것만이 아니라 영육, 지정의를 포괄하는 전인적인 것이며, 교회와 사회를 포괄하는 총체적인 해방임을 깨닫게 해주었다. 넷째, 신학은 단순히 바른 이론으로만 존재해서는 안 되며, 삶의 구체적이고 어두운 현실을 바꾸는 바른 실천을 동반해야 한다.

그러나 이 신학은 다음과 같은 비판[15]도 받았다. 첫째, 우선 가톨릭교회에서 내린 공식 비판이 있었다. 1984년 9월에 바티칸 신앙교리성에서는 「자유의 전갈: 해방신학의 일부 측면에 대한 훈령」이라는 제목의 문서에서 "해방신학은 예언서와 복음서에 의존해서 빈자를 옹호한다고 하면서, 실제로는 성서 속의 가난한 자와 마르크스의 프롤레타리아를 혼동하고 있다. 이것은 하나의 재난이다"라고 비판했다. 이 문서는 당시 교리성 수장이던 보수파 요제프 라칭어가 작성한 것으로, 라칭어는 2005년부터 2013년까지 교황 베네딕토 16세로 재직하게 되는 인물이다. 이듬해에는 브라질 해방신학자 보프에게 1년간 함구령을 내리기도 했다. 구티에레스에 대한 조사도 있었지만, 그에게는 함구령을 내리거나 정죄를 하지는 않았다. 1986년 4월에 나온 두 번째 교시 「자유의 자각: 그리스도인의 자유와 해방에 관한 훈령」에서도 해방신학의 일부 요소에 대해 이전에 했던 비판을 반복했다. 가난한 사람들이 곧 메시아적 하나님 백성으로, 하나님의 구원이 마르크스주의적 계급투쟁을 통한 인간의 자기구원으로, 하나님 나라가 계급투쟁의 성공을 이룬 공산사회로 환원되며, 신앙은 역사에 대한 신실함으로 대체된다는 것이다. 2년 전 교시보다는 발언 강도가 유화적이고 온건하기는 했지만, 해방신학의 내재주의 성향을 비판한 것은 같았다.[16]

둘째, 다른 보수주의 진영, 혹은 개신교의 비판도 신앙교리성의 판단과 맥이 크게 다르지 않다. 해방신학이 당연시하는 이원론적 이분법 구도가 과연 늘 타당한가 하는 점이다. 라틴아메리카 사람은 모두 빈자와 부자로 선명하게 구별되는가? 라틴아메리카 빈곤의 원인이 전적으로 외부인의 잘못, 즉 북반구 정부와 기업의 착취에서만 온 것인가? 내부자인 라틴아메리카 국가들의 경제 정책 실패, 라틴아메리카인의 관습과 삶에 대한 태도 등에서 비롯된 것은 없는가?

셋째, 라칭어의 비판과 유사하게, 많은 비판자들은 해방신학이 마르크스주의 담론에 너무 지나치게 의존한다고 판단한다. 마르크스주의의 무신론적 세계관과 인간관이 기독교 세계관의 인간에 대한 인식, 예컨대 하나님의 형상으로 창조된 피조물로서의 인간의 가치 대신에, 물질과 환경으로 결정되는 인간관을 주창한다는 비판이다.

마지막으로, 해방신학이 주장하는 바른 실천 즉 프락시스의 타당성에 대한 물음이다. 해방신학에 동정적인 영국 선교학자 앤드루 커크는 바른 실천이라는 용어가 성립하려면 어떤 실천이 바른지에 대한 이론적 성찰이 전제되어야 할 텐데, 바른 실천 다음에야 바른 이론이 따라 나온다면 바른 실천이 무엇인지 어떻게 알 수 있냐고 묻는다. 이론적 근거, 즉 기독교인의 지침으로서의 성경 계시에 대한 확고한 해석학적 지침이 전제되지 않는 바른 실천은 모호하다는 것이다.[17]

민중신학

구티에레스와 그 동료들의 해방신학에 한국 교회는 어떻게 반응했을까? 우선 한국 천주교의 공식 반응부터 살펴보자. 한국 천주교주교회는 1984년 10월에 「해방신학 경계 성명서」에서 "그리스도인들은 해방신학이라는 이름에 편승하는 마르크스주의적 분석을 경계하여야 한다. 성서와 교의를 순전히 정치적으로 해석하고, 성서의 가난한 사람들과 마르크스의 무산자들을 혼동하며, 폭력적인 계급투쟁으로써 진정한 개혁을 지체시키는 것은 교회의 정통 신앙에서 일탈하는 것이다. 그것은 다만 정신적인 파멸 위에 새로운 빈곤과 예속을 가져올 뿐이다"라며 해방신학을 비판했다.[18] 그런데 이 내용은 사실상 같은 해에 발표된 교황청 교리성 문서와 차이가 거의 없다. 말하자면 해방신학에 대한 당시 한국 천주교 내부 입장은 교황청의 공식 입장에 순명하는 것이었다.[19]

따라서 같은 이유로, 보수적인 입장에 서 있던 천주교인은 1970년대 말부터 활동하던 천주교정의구현사제단 등, 민주화와 인권 투쟁에 앞장선 사제들을 해방신학에 오염된 이들로 정죄하기도 했다. 그러나 해방신학에 우호적인 라틴아메리카 출신 호르헤 마리오 베르골료 시보리 추기경이 2013년부터 프란치스코 교황으로 즉위하면서, 해방신학에 대한 긍정적인 관심이 되살아났다. 1984년 성명서와 같은 부정적인 평가가 더는 한국 천주교회의 대세는 아님을 뜻한다.[20]

개신교에서는 주로 진보를 대변하는 기독교장로회의 민중신학이 해방신학으로부터 일정한 영향을 받았다. 한국만의 독특한 정치 문화, 신앙 환경에서 태동한 민중신학이 라틴아메리카 배경에서 탄생한 해방신학과 완전히 같은 것은 아니다. 따라서 민중신학을 한국판 해방신학이라 부르는 것은 타당치 않다. 그럼에도 둘 사이에는 유사점이 많으며, 1960-1970년대 상황화 신학의 세계적인 확장 및 유통 과정과 맞닿아 있다. 실제로 한국 민중신학은 1975년 4월호 「기독교사상」에 서남동이 「민중의 신학에 관하여」를 기고하면서 독립된 신학 담론으로 등장했다. 서남동은 "대국적으로 보아 내 신학의 변화는 서구 신학의 흐름을 따른 셈입니다. … 그러다가 우리 현실의 문제에 눈을 뜨게 되면서 해방신학에 종사하게 되었고, 그 과제를 한국적 상황에서 문제시하여 이제는 민중신학에 관여하게 되었습니다"라며, 스스로 해방신학이 한국적 상황을 문제시하는 민중신학의 기원이었다고 밝혔다. 그러나 그는 민중의 개념이 해방신학의 프롤레타리아보다 한층 더 포괄적이라고 주장한다. 즉 단순히 무산 노동자 계층만이 아니라, 노동자, 농민을 포함한 모든 서민 대중이 민중ochlos이라는 것이다.[21]

그러나 유럽에서 더 이른 시기부터 등장한 정치신학의 영향하에, 1960-1970년대 라틴아메리카와 한국이라는 특수한 상황, 현실, 경험에서 등장한 해방신학과 민중신학은 세계 신학의 일부로서 상호 공명하는 신학적 대화와 실천적 연대의 파트너였다. 해방신학은 또한 흑인신학, 여성신학, 아시아신학, 생태신학 등 이후에 등장하는 다양한 급진 신학의 모판이자 수원이기도 했다. 구티에레스의 책이 한국어로 번역되어 널리 읽힘으로써, 그는 한국에서도 이 신학의 대표자로 인식되었다. 이처럼 구스타보 구티에레스는 다양한 전 세계 상황신학을 대변하는 선구적 대표자였다.

10. 데즈먼드 투투

20세기는 전 세계 구석구석에 기독교가 널리 전파되어 비서양 지역이 그 무게중심으로 부상한 시기였지만, 동시에 차별과 압제, 전쟁, 학살이라는 암울한 단어들로 대표되는 실패로 가득한 시기이 기도 했다. 초대교회 이래 2,000년 역사를 오롯이 지닌 아르메니아 기독교는 1910년대 이래 튀르키예와 소련의 압제하에 말살과 유배 를 당해야 했다. 서양 선교사들의 희망이었던 중국과 북한의 기독교 는 무신론적 공산 독재 정권의 등장과 함께 역사에서 근본적으로 뿌 리 뽑혔다. 모든 서양 기독교인 중 가장 냉정하고 합리적이라고 인 정받던 독일 기독교인은 유대인과 집시, 소수자를 대량 학살하는 나 치 정권에 전적으로 충성하며 부역한 이들로 변모했다. 세속화한 미 국 북부와 유럽을 대신하여 순전한 신앙을 보수한다는 자기 확신에 충실했던 미국 남부와 남아프리카의 기독교인은 인종차별을 성경 과 문화와 법으로 정당화하면서, 20세기라는 계몽의 시대에는 도무 지 어울리지 않는 가장 폭력적이고 차별적인 기독교를 제도화했다.

남아프리카는 이런 백인 우월주의 아파르트헤이트 기독교와 이에 대한 흑인 대중 및 기독교인의 저항이라는 측면에서, 20세기 기독교 역사상 가장 어두우면서도, 다른 한편 가장 찬란한 역설적 존재감을 과시했다. 이 역사의 중심에 선 위대한 기독교운동가이자 지도자 중 하나가 바로 데즈먼드 음필로 투투Desmond Mpilo Tutu, 1931-2021였다. 흑인 인권 투사, 성공회 사제, 노벨평화상 수상자, 진실과 화해위원회 위원장으로서 살아간 투투의 삶은, 20세기 남아프리카 역사의 중심축이었던 아파르트헤이트Apartheid에 맞서 싸우면서 시작되었다.[1]

아파르트헤이트

약 300년의 역사를 가진 남아프리카 기독교의 지형도를 형성한 큰 물줄기는, 크게 칼뱅주의 개혁파 네덜란드인 개척자로 구성된 아프리카너Afrikaners 기독교, 네덜란드와 영국의 기독교를 토착화한 흑인 기독교, 아프리카너의 인종차별에 저항하는 데 기반이 되어 준 영국계 기독교 이렇게 셋으로 분류할 수 있다. 아파르트헤이트는 남아프리카에 정착한 네덜란드계 백인 아프리카너가 사용하는 아프리칸스Afrikaans 언어로 '분리된 상태'separateness를 뜻한다. 이 사회체제는 1948년에 아프리카너가 주도하는 남아프리카 국민당National Party이 도입한 것으로, 백인우월주의 정치 및 종교 이데올로기를 기반으로 탄생했다. 이후 20여 년에 걸쳐 인종 분리 정책이 남아프리카 전역의 생활 문화에 적용되어, 아파르트헤이트와 인종차별, 압제, 독재가 거의 동의어로 인식되는 경향이 있다. 사실 아파르트헤이트는 약 300년 전에 백인이 이 지역에 도착한 이후 흑인의 땅과 노동력을 착취하는 과정에서 이미 내면화된 인종주의를 제도화한 것일 뿐이라고 볼 수도 있다. 1652년에 네덜란드인이 남아프리카 지역에 도착하면서 개신교 개혁파 또는 칼뱅주의 문화를 이식한 데 이어, 1805년에 영국인이 케이프를 장악하면서 영어권 식민지들이 차례로 형성되었고, 이렇게 이질적인 두 유럽 식민지 문화가 약 150년 동안 남아프리카에 뿌리를 내리며 독특한 내적 긴장을 만들어 냈다.

영국인 식민지 당국은 당시 모국에서 불던 노예무역 금지와 노예해방운동 열풍에 발맞추어 남아프리카 식민지 내에 노예해방을 비롯한 여러 개혁을 도입했는데, 이를 피해 네덜란드 보어인Boers(농부라는 의미)은 내륙 안쪽으로 더 깊이 들어갔다. 보어인에게 자신들의 여정은 이집트를 떠나 약속의 땅 가나안에 정착하는 하나님의 섭리였으며, 영국은 이집트, 영국 왕은 파라오, 여러 흑인 부족은 가나안 족속과 마찬가지로 진멸해야 하는 부족이었다. 개혁파 신학의 언약신학을 오용하여 심각한 오류를 범한 것이다.[2] 이어서 보어인이 차지한 내지에서 다이아몬드와 금이 다량으로 발견되자 이를 탐낸 영국과 보어인 간에 전쟁(보어전쟁, 1899-1902)이 터졌고, 세계 최강의 군사력을 가진 대영제국이 승리했다. 네덜란드계 보어인은 경제와 정치 등 모든 영역에서 주변부로 밀려났는데, 이런 위기의 경험은 1930년대 대공황Great Depression, 독일 나치즘과 맞물려 아프리카너의 독특한 민족 정체성 이데올로기가 자라나는 토양이 되었다. 독일에서 유학한 교회 지도자들은 독일 나치즘을 남아프리카카식으로 내면화하여 자신들의 인종적 순수성을 신적 소명으로 해석하고 남아프리카 착취를 정당화했다.

그러나 모든 백인이 여기에 동의한 것은 아니었다. 아파르트헤이트 이전의 백인 개혁교회 안에 이미 인종 구별과 차별에 대한 부채 의식이 널리 퍼져 있었고, 남아프리카 기독교 내 다른 진영에도 아파르트헤이트에 반대하는 목소리가 있었다. 20세기 초에는 성경, 아프리카 문화, 토착 아프리카인의 독립 지도력 등이 결합하여 아프리카 독립 교회들African Initiated/Independent/Instituted Churches, AICs을 탄생시켰는데, 여기서 백인 우월주의에 대응하는 신학적·문화적 논리가 지속적으로 발전했다. 이들은 대개 직접적으로 정치 활동이나 물리적 시위를 벌이지는 않았지만, 식민주의와 아파르트헤이트에 저항하는 운동의 진원지 역할을 했다. 이들 흑인 지도자들이 인종차별에 저항하는 의식을 지니게 된 계기는 주로 영국 선교사가 이끌던 교회와 미션스쿨에서 받은 교육, 독서와 유학을 통해 다양한 영국계 기독교의 사회참여 전통을 접한 것이었다. 1910년에 탄생한 첫 흑인 조직인 남아프리카연합Union of South Africa은 흑인이 국가 정치에 참여하는 것을 금했지만 이후에는 상황이 달라졌다. 1912년에 탄생한 아프리카민족회의African National Congress(1994년부터 현재까지 남아프리카 여당)가 대표적인 단체였다. 이로써 이후 아파르트헤이트 이슈를 두고 백인 개혁파 아프리카너교회 대 흑인 교회 및 백인 영어권 교회라는 구도가 명확해졌다.

1948년에 국민당 정부의 아파르트헤이트 체제가 공식적으로 시작되었을 때, 흑인 및 영어권 교회의 저항은 미미했다. 아직 힘을 규합하지 못한 데다 합의된 해석이나 저항 방식도 없었기 때문이다.

변화의 계기는 1960년에 찾아왔다. 통행 제한에 저항하는 흑인 시위자 69명을 경찰이 살해한 샤프빌 학살 사건Sharpeville massacre이 일어난 것이다. 이 사건으로 전 세계가 남아프리카 아프리카너 정권의 잔혹성을 알게 되면서, 국제 정치계와 종교계가 남아프리카 상황에 개입하기 시작했다. 세계교회협의회WCC는 그해 12월 요하네스버그에서 코테슬로 회의Cottesloe Consultation를 소집해 아파르트헤이트에 대한 공식 반대 성명서를 채택했다. 아프리카너 정권의 기반인 네덜란드개혁교회DRC가 '신학적으로 너무 자유주의적'이라며 성명서에 수구적인 반응을 보이자, 이 교단 중진이었던 베이어스 노드 Beyers Naudé[3]가 1963년에 크리스천인스티튜트Christian Institute, CI를 설립했다. CI는 인종 간 대화, 연구, 출판을 통해 화해를 촉진하고자 하는 목적으로 세워졌다. DRC 교단이 이 기관과 교단 중 하나를 선택하라고 강요하자, 결국 노드는 CI를 선택했고, 이로써 목사직에서도 면직되었다. 1977년까지 존속하다가 정부가 해체시킨 CI는 아파르트헤이트에 대한 기독교인의 두 저항 방식을 탄생하게 한 모체였다.

저항 방식 중 첫 번째는 이 체제를 전복하기 위해 신학이라는 무기를 들고 싸우는 것이었다. CI와 1968년에 창설된 남아프리카교회협의회South African Council of Churches, SACC는 공동으로 「남아프리카 국민에게 전하는 메시지」Message to the People of South Africa라는 문건[4]을 발표했다. 아파르트헤이트는 기독교인 간에도 인종 화해와 연합이 불가능하다고 주장하는 거짓 복음이며, 성경 및 십자가와 부활에서 증언된 예수 그리스도의 메시지와 사역을 부인하는 믿음이라는 것이 이 성명서의 핵심 주장이었다. 이 첫 저항 방식은 1970년대에 칼 바르트, 디트리히 본회퍼 등 반나치 바르멘 선언Barmen Declaration(1934)

에 관여한 신학자들의 영향을 받은 데즈먼드 투투, 알란 부삭, 존 드 그루시 등 저명한 남아프리카 신학자들이 펼친 활동과 저술[5]로 확산되었다. 이어 1982년에 부삭이 지도력을 크게 발휘한 세계개혁교회연맹 World Alliance of Reformed Churches, WARC이 "아파르트헤이트는 죄이며, 이를 신학으로 정당화하는 것은 이단"이라고 선언하면서 절정에 달했다. 남아프리카 네덜란드개혁교회가 WARC 회원 교단이었기에 이 선언은 치명적이었다. 1881년에 백인 네덜란드개혁교회에서 분리된 '유색인종'Coloured 교단인 네덜란드개혁선교교회DRMC는 아파르트헤이트에 저항하며 화해와 연합, 정의를 외친 벨하 신앙고백Belhar Confession(1982)[6]을 1986년에 공식 채택했다.

CI에서 파생된 두 번째 저항 방식은 기독교 정치윤리학이었다. 미국 흑인신학 및 라틴아메리카 해방신학과 유사한 남아프리카 흑인신학의 등장이 이 움직임의 일부였다. 이 운동의 절정은 1985년에 주로 요하네스버그 근교 흑인 구역 소웨토South Western Townships, SOWETO에 기반을 두고 활동하던 흑인 신학자들이 탄생시킨 카이로스 문서Kairos Document[7]였다. 이 문서는 반아파르트헤이트 투쟁 막바지에 진보적 기독교인이 연대하여 아파르트헤이트 정치와 교회 및 경건 중심 신학에 저항하며, 아파르트헤이트 이후 화해와 평화의 문을 연 도구가 되었다.

1948년부터 1994년까지 이어진 아파르트헤이트 체제는 이런 식으로 남아프리카 모든 국민의 삶을 지배한 생생한 현실이었다. 데즈먼드 투투는 이 체제를 무너뜨리는 저항운동의 한가운데, 체제 붕괴 이후에는 화해와 공존의 새 시대를 여는 한가운데 가장 큰 지도력을 발휘한 인물이었다. 이제 시간 순서를 따라 투사에서 평화의

사도로 변해 가는 투투의 삶의 궤적을 따라가 보자.[8]

차별

대주교Archbishop라는 직함에서 유래한 '아치'Arch라는 애칭으로 남아프리카 사람들에게 친숙한 데즈먼드 음필로 투투는 1931년 10월 7일에 웨스턴트란스발Western Transvaal(오늘날의 North West Province)에 속한 소읍 클레르크스도르프에서 태어났다. 아버지 재커라이어는 선교사들이 세운 학교에서 교육받은 후 클레르크스도르프의 한 고등학교에서 교장으로 일했고, 어머니 알레사 마틀헤어는 가정부였다. 이들 부부는 평생 네 자녀를 낳았는데, 딸 셋, 아들 하나였다. 이미 언급한 대로, 남아프리카 역사에서 이 시기는 아파르트헤이트가 공식 시행된 1948년 이전이었으나, 그전부터 인종 분리와 차별은 만연했다.

투투가 여덟 살 때 아버지가 펜터르스도르프에 세워진 아프리카인, 인도인, 유색인종 및 혼혈Coloured을 위한 학교로 옮겨 갔는데, 투투 역시 아버지 학교 학생이 되었다. 백인을 제외한 모든 인종이 모인 학교였으므로, 투투가 처음으로 경험한 일종의 '무지개' 공동체였을 것이다. 누이 실비아가 전 가족을 인도하여 이 시기에 아프리카감리교회African Methodist Episcopal Church에 다녔다. 투투도 이때 세례를 받았다. 그러다 1943년에 전 가족이 성공회로 옮기면서, 이후 투투의 소속 교단이 결정되었다.

아프리카너 요하네스 펜터르가 소유한 땅에 1866년에 도시로 건설된 펜터르스도르프는 극우 인종주의 백인 정치 단체가 활발히 활동하는 지역이었다. 후에 투투는 어린 시절에 자신이 경험한 인종 차별과 흑인 전반이 당한 고통을 담담히 기술한다.

우리는 요하네스버그 서쪽에 있는 조그만 동네 벤터스도르프(펜터르스도르프)에 살았는데, 나중에 그곳은 신나치주의 '아프리카너저항운동'AWB의 본부로 악명을 떨치게 된다. 흑인 거주지에 살던 나는 아버지 심부름으로 신문을 사기 위해 백인 동네로 가곤 했다. 거기서 흑인 아이들이 백인 학교 쓰레기통을 뒤져 백인 학생들이 내버린 멀쩡한 사과와 샌드위치를 꺼내는 모습을 자주 보았다. 백인 학생들은 정부에서 제공하는 무료 급식보다 엄마가 싸 준 점심 도시락을 더 좋아했다. 도시락을 싸올 여유가 있는 백인 학생들에게만 무료 급식을 제공하는 상황은 인종차별이 낳은 왜곡된 현실의 일부였다. 정작 제대로 된 음식이 절대적으로 아쉽고 도시락을 싸올 여유조차 없는 흑인 학생들은 학교에서 무료 급식을 받지 못했다. 그들의 부모들에게는 정치적인 영향력이 없었기 때문이다. 그들은 주로 하인으로서 일손이 필요할 때 외에는 자신들이 태어난 땅에서 보이지도 않는 존재였다. 어린 나도 그런 상황을 알아챌 수 있었지만, 그것이 지울 수 없는 인상을 남길 줄 진작부터 알았다고 할 수는 없다.[9]

이후 투투의 아버지는 요하네스버스 근교 웨스턴트란스발의 루데푸르트로 이사했다. 투투 가족은 너무 가난해서 판잣집에 살았기에, 어머니가 에젠젤레니시각장애인학교Ezenzeleni School of the Blind에서 일하며 생계에 도움을 주어야 했다. 1943년에는 크루거르스도르프의 흑인 정착지 문시빌로 다시 이사해야 했다. 이번에는 어머니가 세탁으로 생계를 꾸렸기에, 어린 투투가 백인 가정을 오가며 옷을 배달하곤 했다. 여분의 돈을 벌기 위해 먼 농장에 가서 오렌지를 산 후 동네에 와서 되팔거나, 기차역에서 땅콩을 팔고, 골프장 캐디로 일한 것도 어린 시절 아르바이트 경험이었다.

1945년부터 투투는 소피아타운 근교 오래된 웨스턴원주민구역Western Native Township에서 공립학교인 웨스턴고등학교에 다녔다. 이 시기에 1년간 결핵으로 요양 생활을 했다. 이 무렵 잉글랜드 성공회 트레버 허들스턴 신부와 만나게 된 투투는 신부의 책을 빌려 읽으며 깊은 우정을 쌓기 시작했다. 후에 투투는 허들스턴의 교구에서 복사server로 신부를 돕게 된다. 허들스턴 신부 이외에도 마크헤네 목사, 투투를 성공회 신자로 이끈 세크가파네 신부, 펜터르스도르프의 아서 블랙솔 목사와 목사 부인 등이 청소년 시절에 그에게 큰 영향을 준 종교인이었다.

병으로 학사에 뒤처졌지만, 교장의 배려 덕에 대학입학시험반Matriculation class에 조기 합류한 투투는 1950년 말에 촛불 아래 공부하며 대학 입학시험을 통과했다. 의사가 되고 싶어서 비트바테르스란트의과대학Witwatersrand Medical School에 입학 허가를 받았지만, 장학금을 받을 수 없게 되자 결국 아버지를 따라 교사가 되기로 마음먹었다. 이로써 투투는 1951년에 프리토리아 외곽의 반투사범대학Bantu Normal College에 입학해서 1954년에 학위를 받은 후, 모교 마디파네 고등학교에서 교사 생활을 시작했다. 1955년에는 남아프리카공화국대학UNISA에서 문학사 학위를 받았다. 그가 대학 공부를 할 수 있게 도운 인물 중에는 로버트 망갈리소 소부크웨가 있었는데, 그는 1959년에 결성된 흑인 정치조직 범아프리카니스트회의Pan Africanist Congress, PAC의 초대 의장이었다.

투투는 아버지가 가르친 학생 중 가장 뛰어났던 노말리조 레아 센샤네Nomalizo Leah Shenxane와 1955년 7월에 결혼했다. 결혼 후 투투는 아버지가 여전히 교장으로 일하고 있던 문시빌고등학교에서 가르치기 시작했다. 정부가 1953년에 도입한 반투교육법Bantu Education Act은 흑인이 초등학교 수준까지만 교육을 받도록 제한하는 법이었는데, 투투는 이 노골적인 인종차별법 이후에도 3년간 더 중학교 수준을 담당하는 교사로 가르치다가 정부의 흑인 교육 제한에 반대하며 교사직에서 사임했다. 아마도 이 행동이 투투가 아파르트헤이트에 저항한 첫 공식 사례일 것이다.

문시빌고등학교 재직 중에 투투는 성직자가 되는 일을 진지하게 고민하다가, 결국 요하네스버그 주교의 감독 아래서 사제 훈련을 받기로 했다. 1955년에 크루거르스도르프의 차부제sub-Deacon가 된 후, 1958년에는 부활공동체신부회Fathers of the Community of the Resurrection가 운영하는 세인트피터스신학대학St Peter's Theological College에 등록했다. 학업에 두각을 나타낸 투투는 우등상 두 개를 받으며 신학 학위를 취득했다. 1960년 12월에는 요하네스버그의 세인트메리대성당에서 부제deacon로 안수받고, 베노니의 세인트올번스교회에서 처음으로 보좌신부가 되었다. 1961년 말에 사제priest로 안수받은 후에는 토코자에 새로 세워진 교회로 자리를 옮겼다. 이때까지 투투 부부는 세 자녀의 부모였다.

신학 공부를 더 할 계획을 세운 투투는 1962년 9월 14일에 잉글랜드로 유학을 떠났다. 런던 킹스칼리지와 세계교회협의회WCC가 투투에게 장학금을 지원했는데, 이 두 기관은 투투가 나중에 성공회 사제이자 주교로서 아파르트헤이트 반대투쟁을 할 때도 정치적·심리적·물질적으로 그를 지원한 우군이었다. 아파르트헤이트 아래서 질식할 것만 같은 삶을 살던 투투 가족에게 런던은 기운을 북돋는 생활 현장이었다. 다음 인용문에서 볼 수 있듯이, 런던에서 투투 가족이 처음으로 아파르트헤이트와 통행법에서 해방된 자유를 경험한 사건은 일평생 지워지지 않는 인상을 이들에게 남긴 것 같다. 그는 후에 이렇게 말했다. "잉글랜드에도 인종차별은 있다. 그러나 우리가 거기에 노출되지는 않았다."[10] 특히 그는 나라에 언론의 자유가 있다는 사실, 특히 하이드파크 한구석에 '스피커스 코너'Speakers' Corner가 있어서 원하는 이는 누구든지 하고 싶은 말을 할 수 있다는 사실에 큰 감동을 받았다.[11] 이 경험의 가치는 남아프리카로 돌아간 후 투투 가족이 겪은 완전히 대비되는 상황에 대한 기록을 읽으면 더 생생하게 다가온다.

> 영국에서 공부를 마치고 가족과 남아공으로 돌아왔을 때였다.
> … 우리의 목적지는 이스턴케이프주의 앨리스였다. 나는 그곳의
> 연방신학교에서 학생들을 가르치기로 되어 있었다. 우리는
> 새집에 들일 가구를 사러 이스트런던으로 갔다. 점심시간이 되자,
> 우리가 들어갈 수 있는 식당이 없다는 걸 알고 있던 우리는 생선과
> 감자튀김을 사 들고 도로에 주차해 놓은 차 안에 앉았다. 몇 주
> 전까지만 해도 파리의 멋진 식당에서 식사를 하며 근사한 프랑스
> 요리를 즐기던 우리였다. 그러나 조국에서는 그럴 수 없었다.

감당하기 힘든 아이러니한 상황이었다. 우리는 이스트런던의 해변으로 소풍을 가곤 했는데, 해변의 흑인 전용 구역은 바위가 많고 가장 볼품없는 곳이었다. 거기서 멀리 떨어지지 않은 곳에 소형 기차가 있는 놀이터가 있었다. 영국에서 태어난 막내가 '아빠, 그네 타고 싶어요'라고 했을 때, 나는 심장이 쿵 내려앉는 것을 느끼며 힘없이 '안 된다, 아가야, 넌 가면 안 돼'라고 대답해야 했다. … 그런 순간마다 나는 죽음을 경험했고, 내가 너무도 처참하고 수치스럽고 한없이 작게 느껴져서 아이의 눈을 똑바로 쳐다볼 수 없었다. 내 아버지가 어린 아들 앞에서 느꼈을 수치심이 바로 이렇지 않았을까.[12]

킹스칼리지를 우등으로 졸업한 투투는 당시 대학 명예총장이던 모후 Queen Mother(엘리자베스 II세의 어머니)에게서 학위를 받았다. 위 인용문에 등장하는 넷째 아이도 1963년에 태어났다. 잉글랜드에서는 심지어 백인을 대상으로 목회까지 했다. 런던 골더스그린의 한 교회였는데, 여기서 3년간 사역한 후 서리 Surrey로 전출되었다. 스텁스 신부의 권유로 투투는 대학원 과정에도 등록해서 이슬람 관련 연구에 집중했고, 논문상도 받았으며, 1966년에 문학 석사학위를 취득했다.

투쟁

남아프리카로 귀국한 투투는 이스턴케이프 앨리스 소재 연방신학교Federal Theological Seminary에서 가르쳤다. 신학교 교수직 외에, 그는 포트헤어대학University of Fort Hare 성공회 교목으로 임명되기도 했다. 이 시기 투투는 남아프리카 전역에서 가장 화려한 학력과 실력을 가진 흑인 성공회 성직자였다. 1968년에는 신학교에서 가르치면서, 잡지에 이민 노동자 신학을 주제로 글을 기고하기도 했다. 인종차별 문제로 교사직을 사임하는 기개를 보여주었던 1956년 당시의 투투 이후, 이제 글로 정책에 저항하는 저항적 지식인의 면모를 보이기 시작한 것이다. 앨리스에서는 이슬람과 구약에 대한 관심사를 조합하여 박사 공부를 시작했지만, 불행히도 마무리하지는 못했다. 동시에 아파르트헤이트에 반대하는 연구를 시작했다. 신학교 학생들이 인종차별주의 교육에 반대하는 저항을 시작하자, 투투도 이 대의에 함께 투신했다. 1970년에 신학교 부학장이 된 투투가 미래에 이 학교 학장이 되는 것은 예견된 일이었다. 그러나 복잡한 심정으로 그는 레소토[13]의 로마에 소재한 보츠와나·레소토·스와질랜드 대학교 교수로 오라는 초청을 받아들였다. 이 시기에 흑인신학이 남아프리카에 소개되자, 투투도 이를 열렬히 수용했다. 원래 미국에서 차별받는 흑인을 위한 민권운동을 주도한 마틴 루터 킹 목사의 사상과 운동에서 기원한 흑인신학은 제임스 콘을 비롯한 다음 세대 흑인신학자들의 저술 작업을 통해 크게 발전하기 시작했다. 당시 전 세계에서 이 신학이 탄생한 미국 남부 상황과 가장 유사한 토양을 가진 남아프리카에서 이 신학이 가장 빠르게 수용되는 것은 당연한 수순이었다.[14]

개발도상국 신학 교육의 질을 높이기 위한 목적으로 1960년에 창설된 신학교육기금TEF의 책임자 대행 월터 카슨 박사가 1971년

8월에 투투에게 아프리카 부대표 최종 후보자 중 하나가 되어 달라고 요청했다. 이 요청을 받은 투투 가족은 1972년 1월에 다시 잉글랜드로 가서 런던 남동부에 거처를 정하고, 교육 기금의 국제 책임자 팀과 함께 사역했다. 약 6개월간 제3세계를 돌아다니며 활동했다. 동시에 브롬리 소재 세인트어거스틴교회의 명예보좌사제로 임명되어 교회 사역도 지속했다. 이 시기에 서방에 거주하면서 대표적인 구제 및 구호 기금과 함께 일하며 얻은 경험과 네트워크는, 투투가 이후 반아파르트헤이트 투사로서 서방 정치 및 교계, 언론의 지원을 얻게 만든 중요한 기반이 되었다.

1974년에 요하네스버그 주교 레슬리 스트래들링이 은퇴하면서 티모시 배빈이 후임으로 선출되었다. 배빈이 투투에게 자기 대성당의 주임사제가 되어 달라고 요청하자, 투투는 1975년에 다시 남아프리카로 돌아가서 요하네스버그의 첫 번째 흑인 성공회 대성당 주임사제이자 요하네스버그 세인스메리대성당 교구사제가 되었다. 그러나 그가 담당한 백인 교구민 일부에게는 유감스럽게도, 그는 여기서 당시 정부에 급진적으로 맞서는 투사의 모습을 보여주었다.

두 사건이 중요한 사례였다. 먼저 1976년 5월 6일에 그는 당시 수상 발타자르 요하네스 포르스터르에게 공개 편지를 써서, 아프리카너들이 어떻게 자유를 획득했는지 과거 역사를 상기시키고, 특히 통행법과 인종차별 등으로 흑인들이 자기 조국에서조차 자유를 누리지 못하고 있는 현실을 상기시켰다. 3주 후 정부는 투투의 편지 동기가 정치적 선전, 선동이라 주장하는 답장을 투투에게 보냈다. 1976년 6월 16일에는, 수준 낮은 교육을 강요하며 교육 언어로 아프리칸스어를 강요하는 정책에 저항하는 소웨토 출신 학생들이 광범위한 시위를 시작했다. 시위가 전국으로 퍼지면서 사상자가 600명가량 발생했다. 경찰이 학생들을 학살했다는 소식을 들은 투투는 학생 및 부모와 함께 시간을 보냈다. 학살 사태 이후 조직된 소웨토 학부모위기위원회에서도 중요한 역할을 맡았다.

이 일 후 투투는 레소토 주교직을 제안받고, 1976년 7월 11일에 주교가 되었다. 이 시기에 자신을 계승해서 주교가 될 레소토 국민 필립 모쿠쿠를 준비시켰으며,[15] 아파르트헤이트에 반대하며 자유를 위해 투쟁하다가 남아프리카 경찰에 잡혀 구금된 상태에서 살해당한 스티브 비코의 장례식에서 연설하기도 했다. 레소토 주교가 된 지 몇 달도 채 지나지 않아 남아프리카교회협의회SACC 총무가 되어 달라는 요청이 오자, 투투는 이를 수락하고 1978년 3월 1일에 총무가 되었다. 1981년에는 소웨토 올랜도웨스트의 세인트어거스틴교회 교구사제가 되었고, 1982년 초에는 레바논 베이루트 폭격을 멈춰 달라는 청원서를 이스라엘 총리에게 보냈다. 동시에 팔레스타인 지도자 야세르 아라파트에게도 편지를 써서, 이스라엘의 존재에 대해 더 현실주의적인 접근을 해야 한다고 요청했다. 짐바브웨·레소토·스와질랜드 총리들, 보츠와나·모잠비크 대통령들에게도 각각 편지를 써서, 남아프리카 난민을 받아 준 것에 감사를 표하고, 이들을 남아프리카로 돌려보내지 말아 달라고도 요청했다.

이 모든 조치가 남아프리카 보수파 백인들, 또한 때로 주류 미디어의 비판과 분노를 자아냈다. 그러나 어떤 경우에도 투투는 자신이 사제로 부름 받았다는 사실을 잊지 않았기에, 투쟁뿐 아니라 실제 생활 환경을 개선하는 노력에도 경주했다. SACC에 재직하는 중에는 유색인종 차별에 저항하기 위해 1955년 5월에 조직된 비폭력 백인 여성 조직인 블랙새시Black Sash(시위할 때마다 어깨에서 반대편 허리로 검은 띠를 둘렀기 때문에 붙은 이름) 회장인 시나 던컨Sheena Duncan에게 상담소Advice Offices를 열어 달라고 요청했다. 또한 남아프리카 사람들이 해외에서 교육받을 수 있도록 교육기회위원회Education Opportunities Council도 시작했다. 물론 이 와중에 계속해서 통행법과 홈랜드법에 저항하는 운동도 지속했다. 홈랜드법은 흑인을 강제 이주시켜 홈랜드를 조성하고 거기에만 살게 하는 법령이었다. 웨스턴트란스발에 속한 작은 모고파 마을 사람들이 조상 대대로 내려온 자기네 땅에서 쫓겨나서 1983년에 보푸타츠와나 홈랜드로 이주해야 했을 때, 투투는 교회 지도자들에게 연락해서 철야집회를 열었다.

1980년 8월 7일에 투투 주교, 교회 지도자 대표단, SACC는 보타 총리 및 각료들과 만났다. 이 역사적 만남은 남아프리카 역사에서 정부 요원이 아닌 흑인 지도자가 백인 정부 지도자를 만나 대담한 첫 사례였다. 그러나 정부가 전혀 타협의 의지를 보이지 않았기 때문에, 이 대담에는 아무런 열매가 없었다. 그러나 오히려 내외적으로 흑인의 강력한 투쟁 의지를 보이고, 아파르트헤이트 정부의 편협함을 드러냈다는 점에서는 성과를 냈다고 할 수 있었다. 같은 해에 투투와 교회 지도자들은 요하네스버그에서 구금된 목사 존 손John Thorne의 석방을 요구하며 가두시위를 벌였다. 집회법을 위반했다는 이유로 다수 성직자가 체포되었는데, 당시 투투도 하룻밤 구금되었다. 죽이거나 폭탄을 터뜨린다는 위협, 악소문 등이 퍼졌다. 이 경험은 투투에게 큰 상처를 남겼다. 이 시기 투투는 정부에게 끊임없는 중상모략과 사찰을 당했는데, 정부의 돈을 받고 SACC를 반대하는 캠페인을 벌이며 투투의 영향력을 약화하려 한 크리스천리그

Christian League 같은 조직도 여럿 있었다.

해외 순방은 투투가 아파르트헤이트의 해악을 설득력 있게 전 세계에 전파하는 수단이었다. 그러자 정부는 1980년에 투투의 여권을 회수해 버렸다. 해외여행이 금지되자, 투투에게 수여될 예정이던 여러 상[16]도 받을 수 없게 되었다. 예컨대 서독 보쿰대학이 그에게 1962년 대학 설립 이래 처음으로 명예 박사학위 수여를 계획했으나, 여권 발행이 거부되면서 출국할 수 없었다. 국내외의 압력 속에 정부가 1981년 1월에 투투에게 여권을 다시 돌려주면서 SACC 일로 유럽과 미국으로 갈 수 있게 되었고, 이어서 1983년에는 바티칸에서 교황 요한 바오로 2세와 만나서 청중 앞에서 남아프리카 상황을 함께 논의했다.

정부는 1980년대 내내 투투를 핍박했다. SACC와 이를 이끈 투투는 해외에서 엄청난 자금을 받아 나라를 혼란에 빠뜨린다며 정부로부터 부당한 비난을 받았다. 이 비난이 사실무근임을 밝히기 위해 투투는 SACC를 정식으로 재판에 회부하라고 요청했지만, 정부는 대신 엘로프조사위원회Eloff Commission of Enquiry를 만들어 SACC를 감찰했다. 결론적으로 위원회는 SACC가 해외로부터 조종당한다는 증거를 하나도 찾아내지 못했다. 여권을 다시 회수한 후 18개월이 지난 1982년 9월에 투투는 제한이 많은 '여행 문서'를 발급받았다. 이 문서로 투투 부부는 미국으로 갈 수 있었지만, 당시 미국 부통령이던 조지 부시를 비롯한 많은 이가 투투의 여권 재발급을 위해 로비를 벌였다. 투투는 미국 국민에게 넬슨 만델라와 올리버 탐보를 소개했는데, 당시 미국인 대부분은 이들에 대해 몰랐다. 동시에 그는 자신이 관여하는 많은 프로젝트에 필요한 기금도 모금했다. 이때

UN 안전보장이사회에서도 남아프리카 상황에 대해 보고하는 연설을 했다.

1983년에는 흑인 의식 집단들의 우산 역할을 담당하는 전국포럼National Forum과 범아프리카주의자회의PAC 창설에 관여했다. 그해 8월에는 아파르트헤이트 반대운동 단체들의 연대 모임인 연합민주주의전선United Democratic Front, UDF의 수호자Patron로 선출되었다. 아내 레아도 남편의 운동을 물심양면으로 도왔는데, 레아는 남아프리카 가정 노동자의 노동환경 개선에 역점을 두는 운동을 펼쳤다. 같은 해에 레아 투투는 남아프리카가정노동자협회South African Domestic Workers Association를 창립했다.

1984년 10월 18일에 미국에 머무는 동안 투투는 남아프리카에서 인종차별적인 백인 소수자 지배를 종식하고, 해방 조직들의 금지 조치를 풀고, 모든 정치범을 석방하려던 노력을 인정받아 노벨평화상 수상자로 결정되었다는 소식을 들었다. 남아프리카 흑인들은 이 권위 있는 특별한 수상을 축하했지만, 정부는 투투의 업적을 치하하기는커녕 아예 침묵으로 일관했다. 대중은 열렬한 찬사를 보내기도 하고, 폄하하기도 하면서 혼재된 반응을 보였다. 이어서 11월에는 성공회 요하네스버그 주교로 선출되었다. 이 선출에 대한 반응 역시 다중적이었다. 그는 이 직임을 18개월 동안 역임하다가, 1985년에 흑인으로서는 처음으로 케이프타운 주교가 되었다. 1984년에 또 한 차례 미국으로 간 투투와 알란 부삭은 에드워드 케네디 상원의원을 만난 후 그를 남아프리카로 초대했다. 초청을 받아들인 케네디는 1985년에 남아프리카를 찾아 오렌지자유주 브랜드포트에서 넬슨 만델라의 부인 위니 만델라를 만났다. 당시 위니 만델라는 이곳으로 추방당한 상태였다. 케네디는 서로 다른 인종 집단이 한 지역에 함께 거주할 수 없다고 규정한 1950년의 집단지역법Group Areas Act을 무시하고 투투 가족과 함께 하룻밤을 보냈다. 1985년에 정부는 36개 행정구역에 비상사태를 선포했다. 투투는 경찰장관에게 이 조치를 재고하라고 요청하고, 자신은 이를 무시하겠다고 말했다. 이어서 투투는 보타 총리에게 상황을 놓고 긴급 회담을 제안하는 전보를 쳤다. 보타는 이를 거부했다. 약 1년 후 투투와 보타가 만났지만, 열매는 없었다. 투투는 또한 개인적으로 남아프리카 정부를 지지한 영국 총리 마가렛 대처와도 회담을 가졌지만 별 소득 없이 끝났다. 후에 영국 외무부장관 제프리 하우가 남아프리카 방문 시 만나자고 제안하자, 투투는 이를 아예 거부했다.

1986년 9월 7일에 투투는 케이프타운 대주교로 안수를 받으며, 남아프리카 전역 성공회를 이끄는 첫 흑인 수장이 되었다. 이전과 마찬가지로, 엄청난 축하를 받았지만 이를 비난하는 이들도 여전히 있었다. 굿우드경기장에 만 명이 넘은 사람이 모여 성찬에 참여하며 그의 영예를 기렸다. 추방당해 해외에 있던 ANC 의장 올리버 탐보 및 45인의 지도자도 투투에게 축전을 보냈다. 아파르트헤이트에 저항한 가장 강력한 투사인 투투가 남아프리카에서 가장 큰 영예와 영향력을 가진 성직자가 되었다는 사실은 핍박받는 한 유색인종 개인으로서 역사상 최악의 독재 정권에 버티며 저항한 투투의 의지와 역량이 얼마나 비범했는지를 보여준 사건이었다. 동시에 한 국가나 제도가 억압과 차별로 정의를 무너뜨릴 때, 세계 교회가 한마음으로 힘을 모아 이 악행에 저항하는 개인과 단체를 지원하는 것이 얼마나 중요한 일인지를 보여준 상징적 사건이었다. 투투의 성공회

대주교 임명 이후, 1990년 2월에 남아프리카 저항 영웅 넬슨 만델라가 27년 만에 감옥에서 출옥하고, 1991년에 아파르트헤이트 근간법이 폐지되었다. 1993년 인종 평등의 원칙에 기초하여 공동 통치를 결정한 헌법 채택, 1994년 만델라의 첫 흑인 대통령 선출로 300년 이상 지속된 백인 소수 지배가 막을 내렸다.

진실과 화해

백인 소수파 통치의 종결을 상징한 1994년의 첫 민주주의 선거가 치러져 만델라가 대통령이 되고 1년 후, 투투는 과거 역사의 잔악 행위 문제를 처리하기 위해 조직된 진실과화해위원회Truth and Reconciliation Commission, TRC, 1995.12.-1998.10. 의장으로 임명되었다. 투투가 TRC를 이끌며 만든 원칙과 실행 방식은 전 세계의 주목을 받으며 찬탄을 자아냈다. 이는 아파르트헤이트에 연루된 백인을 일방적으로 가해자와 죄인으로 규정하여 심판하는 것에 그치지 않고, 이들이 스스로의 양심에 따라 죄를 자백하게 한 후 사면을 허용함으로써 가해자와 피해자가 서로 용서하고 화해하는 평화 공동체를 만드는 일에 주력했기 때문이다. TRC가 해체되고 난 후 이 활동을 회고하며 쓴 『용서 없이 미래 없다』에는 투투가 TRC를 운영한 원칙[17]이 여러 곳에 등장한다. 의장 투투가 심판자인 법관이 아니라 목회자인 사제였기에 가능했을 원칙이었다.

우리에겐 아파르트헤이트로 온갖 악행을 저지른 백인들의

피를 요구할 권리가 있었을 것이다. … 그러나 우리나라는 또한 생존자들의 멋진 나라이며, 대단한 용서의 힘과 아량과 고상한 정신으로 전 세계를 놀라게 한, 참으로 훌륭한 사람들의 나라라고 선언해야 마땅하다. 이것은 위원회가 활동한 근 2년에 걸쳐 피해자들과 생존자들의 사연을 통해 확인한 놀라운 사실이기도 하다. 나는 아파르트헤이트 지지자들조차도 그들이 그토록 열렬하게 지지하고 집행했던 사악한 체제의 희생자라는 말을 덧붙이고 싶다. 윤리적 가치판단이 부질없다는 뜻은 아니다. 이것은 우리의 근본 개념인 '우분투'에서 흘러나온 판단이다. 우리의 인간성은 서로 연결되어 있다. 아파르트헤이트의 악행을 저지른 사람들의 인간성은 좋든 싫든 피해자들의 인간성과 서로 연결되어 있다. 다른 사람들을 비인격적으로 대하고 이루 말할 수 없는 해와 고통을 가하는 과정에서, 가해자도 어쩔 수 없이 인간성을 침해당하게 된다.[18]

투투는 이런 TRC의 방식을 뉘른베르크 패러다임(범죄한 모든 사람을 개별 재판하여 가혹한 단죄를 받게 했던 2차대전 전범 재판 방식)과 일괄 사면 혹은 국민적 망각 사이에서 타협점을 찾은 '제3의 길'이라 지칭했다. 물론 이 방식은 백인과 흑인 양자에게서 비난을 받으며 격렬한 논란을 불러일으켰다. 중용을 택했음에도, 백인은 너무 급진적인 마녀사냥이라고, 흑인은 너무 온건하다고 비난했다. 그러나 TRC는 만델라의 전 부인 위니 만델라도 살인 교사 혐의로 소환하는 등 흑인 인사의 범죄행위도 최대한 공정하게 처리하려고 노력했다. 결과적으로 조사 대상자 7,112명 중 5,392명이 처벌을 받았고,

849명이 사면받았다. 1998년 10월 위원회는 3,500쪽에 이르는 보고서를 발표하고 그 활동을 마쳤는데, 전 세계적으로 범죄적 과거에 대해 공정한 청산을 했다는 평가를 받았다.[19]

TRC 활동 이후에도, 투투 은퇴 대주교 부부는 전 세계를 무대로 인권 및 복지, 구호 활동을 지속했다. 그 중심에는 1998년에 세워진 데즈먼드투투평화센터 Desmond Tutu Peace Centre, DTPC가 있다. 2004년 이후 런던 킹스칼리지 방문교수, 미국 에모리대학 방문교수 등 여러 대학의 방문교수를 지냈고, 데즈먼드투투에이즈재단 Desmond Tutu HIV Foundation을 설립하여 에이즈뿐만 아니라 결핵 예방·치료·교육도 담당하는 기관으로 확장했다.

2007년에는 남아프리카 전직 대통령 넬슨 만델라, 미국 전직 대통령 지미 카터, 은퇴한 UN 사무총장 코피 아난, 아일랜드 전직 대통령 메리 로빈슨과 함께 '디엘더스' The Elders를 창설했는데, 이는 관습적인 외교 절차 바깥에서 세계의 원로 지도자들의 경험을 공유하기 위해 결성된 사적 조직이었다. 투투가 이 그룹의 첫 의장이 되었다. 모임 결성 후 카터와 투투는 함께 수단의 다르푸르, 팔레스타인 가자, 키프로스를 찾아 오래도록 지속된 갈등을 중재하려고 노력했다. 투투가 이미 성취한 평화 및 더 이루려 한 평화의 노력을 미국 정부도 인정하여, 버락 오바마 미국 대통령이 2009년에 최고 영예의 대통령자유의메달 Presidential Medal of Freedom을 수여했다. 공인 투투의 공식 은퇴일은 2010년 10월 7일이었다. 웨스턴케이프대학 명예총장직, UN 대학살방지위원회 고문직도 모두 내려놓았다. 그러나 은퇴 후에도 디엘더스와 노벨상 수상자 모임에 계속 참여했고, 투투평화센터도 지원했다.

80세 생일로 진입하던 주간에 투투는 다시 세계적인 주목을 받았다. 중국 지배에 반대하는 소요를 일으킨 후 1959년부터 망명 생활을 하던 티베트의 영적 지도자 달라이 라마를, 자신의 80번째 생일을 축하하며 케이프타운에서 시작된 3일간의 데즈먼드 투투 국제 평화 강연 강사로 초청한 것이다. 남아프리카 정부는 달라이 라마에게 비자를 발급하는 문제로 고심했는데, 중국과의 관계에 문제가 생기지는 않을까 염려했기 때문이었다. 주저하는 정부를 종교와 정치계 여러 지도자들이 비판했다. 좀처럼 화를 내지 않던 투투도 여당 아프리카민족회의와 제이콥 주마 대통령을 강력하게 비난했다. 달라이 라마의 남아프리카 입국 비자는 이미 2009년에도 한 차례 거부된 적이 있었다. 결국 달라이 라마는 남아프리카에 가지 못했지만, 이후 두 사람은 함께 책을 써내며 우정을 과시했다.[20]

남아프리카에 사는 다양한 종족과 인종 안에 존재하는 차이의 아름다움을 묘사할 때 흔히 사용되는 유명한 '무지개 국가'Rainbow Nation라는 표현을 창안한 인물이 바로 데즈먼드 투투였다. 아래에서 볼 수 있듯, 이 용어는 남아프리카 흑인의 오랜 유산 '우분투' 정신을 아파르트헤이트 이후의 새 남아프리카에 확장 적용한 것이었다.

'우분투'는 서구 언어로 번역하기가 무척 어렵다. 이것은 인간됨의 본질을 뜻한다. … 관대하고 호의를 베풀며 친절하고 다정하고 남을 보살필 줄 알고 자비롭다는 뜻이다. 가진 것을 나누는 사람이라는 뜻이다. '내 인간성은 당신의 인간성과 뗄 수 없이 연결되어 있다', '우리의 삶은 여러 사람과 한데 묶여 있다', '사람은 다른 사람들을 통해 사람이 된다'는 말도 같은 뜻이다. '나는 생각한다. 고로

나는 존재한다'가 아니다. '나는 속하고 참여하고 나누기 때문에 인간이다'라고 해야 마땅하다. 우분투가 있는 사람은 열려 있고, 다른 사람을 위해 시간을 내고, 다른 사람들을 인정하고, 인격과 능력이 탁월한 사람 앞에서도 위협을 느끼지 않는다. 자신이 더 큰 전체에 속한 존재임을 아는 그에게는 온당한 자기 확신이 있기 때문이다. 다른 사람들이 모욕을 받거나 위축되거나, 고문이나 압제를 당하거나, 실제보다 못한 취급을 당할 때 그 자기 확신은 줄어들 수밖에 없다. 조화·친절함·공동체는 모두 가치 있는 선이지만, 사회적 조화는 우리에게 숨품 보눔summum bonum, 즉 최고선이다.[21]

데즈먼드 투투 성공회 명예대주교는 2021년 12월 26일 향년 90세로 별세했다. 세계 모든 이가 화해와 평화의 사도의 죽음을 애도했다.

11. 마더 테레사

교회사에는 정통 신앙orthodox을 체계화하는 데 일생을 바친 위대한 신학자들도 있지만, 정통 믿음의 내용이 중요한 만큼 정통 실천orthodopraxis의 가치를 알고 이를 온몸으로 살아 낸 이들도 있었다. 이들은 예수께서 가난한 이들과 자신을 완전히 동일시하신 말씀(마 25:35-40)을 기독교인의 바른 실천의 황금률로 여기고 따랐다. 그리스도의 말씀 그대로, 가난한 자, 병든 자, 고통당하는 자, 소외된 자, 폐인, 죽음을 앞둔 자 등, 이 땅의 가장 낮은 소자는 이들의 눈에 바로 예수 그리스도였다.[1]

가난한 사람들은 위대합니다. 우리는 그들을 사랑하되, 딱하게 여겨서는 안 됩니다. 우리가 그들을 사랑해야 하는 것은, 가난한 사람들의 모습 속에 예수가 숨어 있기 때문입니다. 그들은 우리의 형제요 자매입니다. 그들은 우리와 한 식구입니다. 나환자들, 죽어 가는 사람들, 굶주리는 사람들, 헐벗은 사람들이 모두 예수입니다.[2]

몸져누운 병자들, 쓸모없다고 생각되는 사람들, 사랑받지 못하는 사람들, 알코올중독자들, 죽어 가는 사람들, 자포자기한 폐인들, 외로운 사람들, 버림받은 사람들과 불가촉천민들, 나병으로 신음하고 있는 사람들, 인생에서 모든 희망과 신념을 잃어버린 사람들, 그들은 우리에게 위로받기를 기대합니다. 만약 우리가 그들에게 등을 돌린다면, 그것은 그리스도께 등을 돌리는 것입니다. 그리고 우리는 죽을 때에 우리가 그들 안에서 예수님을 알아보았는지, 그리고 그들을 위해 무슨 일을 했는지 심판받게 될 것입니다.[3]

초대 및 중세 교회에는 교부들을 비롯하여 이렇게 고백하며 헌신한 이들이 적지 않았다. 시대가 변하고 신앙의 실천이 다양해지는 가운데 많은 이들이 잊혔지만, 여전히 그리스도와 성경이 명령한 대로 단순한 길을 걸으려고 전심을 다한 한 인물이 있었다. 20세기를 오롯이 살면서 가난한 이들에게서 그리스도를 발견한 인물, 그 수많은 그리스도들이 주리고 목마를 때 먹을 것과 마실 것을 준 인물, 그래서 최후 심판의 자리에서 "창세로부터 예비된 나라를 상속받은"(마 25:34) 인물, 마더 테레사Mother Teresa, 1910-1997. 하늘에서는 천국을 상속받은 자, 땅에서는 성인saint(2016)이 된 마더 테레사의 생애를 따라가 보자.

다중 소명

　마더 테레사, 캘커타[4]의 성 테레사, 벵골의 테레사, 메리 테레사 보야지우Mary Teresa Bojaxhiu 등으로 불리는 테레사 수녀의 본명은 아네저 곤제 보야지우Anjezë Gonxhe Bojaxhiu였다. 그는 동유럽 발칸반도의 도시 스코페에서 1910년 8월 26일에 태어났다. 아네저가 태어난 발칸반도는 여러 국가와 민족, 종교의 분열이 있는 복잡한 역사를 담은 지역이었다. 당시 스코페는 오스만튀르크 제국의 땅이었지만 1913년에는 세르비아의 땅이 되었고, 1944년 유고슬라비아연방에 편입되었다가 1991년부터는 마케도니아(현 북마케도니아)의 땅이 되었다. 그곳에서 아네저의 가족은 배경이 독특했다. 아네저의 가족은 무슬림을 믿는 튀르키예인(터키인)도, 주로 정교회를 믿는 마케도니아인이나 세르비아인도 아닌, 알바니아인이었다. 그런데 오늘날 대다수의 알바니아인이 무슬림인 것과는 달리 몇 대째 내려온 가톨릭 가문에 속해 있었다. 과거 로마 및 베네치아공화국의 영향을 받은 알바니아 북서부 지역에서는 가톨릭이 상대적으로 강세였던 것이다. 보야지우 가문도 알바니아에서 마케도니아 지역으로 이주한 알바니아인 가톨릭 배경을 가졌던 것 같다.

　아네저는 아버지 니콜라 보야지우와 어머니 드라나필의 3남매 중 막내딸이었다. 독실한 가톨릭 전통에 따라, 태어난 다음 날에 영세를 받고, 아네저 곤제Anjezë Gonxhe라는 이름을 받았다. '아네저'는 젊은 나이에 처녀로 죽은 순교 성인 로마의 아네스(아그네스)Agnes of Rome, c.291-c.304의 알바니아식 이름이며, '곤제'는 같은 언어로 꽃봉오리를 뜻한다. 위로는 6살 장녀 아가타, 3살 장남 라자르가 있었다.

아버지는 대대로 무역업을 해온 부유한 집안 출신으로, 당시 국제 무역업과 건축업에 종사하며 지역 정치에도 참여하는 등 활동 범위가 넓은 지역 유지였다. 5개 언어를 유창하게 구사했고, 발이 넓어서 집안에는 늘 손님이 가득했다. 이들 가족에게 집은 언제나 평화롭고 즐거운 곳이었다. 특히 아녜저는 1968년 인터뷰에서, 학창 시절에 자신이 수녀 소명을 받게 되었을 때 마음에 남았던 유일한 장애물이 사랑이 넘치고 행복한 가정이었다고 고백할 정도로 가족을 사랑했다.[5]

아버지의 사업가 재능과 유쾌하고 호탕한 성품에 더하여, 어머니의 신실하고 사랑 많은 기질이 이 알바니아인 가톨릭 가정을 '지상천국'으로 만든 요인이었던 것 같다. 어머니는 매일 아침 자녀들을 데리고 성당에 나가 미사를 드리고 기도했다. 주변의 가난한 이들의 집을 찾아가서 먹을 것을 주고 병자를 돌아보았으며, 근처에 사는 가난한 이들이 자신들의 집을 찾을 때에는 빈손으로 돌려보내는 경우가 없었다. 바깥에서 구제 활동을 할 때마다 어머니는 어린 아녜저를 데리고 갔다. 아버지가 일을 마치고 집으로 돌아올 저녁이 되면, 어머니와 자녀들은 언제나 단정히 옷을 갈아입고 가장을 기다렸다. 아버지가 돌아오면 함께 기도하고 식사하고 대화하는 일상이 이어졌다. 어머니는 매일 있는 가족 상봉을 일종의 축제처럼 인식하는 모범을 자녀들에게 가르쳤다.[6]

그러나 매일이 축제와도 같던 이 가족의 행복은 아버지의 갑작스러운 죽음으로 사그러들고 말았다. 아녜저가 아홉 살 되던 해, 1차대전 후 알바니아 독립운동에 투신했던 아버지가 세르비아 베오그라드에서 열린 집회에 참석했다가 초주검이 되어 돌아왔다.

거의 600년에 이르는 오스만튀르크의 식민 통치, 제1차 발칸전쟁 (1912), 제2차 발칸전쟁(1913), 제1차 세계대전(1914-1918)으로 이어진 혼란기였다. 발칸반도에서 오스만튀르크, 불가리아, 세르비아, 그리스, 몬테네그로, 오스트리아-헝가리제국, 알바니아, 코소보 사람들이 벌인 분쟁으로 모든 민족과 종족은 극한의 증오와 갈등상태에 있었다. 아녜저의 아버지도 이런 현실의 희생양이었다. 아버지가 손도 쓸 수 없을 만큼 급작스럽게 사망한 후에는 어머니가 가족을 책임져야 했다. 출신 집안이 부유했던 데다 사업 수완도 있었던 덕에, 어머니는 자수 제품을 파는 상점과 카펫 사업을 시작했다.[7]

화목한 집안, 민족 갈등 속에 급사한 아버지, 역경 중에도 가정을 다시 일으켜 세운 외유내강 어머니가 어린 아녜저를 성장하게 한 원료였다. 이에 더해 그가 받은 학교 교육과 출석한 교회, 여기서 만난 선생님들의 역할도 중요했다. 교회 부속 초등학교에 다닌 테레사와 언니는 졸업 후 공립 스코폐김나지움에 다녔다. 오빠는 오스트리아육군사관학교에 진학한 후 나중에 알바니아 국왕 경호대에서 근무했다. 테레사의 가족은 주로 알바니아인으로 구성된 성심^{聖心}교구에 속한 성당에 다니며, 스코페에서 멀지 않은 레트니스의 세르나고레 성모 마리아 성지도 정기적으로 찾았다. 가족 모두 음악적 재능이 뛰어났던 덕에, 성당 합창단과 알바니아가톨릭합창단에서 노래했고, 만돌린 등 악기를 연주하기도 했다. 이런 어린 시절의 신앙생활이 지극히 행복한 경험이었기에, 1922년에 12살이던 아녜저에게는 이미 수녀가 되고 싶다는 열망이 싹트고 있었다. 이런 그의 '희미한 소명'(1차 소명)을 현실로 바꾼 계기는 1925년에 교구 주임사제로 부임한 예수회 소속 얌브렌코비치 신부와의 만남이었다.

얌브렌코비치 신부는 청년을 위한 성모신심회를 만들어 성인들의 생애와 해외 선교사들의 활동을 공부하게 했다. 특히 유고슬라비아 출신으로 인도 벵골 지방에 파송된 예수회 선교사들의 편지가 이 젊은이들의 가슴에 불을 지폈다. 이때 가슴에 불이 붙은 아녜저도 나중에 유고슬라비아 지역 출신으로 선교사로 벵골에 파송되어 활동하다가 성인이 되는 바로 그 인물이었다. 18세 생일을 앞둔 아녜저는 1928년 8월 15일 성모몽소승천일에 기도하던 중에 6년 전 열두 살 때 느꼈던 소명이 다시 찾아왔다고 확신했다. 이어서 익숙한 지역, 바로 인도의 벵골이 자신이 부름받은 현장이라고 생각했다. 특히 아일랜드관구에서 관리하는 로레토Loreto수도회 소속의 수녀들이 벵골에서 활동하고 있다는 사실을 알았기에, 아녜저는 자신이 가입해야 할 곳이 바로 이 수녀회라고 확신했다. 그 당시 가톨릭 교회에서 수녀가 되고, 특히 해외 선교사가 된다는 것은 가족과의 기약 없는 이별일 수 있었기에, 딸의 결심을 들은 어머니는 꼬박 하루 동안 골방에서 기도한 후 결국 딸이 받았다는 소명을 인정했다.[8] 이후 과정은 일사천리로 진행되었다. 9월 26일에 어머니, 언니 아가타와 함께 아녜저는 크로아티아의 자그레브로 가서 며칠을 함께 보냈다. 자그레브역에서 파리행 기차를 탄 아녜저와 어머니의 이별은 지상에서 이 둘이 함께 보낸 마지막 시간이었다. 파리를 거쳐 아일랜드 더블린의 로레토수도회 본부에 도착한 아녜저는 이후 단 한 번도 수녀로서 받은 소명을 의심하지 않았다.[9]

로레토수도원은 1609년에 잉글랜드 요크셔 출신 메리 워드 수녀가 활동한 성모마리아수도회Institute of the Blessed Virgin Mary의 아일랜드 지부에서 기원했는데, 1841년에 이르러서는 인도 벵골의 캘커타에도 지부를 설립할 정도로 성장해 있었다. 아녜저는 더블린 로레토 수녀원에 도착해 짧게 약 6주간 머물며 영어, 수도회 회헌 및 규칙을 배웠다. 이어서 12월 1일에 인도로 파견되어 이듬해 1월 6일 캘커타에 도착한 후, 북쪽 히말라야 기슭에 자리 잡은 다르질링으로 이동해 첫 수련 생활을 시작했다. 다르질링에서의 수련 생활은 약 2년간 지속되었다. 영어, 벵골어, 힌두어, 가톨릭 교리를 배우고, 지역의 소년 소녀를 가르치는 등 수련 과정을 거친 후 1931년 5월 25일에 청빈·정결·순명을 서약하는 서원을 하며, 로레타수도회의 정식 수녀가 되었다.[10]

이 시기에 아녜저의 새 이름도 결정되었다. 수사와 수녀는 주로 자신이 본받고 싶어 하는 인물의 이름을 차용하는 전통이 있었는데, 아녜저가 선택한 이름은 테레사[11]였다. 교회사에는 두 명의 유명한 테레사, 즉 아빌라의 테레사Teresa of Ávila, 1515-1582(대大테레사)와 리지외의 테레사Thérèse of Lisieux, 1873-1897가 있었다. 그런데 아녜저가 택한 이름은 후자인 리지외의 테레사였다. 리지외의 테레사는 프랑스 알랑송에서 태어나서, 15세에 리지외의 가르멜수도원 수녀가 된 후, 24세가 되던 해에 이 수도원에서 결핵으로 짧은 생을 마감했다. 그러나 신과 인간에 대한 뜨겁고 헌신적인 사랑과 순결로 많은 가톨릭 신자에게 칭송받은 인물이었다. '아이 예수와 거룩한 얼굴의 성녀 테레사' 혹은 '예수의 작은 꽃'이라는 별명을 가진 이 수녀는 특별한 사역이나 활동으로 유명한 인물은 아니었다. 그러나 그리스도께 자신을 완전히 의탁하면서 사제와 선교사들을 위해 병중에서도 기도하는 데 전력했기 때문에, 그는 '선교사들의 수호성인'으로도 불렸다. 바로 이런 이유로 아녜저가 이 성녀의 이름을 차용한 것이다. 리지외의 테레사는 자신을 "어린 예수가 손에 쥔 공"으로 비유한 일이 있었다. 마더 테레사는 후에 이와 비슷하게 자신을 "하느님이 손에 쥔 몽당연필"로 비유하기도 했다.[12] 같은 이름을 사용한 다른 수녀와 구별하기 위해, 아녜저는 프랑스식 표기 'Thérèse' 대신에 스페인식으로 'Teresa'를 사용하기로 했다. 이때부터 아녜저는 '벵골의 테레사'Bengali Teresa로 불렸다.[13]

다르질링에서 수련 교육을 마친 수녀 테레사는 캘커타 동쪽의 엔탈리에 소재한 로레토수도원으로 파견되었다. 테레사와 다른 이들의 증언에 의하면, 이 수도원은 고전적인 건물과 정원 등이 잘 가꾸어진 아름다운 공간으로, 구내에 로레토엔탈리학교와 성마리아학교가 세워져 있었다. 이 수도원의 풍요로운 아름다움과 수도원 밖 빈민가 풍경은 극히 대조적이었다. 로레토수도회는 1841년 첫 수녀를 캘커타에 선교사로 파견한 이후 교육 사업에 집중했다. 그 결과 테레사가 도착할 무렵에 대학과 여섯 개의 중고등학교를 운영할 정도로 활동을 확장했다. 테레사가 맡은 역할은 성마리아학교에서 지리, 역사, 가톨릭 교리를 가르치는 것이었다. 그러나 성마리아학교 이외에도 중산층 자녀가 다니는 캘커타 다른 지역의 성테레사학교에서도 가르치곤 했다. 그런데 이 두 학교를 오가는 길에 대표적인 빈민가가 자리 잡고 있었기에, 이 길을 오가며 본 가난한 이들의 참상이 지속적으로 테레사의 마음을 후벼 팠다. 그러나 1937년 5월 25일에 다르질링에 가서 수녀로서 종신서원을 할 때까지도, 자신이 교사 수녀로 부름받았다는 소명의식은 변하지 않았다.

그러다 다시 한번, 새로운 부르심, 즉 수녀가 되라는 두 차례의 부르심에 이은 세 번째 소명이 테레사에게 찾아왔다. 이 새로운 소명의 배경에는 캘커타 전역을 더 비참하게 만든 전쟁과 기근이 있었다. 유럽에서 시작된 2차대전이 아시아로 확전되면서 일본군이 영국령 버마(미얀마)를 점령했다. 그러자 영국군은 캘커타와 엔탈리의 여러 선교회 건물도 징발해서 병영과 병원 등으로 활용했다. 전쟁 중 1942-1943년에는 대기근까지 찾아오면서, 주민이 식량을 구할 수 있는 길이 완전히 막혀 버렸다. 벵골 농민들이 일터를 찾아 대규모로 캘커타로 몰려들었다. 당시 정부 통계에 의하면, 이 시기에 아사한 인구가 200만 명에 달했으나, 실제로는 그 이상이었을 것으로 추정한다. 전쟁이 끝난 이후에도 문제가 이어졌다. 인도가 영국으로부터 독립을 추진하면서, 동시에 종교 분쟁이 발생해 1946년 8월 16일부터 4일간 사망자만 6,000명이 발생했다. 1947년 8월 15일에 영국으로부터 독립한 힌두교 우위의 인도는 벵골과 펀자브를 이슬람 국가 파키스탄과 분할했다. 양 국가의 힌두교도와 무슬림은 각각 국경을 건너 자기 종교가 우위에 있는 지역으로 이주했다. 도시 전체가 난민과 홈리스로 가득한 슬럼이 되었다. 바로 이 상황이었다.

맬컴: 그런데 수녀님께서 바깥세상의 특정 상황을 알게 됐을 때 그런 생활도 끝난 거로군요.

마더 테레사: 소명을 따르고 있던 제가 또 다른 부르심을 받은 거죠. 그건 두 번째 부르심이었어요. 내게 아주 큰 행복이었던 로레토수녀회까지도 포기하고 가난한 이들 중에서도 가장 가난한 사람들poorest among the poor을 섬기러 거리로 나가라는 소명이었어요.

맬컴: 수녀님, 그 두 번째 부르심은 어떻게 받으신 거죠?

마더 테레사: 1946년에 저는 피정하러 다르질링으로 가던

중이었어요. 바로 그 기차 안에서 모든 걸 포기하고 그리스도를 따라 빈민가로 들어가서 가난한 이들 중에서도 가장 가난한 사람들 가운데 계신 그리스도를 섬기라는 부르심을 들었어요.[14]

36세의 성마리아학교 교장 테레사는 다르질링으로 가는 기차 안에서 이 '부르심 속의 부르심', 즉 두 번째 소명을 만나게 됐다. 개인이 소명을 받았다는 확신만으로 수녀원을 떠나 거리로 나가는 것이 가톨릭 수도회 전통에서는 허용되지 않았다. 따라서 이 소명을 현실로 만들기 위해서는 교회와 수도원의 허가 절차가 필요했다. 캘커타의 반 엑셈 신부, 캘커타의 페리에 대주교, 성테레사교회의 줄리앙 앙리 신부, 아일랜드 로레타수도회 총장, 교황 비오 12세와 만나고, 편지를 쓰고, 상담하고, 결정을 기다리는 지루한 시간이 흘렀다. 그러다 마침내 1948년 8월 8일에 테레사 수녀는 교황청으로부터 빈민가에서 일해도 좋다는 허락이 담긴 편지(1948년 4월 12일자)를 받았다. 처음에 테레사는 수녀가 수녀원 안에 봉쇄된 채 평생 산다는 종신서원을 깨고, 세속에서 활동할 수 있도록 '환속' 특전을 베풀어 달라고 요청했다. 그러나 교황청이 내린 허락은 상황 변화에 따라 수도원으로 돌아올 수 있는 '재속' 특전이었다. 즉 수도자의 신분을 유지한 채 '수도원 밖 임시 거주 허가'를 내린 것이다. 그러나 일평생 테레사는 수녀회로 돌아가지 않고 세속에서 살다가 죽게 된다.[15]

테레사 수녀는 1948년 8월 17일 캘커타를 떠나 갠지스강가의 고도古都 파트나로 갔다. 유럽을 떠나 벵골로 온 지 19년째 되던 해로, 당시 테레사는 38세였다. 로레타 수녀들이 입었던 상대적으로 화려했던 수녀복 대신, 이제 테레사가 입은 복장은 파란 물색 줄무늬가 있고, 어깨에 십자가가 부착된 흰색 인도 사리였다. 흰색과 물색은 성모 마리아의 상징색이었다. 이 사리 세 벌이 가진 옷 전부였다. 가난한 이들을 돕기 위해서는 얼마간의 의료 지식이 필요하다는 조언을 받아들인 테레사는 미국 의료선교수녀회가 파트나에서 운영하는 병원에 가서 3-4개월간 기초 간호법을 배웠다.[16]

크리스마스 전에 캘커타로 돌아온 테레사는 우선은 가난한사람들의작은자매회가 운영하던 성요셉의집에서 갈 곳 없는 노인을 대상으로 사역을 시작했다. 이어서 캘커타 내 모티즈힐 지역 슬럼가로 혼자 들어가 학교를 열었다. 모티즈힐 바깥 다른 지역에서도 학교를 시작한 이후, 한때 테레사의 제자였던 수녀들을 중심으로 젊은 여성 자원자들이 속속 모이기 시작했다. 처음에는 혼자 시작했다가, 이렇게 차츰 공동체로 변모해 가던 1950년 10월에 테레사의 선교회는 바티칸의 공식 허가를 받게 되었다. 이 조직 이름이 바로 사랑의선교회Missionaries of Charity였다. 이 선교회는 처음에는 캘커타대교구 부속 수도회였으나, 1965년에는 교황청 직속 수도회로 승격되었다. 선교회의 회헌에 따라, 테레사 수녀Sister Teresa는 이제 선교회 총장인 마더 테레사Mother Teresa가 되었다.[17]

275조로 구성된 사랑의선교회 회헌에는 이 선교회가 지향한 선교의 방향이 반영되어 있다. '가난'이 기독교 신앙의 핵심 주제고, '가난한 이 중 가장 가난한 이'를 돕는 것이 기독교 정통 실천임을 회헌은 명료하게 선언한다.

우리들의 목적은 십자가 위에 계신 예수님의 한없는 갈증을,

사람들의 사랑의 갈증을 풀어주는 데 있다. 그러기 위해 우리는 복음의 권고를 지키며, 회헌에 따라 가난한 사람들 가운데서도 가장 가난한 사람들에게 마음을 다해 봉사한다. 우리는 물질적, 정신적으로 가난한 사람들 가운데서도 가장 가난한 사람들의 고통스러운 모습을 취하신 예수님을 사랑하고 그 예수님에게 봉사하며 이들이 하느님 닮은 모습을 되찾도록 일한다.

이런 방향성은 사랑의선교회가 다른 수도회들이 공통으로 하는 세 가지 서원 위에 하나를 더한 것에서도 확인할 수 있다. 즉 청 빈과 정결과 순명 이외에, 사랑의선교회에는 "가난한 사람들 가운 데서도 가장 가난한 사람들에게 마음을 다해 헌신한다"라는 항목이 추가되어 있다.[18] 사랑의선교회가 세계적인 지명도를 얻게 되면서, 테레사 수녀와 이 선교회를 후원하는 세계 협력자들의 모임도 1969 년에 조직되었다. 사랑의선교회 부속 단체인 이 국제마더테레사협 력자회 정관도 마태복음 25장의 양과 염소 비유를 인용하며 조직의 존재 목적을 다음과 같이 설명한다.

A. 사람들이 가난한 사람들의 형상을 하신 하느님을 알아보도록
   도와줌으로써.
B. 사람들이 가난한 사람들에게 자선과 봉사를 베풀어 하느님을 더
   잘 사랑하도록 도와줌으로써.
C. 전 세계 사랑의선교회와 협력자회가 기도와 희생으로 하나가
   됨으로써.
D. 모두가 한 가족이라는 가족 정신을 유지함으로써.

E. 다양한 나라들 간의 원조를 촉진하고 사랑의선교회 각 센터마다 노력과 원조가 중복되지 않도록 조치함으로써.[19]

2007년 통계에 따르면, 전 세계 120개국에서 600개 이상의 지부, 학교, 병원, 쉼터를 운영하는 사랑의선교회에 속한 수녀의 수는 4,500명, 수사의 수는 450명이 넘었다.[20] 캘커타에서 처음에 가난한 이들과 병자, 홈리스를 돌보는 일로 시작된 선교회는 오늘날에는 사회적 지위나 성별, 종교에 관계없이, 난민, 성 노동자, 정신 질환자, 어린이 환자, 유기된 아이들, 보행장애인, AIDS 환자, 한센병 환자, 노인, 요양이 필요한 이들 등 거의 모든 종류의 '취약한 이들'the vulnerable을 돌보는 선교회가 되었다.

성녀

마더 테레사의 생애와 사역을 살피다 보면, 13세기 탁발 수도사 아시시의 성 프란치스코의 활동이 연상된다. 실제로 1995년에 학자 존 케언스John Cairns는 『마더 데레사의 단순한 길』A Simple Path 서문에서 프란치스코와 테레사를 대비했다. 이 세상에 영적 안내자가 급히 필요할 때, 이따금 그런 영적 지도자가 등장한다. 이들은 영적으로 막강한 힘이 있었고, 가르침도 혁명적이었다. 부자의 상속 아들이었던 프란치스코는 부르심에 따라 그 부를 포기하고 탁발(구걸)하는 삶을 살았다. 그리고 자신과 같은 가난한 자들을 위해 헌신했다. 자신의 이름을 딴 수도회도 설립했고, 그 수도회는 전 세계에서 가장 큰 수도회 중 하나가 되었다. 그러나 가르침은 급진적이었지만, 그는 제도권 교회를 떠나지 않았다. 테레사도 마찬가지다. 가난과 탁발과 단순함에 대한 테레사의 가르침과 삶은 급진적이지만, 가부장제 근본주의 위에 세워진 교회에 절대복종(순명)한다는 점에서는 극히 보수적이다.[21] 둘은 모두 죽은 후에 성인으로 시성되었다는 점에서도 닮았다. 국제마더테레사협력자회 정관에서도 이 연관성은 분명하다. 모든 협력자회 회원은 다음 기도문을 매일 암송하기로 서약하는데, 이 기도문은 성 프란치스코의 '평화의 기도' 앞에 사랑의선교회가 만든 한 단락을 덧붙인 것이다.

> 주여, 저희가 전 세계에서 가난하고 굶주리게 살다가 죽어 가는
> 우리 형제자매들을 섬기게 해주소서. 우리의 손을 통해 오늘
> 그들에게 일용할 양식을 주게 하옵시고, 우리의 이해심 많은
> 사랑으로 그들에게 평화와 기쁨을 주게 하옵소서.
> 주여, 나를 평화의 도구로 써주소서. 미움이 있는 곳에 사랑을,
> 상처가 있는 곳에 용서를, 분열이 있는 곳에 일치를, 의혹이 있는
> 곳에 믿음을, 오류가 있는 곳에 진리를, 절망이 있는 곳에 희망을,
> 어둠이 있는 곳에 광명을, 슬픔이 있는 곳에 기쁨을 가져오는 자
> 되게 하소서.
> 주여, 위로받기보다는 위로하며, 이해받기보다는 이해하며,
> 사랑받기보다는 사랑하게 하여 주소서.
> 우리는 줌으로써 받고, 용서함으로써 용서받으며, 자기를 버리고
> 죽음으로써 영생을 얻기 때문입니다. 아멘.[22]

마더 테레사의 사역은 1960년대 초부터 세계에 알려지기 시작했다. 이때 이후 한 해에 20개 이상 받는 일이 잦을 정도로 상이 많아졌다. 사랑의선교회에서 수상 목록을 작성하는 일을 아예 포기할 정도였다. 그러나 몇 가지는 언급할 만하다. 마더 테레사의 업적을 가장 먼저 기린 나라는 그가 사역한 바로 그 나라였다. 1962년 1월 26일 인도공화국 기념일에 인도 대통령은 테레사에게 '파트라슈리상'을 수여했다. 인도인이 아닌 이로서는 테레사가 이 상의 첫 수상자였다. 몇 달 후에는 '막사이사이상'을 받았는데, 필리핀 대통령 라몬 막사이사이를 기리는 상으로, '아시아의 노벨상'이라는 별칭이 있는 상이었다. 같은 해에 이 상의 민주주의 분야에서 한국의 반독재 언론인 장준하가 상을 받았는데, 테레사는 인권 분야 수상자였다.

1960년대에 이미 아시아 지역에서 명성을 얻은 마더 테레사가 전 세계 봉사와 희생의 아이콘으로 널리 알려지게 된 계기는 영국 언론인 맬컴 머거리지와의 만남이었다. 마더 테레사를 만난 1968년 당시 영국에서 가장 냉소적인 언론인 중 하나이자 신앙에서는 불가지론자였던 머거리지는 테레사와 인터뷰를 하고, 그 사역을 참관하고, 다큐멘터리 영화(1969)를 만드는 과정을 겪으면서 사실상 기존 신앙관이 크게 흔들리는 경험을 했다. 테레사와 만난 인상과 인터뷰, 다큐멘터리를 글로 정리해서 1971년에 출간한 『마더 테레사의 하느님께 아름다운 일』*Something Beautiful for God*에는 여전히 자신이 신자가 아니며, 부패와 추문으로 가득한 가톨릭교회를 지지할 수 없다는 발언이 나온다.[23] 그러나 가톨릭 신앙과 교회에 대한 이런 태도와는 달리, 마더 테레사를 바라보는 시선은 거의 하늘에서 내려온 성녀를 대하는 태도와 흡사하다.[24] 이런 태도는 그의 방송 인터뷰,

다큐멘터리, 책에 그대로 반영되어, 결국 마더 테레사를 서양 세계 전역에 널리 알리는 데 크게 기여했다.

머거리지에 의해 '발굴'된 1968년 이후에는 서양 세계가 거의 모든 주요 상을 테레사에게 수여했다. 1971년에는 '교황요한23세평화상'을 교황 바오로 6세에게서 받았고, 보스턴에 본부가 있는 전미 가톨릭발전회의의 '선한사마리아인상'도 받았다. 같은 해에 조지프케네디2세재단이 주는 상도 받았다. 이듬해에는 뉴델리에서 '네루상'을 받았다. 1973년에는 영국 여왕의 남편 필립 공이 '템플턴상'을 수여했는데, '종교계의 노벨상'이라 불리는 권위 있는 상의 첫 수상자였다. 1975년에는 '알베르트슈바이처국제상'의 첫 수상자가 되었고, 1976년에는 미국 아이오와주 오키프 주교로부터 '지상의평화상'과 마틴 루터 킹도 받은 바 있는 '가톨릭이인종간협의회상'을 받았다. 1979년 3월에는 로마국립아카데미가 주는 '발잔상'을 받았다. 이런 수상 행렬의 최정점에는 그해 12월에 받은 '노벨평화상'이 있었다. 물론 이후에도 목록을 다 언급하기 힘들 정도로 많은 상을 받은 테레사는 '세계에서 상을 가장 많이 받은 사람'으로 이름을 올릴 수 있을 것이다. 이런 상에는 모두 상당한 포상금이 있었다. 예측할 수 있듯이, 테레사는 이때 받은 모든 상금을 사랑의선교회 및 다른 기관의 구제 사역에 사용했다.[25]

살아생전 가난한 이들 안에서in, 그들과 함께with, 그들을 위해서for, 그들처럼like 살던 마더 테레사는 1997년 9월 5일에 향년 87세로 세상을 떠났다. 1983년(73세)에 로마 방문 중 병원에 입원하면서 심장병이 있다는 사실을 확인한 그는, 79세에 바티칸에 편지를 보내 자신의 선교회 총장직 사임과 후임자 선출을 요청했다. 사실

1973년(63세)과 1979년(69세)에도 같은 요청을 한 적이 있었으나, 투표 결과 마더 테레사가 총장직을 계속 유지할 수밖에 없었다. 그러나 1997년에는 건강이 더 악화되었다. 따라서 그해 3월에 처음으로 테레사가 아닌 다른 인물, 즉 1934년생이자 테레사의 제자인 마리아 니르말라 수녀가 총장이 되었다.

생전에도 거의 성자 같은 삶을 살았던 테레사는 사망한 지 6년밖에 지나지 않은 2003년에 복자the Blessed로, 19년밖에 지나지 않은 2016년 9월 4일에는 성인saint으로 시성되었다. 가톨릭 역사에서 대체로 시성에 사후 오랜 시간, 심지어는 수 세기가 걸리는 현상을 고려할 때, 마더 테레사의 이른 시성은 특별한 경우였다. 성인으로 시성되는 데에는 두 건 이상의 기적이 필요하므로, 신유에 대한 증언이 필수였다. 2002년 인도 여인 모니카 베스라의 위종양 치유, 2008년 브라질 남성 마르실류 안드리뉴의 뇌종양 치유가 보고되면서, 테레사는 성인이 될 자격을 갖추었다.[26]

우상 파괴

테레사 수녀의 생애 여정을 들으면, 그는 한 점 흠 없는 성인이나 딴 세상의 거룩한 존재처럼 느껴진다. 실제로 마더 테레사를 만난 이들은 그 만남에서 그런 유사 경험을 하기도 했다. 그러나 테레사와 그의 사역에 대한 비판은 그가 세상에 알려지기 시작한 이후부터 지속적으로 제기되었다. 대표적인 비판은 다음과 같다.

첫째, 한 나라 혹은 도시의 빈곤 문제를 근본적으로 해결하려면 단순히 최소한의 식량과 의약품을 나눠 주는 데 그쳐서는 안 된다. 정부 및 전문 기관이 나서 체계적인 복지와 교육, 재활, 개량 및 정책 구성 등을 진행해야 한다. 그런데 테레사와 사랑의선교회 사역이 실제 효과보다 부풀려져, 오히려 실제 나서야 할 정부가 현실에 안주하며 뒷짐만 지고 있다.[27] 둘째, 테레사와 사랑의선교회가 엄청난 후원을 받음에도, 의료 활동이 너무 아마추어 수준에 머물고 있어서, 실제 예방이나 치료, 재활에 도움을 주지 못한다. 오히려 신앙의 이름으로 자포자기하며, 고통과 죽음을 그냥 수용하게 만들고 있다. 셋째, 테레사와 선교회는 도시 빈곤 문제의 가장 큰 원인 중 하나인 과도한 출산율이나 환경오염에 대해 전혀 관심이 없거나, 전문적인 해결책에 역행하는 입장을 취한다. 즉 낙태, 산아제한, 피임 등에 무조건 반대만 하는 가톨릭 근본주의가 문제를 악화시킨다.[28]

이런 비판은 흔하고 오래되었지만, 빈곤·생명·신앙·고통·죽음을 근본적으로 다른 방식으로 바라보는 테레사에게는 큰 문제가 아니었다. 테레사는 이런 비판들은 주로 인간과 세상을 '목적'으로 보는 관점에서 나오는 해결책이지만, 그리스도와 그분의 사랑은 항상 한 개인으로서의 '사람'을 향한다고 응수한다. 자신들은 그저 그리스도의 명령에 순종할 따름이라고.

이런 일반적인 비판을 강력하고 날카로운 예봉으로 만들어, 테레사를 "근본주의적 종교인, 정치 공작자, 원시적 설교가이자 세속 권력의 공범자"[29]로 그려 낸 인물이 바로 크리스토퍼 히친스 Christopher Hitchens였다. 영국 출신의 진보적 저널리스트로 활동하다 미국으로 무대를 옮긴 후에 21세기 새로운 무신론New Atheism운동의 대표 주자 중 하나로 활발히 활동한 인물이었다. 1994년에 그는 영국 방송국 채널포Channel4에서 방영된 「지옥의 천사」Hell's Angel를 만들어 테레사를 비판했다. 이어서 위트와 빈정이 뒤섞인 『자비를 팔다』 The Missionary Position(1995)[30]라는 제목의 책에서는 위에서 언급한 내용에 몇 일화를 더하여 테레사를 더 가혹하게 비판하고 조롱했다. 몇 가지 사례를 들면 다음과 같다.

첫째, 부패하거나 사적 목적이 있는 정치인, 경제인, 고위 지도자 등과 거리낌 없이 만나 사진을 찍고 후원금을 받는다. 예컨대 아이티의 독재자 장 클로드 뒤발리에를 선전하는 기관지에 그의 아내와 함께 경건하게 연출된 사진을 싣고 거액의 후원금을 받았다. 마더 테레사가 이런 식으로 만나서 사진을 찍고 후원금을 받아 낸 부패한 인물들의 명단은 아주 길다.[31] 둘째, 유난히 시성 절차를 좋아하는 요한 바오로 2세 때문에 너무 쉽게 복자와 성인이 된다.[32] 또한 성인으로 공식 시성되기도 전에 가톨릭 신자가 아닌 이들도 너무 쉽게 테레사를 성인으로 숭배한다.[33] 셋째, 마더 테레사의 가난 이론은 굴종과 감사 이론이고, 신이 정한 세속 권세에 굴복하라는 사도 바울의 권력 이론에서 파생한 것이다. 넷째, 마더 테레사는 단호하고 정치적인 교황 체제가 파견한 사절로, 그녀의 세계 순회는 순례자의 여정이 아니라 권력의 필요에 부응하는 일종의 캠페인이다.[34]

결국 논지의 핵심은 테레사는 믿음을 이용해서 사람들을 속여 먹는 사기꾼이라는 것이다. 환상은 만들어졌고, 계속 만들어지고 있다. 테레사의 선교사 자세missionary position는 청중을 속이고 꼬드기는 것이다. 그러나 "심지어 스스로 사기꾼이자 영악한 눈속임쟁이라고 밝히면서도 청중을 꼬드길 수 있다. 라틴어 속담에도 있지 않은가. 사람들은 속기를 바라니, 속여 먹으라"[35]라고 빈정대기도 했다. "모든 종교는 그 자체로 악이다", 또는 "사기다"는 식의 막무가내 비판만 걸러 낸다면, 마더 테레사에 대한 다른 비판자들의 견해와 크게 다르지 않은 '히친스의 자세'는 모든 기독교인이 한 번쯤 귀 기울여 볼 만하다. 폐쇄적 진영주의, 문자주의, 절대 복종(순명)주의, 근본주의적 권위주의가 만들어 낸 폐해가 얼마나 큰지는 오늘날 한국 및 세계의 정치 사회와 교계 전반에서(개신교든 천주교든) 확인된다. 이 점에서, 비둘기 같은 순결을 강조한 마더 테레사의 정신과 더불어, 뱀같이 지혜로운 정신도 신학, 신앙, 실천, 교회 그리고 삶 전반에 뿌리내리고 자라나야 한다.

　충분히 가능한 여러 비판에도, 결국 마더 테레사가 걸은 길은 이것저것 따지지 않은 '단순한 길'이었다. 땅에 발을 디뎠으나 땅에 속하지는 않은 존재, 하늘에 속하였으나 하늘만 바라보고 있지는 않은 존재. 마더 테레사는 언젠가 다음과 같은 말을 한 적이 있었다. 아마도 이것이 테레사의 다중 정체성, 한편으로 이 땅의 모든 기독교인에게 개별 적용이 가능한 발언이 아닐까.

　　혈통으로 말하자면 나는 순전한 알바니아 사람입니다. 국적은
　　인도고요. 신분은 가톨릭 수녀입니다. 소명에 관해 말하자면, 나는
　　전 세계에 속해 있습니다. 마음에 관해 말하자면, 나는 온전히
　　예수님의 마음에 속해 있습니다.[36]

12. 페스토 키벵게레

아프리카에는 역사상 최초의 교회들이 있었다. 오순절 성령강림 사건으로 사도들이 복음을 전했을 때, 아시아와 유럽, 아프리카에 흩어져 살다가 예루살렘에 모여든 디아스포라 공동체 출신 유대인들이 이 복음에 반응했다. 이들 중에는 "애굽과 구레네에 가까운 리비아 여러 지방"(행 2:10)에서 온 이들도 있었다. 초기 문헌들에 의하면, 오늘날의 이집트와 리비아, 튀니지를 포함한 북아프리카 전역과 에티오피아 지역에 교회가 세워졌다.

그러나 이렇게 유구한 역사에도, 아프리카 교회는 오랫동안 기독교 세계의 외면을 받았다. 7세기 이전까지는 키프리아누스, 테르툴리아누스, 아우구스티누스 같은 라틴어권 교부, 클레멘스, 오리게네스, 아타나시우스 같은 그리스어권 교부들을 배출하고, 유명한 수도자들을 낳은, 고대 교회에서 제일가는 교리와 신학과 실천의 수원지였다. 그러나 7세기 초 이슬람 등장 후 100년도 채 지나지 않아 한때 기독교 지역이었던 북아프리카 전역이 이슬람화되었다. 고립된 이집트의 콥트 교회와 에티오피아 교회만 남았을 뿐이었다. 16세기 이후 가톨릭과 18세기 이후 개신교가 열정적인 해외 선교에 투신할 때에도, 아프리카는 우선순위가 아니었다.

19세기 선교가 시작된 후, 아프리카 기독교는 빠른 속도로 이전의 위대한 유산을 회복했다. 21세기에 들어서서 '기독교 무게중심의 남반구 이동'이라는 명제가 실현되기 시작한 이래, 오늘날 사하라 이남 아프리카는 인구 대비 기독교인의 비율에서도, 지역 교회의 열정과 헌신도에서도 다른 어떤 지역보다 훨씬 기독교적이다.

아프리카 기독교의 또 하나의 독특성은 아프리카 교회의 주체적 특징이다. 고대교회와 단절된 후 근대 서양 교회에 의한 해외선교운동의 하반기에야 기독교를 접했음에도, 성장 속도에서 두드러졌다. 그뿐 아니라, 주체성과 주도권, 독립성 면에서도 아프리카 기독교는 특별하다. 오늘날 AIC라는 용어로 지칭되는 아프리카가 시작한 교회, 아프리카의 독립된 교회, 아프리카가 주도한 교회, 아프리카 토착 교회들African Initiated/Independent/Indigenous/Instituted Churches은 선교사가 아니라 아프리카인이 주도하는 교회를 지칭한다. 이 교회들도 선교사들이 전래한 성공회, 장로회, 침례회, 감리회, 가톨릭, 오순절 등의 서양 교회 전통에서 많은 영향을 받았다. 그러나 아프리카 현지인의 주도하에 아주 두드러진 아프리카적 특징을 유지한다. 교파와 조직이 워낙 다양해서 정확한 통계를 내기는 힘들지만, 1980년대 초에 이미 모든 아프리카 기독교인의 15퍼센트가량이 이 유형의 교회에 속했고, 지금은 최소 30퍼센트 이상이 이 아프리카 토착 교회 소속이다. 또한 여전히 소속은 전통적인 서양 교파 교회에 있다 하더라도, 이들의 예배 및 믿음, 실천의 유형은 그 교파의 전

형이라기보다는 아프리카적인 경우가 많다.[1]

그렇다고 해서 아프리카 기독교인 다수가 오랜 공교회 전통과 역사, 유산을 무시하고, 아프리카 문화에 과도하게 토착화하려고 시도하는 비정통의 유사pseudo 기독교인인 것은 아니다. 오히려 아프리카 기독교인은 다른 어떤 대륙 기독교인보다 보수적이다. 역사적 기독교가 지켜 온 교리와 신앙고백 대부분을 의심 없이 믿고 따른다. 신앙에 대한 감정적, 실천적 반응과 헌신에서도 이들은 다른 어떤 지역 신자들보다 뜨겁다.

근현대 아프리카 기독교인 중에는 이른 시기부터 세계기독교 무대에서 두각을 드러낸 이들이 있었다. 1864년이라는 이른 시기에 아프리카인으로서는 최초로 성공회 주교로 서임받은 인물이자, 선교사, 번역가, 저술가, 행정가로 활약하면서 아프리카인의 긍지와 재능을 전 세계에 확신시킨 나이지리아인 새뮤얼 아자이 크라우더[2]가 대표적이다. 20세기에 오면 전도자, 주교, 부흥사, 학자, 지역 교회 목사로서 세계적인 명성을 떨친 인물이 수없이 많다. 이들이 이런 명성을 얻게 된 원인은 무엇보다도 그들 개인이 가진 재능이었다. 동시에 영국 식민지 지역에서 성장하고 활동하면서 영국과 미국 등 중심부 영어권 네트워크를 바탕으로 세계 무대에서 활약할 길이 열린 탓도 있다.

이들 20세기 아프리카 기독교의 주요 인물 중 세계 무대에서 가장 두드러진 명성을 남긴 인물로 우간다인 페스토 키벵게레Festo Kivengere, 1919-1988가 있다. 키벵게레는 탁월한 개인의 재능 위에, 영어권 기독교 세계 네트워크가 제공한 기회를 함께 활용한 인물이었다. 그러나 단지 큰 무대에서 유명해진 인물이라고 해서 한 대륙의

한 세기를 대표하는 인물로 칭송할 수는 없다. 그는 20세기 아프리카 종교와 정치를 각각 대표하는 두 요소인 부흥과 독재를 모두 경험했다. 20세기 중반기 세계 최대의 부흥인 동아프리카 부흥을 통해 회심하며 자신의 기독교적 정체성을 형성했고, 최악의 독재자 이디 아민 체제하에서는, 그리스도가 그랬듯 저항하며 동시에 용서하는 기독교인의 양심을 보여주었다.

동아프리카 부흥

동아프리카 부흥은 1920년대 말과 1930년대에 동아프리카 지역의 개신교 교회에서 일어나, 오늘날까지도 그 여파를 감지할 수 있는 대규모 부흥이었다. 이 부흥에는 두 가지 기원이 있다고 알려져 있다. 하나는 당시 우간다 성공회 교회의 영적 침체 상태에서 비롯되었다. 우간다의 한 지방인 부간다의 추장 가문 출신 시메오니 은시밤비Simeoni Nsibambi가 이 무력한 교회의 실상을 비판하며 동아프리카 부흥의 첫 불을 지핀 인물이다.

동아프리카 부흥의 또 하나의 기원은 성공회 교회선교회CMS 활동 구역 중 서남부 우간다 지역을 담당한 지부격에 해당하는 루안다선교회Ruanda Mission의 선교 활동이다. 이 선교회는 우간다 서남부, 그리고 당시 벨기에가 통치한 르완다와 부룬디 지역에서 주로 활동했다. 루안다선교회는 영국 케직사경회의 영향을 받은 복음주의 성결운동에 깊이 헌신한 선교 단체였기에 영적 갱신과 성화, 부흥에 관심이 컸다. 교회선교회의 의료 선교사 조 처치Joe Church가 이 단체가 주도한 부흥을 이끈 대표자였다. 우간다인 은시밤비와 잉글랜드인 처치의 협력으로 1930년대 초에 르완다 동부 가히니에서 첫 부흥이 일어난 후, 1930년대까지 르완다, 브룬디, 우간다 전역으로 퍼져 갔다. 1940년대부터는 케냐와 탄자니아, 수단도 부흥의 영향권 안에 들었다. 이 부흥이 처음 일어나서 퍼진 지역인 가히니 지역의 언어인 루간다어 단어 '발로콜레'Balokole가 이때부터 이 부흥을 지칭하는 다른 이름이 되었다. 발로콜레는 루간다어로 구원받은 사람the Saved People을 뜻했다. 죄 고백과 회개, 회심, 그리스도의 십자가에 대한 전적인 믿음과 헌신, 성령 세례, 성화와 성장을 강조하는 발로콜레 부흥은 17세기 경건주의 이래로 모든 부흥운동이 전형적으로 강조해 온 요소(죄·회개·회심·십자가)에, 케직운동 등 19세기 성결운동의 성화 사상이 가미된 부흥이었다.[3]

　　1944년부터 1970년대 후반까지 동아프리카 부흥은 선교사 및 아프리카인 지도자들이 유럽 및 북미 순회 여행을 하면서 아프리카 바깥으로도 널리 알려졌다. 심지어 서양 세계를 넘어 브라질부터 아시아의 인도와 극동에 이르기까지 여러 지역 교회에 영향을 끼쳤다. 선교사 조 처지와 로렌스 바럼, 그리고 현지인 지도자 윌리엄 나겐다와 페스토 키벵게레가 유명했다. 동아프리카 부흥의 십자가 영성 확산에는 책자와 정기간행물도 크게 기여했다. 특히 영국 작가 로이 헤손과 레블 헤손이 쓴 『갈보리 길』*The Calvary Road*(1950)[4]과 노먼 그립의 『끊임없는 부흥』*Continuous Revival*(1952), 두 소책자는 오늘날까지도 널리 읽히는 고전이 되었다.[5]

　　활동기에 키벵게레는 동아프리카 부흥의 전파자였지만, 그 자신이 이 부흥의 여파로 회심한 수혜자이기도 했다. 페스토 키벵게레는 1919년에 우간다 서남부의 반¥유목 시골 마을인 루쿵기리의 비기독교 가정에서 태어났다. 페스토는 어린 시절을 주로 소를 돌보며 보냈다. 그러나 소를 지키면서 예수의 생애를 다룬 어린이책을 읽을 기회가 있었는데, 이것이 그가 처음으로 기독교를 접한 계기였다. 열 살이 되어서는 마을에 세워진 미션스쿨에 다녔고, 중고등학교 교육을 받은 후에는 교사가 되어 고향으로 돌아갔다. 재직한 학교가 기독교 학교였기 때문에, 그는 의무적으로 교회에 출석해야 했다. 그러나 불가지론자였던 19세의 키벵게레는 기독교를 받아들일 마음이 없었다. 오히려 삶에 대한 좌절감으로 거의 자살 직전이었기에 교회에도 출석하지 않고 있었다. 그러나 동아프리카 부흥의 발원지에서, 여전히 뜨거운 불길이 타오르던 시기에 살았던 그가 이 여파를 피하기는 힘들었다.

어느 날 술자리에 참석했다가 비틀거리며 자전거를 몰고 귀가하던 길에 그는 한 친구를 만났다. 그 친구는 자신이 개인적으로 예수를 만났고, 죄 사함을 받았다는 사실을 생생하고 기쁨에 찬 얼굴로 고백했다. 친구와는 완전히 다른 자기 상태에 절망한 그는 집으로 돌아온 후 깊은 영적 고뇌와 기도 속에서 결국 개인적으로 그리스도를 만나고 회심을 경험했다.[6] 키벵게레는 이때의 경험을 성공회 주교 자격으로 1974년에 참가한 로잔 대회에서 부흥사다운 언변으로 흥미진진하게 간증했다. 이 간증에 담긴 고백이 동아프리카 부흥에 참여한 이들이 공유한 전형적인 경험이자 표준이었다.

나는 예수 그리스도 안에 있는 하나님의 사랑에 내 불쌍한 인생을 끄집어내서 노출시켰습니다. 나는 고통 속에서 말했습니다.

나는 예수를 갈보리로 이끈 그 사랑과 그분의 놀라운 은혜에 내 텅 빈 상태를 맡겼습니다. 어떻게 그분이 그 대적의 마음으로 들어오셨는지 나는 모르겠습니다. 그분은 혼돈을 두려워하지 않으셨습니다. 그분은 현실적으로 들어오셨습니다. 그분이 말씀하시자 나는 이해했습니다. 그분이 내 상처를 만지셨습니다. 그분이 내 짐을 벗겨 내셨습니다. 그분이 내 죄를 용서하셨습니다. 그분이 나를 해방시키셨습니다. 나는 무릎을 펴고 일어났습니다. 달리고, 껑충껑충 뛰고, 흥분했습니다! 모든 아프리카 분들에게 이 얘길 하고 싶네요. 저는 성공회 주교이고, 성공회 주교는 늘 흥분하지 않습니다. 우리(성공회 주교)는 스위스 사람들만큼이나 진중합니다. 그러나 그분이 나를 만나 주신 후, 저는 흥분했습니다.[7]

죄에 대한 인식, 십자가에 달린 그리스도와의 만남, 고백과 회심, 해방감, 절망을 벗어난 환희는 동아프리카 발로콜레 부흥의 공통 요소였다. 이전 시기의 다른 부흥 및 대각성의 특징도 마찬가지였다. 회심 직후 키벵게레는 오랫동안 그가 미워했던 불신자 아프리카인을 찾아가 용서를 구하고 화해했다. 이어서 그가 수년간 증오해 왔던 잉글랜드인을 만나기 위해 50마일을 찾아가 용서를 구하고 친구가 되었다. 회심 이후의 상호 죄 고백과 용서, 화해 역시 동아프리카 부흥이 양산한 공통의 유산이었다. 이후 교사로 계속 활동하다가, 40대 중반에 잉글랜드에서 신학 공부를 하고 목회자가 된 그는 일평생 전 세계를 다니며 설교와 연설, 활동을 통해 이 회심 경험을 공유한 동아프리카 부흥의 대변자 중 하나가 되었다.

아프리카의 빌리 그레이엄

페스토 키벵게레는 '아프리카의 빌리 그레이엄'이라는 별명으로 세계에 널리 알려졌다. 오늘날에는 아프리카나 아시아 등 '대다수 세계'Majority World('비서양'이라는 이름에 담긴 서양 중심주의를 불식하기 위해 사용되는 용어)에서 유력한 활동을 한 인사를 서양 유명인 이름을 빌려 지칭하는 관습이 비판을 많이 받는다. 그러나 키벵게레는 재능 면에서 빌리 그레이엄만큼 탁월한 데다, 그와 유사한 활동을 한 인물이기도 했다. 한편 그레이엄이 가진 세계적인 네트워크를 기반으로 세계적 명사로 올라서는 데 도움을 얻기도 했다. 따라서 '아프리카의 빌리 그레이엄'이라는 별명은 그의 생애와 사역의 범위와 특징을 이해하는 데 도움이 된다.

키벵게레는 잉글랜드에서 신학을 공부하고, 미국에서 부제가 된 후, 우간다에서 48세 되던 1967년에 성공회 사제로 안수를 받았다. 동아프리카 부흥이 처음부터 영국계 선교사들 주도하에 진행되었기에, 교사이자 연설가로서 재능이 뛰어났던 그는 복음주의 국제 네트워크의 일원으로 이른 시기부터 활약할 기회를 얻었다. 키벵게레가 국제무대에서 활약한 시발점은 1959년으로, 회심 후에도 목회에 뛰어들지 않고 계속해서 고등학교 교사로 재직하던 시기였다. 호주교회선교회ACMS는 그해에 동아프리카인 두 사람을 초청해서 동아프리카 부흥의 유산을 자신들에게도 나누어 달라고 요청했다. 당시 초청받은 두 사람은 중부 탕가니카(오늘날 탄자니아의 일부) 성공회 교구의 부주교였던 요하나 오마리와 당시 도도마 소재 얼라이언스고등학교 교사였던 무명의 우간다인 페스토 키벵게레였다. 키벵게레는 호주에서 한 달가량 머물면서 북부 특별지구에서 호주 원주민Aborigine을 대상으로 사역했다. 이 사역을 통해 그는 원주민 교회의 부흥을 자극했을 뿐만 아니라, 아프리카에서와 마찬가지로, 원주민들이 부흥 신앙을 자신들의 틀에 맞게 토착화할 수 있게 도왔다.[8]

영어권 주류 세계에서 동아프리카 부흥의 대변자 중 하나로 알려지면서, 키벵게레의 사역은 빌리 그레이엄과의 동역으로 이어졌다. 성공회 사제로 안수받은 지 3년 후인 1970년부터 그는 아프리칸 엔터프라이즈African Enterprise 지도자로 활약하기 시작했다. 1961년에 남아프리카공화국의 백인 성공회 신자 마이클 캐서디Michael Cassidy가 스물한 살에 설립한 이 단체는 아프리카 전역의 도시를 중심으로 지역을 복음화하려는 목적으로 세워진 선교회였다. 빌리 그레이엄 영향을 크게 받은 그는 케임브리지대학을 졸업한 후 미국 풀러신학교에서 신학을 공부하고 1963년에 졸업했다. 졸업 후 남아프리카에서 대규모 전도집회를 기획한 이후, 아프리카 전역으로 서서히 조직을 확장했다. 이 선교회의 두 번째 지부가 1971년에 우간다에 세워졌는데, 이 우간다 지부 책임자가 바로 키벵게레였다. 특히 키벵게레가 1972년에 우간다 서남부 키게지의 성공회 주교로 임명되면서, 이 선교회 위상도 높아졌다. 영향을 받으면서 목표와 지향성, 방법론과 성격이 비슷해졌기에, 빌리그레이엄전도협회BGEA와의 연대가 강화되었다. 1970년과 1978년에 키벵게레는 시드니와 멜버른에서 열릴 빌리그레이엄전도대회 준비위원으로 호주에 다시 방문했다가, 이번에는 호주 원주민 지도자 셋을 탄자니아로 데리고 갔다. 거기서 동아프리카 부흥의 현장과 유산을 목격하고 익힌 호주 원주민들은, 귀국 후 아프리카에서 배운 바를 자신들의 사역지에서 시

도했다. 이로써 1979년에 호주 원주민 구역에서 동아프리카 부흥과 비슷한 유형의 부흥이 일어났다.[9]

　동아프리카 부흥은 1942년 8월에 탕가니카에서 활동하던 미국 메노나이트선교회에도 영향을 끼쳤다. 2차대전 여파로 이곳에서 활동하던 선교사들은 펜실베이니아로 귀국할 수밖에 없었는데, 이들은 동아프리카 부흥의 영성을 미국 메노나이트 공동체에 선물했다. 당시 신학적 자유주의의 침투, 메노나이트식 율법주의, 전쟁 중 교단의 전통적이고 역사적인 반전 평화주의를 위반한 문제로 분열 위기에 처해 있던 미국 메노나이트 교단은 이 부흥으로 상당한 내적 회복을 경험했다. 전쟁 후 1954년에 다시 탄자니아로 돌아간 메노나이트 선교사 도널드 제이콥스와 그의 아내 애나 루스 제이콥스는 나중에 키벵게레의 가장 가까운 친구 중 하나가 되었다. 도널드 제이콥스는 1988년에 키벵게레가 사망한 후 열린 장례식에서 연설한 두 사람 중 하나였다. 키벵게레가 맡았던 아프리칸엔터프라이즈 이사장직을 계승하기도 했다. 이로써 주로 복음전도와 회심, 아프리카 기독교의 초교파, 초인종적 연합에 집중하던 이 단체가 아나뱁티스트 전통의 제자도, 평화주의, 사회정의 유산과 결합하는 계기가 마련되었다.[10]

　키벵게레가 국제적 저명인사였다는 사실은 1974년에 로잔에서 열린 복음주의자들의 대회에서 그가 아프리카를 대표하는 인물 중 하나로 활약한 것에서도 확인할 수 있다. 대회 기획위원장 빌리 그레이엄과 호주 성공회 보조주교 잭 데인은 로잔 대회가 유럽과 북미의 백인들만의 대회가 아니라, 전 세계 복음주의자 모두를 대변하는 대회여야 한다는 데 합의했다. 그래서 이들은 남아메리카, 아프리카, 아시아 지도자들도 기획위원회에 포함시켰다. 아프리카인으로는 두 사람이 참여했는데, 케냐 나이로비에서 침례교회를 담임하던 가나 사람 고트프리드 오세이-멘샤와 페스토 키벵게레였다.[11]

로잔 대회에서 키벵게레가 맡은 역할은 크게 두 가지였다. 하나는 아프리카 대표로서, 세 차례에 걸쳐 간증과 강연을 하는 것이었다. 그는 서로 다른 두 모임에서 신앙 간증을 하면서 동아프리카 부흥이 자신에게 준 구원 이야기를 편안하게 나누었다.[12] 강연에서는 동아프리카 부흥의 핵심인 십자가가 전도와 세계 복음화에서 어떤 위치를 차지하는지를 나누었다.[13] 또 하나의 역할은 동아프리카전략그룹에 참여하여 여러 주제를 논의하고 의견을 조율하는 것이었다. 로잔 대회 당시 가장 크게 이슈가 된 주제는 남아메리카 복음주의자들이 주장한 복음주의의 사회참여 문제와, 동아프리카 장로교 총무이자 케냐 사람인 존 가투의 '선교 모라토리엄' 주장이었다. 남아메리카 복음주의자들의 주장이 진지하게 받아들여진 결과, '새의 양 날개' 혹은 '칼의 양날' 비유로 흔히 알려진 복음전도와 사회참여의 동반 관계 문구가 등장했다.[14] 서양 선교사가 아프리카에 더는 필요 없다고 외친 가투의 선교 모라토리엄 선언도 대회에서 큰 논란이 되었다. 당시 동아프리카전략그룹에서는 가투의 주장을 놓고 격론 끝에 공식적으로는 "전체적 모라토리엄이라는 개념을 부인했지만, 외국 자본에 건강하지 못한 모습으로 의존하는 문제를 지적하고 특수 상황에서 고려할 수 있는 '모라토리엄 이면의 개념'이 필요하다고 선언했다."[15] 가투를 반대하는 아프리카 지도자들과 지지자들 사이에서 균형을 잡고 중재하는 자리에 키벵게레가 있었을 것이다.

화해

주교이자 전도자로 맹활약하던 키벵게레의 삶에도 사망의 음침한 골짜기가 있었다. 우간다는 1962년에 영국으로부터 독립하면서, 옛 왕 무테사 2세를 대통령으로 추대하고 밀턴 오보테를 총리로 임명했다. 그러나 식민지 상태에서 독립한 근대 아프리카 국가 대부분이 그랬듯, 과거 식민지 정부가 임의로 나눈 선을 따라 서로 다른 역사와 혈통, 언어, 종교를 가진 종족들이 한 국가로 편입되면서, 우간다에서도 독립 초기부터 끊임없는 내부 갈등이 이어졌다. 1966년, 총리였던 밀턴 오보테는 쿠데타로 무테사 2세를 축출하고 대통령이 되었다.

영국 식민지로 있다가 독립한 탓에 독립 이후에도 우간다에서 성공회의 영향력은 막강했다. 독립 이후 권력을 잡은 대통령 일곱 명 중 여섯 명이 성공회 교인이었다. 1971년부터 1979년까지 통치한 이디 아민만 무슬림이었다. 독립 이후 1980년대까지 지속된 독재정치에 대한 교회의 대응을 놓고 성공회 지도부는 날카롭게 분열되어 있었다. 키벵게레는 1972년에 성공회 키게지 주교로 임명되면서, 정치 문제에 연루되지 않을 수 없는 운명이 되었다.

1971년에 오보테를 축출하고 쿠데타로 정권을 잡은 군인 이디 아민은 권력 장악 직후에 오보테를 지지했거나 쿠데타에 반대한 학자, 언론인, 장교, 법관, 교사 등을 숙청하기 시작했다. 아시아인 5만 명을 추방했고, 장교 약 3,000명, 민간인 1만 명 이상을 살해했으며, 1976년에는 자신을 종신 대통령으로 선언했다. 그가 통치한 1979년까지 최소 10만 명에서 최대 30만 명에 이르는 우간다인이 끌려가 고문당하거나 살해당했다고 알려져 있다. 1978년에는 군 내부 소요를 무마한다는 명목으로 탄자니아 침공을 명령했으나, 반군이 탄자니아군과 연합하여 오히려 역으로 수도 캄팔라를 점령했다. 해외로 도주한 그는 2003년에 사망했는데, 그가 자행한 대학살 때문에 '아프리카의 검은 히틀러'라는 악명을 얻었다.[16]

　　이디 아민 통치기에는 교회 지도자들도 잔혹한 핍박을 받았다. 무슬림이었던 아민은 1977년부터 성공회에 적대적인 태도를 보이기 시작했다. 아프리카인으로서는 최초로 성공회 대주교 자리에 오른 에리카 사비티는 때로 독재자에 단호한 반대를 표하기도 했으나, 교회의 수장으로서 여러 정치적 입장을 내야 할 때 신중한 태도를 취할 수밖에 없었다. 그러나 그를 이어 1974년에 대주교가 된 자나니 루웜은 이디 아민의 폭정이 더 심해진 1977년에 대통령의 폭정과 살육을 비판하는 연설을 했다. 특히 그해에 성공회 지도부가 우간다 성공회 100주년 기념행사를 준비하자, 이디 아민과 정부는 해외 망명 우간다인들이 우간다를 침공하는 데 필요한 자금을 모아 제공하려 한다는 누명을 성공회 지도부에 씌웠다. 2월 16일에 대통령은 대주교와 그의 두 보좌사제들을 체포한 후, 캄팔라 시내에서 이들을 반역자로 몰아 굴욕적인 거리 행진을 시킨 후 결국 처형했다. 루웜의 처형 이후 다른 성공회 지도자들이 다음 표적이라는 소문이 돌았다. 1973년에 자기 교구 소속 세 사람이 살해당한 문제로 이디 아민을 만나 항의한 적이 있었던 키벵게레도 그중 하나였다. 여러 다른 지도자들과 마찬가지로, 키벵게레 가족은 야음을 틈타 이웃한 르완다 국경의 산악 지대를 건너 국외로 탈출했다.[17]

　　아민의 통치기에 해외에서 망명 생활을 했던 키벵게레는 아민이 축출된 후 우간다로 돌아갔다. 해외에서 그는 전도자인 동시에, 핍박받는 우간다 교회의 대변자로서 세계에 현실을 알리는 데 주력했다. 그러나 국외에서 망명 생활을 하던 와중에 키벵게레는 동아프리카 부흥의 주요 주제이자, 그가 회심 직후에 행동으로 옮겼던 용서와 화해에 대해 다시 깊이 고뇌했다. 그러던 중 1977년에『나는 이디 아민을 사랑한다』[18]라는 제목의 책을 발간했다. "원수를 사랑하라"(눅 6:27)와 "아버지 저들을 사하여 주옵소서. 자기들이 하는 것을 알지 못함이니이다"(눅 23:34)라는 그리스도의 말씀에 대한 고뇌에 찬 묵상에서 기원한 것이었다.

> 나는 아민 대통령과 그의 측근들에 대한 나의 태도를 정리해야
> 했다. 성령께서는 나에게 내 영이 점점 굳어지고 있으며 핍박하는
> 자들을 향한 나의 굳은 마음과 증오심이 영적인 손실을 가져온다고
> 보여주셨다. 이러한 상태는 하나님의 사랑과 교통할 수 있는 능력을
> 나로부터 앗아 갈 수도 있었다. 그런데 하나님의 사랑은 내 사역과
> 증거의 핵심이 아닌가. 그러므로 나는 주님께 아민 대통령을
> 용서하고 사랑할 수 있는 은혜를 더욱 풍성히 달라고 간구하지 않을
> 수 없었다.

> 진정한 평화란 오직 하나님의 은혜의 선물이며 언제나 마음이
> 그리스도의 사랑을 향할 때 찾아온다. 그러나 이 평화는 항상 어떤
> 대가를 요구한다. 그리스도의 사랑은 고난을 통해 드러나는 것이며
> 이런 사랑을 체험한 사람들마다 그 사랑은 어떤 대가를 치르지
> 않고서는 실천되지 않는다는 것을 안다.[19]

키벵게레는 귀국 후에도 새로 정권을 잡은 오보테 대통령이 인권 탄압을 자행할 때 이에 대담하게 맞섰다.

동아프리카 부흥의 대표적인 대변인 중 한 사람으로서, 그는 동아프리카 부흥 유산을 영국, 프랑스, 독일, 미국, 호주, 남태평양에까지 퍼뜨렸다.[20] 키벵게레는 1988년에 백혈병으로 사망했다. 『무한한 사랑』Love Unlimited은 키벵게레가 남긴 많은 책과 연설, 설교 중 한국어로 번역된 유일한 책이다.[21]

오순절

성령에 취하다

제3부에서는 20세기 초에 세계 무대에 등장한 이후, 약 100년이 지난 시점에서 가장 역동적인 기독교운동이 된 오순절운동의 대표 지도자 셋을 다룬다. 오순절운동은 사회 하층민들에게 삶의 소망, 성장과 안녕, 상승의 기회를 제공하여 사회변혁적 혁명을 이루어 낸 제2의 종교개혁으로 추앙받기도 하지만, 반대로 샤머니즘을 비롯한 토속 종교와 혼합하여 자본주의 권력자 및 불의한 재물 축적을 정당화하고 현상 유지를 옹호하는 우파 종교로 비판받기도 한다. 특히 오순절운동은 오늘날 세계기독교 지형에서 서양의 주도권을 제3세계로 가져온 가장 핵심적인 운동으로서 그 분포 지역과 조직, 신학, 문화가 광범위하고 산만하다. 그래서 연구하기에 까다로운 주제이기도 하다.

브라만 가문의 자녀로 태어나 순례자의 길을 걸으며 고행하다 탁월한 깨달음을 얻은 **라마바이**는 기독교인으로 극적인 회심을 경험한 후 무시받던 인도 여성들의 인권 개선에 투신하며 사회 변혁을 꿈꾸었다. 이어서 1900년대 초 연쇄적인 세계기독교 부흥 네트워크 속에서 라마바이의 묵티공동체는 오순절운동 세계화의 시발점이자 촉매가 되었다.

풀러신학교의 교회성장학자로 이름을 알리기 시작한 **피터 와그너**는 제3의 물결과 신사도개혁운동으로 이어지는 오순절운동의 변혁과 대중화, 세계화를 주도한 인물이다. 새로운 시대의 선지자와 사도로 추앙받기도 하지만, 계시의 종결성을 믿는 다수 기독교인에게는 의심의 대상이다. 개인의 체험에 우위를 두는 오순절운동의 특징을 잘 보여주며, 이것이 분파적 종교 집단 특유의 카리스마적 권위주의로 나타났다고 볼 수도 있다.

조용기는 단일교회로서는 역사상 최대인 여의도순복음교회의 설립자로서 한국 오순절운동을 대표한다. 동유럽과 남미, 아프리카 등 제3세계뿐 아니라 서양 각국에서 수많은 집회를 이끈 세계적인 부흥사이며, 성령세례, 방언, 신유와 3박자 축복, 번영신학, 4차원의 영적 세계를 강조했다. 한국 오순절운동의 성장이 개발도상국의 산업화 및 도시화, 중앙집권 정치, 이민, 전쟁, 가난, 토착 종교 등 당시 사회 현상과 어떤 관계가 있는지는 종교사회학과 신학, 역사학의 중요한 연구 주제이다.

위 1989년 인도 정부가 발행한 우표. 라마바이
얼굴 왼쪽에 그가 세운 샤라다사단이 보인다.

오른쪽 판디타 라마바이와 그의 딸. 1886년 처음
미국을 방문했을 때.

아래 묵티선교회 채플과 학교 건물.

위 판디타 라마바이. 1887년 사진.

아래 성경을 번역하고 있는 라마바이.

와그너는 여러 차례 자신의 정체성과 성향을 극적으로 전환했던 인물로,
오순절 운동 특유의 변칙성과 유동성을 대변하는 인사다.

위 2002년 9월 초에 여의도순복음교회에서 열린 21세기 신사도적 교회부흥 세미나에서 강연하는 와그너. 크리스천투데이, 허락받아 사용함.

아래 2002년 여의도순복음교회에서 조용기 목사와 악수하는 와그너. 크리스천투데이, 허락받아 사용함.

1959년 전도사 시절 신문지로 벽을 바른 대조동 천막교회에서 선교사 설교 통역하는 조용기.
여의도순복음교회, 허락받아 사용함.

1987년 아르헨티나 부흥성회 광고 포스터.
여의도순복음교회, 허락받아 사용함.

1976년 장차관급 새마을교육 훈련을 지도한 조용기 목사와 참석자들의 기념사진.
여의도순복음교회, 허락받아 사용함.

여의도순복음교회 1979년 10만 성도 돌파 기념예배 후의 신도들.
여의도순복음교회, 허락받아 사용함.

13. 판디타 라마바이

    인도 기독교의 기원은 사도 시대에까지 거슬러 올라간다. 열두 제자 중 하나인 사도 도마가 인도로 갔다는 전설 같은 이야기는 구전으로 오래도록 전승되었다. 그러나 이 전설 같은 이야기에 대한 역사적 증거는 사실상 다른 사도들이 브리튼(오늘날의 영국)이나 골(오늘날의 프랑스)에 도달했다는 증거보다 오히려 더 탄탄하다고 학자들은 증언한다. 도마가 인도에 갔다는 언급은 이미 유세비우스, 히에로니무스, 나지안주스의 그레고리우스, 암브로시우스 같은 초기 교부들의 증언에 일관되게 등장한다. 실제로 16세기에 유럽 탐험가들과 선교사들이 인도 남서부 말리바르 해안에 도착했을 때, 이들은 가톨릭 전통과는 다른 모습의 현지 기독교인들을 만났다. 이들 현지 기독교인은 도마에게 복음을 전수받았다고 자처했다. 또한 도마와 관련한 민요, 교회, 기적 문헌 등도 이미 상당히 존재했다. 사도 도마에서 이름이 유래한 '마르토마'Mar Thoma 기독교인은 인도 남서부를 중심으로 오늘날에도 상당한 세력을 과시한다.[1]

따라서 지난 세기까지 서양 선교사들이 자신들이 선교한 아시아, 아프리카, 중남미 지역의 교회를 가리켜 사용한 '어린 교회' younger churches라는 표현은 인도나 시리아, 아르메니아, 페르시아, 이라크, 에티오피아 등지의 교회에는 전혀 어울리지 않는다. 마르토마 교회 이외에도 이미 5세기라는 이른 시기에 시리아와 페르시아 지역의 네스토리우스파 기독교인이 인도로 이주하거나 선교사가 들어와 인도 안에서 독특한 기독교 전통을 형성했다. 16세기 가톨릭 최초의 해외 선교사 중 하나로 인정되는 프란치스코 하비에르가 선교한 첫 해외 지역도 인도의 고아였다. 개신교 최초 선교사들인 독일계 경건주의자 바르톨로매우스 치겐발크와 하인리히 플뤼차우가 1707년에 처음 선교한 지역도 인도 타밀 지방의 트랑케바르 Tranquebar, 오늘날의 타랑감바디였다. 1893년 이후 영미권 개신교 선교의 아버지가 된 윌리엄 캐리의 첫 선교지도 인도 벵골 지역의 세람포르였다. 서양 기독교인의 해외 선교 역사에서 처음은 거의 모두 인도의 몫이었다.

판디타 라마바이Pandita Ramabai, 1858-1922도 그 처음에 해당하는 유산을 만든 인물이다. 브라만 계급에 속한 데다 최고의 산스크리트 문헌 해석자로 명성을 날리던 여성이 19세기 후반에 기독교로 개종한 드문 사례를 만들었다. 개종한 후에는 거의 최초의 인도 여성해방운동가로 활약하면서, 전 세계 여성운동 지도자들의 모델이 되었다. 라마바이는 묵티선교회를 만들어 인도 여성 및 고아들의 대모가 되었는데, 이 선교회를 중심으로 성장한 공동체의 최고 지도자가 라마바이였고 서양 선교사가 그를 보조했다. 현지 기독교인이 상관이고 서양인 선교사가 보조인 이런 선교 현장은 20세기 중반 이전에는 세상 어느 곳에도 거의 존재하지 않았다. 또한 라마바이는 20세기 초 세계 곳곳에서 일어난 부흥의 원류 중 하나로, 평양대부흥에도 영향을 끼친 1905년 묵티부흥Mukti Revival의 주역이었다. 기독교인으로 개종한 후에도 라마바이는 서양 문화 자체가 기독교 신앙의 본질이 아님을 간파했다. 신앙적으로는 기독교인이지만 문화적으로는 여전히 인도인Hindu 정체성을 지켜 내며 이 둘을 조화하려 무던히 고민하고 애쓴 선교신학의 선구자이기도 했다.

판디타와 사라스바티

라마바이는 1858년에 브라만 계급 부모의 막내로 태어났다. 라마바이의 아버지는 19세기 중반 인도 남성과는 극히 다른 여성관을 지닌 학구적이고 개혁적인 인물로, 아내에게 고대 인도의 신성한 언어인 산스크리트어로 된 문헌과 경전 읽는 법을 가르쳐 주었다. 남편에게 산스크리트어를 배운 아내는 이를 딸에게도 전수했고, 이로써 인도 카스트제도 최상층 지식인 가문의 유산을 온 가족이 누릴 수 있었다.

라마바이는 어린 시절 인도의 가르나타카 지방의 강가물숲에서 자랐다. 그곳에서 라마바이의 아버지는 학교를 운영하며 쌀농사를 지었다. 딸이 자라자 신실한 브라만 계층에 속한 가족은 막내인 라마바이를 데리고 수시로 성지순례에 참여했다. 이들은 사람들이 준 돈에서 최소한의 생계 비용을 제외한 전부를 브라만 계급 성인들에게 나눠 주었다. 온 가족이 거대한 인도 대륙을 걸으면서 성지를 방문하고 경전을 암송하며 아무것도 없는 빈궁한 상태에서 신앙으로 고난을 이긴 당시의 경험은 이후 라마바이의 인생관과 세계관에 엄청난 영향을 끼쳤다.

정략으로 조혼하던 당시의 관습에 저항하고 어린 시절부터 딸을 아들과 차별 없이 교육한 부모 덕분에 라마바이는 신앙 의식뿐만 아니라 남다른 사회의식도 키울 수 있었다. 부모는 영국 통치기 마드라스 행정부 시절(1652-1947)에 불어닥친 대기근으로 1874년에 사망했다. 언니도 결혼한 후 콜레라로 1875년에 죽었다. 이제 남은 가족은 오빠 스리니바스 샤스트리와 라마바이 둘뿐이었다. 아직 10대였던 둘은 심한 굶주림을 겪으면서도 인도 순례를 지속했다.

라마바이는 이미 16세 무렵부터 여성 교육에 대한 강연을 시작했으며, 인도 지역어를 포함해 총 6개 언어를 구사하는 것으로 알려진 라마바이와 오빠에 대한 기사가 여러 신문에 나기도 했다. 이들은 이미 유명 인사였다. 1878년에 라마바이와 샤스트리는 인도 동부 끝 캘커타에 도착했다. 이때 대학에서 연구하는 학자들이 이들을 초청했다. 강연과 대화를 통해 라마바이의 범상치 않은 지성을 알게 된 이들은 그에게 '판디타'와 '사라스바티'Pandita and Sarasvati라는 호칭을 붙여 주었다. 판디타는 현인, 사라스바티는 학식의 여신이라는 뜻이었다. 이후 라마바이에게는 늘 '판디타'라는 별칭이 따라붙으며, 판디타 라마바이로 전 세계에 알려졌다.[2]

주로 신앙 구도자이자 사회 개혁자로 더 많이 활동하며 이름을 떨친 라마바이가 천재성을 발휘한 영역은 성경 번역이었다. 인생 마지막 20년이 시작되는 1900년 무렵부터 라마바이는 지역 언어인 마라티어Marathi로 된 성경을 번역하기 위한 준비 작업에 거의 전적으로 시간을 투자했다. 지역 평신도 선교사들이 마라티어 외에 다른 언어를 알지 못하는 현지 주민에게 복음을 전하는 데 도움을 주고자 시작한 이 성경 번역을 완료한 지 8개월이 지난 1922년 4월 2일에 라마바이는 사망했다. 결국 이 성경은 라마바이가 자기 민족에게 남겨 준 가장 큰 신앙 유산이었다. 라마바이는 그리스어와 히브리어 어원에 기초해서 마라티어 용어 사전을 편집하기도 했다.

순례자

사실상 태어난 직후부터 순례자 가족의 일원으로 구도자로서 살기 시작한 라마바이의 전 생애는 문자 그대로 순례의 삶이었다. 힌두교 순례자에서 기독교 구도자로, 기독교 구도자에서 회심한 신앙인으로, 이후에는 서양 전통에 속한 기독교인에서 인도의 얼굴을 가진 토착 기독교 신앙인이자 사회 개혁가로, 또한 형식적이고 전통적인 신앙인에서 갱신과 부흥을 경험하고 촉진하는 부흥운동가로, 라마바이의 삶은 구도와 순례의 연속체였다. 이미 살펴본 대로 라마바이의 부모는 신앙과 전통에 충실한 힌두교 브라만 계급 출신 가문답게 딸이 태어나서 걷기 시작한 직후부터 남은 모든 생애를 성지 순례에 투신했다. 이 때문에 라마바이 또한 거의 성년에 이르기까지 거대한 인도 대륙 전역을 순례하면서 힌두교 신앙의 깊이와 넓이를 최대치로 체험했다.

이런 라마바이가 기독교 신앙을 처음 접하게 된 것은 1880년에 하나 남은 혈육인 오빠마저 콜레라로 사망하기 직전인 캘커타 시절이었다. 기독교에 대한 첫인상은 별로 좋지 않았다.

> 의자, 소파, 탁자, 램프가 있었는데, 이 모두가 우리에게는 새로웠다.
> 인도 사람들이 잉글랜드인 남녀처럼 기괴하게 옷을 입고 있었다. …
> 이들은 잉글랜드 사람들과 함께 빵과 비스킷을 먹고 차를 마시면서,
> 다과를 들어 보라고 권하면서 우리를 경악케 했다. … 이들은
> 신에게 기도했지만 … 마치 자신들이 앞에 두고 무릎 꿇고 있는
> 의자에 경의를 표하는 것처럼 보였다. … 우리는 칼리 유가Kali Yuga,
> 즉 다툼, 어둠, 불신앙의 마지막 시대가 캘커타에서 통치 영역을
> 굳건히 구축했다고 생각했다."[3]

기독교 신앙의 내용을 아직 깊이 이해하지 못한 라마바이에게
는 기독교인이 된 인도인들이 이들에게 복음을 전한 서양인의 관습,
의복, 식사, 행동을 따르는 것, 즉 기독교와 서양 문명, 또는 기독교
인과 서양인을 동일시하는 전형적 행태가 낯설게 느껴졌음에 틀림
없다. 이런 의문은 훗날 라마바이가 기독교인이 된 후에도 토론과
논쟁 주제가 되었다. 이는 나중에 내면은 기독교이되 외면은 인도인
으로 사는 인도 토착 기독교를 주창하는 계기가 된다.

오빠가 캘커타에서 사망한 1880년에 판디타는 다른 계급에 속
한 남녀는 결혼할 수 없다는 카스트제의 규율을 깨고 오빠의 벵골인
친구이자 수드라(평민) 계급 출신의 비핀 베하리 다스 메드하비와
결혼했다. 이 부부는 동북부 아삼주 코차르 지방에 터전을 잡고 2년
동안 행복하게 살았지만, 남편도 곧 다른 이들과 마찬가지로 콜레라
로 세상을 떴다. 이 짧은 시기에 젊은 부부는 근교에서 사역하던 잉

글랜드 침례교 선교사 아이작 앨런을 만나 깊은 대화를 나누면서 기독교에 대한 인상을 개선해 나가기 시작했다. 특히 남편은 어린 시절 이미 선교사들이 세운 학교에 다니면서 오히려 기독교에 대한 반감을 갖고 신앙을 거부한 전력이 있었다.

남편이 죽고 난 후 라마바이는 어린 딸과 함께 다시 대륙을 가로질러 남서부로 이동하여, 출생지에서 가까운 푸네 지방에 정착했다. 도착 직후부터 힌두 사회에서 억압받던 여성의 해방을 위해 일하기 시작한 라마바이는 여기서 동정녀마리아공동체Community of Saint Mary the Virgin에 속한 성공회 수녀 선교사들과 브라만 계급 출신 인도인 사제 니허마이어 고레Nehemiah Goreh 신부와 접촉했다. 이 만남을 계기로 라마바이는 잉글랜드로 가서 의사가 되기 위해 공부하면서, 동시에 기독교에 대해 더 알아보기로 결심했다.

잉글랜드 생활은 라마바이에게 행복과 불행을 동시에 가져다주었다. 잉글랜드 원티지에서 성공회 수녀들에게 기독교 교리를 배우던 와중에 라마바이는 자발적으로 신앙을 고백했다. 이어서 1883년 9월 29일에는 딸 마노라마와 함께 세례를 받았다. 이는 구도자, 즉 도를 추구하던 판디타가 찾아 헤매던 바로 그 도를 발견한 행복이었다. 또한 그들의 대모이자 영적 가이드가 된 제럴딘 수녀와 일평생 대화 및 기도의 교제를 나눌 수 있었던 것도 큰 축복이었다. 그러나 불행도 있었다. 바라 마지않던 의학 공부는 청력 문제로 입학 자체가 거부되었다. 인도에서부터 동행했던 동료 아난디바이 바가트는 정신 질환에 시달리다 라마바이가 보는 앞에서 사망했다.[4]

제럴딘 수녀와 주고받은 편지에 따르면, 라마바이는 회심한 후에도 잉글랜드국교회(성공회)의 체계에 거부감이 있었다. 잉글랜드

문화가 신앙과 정체성을 대표하는 표징인 양 취급되는 것이 불편했던 것이다. 힌두교 카스트의 계급주의와 사제주의에 지쳐 있다 거기에서 막 해방되었는데, 그렇게 해방된 후 들어간 성공회에 권위적인 상하 계층주의 제도가 있었다는 점도 문제였을 수 있다. 기독교를 처음 만날 때부터 신앙의 알맹이와 껍질을 예민하게 구별할 수 있었던 라마바이의 구도求道는 이미 성취되었으면서도already, 아직 완성되지는 않았다not yet.

실제로 라마바이의 회심 여정은 몇 단계를 거쳤다. 아이작 앨런과의 대화 속에서 기독교 신앙을 탐구하기로 결심하고(1881), 영국에서 신앙을 고백하고 세례를 받은 후(1883), 미국을 들러 몇 차례 강연을 하고 나서 1889년에 인도로 돌아갔다. 인도 봄베이(뭄바이) 지역에서 그는 카스트 상류층 출신 과부들을 위한 학교와 생활 공동체 샤라다사단Sharada Sadan(배움의 집)을 설립했다. 본격적인 사회 개혁자로서의 경력의 시작이었다. 그러나 또다시 "나는 마침내 내 자아의 끝에 도착했으며, 자신을 구세주에게 무조건적으로 내어놓고, 그분께 내게 자비를 베풀어 달라고, 나의 의와 구속이 되어 주셔서, 내 죄를 모두 가져가 달라고 요청했다."[5] 이렇게 깊은 내면의 회심 및 이로 인한 확신을 경험한 라마바이에게 찾아온 또 한 차례의 깊은 구도적 순례 경험은 1905년에 있었다. 묵티부흥이라 불리는 사건이었다. 1889년에 설립된 배움의 집은 다음 해에 학생 40여 명과 함께 푸네로 옮겨 갔다가, 1896-1897년 마드야 프라데시 기근 이후 300여 명의 소녀를 구출하고, 이후 1900-1901년 구자라트 기근 이후 2,000여 명이 더해지면서 거대한 공동체가 되었다. 이 공동체는 마지막으로 푸네 근처 케드가온의 40만제곱미터 부지로 이전한다.

1898년 9월 24일부터는 자유라는 의미의 단어 '묵티'를 사용하여 명칭을 묵티선교회Mukti Mission로 바꾸었다.[6]

1905년 6월 9일부터 시작된 묵티부흥의 신앙 배경은 크게 두 가지인 것 같다. 우선 라마바이가 19세기 후반 이래의 성결운동에 영향을 받은 것이다. 영국에 있을 때 성공회에서 회심하고 세례를 받은 라마바이는 미국과 인도에서 부흥집회, 캠프집회, 개인적인 대화, 독서를 통해 존 드와이트 펜테코스트를 포함한 순회 전도자와 잉글랜드 케직운동을 통해 '예수를 믿는 믿음으로 얻는 성결'과 '승리하는 삶'이라는 교리를 배우고 수용했다. 1898년에 라마바이 협회 사업 진행 사항을 보고하려고 미국으로 돌아갔을 때는 뉴욕주 로체스터 근교의 성결운동 학교로 훗날 로버츠웨슬리파대학Roberts Wesleyan College으로 발전하게 되는 학교에 자기 딸과 젊은 인도인 과부들을 등록하게 했다. 성결과 갱신, 제2의 축복을 강조하는 이런 웨슬리파 성결 전통이 묵티부흥의 원천이었다.[7] 둘째는 같은 해 3월에 웨일스와 북동부 인도 카시아 및 자얀티아 고원 지대에서 부흥이 일어났다는 소문이었다. 한국의 원산 및 평양대부흥, 미국 로스앤젤레스 아주사스트리트 부흥이 웨일스와 인도 지역의 부흥 소식을 듣고 기도한 후에 일어났듯이, 묵티부흥 역시 이러한 연쇄적인 부흥 가운데 하나였다.[8]

그러나 20세기 부흥 역사에서 가장 중요한 사건 중 하나로 인정받는 이 부흥에는 구별되는 두 가지 단계가 있었다. 1905년 6월에 시작된 부흥이 1단계였고, 1907년 2월에 시작된 부흥이 2단계였다. 뜨거운 기도, 깊은 통회와 공개 죄 고백, 통성 기도와 찬양, 복음전도 등 부흥에 이어지는 현상은 둘 모두 공통적이었으나, 2단계에는 방언이라는 특이한 현상이 등장했다. 비록 주저하기는 했지만, 라마바이는 방언을 성령의 역사로 인정했다. 그를 돕던 미국 북감리회 출신 선교사 미니 에이브럼스는 더 적극적으로 이 현상을 지지하고, 이를 촉진하기 위해 노력했다.[9] 라마바이의 신앙 순례는 이 점에서 크게 보아 4단계, 즉 '힌두교 – 주류 개신교(성공회) – 복음주의 성결운동 – 오순절 부흥 신앙'이라는 진화 단계를 거쳤다고 판단할 수 있다.

개혁가

라마바이가 기독교로 회심하기 이전 힌두교 성지순례 기간이던 16살 때부터 이미 여성 교육을 주제로 강연했다는 사실은 이미 언급했다. 이는 당대 카스트제도의 여성 비하 사조에 반대해서 아내와 딸에게도 남성과 동일한 교육을 시킨 아버지 덕이었다. 판디타와 사라스바티라는 영광스런 칭호를 획득한 라마바이가 개혁을 말로만 떠들지 않고 실제 행동으로 옮긴 이른 시기의 중요한 사례는 사망한 오빠의 친구 비핀 베하리 다스 메드하비와의 결혼이었다. 오늘날까지도 카스트 내 서로 다른 계층과의 통혼이 사회적 금기로 남아 있는 인도 사회에서, 19세기 말에 브라만 여성이 평민 수드라 계층의 남성과 결혼한 것은 가히 혁명이었다.

인도에서부터 품고 있던 이런 기본 개혁성을 강화한 계기는 영국을 떠나 미국에서 보낸 1년간의 공부였다. 이 기간에 라마바이는 독일 교육자 프리드리히 프뢰벨의 교육 철학을 집중적으로 공부했고, 귀국한 후에는 프뢰벨의 저술을 번역해서 교재로 사용하여 자신의 학교 교과과정에 이 철학을 적용했다. 라마바이가 이해한 이 철학의 핵심 원리는 남녀 모두에 대한 존중, 의지의 자유 및 양심의 자유였다. 특히 미국에 있을 때 쓴 책 한 권이 이후 오래도록 유명세를 타는 베스트셀러가 되었는데, 라마바이가 미국 전역에서 했던 강연과 연설 모음집이었다. 『카스트 상류층 힌두 여성』*The High Caste Hindu Woman*(1888)이라는 제목으로 출간한 이 책에는 인도 여성이 일상에서 경험하던 차별과 학대가 적나라하게 묘사되어 있다. 몇 가지만 추리면 다음과 같다.

- 아버지와 이웃 사람 및 친구가 모여 아내가 출산 중인 아이를 기다리다가, 태어난 아기가 아들이면 함께 춤추며 기뻐하지만, 딸이면 아버지가 "아무것도 태어나지 않았다"고 알린다. 이때 친구들은 모두 침묵 속에 집으로 돌아간다.
- 여자 아기를 죽이는 것은 아버지의 책임으로, 소량의 아편으로 아이를 조용히 시킨 후, '목구멍에 손톱 집어넣기'로 알려진 기술을 사용하여 아기 목을 누른다.
- 아홉 살 혹은 그보다 어린 신부가 시아버지의 집으로 보내지는데, 거기서 "어린 신부의 영혼을 부수는 것이 시댁에서 반드시 받아야 하는 훈련이다."
- 소녀는 대개 출생 후 아홉 살 이전에 결혼하는데, 남편이 죽거나, 신부를 거부하거나, 부모의 노예로 주어 버리거나, 다른 아내 십여 명 혹은 백여 명과 결혼한 경우라면, 일평생 과부가 된다.
- 책이 집필되던 시기에 인도에는 20세 이하 과부가 50만 명이

넘었는데, 이 중 7만 9,000명은 아홉 살 아래였다.

- 결혼한 소녀가 과부가 되면, 여자가 이전 생애에서 끔찍한 죄를 지었기 때문인 것으로 인식되므로, 과부가 벌을 받아야 한다.
- 자신을 구원하는 가장 명예로운 방법은 남편이 화장될 때 몸을 던져 함께 타 죽는 것이다.
- 아들이 있으면, 모든 재산은 아들에게 귀속된다.
- 남자 후손을 남기지 못한 남성은 천국에서 있을 자리가 없다.
- 여성이 영원한 복락을 누릴 수 있는 유일한 희망은 미래의 어느 때에 브라만 계급 남성으로 환생하는 것이다.[10]

여성 차별이 극심했던 조선시대 유교 질서에서 여성이 경험한 것보다 더 끔찍한 이런 힌두교 카스트 사회의 문제를 일찌감치 인식했기에, 라마바이는 학대받는 여성, 특히 카스트제의 부조리에 희생된 과부를 구제하는 일에 일생을 바쳤다. 이런 노력의 일환으로 1898년에 라마바이협회가 발족했다. 에드워드 에버릿 헤일, 필립스 브룩스, 프랜시스 윌러드 같은 미국인이 처음부터 창단 임원에 포함되었다. 이 협회는 라마바이에게 10년 동안 자금을 지원하기로 약속했다. 영어권에서 조직된 여성기독교금주연합WCTU이 라마바이의 사역과 연대했다. 19세기 말 서양에서 여성 기독교인들이 가장 활발하게 자기 목소리를 내면서 여성 및 가정 가치와 인권을 신장할 수 있는 곳이 세계선교와 금주 및 절제운동의 현장이었기 때문이다. 따라서 WCTU 국제 네트워크가 라마바이에게 지도자 역할을 맡기는 동시에, WCTU의 각 지역별 모임에 라마바이서클Ramabai Circle을 조직해서 그를 지원하기로 서약했다.

여러 차례 이사 끝에 케드가온에 최종 정착한 묵티선교회는 1900년에만 여자아이 고아와 과부 2,000명, 버려진 남자아이 수백 명을 지원했다. 음식을 자급하도록 농장을 경영했고, 봉제와 농사 등 실용적인 교육을 실시하여 개인이 자립하도록 도왔다.

인도인

기독교를 받아들인 인도인들이 마치 잉글랜드 사람인 것처럼 옷을 입고, 잉글랜드 음식과 차를 마시는 모습을 처음 보고 위화감을 느꼈던 라마바이는 문화적 감수성이 남다른 인물이었다. 잉글랜드에서 회심한 후에도 잉글랜드와 서양 문화가 기독교의 본질 자체는 아니라고 인식했던 라마바이와 서양 기독교인 간에는 늘 어느 정도 갈등이 있었다. 그는 종교적으로는 신앙고백적 기독교인이었지만, 문화적으로는 여전히 인도인Indian, 즉 힌두Hindu였다. 그리고 그 둘이 갈등 관계에 있다고 보지 않았다.

귀국 후 인도에서 사역하면서, 라마바이가 인도 전통을 완전히 버리지 않는 것에 문제를 제기한 이들이 있었다. 특히 라마바이는 자신을 '힌두 기독교인'Hindu Christian이라 칭했다. 여전히 주변 힌두교인과 친밀한 관계를 유지했고, 힌두교 행사에서 초청이 오면 강연하러 가기도 했다. 힌두교 경전에도 지혜가 담겨 있다며 가끔 읽었고, 자신의 학교에서 학생이 힌두교 경전을 읽는 것을 금하지 않았다.[11] 1889년에 샤라다사단을 시작했을 때, 라마바이는 학생들이 원하는 대로 어떤 종교든 선택할 수 있게 했고, 기독교 신앙을 강요하지 않았다. 기독교인뿐 아니라 힌두교인에게도 재정 후원을 받았다. 그러나 자신의 딸에게는 문을 열어 놓고 큰 소리로 성경을 읽어 주었는데, 이는 자신뿐만 아니라 누구든지 자기 신앙을 유지하고 표현할 권리가 있다는 것을 보여주는 상징적 행동이었다. 즉 강요의 방식이 아니라 모범의 방식으로 신앙을 고백한 것이다. 상류층 카스트 출신 여성들에게 기독교를 지나치게 강요하다가 이웃 사회에 반감을 일으켜 폭력적 반응이 일어날 수 있다고 염려했기 때문이기도 하다. 그러나 기독교 신앙에 관심을 보인 학생들에게는 기독교를 소개하고 가르쳤으며, 일부에게는 세례를 받으라고 권했다. 주변 힌두교 이웃이 항의하여 학생이 강제로 또는 자의로 학교를 그만두는 일도 있었다. 말하자면 기독교인에게도 힌두교인에게도 문제시된 관용적 기독교 정책이었다. 하지만 이 정책 아래서도 회심은 자주 일어났다. 1890년에 학교를 푸네로 옮기면서부터는 학교의 기독교 색채를 분명히 했다. 1898년에 묵티선교회로 확장된 이 공동체는 '선교회'라는 이름에서 볼 수 있듯, 분명한 기독교 공동체였다. 안식처를 찾아온 수천 명은 기독교 복음을 들었다. 선교회를 상징하는 이미지는 자유의 종Liberty Bell으로, 이는 미국이 1776년에 독립을 선언하며 필라델피아에서 울린 바로 그 종이었다.[12]

　라마바이의 생애에서 또 하나 특별한 점은 선교사와 현지인 기독교인 지도자 간의 위계질서가 바뀐 현상이었다. 묵티선교회 최고 지도자는 창립자이자 인도 기독교인 여성의 기둥 판디타였다. 이 선교회가 인도에서 활발한 사역을 하는 과정, 특히 부흥의 발화점으로 세계에 알려지는 과정에 미국인 미니 에이브럼스가 한 기여는 지대했다. 라마바이와 미니가 상호 보완하여 엄청난 시너지가 발생한 것도 사실이다. 그러나 미니는 판디타를 돕는 행정보좌관이었다. 2차 대전으로 서양 선교사들이 비서양 선교지에서 철수하면서 힘을 잃기 이전까지는 서양 선교사가 현지 지도자 밑에서 보좌한 사례를 찾아보기 힘들다. 더욱이 첫 선교 후 몇 세대가 지나서 선교 활동에 이양이 일어나도, 그것은 서양 선교사의 지도력을 현지인이 위임받아 대체하는 것이지, 서양인이 현지인 밑으로 들어가는 것은 아니었다. 이 점에서 1898년부터 1912년에 사망하기까지 판디타와 미니가 형성한 관계는 혁명적이었다.

사회운동가로서의 라마바이를 다른 이들과 구별 짓는 중요한 요소는 그가 여성이었다는 사실이다. 기독교인으로서든, 사회 개혁자로서든, 한국에서 라마바이를 소개하는 글은 극히 적다. 그런데 이런 얼마 안 되는 희귀한 몇 글이 라마바이에게 붙이는 수식어는 '여성운동의 선구자',[13] '여성 담론의 주체성'을 담지한 '신여성'[14]이다. 이들은 모두 라마바이를 20세기 페미니즘운동의 선구자로 묘사한다. 특히 1997년에 창간된 후 이제는 웹진과 팟캐스트 중심으로 운영되는 한국의 대표적인 페미니스트 저널 「이프」*if*도 라마바이를 교육가이자 여성운동가로 높이 평가한다.[15] 남녀평등이 법적으로, 제도적으로 상당 수준 실현된 오늘날에도 여성은 여전히 유리 천장에 막혀 개인의 능력과 상관없이 여성이라는 이유만으로 제약에 갇혀 있다. 19세기에는 전 세계 모든 여성이 철저히 열등한 존재로 취급받았다. 서양에서도 여성이 남성과 동등하게 투표권을 행사하며 자유롭게 발언할 수 있는 공간은 없었다. 그러나 제도적 차별을 넘어 여성이라는 이유만으로 '아무것도 아닌 것' 취급을 받던 인도 출신의 라마바이는 20세기가 시작되는 이른 시기에 여성운동의 선구자이자 판디타, 그리고 사라스바티가 되었다.

1922년에 사망하기 3년 전인 1919년, 라마바이는 인도 사회에
남긴 뛰어난 공헌을 인정받아 카이저이힌드Kaiser-I-Hind 메달을 수
여받았다. 영어로 'Emperor of India', 즉 인도의 황제라는 이름을
가진 이 메달은 1900년에서 1947년까지 영국 국왕이 수여한 영예
로운 상이었다. 20세기 전반기에 인도에서 활약하며 기독교 신앙의
해방성, 보편성, 총체성을 말과 행동으로 보여준 판디타 라마바이는
제3세계 출신 여성 기독교인이 이루어 낼 수 있는 최고의 업적을 남
겼다. 오늘날에도 인도 묵티선교회는 활발하게 사역하며 라마바이
의 유산을 계승하고 있다.

14. 피터 와그너

20세기가 시작될 무렵 한 줌 극소수 변방운동에 지나지 않던 오순절 및 은사주의 계열 기독교Pentecostal & Charismatic Christianity는, 20세기가 끝날 무렵 세계에서 가장 성장이 빠르고 영향력이 큰 주류 기독교로 확고히 자리매김했다. 2010년 통계를 보면 세계에서 오순절 및 은사주의 계열 기독교인으로 분류될 수 있는 인구가 최소 6억 명에 이르며, 이는 세계기독교 인구의 약 4분의 1을 차지한다. 사실상 다양한 유형의 오순절 및 은사주의운동에 영향을 받은 이들의 수치까지 더하면 가톨릭과 정교회, 여러 신흥 종파를 포함해서 세계기독교인의 약 절반이 오순절 및 은사주의운동의 영향 하에 있다고 말할 수도 있을 것이다. 실제로 2020년에는 오순절 및 은사주의 신자가 1억 1,400만 명 수준으로 늘어나 세계기독교 인구의 44퍼센트가 되었다고 주장하는 통계도 있을 정도다. 물론 이 통계가 과장되었다고 볼 수도 있다. 그러나 규모와 영향력을 볼 때 오순절운동을 기독교 내부의 한 교파운동이라고 보는 일반적인 평가를 넘어서, 제2의

종교개혁으로, 또는 제3의 기독교로 보는 해석이 등장하는 것도 무리는 아니다.[1]

오순절운동이 공식적으로 시작된 지 한 세기가 지난 만큼, 이 운동의 성장을 이끈 대표 인물들을 여럿 언급할 수 있다. 미국 오순절운동의 개척자 찰스 파럼과 흑인 성결운동가 윌리엄 시모어, 복음교회Four Square Church 설립자이자 여성 지도자인 에이미 셈플 맥퍼슨, 같은 교단 지도자로 길위의교회Church on the Way 목사이자 대중 부흥사였던 잭 헤이퍼드, 1960년대 히피족 등 미국 청년의 세속화에 대응하는 예수의사람운동Jesus People Movement을 이끈 갈보리채플의 척 스미스, 기독교방송네트워크CBN를 이끈 대표적인 오순절계 TV 전도자televangelist이자 극우 정치운동가 팻 로버트슨, 신유 부흥사의 대표 주자 여성 캐스린 쿨만Kathryn Kuhlman과 남성 베니 힌Benny Hinn, 성결운동계 부흥사 오랄 로버츠. 믿는 대로 이루어진다는 구호로 유명한 '믿음운동'의 주창자 캐네스 해긴 등이 대표적이다.

1990년대 이후에는 이 글의 주인공인 피터 와그너Charles Peter Wagner, 1930-2016와 깊이 연결되어 있는 빈야드Vineyard운동 지도자 존 윔버, 예언을 강조하는 새로운 운동을 이끈 마이클 비클과 '캔자스 시티 예언자들'Kansas City Prophets도 널리 알려졌다. 오순절 및 은사주의 기독교는 이전에 존재한 어떤 유형의 기독교보다도 유색인종과 여성, 제3세계, 하류층 출신이라는 정체성을 가진 이들에게 널리 수용되었다. 여의도순복음교회의 조용기도 비서양 오순절계 지도자를 대표하는 이름이다.[2]

이들 각각은 자기 소속 교단, 운동, 공동체, 지역 등에서 의미 있는 영향력을 행사했고, 오순절운동의 발전에서도 중요한 역할을 떠맡았다. 여성으로서, 제3세계 인물로서, 지금은 주류가 된 교단의 창시자로서, 내부 흐름을 바꾼 인물로서 각각 이 운동의 일면을 대변할 수 있겠다. 그러나 오순절운동은 16세기 종교개혁 이상으로 다양성과 변칙성이 큰 운동이므로, 개신교의 루터나 칼뱅 같은 자리를 차지하는 대표 인물을 선정하기가 쉽지 않다. 그럼에도 오순절운동에 새로운 역사를 만들어 낸 대표적 인물로 피터 와그너를 꼽아도 좋을 것이다. 교회성장학자였던 와그너는 정체성과 성향이 극적으로 변하는 세 차례 전환을 겪으며 제3의 물결과 신사도 개혁을 일으켰다.

교회성장학

1930년에 미국 뉴욕시에서 태어나 자란 피터 와그너는 이웃한 뉴저지주 럿거스대학에서 공부한 후 캘리포니아 풀러신학교에 들어가 1955년에 목회학 석사과정을 졸업했다. 풀러를 졸업한 해에 보수기독회중교회대회The Conservative Christian Congregational Conference, CCCC에서 목사 안수를 받았다. CCCC는 청교도의 후손인 회중교회가 미국에서 가장 일찍 자유주의적 입장을 수용하자, 회중교회 내부 보수주의자들이 1945년에 결성한 교단이었다. 안수를 받고 이듬해부터 해외 선교에 헌신한 와그너는 안데스복음주의선교회Andes Evangelical Mission(현재 SIM International) 소속으로 남아메리카 볼리비아 선교사로 활동하면서, 남아메리카선교회SAM와도 1956년부터 1971년까지 동역했다. 선교사로 활동하던 시기에 볼리비아 코차밤

바에 세워진 조지앨런신학교에서 교수로 가르치면서 안데스복음주의선교회 부책임자로 활약하기도 했다(1964-1971).

신학교에서 가르치는 교수 선교사였던 만큼, 와그너는 추가 공부를 통해 교수 자격을 보완하는 과정을 계속 밟았다. 프린스턴신학교에서 신학 석사Th.M. 학위를 1962년에 받았다. 이어서 모교 풀러신학교 세계선교대학원에 들어가 공부한 후 선교학 석사학위M.A.를 1968년에 취득했다. 마지막으로 서던캘리포니아대학에서 사회윤리를 공부하여 1977년에 박사학위Ph.D.를 취득했다.

풀러에서 선교학 석사를 취득하고 서던캘리포니아대학에서 박사과정을 진행하던 시기부터 와그너는 교회성장학 및 선교학을 연구하는 학자로 이름을 알리기 시작했다. 1971년에 풀러신학교 세계선교대학원에서 교회성장학의 창시자 도널드 맥개브런의 조교가 되었다. 맥개브런의 영향하에 1971년부터 1998년까지 풀러신학교에서 학생을 가르쳤다. 찰스풀러전도및교회성장연구소Charles E. Fuller Institute 부소장으로 재직하던 중(1971-1991), 1984년에는 은퇴한 스승의 이름을 딴 도널드 맥개브런 교회성장학 석좌교수가 되었다. 주로 교회성장학으로 유명했지만, 풀러신학교에서 거의 30년간 재직하면서 다양한 연구와 강의를 수행한 덕에, 와그너가 다룬 주제는 교회 성장, 실천신학, 타문화 선교 등 선교학과 실천신학 전 분야에 걸쳐 있었다.

1974년부터 1989년까지는 복음주의운동과 해외 선교의 이정표가 된 로잔세계복음화위원회의 주요 기획자 및 참여자로 활약하기도 했다. 특히 그는 로잔 대회에서 중요하게 다뤄지고 20세기 말 세계선교계를 뜨겁게 달군 '미전도 종족'the Unreached People이라는 주제를 전문 연구하는 로잔전략작업그룹Lausanne Strategy Working Group의 초대 회장이었다. 이 작업을 토대로 에드워드 데이턴과 함께 이 분야를 대표하는 연감 문헌『미전도 종족들』Unreached Peoples을 발간하는 업적을 남겼다. 1985년에 창립된 북미교회성장학회The North American Society for Church Growth 초대 회장으로 와그너가 선출되었는데, 이는 스승 맥개브런과 함께 교회성장학계에서 그의 지위가 어느 정도였는지를 보여주는 증거다.[3]

제3의 물결

1970-1980년대 초반에 교회성장학 전문가로 이름을 날린 와그너의 관심사는 이후 극적으로 변했다. 원래 맥개브런이 체계를 만든 교회성장학은 교회 성장을 가능케 한 사회문화적 요인들을 사회학, 인류학의 틀로 연구하는 학문이었다. 그러나 이 시기부터 와그너는 교회 성장의 가장 중요한 요인을 영적인 것, 특히 성령의 초자연적인 기적과 역사라고 인식하기 시작했다. 결정적인 계기는 1970년대 중반부터 풀러에서 동역했던 빈야드 은사주의운동 지도자 존 윔버와 함께 1984년 이후 풀러에서 '이적과 기사,' '영적 전쟁' 같은 과목을 가르친 것이었다. 초기에 와그너는 자신을 제1단계 고전적 오순절운동에 이어 제2단계에서 탄생한 은사주의자, 즉 오순절운동과 관련이 없는 다른 교단에 속한 교인이지만 이 운동이 강조하는 은사를 수용하는 신자로 인식했다. 얼마 후부터 그는 자신과 윔버의 입장을 3단계인 성령의 '제3의 물결'로 지칭하기 시작했다. 이는 성

령세례 및 이적과 기사 같은 사건을 기존 교회들이 고전적 오순절운동 시대와 은사주의 시대에 비해 훨씬 보편적으로 수용하게 된 상황을 지칭한다. 성령세례를 중생과 분리된 제2의 축복이라고 주장하는 1세대 오순절운동 교리를 수정하고, 은사와 이적, 기사, 신유의 보편성과 일상성을 강조한 와그너와 윔버의 운동은 더 많은 복음주의 교회들로 퍼져 나갔다.[4] 제3의 물결은 기존 오순절교회와 은사주의 교회에 우선 영향을 주었다. 이 운동이 오순절운동과 은사주의 운동의 연장선상에 있었기 때문이다. 이어서 이 새로운 유형의 오순절운동은 서양 바깥의 기독교인들에게 특히 널리 수용되었다. 이는 아마도, 계몽주의와 과학혁명 시대 이후 인간 사회에 초자연적 존재가 개입한다는 세계관을 버린 서양 사회와는 달리, 비서양 지역에 사는 많은 이들이 여전히 초자연적 존재와의 조우와 교류, 영적 전쟁 같은 근대 이전의 세계관이 지배적인 문화 속에 살고 있기 때문인 것 같다.

신사도 개혁

1992년부터 와그너는 기존의 은사주의운동 지도자들과의 관계를 좀 더 돈독히 하면서, '오순절 – 은사주의 – 이적과 기사 – 신사도 개혁'으로 이어지는 네트워크를 강화했다. 테드 해거드, 조지 오티스 주니어 등과 함께 콜로라도스프링스에 세계기도센터World Prayer Center를 설립했다. 자신의 사역 본부를 미국 복음주의와 은사주의운동의 새로운 메카로 주목받은 콜로라도스프링스로 옮겨, 사도적이고 예언적인 사역을 확산하고 영적 전쟁을 수행하는 조직들을 지속적으로 성장시켰다. 예언 사역자로 유명한 신디 제이콥스, 빌리 조 도허티, 빌 해먼드 같은 지도자들과도 연결되었다. 풀러에서 2001년 은퇴하기 직전인 1998년에는 와그너리더십학교Wagner Leadership Institute라는 이름의 비전통적인 학교를 설립했다.[5] 현재 와그너대학으로 이름을 바꾼 이 학교에는 유명한 신사도운동의 주요 지도자들이 교수로 포진하고 있다. 체 안(안재호), 신디 제이콥스, 빌리 존슨, 숀 볼츠, 브라이언 시몬스, 크리스 밸러턴 등이 대표적이다.

　　1990년대 중반 이후 오순절 및 은사주의 또는 제3의 물결이라는 오순절운동 계보에 또 하나의 독특한 특징이 더해졌다. 이는 와그너가 1990년대에 창립하거나 참여한 단체의 목록에서 확인된다. 1990년부터 전략기도네트워크Strategic Prayer Network의 국제사도 International Apostle, 1992년부터 세계추수선교회Global Harvest Ministries 대표, 1998년부터 와그너리더십학교 수장, 1998년부터 교육책임사도협의회Apostolic Council of Educational Accountability 사도, 1999년부터 예언장로사도협의회Apostolic Council of Prophetic Elders, 1999년부터 국제사도협회The International Coalition of Apostles 책임사도, 2000년부터 축사사도선교회the Apostolic Roundtable of Deliverance Ministries 사도 등이 대표적이다. 이 단체들 이름에는 공통으로 '사도'라는 단어가 들어간다.

　　와그너가 참여한 단체들의 이름에 공통적으로 들어간 '사도'가 의미하는 것은 무엇일까? 일평생 와그너가 쓰거나 편집한 책이 70여 권인데, 1998년 이전에 그가 다룬 주제는 라틴아메리카 신학, 볼리비아 개신교, 선교 정책 입안자들의 전기, 교회와 선교의 관계, 오순절운동, 교회 성장, 세계를 품은 그리스도인, 이적과 기사, 치유 사역, 영적 전쟁, 기도, 부흥이었다. 교회 성장과 오순절운동에 치우쳐 있기는 했지만, 관심의 폭이 넓은 선교학자가 다룰 만한 다양한 주제를 취급한 점을 확인할 수 있다. 그러나 1998년 이후에 그가 쓴 책은 대부분 사도직, 신사도 교회 등, '사도'와 관련된 한 가지 주제를 반복해서 다룬다. 1998년에 출간한 『신사도 교회들을 배우라』*The New Apostolic Churches*[6]가 시작이었다. 처음에는 온건하게 사도 시대에 보편적이었던 은사를 실천하는 교회들의 사례를 수집해서 소개하던 그는 2000년 이후 사도 직분의 부활이라는 주제를 전면에 내세우기 시작했다. 역사상 대부분의 주류 교회들이 1세기 사도 시대 이후 사도와 선지자의 직분이 종결되었다고 본 것에 반대하고, 오늘날에도 다시 1세기처럼 기름 부음을 받은 선지자와 사도가 세워질 수 있고, 실제로 세워졌다고 주장한 것이다. 대표적인 구절을 인용해 보자.

> 여러 가지 면에서 2001년은 중요한 해였다. 그중에서 결코 적지
> 않은 의미를 갖는 일은 그해가 제2의 사도 시대의 시작을 알리는
> 해였다는 점이다. … 이 운동을 가리켜 내가 붙인 이름은 '신사도적
> 개혁'New Apostolic Reformation이다. 내가 '개혁'이라는 단어를 쓰는
> 것은 이 운동의 전반적인 영향력이 개신교 종교개혁에 필적하기
> 때문이다. 또 '사도적'이라는 표현을 쓰는 것은 이 변화의 가장
> 급진적인 부분이 바로 오늘날 많은 교회에서 사도의 은사와
> 직임이 다시 인정되고 있기 때문이다. '신'이라는 표현을 쓰는 것은,
> '사도적'이라는 단어를 그 교단의 공식적인 명칭에 사용하고는
> 있지만 현재의 새로운 교회의 특징이 아닌 전통적인 교회의 모습을

고수하는 많은 교단들과 현재의 이 운동을 구분하기 위해서이다.[7]

　2004년에 영어로 발간되고 한국에서는 2006년에 번역된『신사도적 교회로의 변화』*Changing Church*에 담긴 이 주장은 2006년에 영어로 나오고 2008년에 한국어로 번역된『오늘날의 사도』*Apostles Today*에서도 거의 똑같이 반복된다. 특히 이 책에는 부록으로 1999년에 창립되어 2006년 당시 500명이 넘은 사도가 가입되어 있다는 국제사도협회 의장사도 피터 와그너가 2006년에 작성한 '사도란?'이라는 제목의 예비 문서가 실려 있다. 여기서 와그너는 하나님이 세우는 사도의 자격으로 특출한 인격, 겸손, 지도력, 권위, 고결함, 지혜, 기도를 든다. 모든 사도가 행하는 사역에는 계시받음, 비전 제시, 태동시킴, 풀어 주기, 세워 나감, 질서 부여, 가르침, 파송, 완성, 전투, 세대를 연결하고 준비시킴이 있다. 일부 사도들이 행하는 것에는 예수님을 봄, 표적과 이사를 행함, 이설을 드러냄, 교회 개척, 교회 훈육, 교류 문화적 사역, 적에게 빼앗긴 지역을 하나님 나라로 돌이키는 일이 포함된다.[8]

　피터 와그너는 86세이던 2016년 10월 21일에 지병 심장병으로 별세했다. 미국 복음주의 잡지「크리스채너티투데이」의 편집자이자 휘튼칼리지 선교 및 전도학 교수이기도 한 에드 스테처는 와그너 사망 다음 날에 다음과 같이 와그너를 회고했다.

　　당신이 피터 와그너를 알고 있었다면, 사람들이 자주 물었을지도
　　모르겠다. '어떤 피터 와그너요?' 그가 두 얼굴의 사나이라서가
　　아니라, 견해를 아주 많이 바꾸었기 때문에 그렇게 물은 것이다.

당신이 1980년대에 그를 만났다면, 아주 다른 (그러니까 예컨대,
은사주의자가 아닌) 피터 와그너, 즉 교회성장운동을 이끈 와그너를
만났을 것이다. 새 밀레니엄이 된 후에는 그는 신사도개혁이라
불리는 운동으로 유명해졌다.[9]

여든 인생에서 여러 차례 변신한 인물 와그너에 대한 인상이 사
람들에게 그만큼 다채롭다는 사실을 확인할 수 있다. 미국 및 다른
나라에서와 마찬가지로 한국에서도 피터 와그너는 그를 따르는 사
람들에게는 21세기에 새로 부활한 사도 중 최고 사도로 절대적인
추앙의 대상이 되었다. 반대로 전통적인 주류 교회, 특히 개혁신학
에 기초한 장로교회는 성령세례를 중생과 동일한 것으로 보고, 방
언, 신유, 축사, 통변, 예언 등의 성령의 은사가 사도 시대에 종결되
었다고 가르치며 모든 종류의 오순절 및 은사주의운동을 경계해 왔
다. 따라서 21세기에 사도가 새로이 기름 부음을 받아 부활했다고
까지 과감하게 주장한 와그너가 이단 시비에서 자유로울 리 없었다.
대한예수교장로회 고신(2007)과 대한예수교장로회 합신(2009)은
'참여 금지', 대한예수교장로회 합동(2015)은 '엄히 경계', 심지어 한
국기독교장로회(2014)마저도 '교류 금지'를 결의할 만큼, 와그너와
신사도개혁운동은 한국 주류 개신교회에서도 경계 대상으로 지목
되어 있다.

100여 년이 넘는 역사를 지나면서 주류 기독교 중 하나로 부상
한 오순절운동은 현재 셀 수 없을 만치 다채로운 역사적 배경, 교리
와 신학, 조직 체계와 인적 구성을 지닌다. 처음부터 교리와 직제, 제

도, 문서, 계층 기반이라는 고정적 규범이 아니라 자율성과 유동성, 역동성, 변칙성이 오순절운동의 특징이었던 만큼, 오순절운동이 어떤 얼굴로 변할지는 앞으로도 예측하기 힘들다. 피터 와그너는 20세기 말과 21세기 초를 잇는 시점에 오순절운동 특유의 변칙성과 유동성을 대변한 대표 인사 중 하나였다.

15. 조용기

2010년 6월 2-6일, 스코틀랜드 에든버러성 바로 아래 위치한 스코틀랜드국교회 총회 대강당에서 1910년 에든버러 세계선교대회 100주년을 기념하는 대회가 열렸다. 당시 에든버러대학 신학부 세계기독교연구소에서 박사과정을 밟고 있었던 필자도 초청을 받았다. 대회 장소인 총회 대강당은 오늘날 에든버러대 신학부 건물인 뉴칼리지에 속해 있었지만, 평소 문이 잠겨 있어 늘 그 앞을 지나다닌 필자도 들어갈 수 없었다. 그러나 100주년 기념대회에 초청을 받은 특권 덕에, 100년 전 세계 교회 지도자들에게 문을 연 바로 그 공간에 필자도 그 후손들과 함께 자리하는 영광을 얻었다. 100년 전 대회가 '세계'라는 이름을 썼지만 실제로는 '서양이 일방적으로 주도한 세계'였던 것과 달리, 2010년 대회의 세계기독교는 문자 그대로 '전 세계'의 기독교였다. 참석한 이들 중 백인과 서양인이 아닌 이들의 비율이 절반을 훌쩍 넘어 보였다.

그날 행사가 끝나고 출구에서 아프리카에서 온 한 젊은 기독교인을 만났다. 그는 필자가 한국에서 온 것을 알고 나서는 너무도 자연스럽게 "조용기 목사를 아세요?"라고 물었다. 필자는 당연히 "알죠"라고 답했다. 21세기 이전에는 처음 만난 외국인이 가장 먼저 언급한 한국인은 배용준도, 박찬호도, 박지성도, 김대중도 아닌 조용기(1936-2021)였다. 특히 한류와 첨단기술이 등장한 21세기 전에 세계에 가장 널리 알려진 한국인은 조용기 목사였다. 명성과 파급력에서나 논란에서나 20세기에 조용기를 앞선 한국 기독교인은 없었다.

성장

여의도순복음교회는 1993년 세계 최대 교회로 기네스북에 등재됐다. 교인 수는 1992년 70만 명을 넘어섰다. 1970년대부터 외국 주요 언론이 여의도순복음교회의 성장 비결을 소개하는 기사를 발행하며 성장의 다양한 요인을 소개했다. 그러나 이같은 성장의 중심에는 카리스마를 지닌 창립자이자 담임목사인 조용기 개인이 있다는 데 모두가 동의했다.[1]

일제강점기였던 1936년 울산군(현 울산광역시 울주군)에서 5남 4녀 중 장남으로 태어난 조용기의 가문은 한학과 동양 종교에 익숙하고 부유한 천석꾼 집안이었다. 그러나 혼란한 해방 정국이 이어지던 1950년 5월 30일, 제2대 국회의원 선거에 아버지 조두천이 입후보했다가 낙선하면서 재산을 거의 다 잃었다. 더구나 한 달이 채 지나지 않아 터진 한국전쟁으로 부산으로 피난한 후, 그 시대 많은 이들이 그랬듯 지독한 가난에 시달렸다. 다행히 장남을 교육시켜야 한다는 부모의 열망에 더하여, 공부를 좋아하고 성적이 뛰어났던 본인의 실력을 힘입어 그는 부산공고에 입학했다. 여러 나라 언어를 구사하는 것으로 널리 알려진 조용기의 외국어 실력은 당시 부산공고에 주둔하던 미군부대에서 미군과 영어로 대화하면서 길러졌다. 교장과 미군부대장 사이의 통역을 맡을 정도로 영어를 잘했다.

기독교 집안 출신이 아니었던 조용기가 기독교인이 된 계기는 크게 3단계로 구분할 수 있다. 고등학교 2학년 때부터 조용기는 당시에 치료가 어려웠던 폐결핵 증상을 보였다. 부산과 서울의 여러 의사를 만났으나 차도가 없던 차에, 그를 회심으로 이끈 1단계 만남이 시작됐다. 그의 세 살 위 누나의 친구이자 당시 동래여고 3학년이었던 한 여학생이 3개월 안에 사망할 것이라는 진단을 받고 병상에 누워 있던 그에게 복음을 전하며 성경과 성경 공부 교재를 선물로 줬다. 성경을 꾸준히 공부하면서 몇 가지 영적 체험을 하게 되는데, 이것이 그의 1단계 회심이었다.

2단계는 부산에서 미국 오순절교단 하나님의성회 Assemblies of God 켄 타이스 선교사를 만나면서 경험한 과정이었다. 조용기는 아직 기독교를 잘 알지 못했고 회심하지도 않았지만, 영어 통역 경험이 있었기 때문에 타이스의 집회에서 통역을 맡았다. 기독교가 인생을 바칠 가치가 있는 종교인지 알고자 금식을 하던 중 환상을 통해, 하나님이 병을 치유해 주시면 목회자로 일생을 헌신하겠다는 결단을 했다. 그러나 아직도 회심이나 병 고침에 이르지 못한 그는 1년 후 루이스 리처즈 선교사를 만나 대화하면서 신학교에 가겠다고 최종 결심했다. 이 과정에서 지적 회심을 넘어서는 체험적 회심을 했고, 폐병이 치유되는 신유도 경험했다. 이것이 최종 3단계 회

심이었다.[2]

회심한 조용기는 1956년 9월, 20세의 나이로 당시 서대문에 있던 하나님의성회 순복음신학교에 입학했다. 한국에서 오순절 신앙은 해방 이전 영국 선교사들이 처음 전한 것으로 알려져 있으나, 선교가 본격적으로 이뤄진 것은 한국전쟁이 한창이던 1952년, 미국 하나님의성회 소속 선교사들이 내한하면서부터였다. 이때부터 여러 경로로 오순절 신앙을 가졌던 이들이 하나님의성회라는 우산 아래 규합됐다. 1953년에는 기독교대한하나님의성회가 정식 출범했는데, 서대문신학교는 이 교단이 운영하던 신학교였다.[3] 신학교 입학은 조용기의 인생에 결정적인 전기가 됐다. 여기에서 후에 그의 장모가 되는 최자실을 만나게 되기 때문이다.

조용기보다 나이가 21살 많았던 최자실은 조용기와 신학교 입학 동기였다. 이북 출신으로 성결교 부흥사 이성봉의 집회에서 신앙을 갖게 된 최자실은, 신학교 시절 두 가지 중요한 사건으로 조용기의 삶에 영향을 미쳤다. 하나는 조용기가 오순절운동이 강조하는 성령세례의 증거로서 방언을 받을 수 있게 도운 것이었다. 최자실은 노방전도와 공부에 열심을 보인 조용기에게 삼각산(현 북한산) 기도를 권해, 조용기가 방언을 하는 '표준' 오순절 신자가 되도록 도왔다. 간호사 출신이던 최자실이 급성폐렴으로 신음하던 조용기의 치료와 회복을 도와준 사건은 조용기가 그를 '믿음의 어머니'로 삼게 된 중요한 계기였다. 실제로 조용기는 1958년 신학교를 졸업하고 4년 뒤인 1962년 최자실의 둘째 딸 김성혜를 아내로 맞이해, 최자실을 '믿음의 어머니'에 더하여 법률상의 어머니, 즉 장모로 모시게 된다.[4]

신학교 시절 선교사 교수들 및 외국인 부흥사의 통역을 도맡고, 학생회장에다 성적까지 우수했던 조용기가 선교사들 도움으로 미국 유학을 떠나는 것은 기정사실이었다. 함께 졸업한 최자실은 은평구(당시는 서대문구) 대조동에서 고아원을 운영하다가 이를 교회로 확장했다. 1958년 5월 18일 세워진 대조동 천막 교회였다. 이 교회 개척 예배 설교자로 초청받은 조용기는 얼마 후 유학을 포기하고 최자실과 함께 전임 목회의 길에 들어섰다. 여기서부터 조용기 목회의 신화가 시작된다. 천막 교회가 세워진 대조동 달동네 무당촌은 한국전쟁 직후, 전 세계에서 가장 가난한 나라 중 하나였던 한국의 비참한 현실을 반영하는 전형적인 빈민촌이었다. 여기서 조용기는 방언과 함께 오순절(순복음)운동이 성령세례의 또 다른 증거라고 주장하는 축사와 신유 의식을 자주 행했다. 마을 전체가 집단 개종하고, 병원에 가는 것이 거의 불가능했던 가난한 병자들과 소외된 외지인들이 몰려들면서, 3년 만에 교인수가 300명 이상으로 늘었다.[5]

1961년 1월 입대 후 병에 걸려 7개월 만에 의병전역한 조용기는 10월부터 최자실, 존 허스턴 선교사와 함께 서대문에 두 번째 교회를 개척했다. 당시 허스턴 선교사는 1,500명을 수용할 수 있는 부흥회관을 서대문에 건축 중이었는데, 자신에 이어 이 예배당을 맡을 목회자로 조용기를 지목했다. 1962년 2월에 봉헌된 이 부흥회관(5월부터 서대문중앙교회)도 3년 후 재적 교인 3,000명이 됐고, 다시 3년 후인 1968년에는 8,000명을 돌파했다.[6]

서대문으로 이동한 지 2년 후인 1964년은 조용기가 국제 유명 인사로 부상하게 된 상징적인 전기를 마련한 해였다. 1962년 4월 목사 안수를 받은 그는 1964년 2월부터 존 허스턴 선교사를 대신해

담임목사로 시무했다. 이때부터 그는 미국 하나님의성회 관계자들로부터 한국 하나님의성회를 대표하는 인물로 인식된 것 같다. 미국 교단의 창립 50주년 기념식에 한국 대표로 초대받기도 했다. 그의 첫 번째 해외 부흥사 경험이었다. 1966년 4월, 30세 나이로 위임목사가 된 그는 5월에 기독교대한하나님의성회 총회장으로 선출된 후, 10년 동안 총회장직을 연임했다. 7월에 동아시아 13개국 330여 지도자들이 모인 하나님의성회 동북아시아 대회를 서대문교회에서 주최하면서, 처음으로 한국 순복음교회가 세계의 주목을 받으며 변화된 위상을 실감했다.[7] 1969년 명명되고 1970년부터 시행된 박정희 정권의 새마을운동이, '하면 된다, 할 수 있다, 해보자'는 긍정의 메시지에 기반을 둔 '새로운 마음의 운동'을 조용기가 박정희에게 제안한 데서 시작됐다는 주장도 있다.[8]

서대문 교회당이 늘어나는 인원을 수용할 수 없게 되자, 1969년부터 여의도 백사장으로 불리던 황량한 땅에 1만 명을 동시에 수용할 수 있는 교회당을 신축하기 시작했다. 1973년 8월 건물이 완공된 후 서대문 교인 8,000명이 이동하면서 여의도순복음교회 시대가 시작됐다. 여의도 교회당을 짓고 있던 기간에 오산리최자실기념금식기도원도 지어졌다. 조용기와 여의도순복음교회의 위상은 더 높아졌다. 1973년 9월에는 제10차 세계오순절대회를 주최했는데, 아시아 국가가 주최한 첫 오순절 세계대회였다. 여의도 이전 후 교회는 더 급속하게 성장했다. 교인 수는 1979년 10월 10만 명, 1981년 20만 명을 넘어섰다. 이 시기부터 조용기는 전 세계 무대를 호령하는 세계적인 오순절운동 대표 부흥사로 명성을 떨치기 시작했다. 그는 독일, 일본, 미국, 러시아를 포함해 1975년부터 2005년까지 30년간 72개국에서 최소 370차례 부흥회를 인도했다.

　신학과 신앙의 성향은 서로 많이 다르지만, 그는 빌리 그레이엄을 자신의 모델로 삼을 만큼 존경했다. 1973년 서울에서 열린 빌리 그레이엄 전도집회에서 그레이엄의 통역자로 최초 지목됐을 때, 조용기는 특히 기뻐했던 것으로 알려져 있다. 그러나 한국에서 조용기의 신학에 의혹을 가진 이들의 반대에 부딪혀, 결국 통역자는 수원 중앙침례교회 김장환으로 교체됐다. 조용기는 그레이엄과 우호적인 관계를 유지했다. 1983년 빌리그레이엄전도협회BGEA가 주최한 암스테르담 전도대회에서 오순절 신앙을 좋아하지 않았던 한 협회 직원이 대회에 초청받은 조용기를 비난하자, 그레이엄이 개인적으로 사과한 일도 있었다. 1984년 개신교 한국 선교 100주년 대회에서도 그레이엄과 조용기가 나란히 강사로 섰다. 그레이엄과의 교제를 통해 조용기뿐만 아니라 한국 오순절운동이 세계 복음주의권 전반에서 인정받는 계기가 만들어졌다고 평가할 수 있다.[9]

　1993년 여의도순복음교회는 재적 교인 70만 명이 되어 기네스북에 세계 최대의 교회로 등재됐다. 조용기는 1992년 세계 하나님의성회 교단의 수장이 됐고, 2008년 은퇴해 이영훈을 후임으로 세우고 여의도순복음교회 원로목사가 됐다.[10]

　조용기가 교회를 기하급수적으로 성장시킨 요인에는 방언과 신유 같은 성령세례의 표적을 강조하는 전형적인 오순절 신앙 외에 교회론적 요소와 사회학적 요소가 있었다. 교회론적 요소로는 평신도 구역 조직cell groups의 활성화가 중요했다. 오늘날 한국 대부분 교회가 차용한 구역(혹은 셀, 동아리, 조, 목장 등)의 원조는 조용기의 순복음교회였다. 교회사적으로 17세기 루터파 경건주의 '교회 안의 교회'나 18세기 영국 감리교 '밴드'에서 기원을 찾을 수 있는 이 조직은 오순절운동 특유의 유연한 평신도신학이 목회에 적용된 결과였다. 조용기는 1976년 국제교회성장연구원 Church Growth International을 창설해 순복음교회 성장 비결을 세계 교회와 공유하는 프로그램을 시작했다. 그가 밝힌 교회 성장 비밀에는 희망의 설교, 성령과의 교제, 하늘 문을 여는 열쇠로서의 기도, 하나님의 음성 듣기, 믿음의 활용, 살아 있는 세포 구역 조직 등이 있다. 앞의 다섯은 오순절 성령론에서 파생된 세계 오순절 교회 공통의 실천적 요소다. 마지막 요소는 조용기가 발명한 것은 아니지만, 그가 자기 교회에서 실험적으로 적용한 후 한국의 타 교단·교회와 세계 교회에 보급한 가장 대표적인 브랜드라 할 만하다.[11]

사회학적 요소는 순복음교회가 설립되고 고속 성장한 1950–1990년대가 한국 사회의 개발독재 산업화 및 급속한 경제 성장 시기와 정확히 일치한다는 사실에서 찾을 수 있다. 분단과 산업화 과정에서 이촌향도 현상이 일어났고, 전통적인 시골 공동체를 떠나 도시에 정착한 빈민들에게는 대화와 우정, 사랑을 나눌 새로운 소속 공동체가 필요했다. 도시에 세워진 종교 시설들은 종파를 막론하고 옛 공간을 상실한 이들이 머물 새로운 터전이 돼줬다. 사람들은 그중에서도 양심에 거리끼지 않는 방식으로 자본주의 산업사회에서 성공과 번영이라는 물질적 복을 약속하고 정당화하는 종교에 더 급속히 몰려들었다. 도시의 한국 개신교회 전반이 이런 사회적 필요를 채우는 공간이 됐지만, 그중에서도 조용기의 순복음교회가 가장 적응력이 뛰어난 교회였다고 일반 학계에서는 흔히 평가한다.[12]

3박자 축복

3박자 축복, 5중 복음, 적극적 사고방식, 희망의 설교, 4차원 영성 등은 조용기의 모든 책과 설교, 강연에 고정적으로 등장하는 레퍼토리이자, 실제 그의 신앙과 목회를 지탱하는 기둥이다. 축사와 예언 등이 오순절 성령세례론의 씨앗이자 열매이듯, 위에 언급한 요소들은 오순절 신앙의 핵심 요소다. 오순절 신학자 김동수는 조용기의 신학 전반을 축복론, 방언론, 기도론, 교회론, 4차원 영성론, 해한解恨신학이라는 틀로 분석한다. 조용기의 신학과 실천은 그가 한국 교계에 등장한 초기부터 한국 전통 불교, 유교, 샤머니즘의 영향을 받았다고 비판받았다. 서양 학자들도 이런 비판을 대체로 수용했다. 그러나 김동수는 조용기의 신학이 한국이라는 특별한 상황과 토양에서 상황화, 토착화, 혹은 한국화된 측면이 없지 않지만, 대체로 20세기 시작과 함께 등장한 서양과 비서양의 오순절신학을 계승했음을 보여줬다고 주장한다.[13]

3박자 축복은 요한3서 1장 2절 "사랑하는 자여, 네 영혼이 잘됨같이 네가 범사에 잘되고 강건하기를 내가 간구하노라"라는 구절에서 비롯했다. 조용기 이전에도, 또 해외의 오순절 번영신학 설교자들도 이 구절을 영혼 구원, 범사 형통(물질 축복), 육체 강건의 삼중 구원과 삼중 축복을 강조하는 구절로 생각했다. 예컨대 한국에서 오순절운동에 속한 하나님의성회 교단이 주로 순복음교회로 알려진 이유는 조용기를 신학교로 이끈 루이스 리처즈 선교사 때문이었다. 이는 서양의 오순절 교회들이 영혼 구원만 강조하는 대다수 개신교회와는 달리 물질 구원과 육체 구원을 강조함으로써, 복음을 전체적이고whole 충만하고full 순전하게pure 회복시켰다고 믿었기 때문이다. 이 때문에 순복음Full Gospel이라는 단어가 이 교단의 대표적인 이름이 됐다.[14] 조용기는 대조동과 서대문에서 목회하면서부터 평생 밝고 희망적인 3박자 축복 메시지가 자기 설교의 중심이 됐다고 말한다.[15]

오늘날 세계 오순절운동의 역사와 현상을 종교학과 선교학 관점에서 가장 탁월하게 분석했다고 인정받는 앨런 앤더슨도 최근 저술에서 '조용기의 5중 복음'이라는 제목으로 섹션 하나를 통째로 할애했다. 그는 위에서 언급한 요소들이 모두 하나로 연결된 그물망과도 같다고 분석한다. 김동수가 평가했듯, 조용기 안에 있는 이 모든 요소는 전통적인 오순절운동의 강조점을 대체로 공유하지만, 한국 상황에서 독특하게 현지화한 면도 분명히 있다. 조용기는 전 세계 오순절주의자가 강조하는 '성령 안에서의 자유'를 똑같이 강조한다. 역동성과 자발성, 열정, 영성은 모든 오순절주의자의 특징이고, 조용기와 한국 순복음교회 신자들이 질병, 가난, 실업, 고독, 악령, 주술을 다루는 태도 역시 타국 오순절 신자들의 방식과 다르지 않다. 한국적이고도 창조적인 혁신이자 선택적인 변혁으로는 산 기도를 들 수 있는데, 이는 한국인의 오랜 전통적 영성의 반영일 수 있다. 그러나 앤더슨은 이를 기독교의 샤머니즘화로 보지 않고, 한국 샤머니즘과 상호작용하는 오순절운동 특유의 능력으로 파악한다. 오순절 신자들만큼 강하게 샤머니즘 및 샤먼(무당)을 적대시하며 거부하는 기독교 전통이 없기 때문이다. 이는 조용기도 마찬가지였다.[16]

한편 앤더슨은 빈곤과 억압에 반응해 형통과 번영을 강조하는 신학이나, 중생과 구별된 성령세례, 방언, 신유, 축사 등의 가르침 모두가 고전적 오순절주의와 거의 차이가 없다고 말한다. 예수를 4중 복음의 주창자, 즉 구원자, 치유자, 성령세례자, 다시 오실 왕으로 이해하는 교단인 (4중)복음교회의 이해에 조용기가 3박자 축복을 가미해 확장한 신학이 5중 복음(구원 혹은 갱신, 성령 충만, 신유, 다른 이들과 나눠 쓰기에 충분한 풍성한 축복, 그리스도의 재림)이다.[17]

적극적 사고방식과 희망의 설교도 조용기가 만든 것은 아니다. 그는 이를 미국 캘리포니아의 수정교회Crystal Cathedral(현재는 Christ Cathedral) 목사였던 로버트 슐러에게 배웠다. 4차원 영성론의 핵심 요소인 믿음, 기도, 꿈, 말 역시 '기록된 말씀'(성경)이 '선포된 말씀'이 되는 과정을 강조한다. 이런 수단을 통해 죽은 글자가 살아나 기적이 된다는 것이다. 오순절 신자들은 이 요소들이 사도행전에서 기원했으며, 오늘날 신자들에게도 역사하는 원리라고 믿는다. 기도와 생각과 상상을 동원한다는 아이디어는 로버트 슐러와 함께 적극적(긍정적) 사고방식 개념의 전파자라고 할 수 있는 노먼 빈센트 필에게서도 차용했다.[18]

영광과 그림자

미국, 싱가포르, 남미, 아프리카 등지의 유명한 오순절 부흥사와 목회자들이 그랬듯, 조용기의 삶에도 영광과 그림자가 함께했다. 세계 최대 교회의 담임목사이자 제3세계 출신 기독교 부흥사의 대표 주자로서, 전 세계 교회에 초청받아 많은 이의 생각과 삶을 뒤흔들어 놓았던 그도 은퇴 후 여러 논란에 휩싸였다. 물론 한국교회 전반에 큰 영향력을 발휘하던 전성기에도 그는 여러 이단 시비에 휩싸였는데, 이는 한국 개신교회 주류가 기록된 계시의 종결성과 은사 중지론의 입장에 확고하게 서 있는 장로교회였기 때문이다. 1983년 대한예수교장로회 통합 총회에서 사이비 사건들(조상 숭배, 부활 처녀 소동, 치병 안수 사건, 목사 안수 남발 등) 및 축복과 구원(3박자 구원) 문제로 사이비로 규정된 일이 대표적이다. 그러나 기독교대한하나님의성회가 1996년 한국기독교교회협의회NCCK 회원 교단으로 가입한 일에서 알 수 있듯이, 1990년대 중반부터 순복음교회는 한국교회 주류로 편입됐다.[19]

일각에서는 개발 독재 시절, 인권을 억압하는 정권에 예언자적 비판의 목소리를 내지 않고 "민족의 중흥과 보조를 맞춘 민족의 복음화를 외치고, 기독교인의 총화 안보와 반공 궐기를 이끌고, 해방신학·혁명신학·흑인신학을 악마적 공산주의의 앞잡이로 보았고, 유신 독재를 지지하며 반공 담론 대중화에 일익을 담당했다"고 비난하기도 한다.[20] 물론 이 비난은 소수의 진보 교회들을 제외한 한국 교회 거의 모두에 적용된다. 그러나 조용기가 새마을운동의 시발자가 자신이라고 주장하고, 그의 설교에 자주 반공주의가 등장한 데서 확인할 수 있듯이, 그가 박정희와 전두환으로 이어지는 독재 정권에 별로 문제를 제기하지 않은 것은 사실인 것 같다.

은퇴를 얼마 남겨 놓지 않은 2004년 어간부터 조용기와 그의 가족이 여의도순복음교회, 한세대학교, 미국 베데스다대학, 「국민일보」를 포함한 여러 기관의 공금을 사적으로 유용하고, 이들 조직을 사유화하고, 가족과 친지들을 고용하는 등 비리의 온상이 됐다는 제보가 자주 등장했다. 일부는 사실로 밝혀져 법정 판결이 내려졌고, 일부는 사실관계가 불분명하다. 한때 한국 교회를 대표하는 지도자로 세계에 널리 알려졌으며, 많은 이들에게 긍정적이고 낙관적인 희망의 메시지를 전했던 거인의 '영광'은 노년의 '그림자'에 가려졌다. 조용기의 아내 김성혜 한세대 총장은 2021년 2월 11일 79세를 일기로 별세했다.[21] 조용기도 그 7개월 전인 2020년 7월에 뇌출혈 증상을 보여 수술을 받고 병원에 입원했다.[22] 수술 후에도 완전히 회복되지 못하고, 결국 2021년 9월 14일 오전에 아내의 뒤를 이어 별세했다. 향년 86세였다. 장례 예배는 한국교회총연합이 주도하는 한국교회장으로 여의도순복음교회에서 열렸다. 하관예배는 파주시 오산리 최자실국제금식기도원 묘역에 묻힌 아내의 무덤 옆에서 18일에 진행되었다.[23]

제4부

혼종

경계를 넘어서다

마지막 4부는 '혼종'이라는 주제어에 어울리는 인물들을 배치했다. 교통과 통신, 학문의 발달로 시공간을 넘어서는 교류가 활발해진 20세기에는 혼종이 아닌 기독교인을 찾는 것이 더 어렵기도 하다. 4부에서 다루는 인물들은 세계화로 국경이 사라진 시대에 서로 다른 교파와 출신 지역, 활동 분야 등 다양한 영역의 경계를 넘나들며 기독교의 지평을 넓히는 데 일조했다.

존 모트는 20세기 전반기에 세계에서 가장 유명한 기독교인으로, YMCA, SCM, SCF, 에든버러 대회, IMC 등 세계기독교 연합 모임을 주도하여 전 대륙의 기독교를 하나로 모은 인물이었다.

칼 바르트는 20세기 개신교 현대 신학의 분기점을 만든 인물이다. 20세기 신학은 그의 사상 전후로 흔히 구분되며, 종교개혁 시대 루터파, 칼뱅파 등과 마찬가지로, 현대 신학에도 바르트파로 불리는 느슨한 학자 집단이 있다. 다른 거대 사상가와 마찬가지로, 바르트는 개신교의 진보와 보수 사이의 경계를 쉽게 결정하기 어려운 영역을 구축한 혼종형 신학자였다. 스위스인이면서 독일에서 주로 활동했고, 독일에서 활동했지만 영어권에서 가장 널리 읽히며, 개신교 신학자이지만 가톨릭과 정교회 신학자에게서도 두루 참고되며, 신학자이지만 철학과의 경계도 쉽게 넘나들었고, 정통으로 돌아갔지만 기존 정통의 경계를 무너뜨리기도 했다. 누군가에게는 자유주의자로, 누군가에게는 근본주의자로 비난받는다.

마틴 루터 킹 역시 경계를 넘어서 흔적을 뚜렷이 남겼다. 그는 민권운동을 이끈 미국 흑인 기독교인 지도자로 가장 선명한 정체성을 구축했다. 그러나 목사, 운동가, 학자, 연설가 활동에는 거룩한 비폭력 성인, 급진적인 빨갱이 선동가, 위선적인 타협주의자라는 딱지가 어지럽게 뒤섞여 있다.

요한 바오로 2세도 마찬가지다. 첫 폴란드인 교황, 세계 여행을 가장 많이 한 교황, 바티칸 II의 개혁유산을 계승한 교황이라는 측면에서 기존 틀을 전복한 세계주의자이자 혁신주의자로서의 면모가 돋보인다. 그러나 1960년대에 탄생한 남미 해방신학 전통을 억압하고, 윤리문제와 사회문제에 전통적 입장을 고수했다는 점에서는 보수 정통파였다고 여전히 말할 수 있다.

레슬리 뉴비긴의 혼종성은 특히 두드러진다. 잉글랜드인으로서, 스코틀랜드국교회의 파송을 받아, 인도에서 선교사로 활동하며 연합된 남인도교회의 주교가 된 인물이다. 에큐메니컬운동의 주역 중 하나였으나, 생애 후반에는 이 운동의 비판자가 되면서 복음주의자의 사랑을 듬뿍 받았고, 기독교 국가 영국에서 인도에 선교사로 갔으나 은퇴한 후에는 다종교 국가 영국에서 다시 선교사가 되어야 했다.

마지막으로 **C. S. 루이스**의 행보도 흥미롭다. 아일랜드에서 자란 잉글랜드인으로서, 평생 아일랜드를 그리워하면서도 진짜 아일랜드인과는 어울리지 못한 인물. 무신론자에서 합리적 유신론자로, 그리고 최종적으로 거실마루의 '순전한' 기독교인으로 단계별 회심을 하지만, 거실마루를 넘어 특정한 방으로 들어가기는 꺼린 인물. 영국에서 평생 살면서 한 번도 미국에 가 본 적이 없었고, 한 번도 스스로를 복음주의자로 생각하지도 않았지만, 미국 복음주의계에서 상상도 못한 인기를 누리며 복음주의의 아이콘이 된 인물. 문학자로서 홀로 상상과 유비의 언어로 기독교를 간접 묘사함으로써, 신학과 논리의 언어로 기독교를 직접 변증한 신학자 100명의 몫을 해낸 일당백 변증가가 루이스였다.

위 1946년 당시의 존 모트.
아래 1933년 예루살렘의 YMCA 새 건물 앞에서, 존 모트(왼쪽).

1918년 모트 한국 방문시 YMCA 지도자와 찍은 기념사진. 상단 중앙 키 큰
인물이 모트, 그 오른편이 이상재, 맨 오른쪽에서 두 번째가 언더우드.
Underwood of Korea / 서울역사박물관

1914년 당시의 존 모트.

1920년 당시의 바르트.

바르트가 저술한 『교회교의학』 독일어판.
안명준 교수 / Wikimedia Commons

독일에서 발행된 칼 바르트 기념 우표.

1956년 3월에 부퍼탈에서 강연하는 바르트.
Hans Lachmann / Wikimedia Commons

위 1967년 세인트폴 미네소타대학에서 베트남전 반대 연설을 하는 마틴 루터 킹.
Minnesota Historical Society / Wikimedia Commons

아래 1964년 흑인에 대한 인종차별을 없애기 위한 민권법 시행 문서에 서명하는 린든 존슨 대통령.

1963년 연설하는 킹.

위 부모님과 형 에드문트.

아래 교회에서 복사로 봉사한 아이들과 함께한
카롤 보이티와(앞줄에서 두 번째).

성찬례에 처음 참석한 아홉 살의 카롤 보이티와.

2004년 바티칸 성베드로 광장에서 교황 전용차에 탑승한 요한 바오로 2세.
Radomił Binek / Wikimedia Commons

1985년 당시 요한 바오로 2세.
Rob Croes, Anefo / Wikimedia Commons

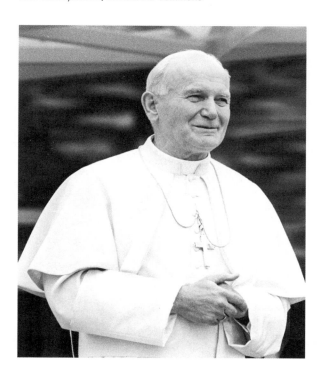

위 1954년 미국 에반스턴에서 열린 WCC 2차대회에서
젊은이들과 함께 아침 식사하며 교제하는 뉴비긴.

아래 1949년 12월에 태국 방콕에서 열린 IMC 및 WCC 대회에 참석한 인도 대표단.
M. M. 토마스, 레슬리 뉴비긴 주교, R. B. 마니캄 주교.

위 1961년 11-12월 인도 뉴델리 WCC 3차대회 중
ABC 방송국 새뮤얼 로젠버그 기자와 인터뷰하는 뉴비긴.

아래 위와 같은 시기, ABC방송의 로젠버그 기자,
뉴비긴, 맥매스터 목사, 촬영기사 하티건.

옥스퍼드대 모들린칼리지의 상징 그레이트타워. 루이스는 1925년부터 모들린칼리지 영문학과 연구원으로서 학생을 지도했다. LegesRomanorum / WIkimedia Commons

루이스와 톨킨을 포함한 잉클링스가
정기적으로 만난 펍 The Eagle and Child.
Stefan Servo / Wikimedia Commons

1917년 옥스퍼드대학 유니버시티칼리지에서 트리니티학기 중에
학우들과 찍은 루이스 사진. 맨 뒷줄 오른쪽 끝이 루이스.

16. 존 모트

21세기를 사는 한국 기독교인에게 존 모트John Raleigh Mott, 1865-
1955의 이름은 낯설다. 선교 역사를 공부했거나 선교한국 대회에서
강연을 들은 경우를 빼놓고는, 소수 신학생을 제외한 이들이 존 모
트를 알기는 어렵다. 그러나 1950년대 이전의 기독교인에게는 아마
도 개신교인 명사 중 가장 유명한 이름이 존 모트였을 가능성이 크
다. 1945년 이후 기독교가 세계화하기 이전, 여전히 서유럽과 북미
가 개신교 세계의 중심이었던 시절에, 서양뿐만 아니라 선교지 신생
교회가 세워진 세계 전역에서 가장 널리 회자된 이름이 바로 존 모
트였다.

　존 모트가 살았던 1860-1950년대는 서양 개신교 선교운동의
전성기와 정확히 일치한다. 17세기 네덜란드 개혁교회 선교사들의
대만 선교와 18세기 초 독일 루터교 경건주의 선교사들의 인도 선
교가 개신교 해외선교운동의 시발점이었다. 이어서 잉글랜드인 윌
리엄 캐리의 1792년 인도 선교에서 불꽃이 되어 타오르기 시작한

개신교인의 세계선교는 1860년대 이후 영미권을 포함한 서양 교회 대부분이 참여하는 보편적 운동이 된다. 이 운동은 세기 전환기의 여러 갈등 속에서 제2차 세계대전과 냉전 체제의 시작 즈음에 약화되면서 새로운 전환점을 맞는다. 주류 교단이 아닌 독립 선교회나 전문인 선교 단체로 주역이 바뀌거나, 서양만이 아니라 비서양을 포함한 세계 전 지역의 교회가 동시다발적으로 참여하는 범세계적 global 운동으로 전환된다.

존 모트는 이 점에서 20세기 전반 세계기독교를 대표하는 인물이다. 그는 1954년 마지막 공식석상에서 "여러분, 존 모트가 죽을 때, 그를 전도자로 기억해 주세요"라고 말했다.[1] 그러나 그는 예수를 믿으라고 외치는 대규모 전도집회를 이끈 부흥사형 전도자는 아니었다. 오히려 성년이 된 이후 인생 대부분에 걸쳐 전 세계를 돌아다니며 선교사와 현지 기독교인의 필요를 채우고, 갈등을 조정하여 함께 연합하고 동역하게 만들며, 사역에 원칙과 방향을 제시한 조정자이자 설계자의 역할을 감당했다. 이런 역할로 그는 서양인뿐만 아니라 비서양 지역 현지 기독교 지도자를 얼굴과 얼굴을 맞대고 가장 많이 만나고 대화한 인물로 기억된다. 바로 이런 이유로, 모트는 기독교 선교계의 유명 인사였을 뿐만 아니라, 일반 사회에서도 평화와 화합의 대명사가 되었다. 그 공로를 인정받아 1946년에 노벨평화상을 수상하기도 했다.

대표

모트만큼 '대표'라는 이름이 어울리는 인물은 흔치 않을 것이다. 그는 SVM, YMCA, WSCF, 1910년 에든버러 세계선교대회, IMC 같은 다양한 조직의 대표로 활동했다. 모트는 미국 뉴욕주 남부 설리반카운티에서 1865년 5월 25일에 태어났다. 4남매 중 셋째로, 외아들이었다. 모트가 태어난 얼마 후 가족은 중서부 아이오와주로 이사했다. 19세기 후반부터 20세기 전반기에 이르기까지 미국에서 해외선교 헌신자를 가장 많이 배출한 중서부 땅의 신앙적 영양분을 흡수할 기반이 마련된 것이다. 부모는 그 시기 미국에서 가장 뜨거운 교파 중 하나인 감리교에 속한 신실한 신자였다. 모트도 13세 무렵에 처음으로 그리스도께 삶을 드리기로 헌신했다.

모트가 청년 및 선교 활동에 관여하게 된 계기는 코넬대학 전학이었다. 그는 집에서 멀지 않은 곳에 있던 어퍼아이오와대학에서 1년간 역사학을 공부한 후 뉴욕주의 코넬로 옮겼다. 여기서 대학기독인연합University Christian Association 회장직을 역임한 모트는 이 대학 YMCA를 미국에서 가장 크고 활발한 학생 YMCA 지부로 성장시키는 재능을 보여주었다. 이것이 이후 탁월한 대표로서의 첫 경력이었다.

모트가 한 대학 학생 기독교 단체 대표를 넘어서서 선교와 세계기독교라는 더 큰 바다로 뛰어들 수 있게 자극을 준 인물은 J.E.K. 스터드였다. 그는 영국 케임브리지대학의 전 크리켓선수였다. 같은 크리켓 스타이면서 선교사로 헌신한 '케임브리지 7인'의 일원 C.T. 스터드의 형이기도 했다. J.E.K. 스터드가 1886년에 코넬을 방문해

집회를 열었다. 이때 현장에 참석한 모트는 선교에 헌신하기로 결단했다. 이 결단 직후 7월에 모트는 당시 미국에서 가장 유명한 부흥사 D. L. 무디가 매사추세츠주 마운트허먼에서 주최한 대학생 여름학교에 한 달간 참석했다. 여기서 모트는 하나님께서 허락하신다면 하나님께 자신을 드려 해외 선교사가 되겠다고 결단하고 서명한 마운트허먼 100인Mount Hermon 100의 일원이 되었다. 이 모임은 2년 후 1888년에 해외 선교를 위한 학생자원자운동SVM으로 공식 발전했다. 이후 모트는 1920년에 사임할 때까지 SVM 의장으로 32년 동안 활약했다. SVM은 1945년까지 학생 총 2만 745명을 해외 선교에 동원하는데, 이는 실제로 1888년 이후 1920년대 말까지 해외 선교에 자원한 미국 개신교 선교사의 약 70퍼센트에 해당하는 엄청난 숫자였다. 같은 시기 한국에 온 선교사들도 70-80퍼센트가 다양한 SVM 유관 모임을 통해 한국에 자원했다는 점에서, SVM은 한국 기독교의 탄생에도 지대한 영향을 끼쳤다.

　　SVM 간판으로 활약한 모트가 한 기관에서만 평생 봉사한 것은 아니다. 당시 해외 선교, 청년 및 학생 활동, 사회사업, 교회 간 협력 등의 대의는 서로 긴밀한 네트워크로 얽혀 있었다. SVM 대표로서 이른 시기에 재능을 과시한 모트는 다른 기관들과의 네트워크에서도 중심에 있었다. 1887년에 코넬대학을 졸업한 후 그는 1년 임기로 북미 지역 전국 대학 YMCA를 순회하는 총무로 처음 임명되었다. 그가 이 임무를 너무 잘 감당하자, 계약은 1년 연장되었다. 결국 1890년에는 미국 YMCA 전체를 총괄하는 선임학생총무가 되었다. 11년 후 1901년에는 해외부의 부총무, 1915년부터 총무로 임명되었고, 1928년이 되어서야 모든 YMCA 직무를 내려놓았다. 무려

40년간 미국 YMCA의 간판으로 활약한 것이다. 모트는 약 40년간의 YMCA 사역과 약 30년간의 SVM 사역을 연계했다. 이로써 SVM은 YMCA의 선교 분야를 책임지는 운동으로, YMCA는 SVM의 학생 및 도시 기반 본부 역할을 하면서 상호 영향력을 주고받았다. 이 두 활동이 겹치는 시기, 즉 1895년부터 1928년까지 33년간 모트는 미국 전역의 여러 개신교 학생운동을 연합하기 위해 1890년대에 설립된 세계기독학생회총연맹World Student Christian Federation, WSCF의 초대 총무와 의장으로도 일했다. 이렇게 그는 일평생 꿈꾸던 개신교 학생운동의 연합에도 기여했다.

이런 청년 및 선교운동의 연합 정신은, 모트가 원숙한 장년으로 성장하여 전성기에 접어든 20세기에 더 구체화되었다. 1910년에 스코틀랜드 에든버러에서 열린 세계선교대회는 한 세기 이상 진행된 개신교 세계선교운동이 교파별, 국가별, 선교 지역별로 각개전투하면서 이전투구하던 양상을 버린 대회, 또한 협력과 대화의 정신하에 체계화하는 기반을 마련한 대회로 평가받는다. 따라서 1910년 이전까지 세계선교 현장과 모국 교계 모두에 끼치는 포괄적인 영향력을 갖고 존경을 받는 인물이 이 대회를 책임지는 대표가 되어야 했다. 이 역할의 적임자에는 이견이 없었다. 모트가 영국의 J. H. 올덤과 함께 공동의장을 맡았다. 모트가 이 대회에 남긴 특별한 흔적은, 1900년에 열린 뉴욕 선교대회가 대규모 대중집회였던 것과는 달리, 당대 선교운동이 당면한 문제를 과학적으로 연구해서 발표하는 전문가들의 모임으로 에든버러 대회의 색깔을 규정한 것이다. 1910년 에든버러 대회가 선교 역사에서 가장 중요한 대회로 평가받는 이유는 본 대회가 그 자체로 기념비적인 성과를 올렸기 때문이다. 그러나 이후 극동과 인도를 중심으로 에든버러 후속 위원회 지역별 대회들이 계속 열리고, 이 모임들이 각국 개신교 연합 조직 창립의 산파 역할을 하게 된 것도 중요한 이유였다. 결국 후속 위원회가 각국에서 벌인 활동의 결과, 단회성으로 끝나고 마는 선교대회가 아니라 전 세계의 선교를 총괄하고 협의하는 세계선교협의회International Missionary Council가 1921년에 창립되었다. 이 협의회 의장 자리도 역시 모트의 몫으로, 1941년까지 이 직책을 수행했다.

이후 모트는 1928년에 예루살렘 선교대회 의장, 1938년 인도 마드라스의 탐바람 세계선교협의회에서도 대회장으로 활약했다. 1948년 세계교회협의회WCC 창립총회에서 모트는 명예회장이라는 영예를 얻었다. 모트는 선교의 고유한 위상을 강조하는 IMC가 WCC에 통합되면 선교의 동력을 상실하지는 않을까 염려했다. 그의 우려에도 불구하고 결국 IMC는 모트 사후인 1961년 WCC에 통합되었다. 모트는 선교적 에큐메니컬운동을 통해 기독교계를 넘어 세계의 평화에 기여한 공을 인정받아 1946년에 노벨평화상을 받았다.[2]

중재자

모트는 청년 시절부터 교파, 인종, 국가, 지리, 성별을 초월해서 모두가 한 가족이자 형제자매로 인정받는 보편적ecumenical 신앙 공동체를 꿈꾸었다. 이것이 기독교 신앙과 교회의 이상이라 믿었기 때문이다. 이런 이상은 그 자신의 성장 배경과 경험에서 비롯되었다.

감리교 집안 출신인 모트는 퀘이커 전도자의 설교를 듣고 회심했다. 대학에 가서는 초교파 YMCA 전도자를 통해 학생 복음화운동에 눈 떴고, 특정 교단 소속 없이 초교파로 부흥집회를 이끌던 복음주의자 무디의 영향 아래 선교에 헌신했다.

특히 그는 19세기 말 감리교에서 파생해서 미국과 영국 등지에서 큰 영향력을 발휘한 성결운동의 성화 사상에도 지대한 영향을 받았다. 당시 성결운동은 교단 조직을 가진 운동이 아니었다. 기원은 웨슬리파였지만, 교파와 상관없이 형식주의와 타성에 젖은 기존 신자의 신앙생활을 갱신하는 운동이었다. 따라서 아이오와 집에서 그가 자주 읽은 성결운동 계통 정기간행물에서 자주 강조된 '다양성 속의 일치'unity in diversity와 보편적 기독교회가 그의 이상이 되었다. 기도의 사람으로 알려진 모트가 가장 자주 읊조린 기도는 "그들도 하나가 되게 하옵소서"(요 17:22)였다. 이런 사상적, 신앙적 기반이 '선교'라는, 즉 일치와 연합이 아니고서는 성공과 당위성을 확보할 수 없는 실천 방식과 만나면서 강력한 에큐메니즘으로 발전했다.[3]

전 세계선교운동의 설계자이자 대표, 조직자였기에, 모트는 국가, 언어, 지역, 교파별로 선교 현장에서 일어나는 수많은 갈등을 조율해야 했다. 따라서 에큐메니즘에 근거한 중재 정신은 필수였다. 19세기 말과 20세기 전반기에는 기독교 신앙의 본질을 둘러싸고 논쟁이 벌어져 개신교 세계를 두 개로 쪼개 놓은 근본주의-현대주의 논쟁이 발생했다. 이 논쟁이 선교의 본질과 방법에도 지대한 영향을 끼쳤기에, 선교 지도자들도 이런 논쟁에서 자유롭지 못했다. 이 과정에서 미국 북장로교회의 로버트 스피어나 A. J. 브라운와 마찬가지로, 모트는 대체로 중용의 길을 택했다. 세상 모든 인류가 죄 사

함을 받아 그리스도를 믿는 믿음으로 구원받아야 한다고 믿었다는
점, 그리스도의 유일성을 강조했다는 점에서 모트는 보수적이고 전
통적이었다. 그러나 교회의 하나 됨을 지키라는 명령과 효율적인 선
교운동을 위해 신학적 견해가 다른 이들과도 협력해야 한다고 믿었
다는 점에서는 관용적이고 포괄적이었다. 이 때문에, 중간 어딘가에
서 있는 사람이 늘 그렇듯, 보수와 진보 양 진영으로부터 인정과 비
난을 동시에 받았다.[4] 이런 신앙적인 주제 외에도 그는 정치사회적
인 면에서 평화를 지속적으로 구현하려고 노력했다. 이런 그의 평화
정신을 보여주는 상징적인 일화가 하나 있다.

　　19세기 중후반 이후 개신교 해외 선교운동이 강력한 추진력을
확보했을 때, 이 운동을 이끈 주역은 영미권 선교사들이었다. 그러
나 영국계 선교사보다 앞서 개신교 해외 선교의 선구자가 된 경건
주의자를 비롯해, 독일계 선교사들이 아시아와 아프리카 여러 지역
에서 벌인 선교 사업의 규모와 열매도 상당했다. 특히 1910년 에든
버러 선교대회 이후, 국적을 초월해서 협력하는 국제 개신교 공동체
정신과 공감대가 더 견고해졌다. 그러나 전쟁이 이 모두를 망쳤다.
1914년에 독일이 유럽에서 1차대전을 일으켰다. 당시 독일 선교사
들은 에든버러의 에큐메니컬 정신에 따라 아프리카와 아시아, 태평
양 지역에서 자신들의 선교 활동을 지속하기를 바랐다. 그러나 영국
등 연합군에 속한 나라는 자신들이 식민지로 차지했던 지역과 독일
식민지에서 활동하던 독일계 선교사들의 활동을 통제하고 심지어
추방했다. 독일 지도자들과 영국 지도자들 사이에서 문서를 통한 날
선 공방이 벌어졌다. 이때 적대 행위를 중단하고 타협하라며 둘 사
이를 중재한 인물이 바로 존 모트였다.

1917년부터 미국도 연합군의 일원으로 참전했기에, 모트도 전쟁의 책임이 독일에 있다는 연합군의 주장에 공감했다. 그러나 선교에서는 중재자 역할을 해야만 한다고 판단했기에, 실제로 최선의 노력을 기울였다. 모두 예상할 수 있듯이, 이 중재는 실패했다. 이때의 적대감은 2차대전 시기까지 이어졌고, 그 결과 영미 선교계와 독일 선교계는 상당 기간 상호 적대감을 버리지 못했다.[5]

애한파

빌리 그레이엄이 등장하기 이전에, 지치지 않는 에너지로 전 세계 무대를 자주 누빈 인물로 모트의 이름을 빼놓을 수 없다. YMCA 순회 전도자로 임명된 23세 때부터 세계일주는 그의 운명이었다. 점차 이름을 떨치면서부터는 미국뿐만 아니라 유럽 및 아시아, 아프리카, 오세아니아, 남미 등 세계 전역으로 활동무대를 넓혔다. 유럽을 두 손에 꼽을 수 없을 정도로 자주 방문했고, 아시아를 일곱 번, 러시아를 다섯 번, 중동을 다섯 번, 아프리카를 세 번, 오스트레일리아를 두 번, 남미를 한 번 방문했다. 비행기를 타고 여행한 첫 해가 1946년이었으므로, 이전까지는 주로 배와 기차를 탔는데, 이들로만 총 170만 마일(약 273만 6,000킬로미터, 지구 둘레를 약 70번 돈 거리)을 이동한 것으로 추정된다.[6]

선교사들이 전한 복음을 통해 지역별로 뿌리내린 토착 교회와 그 현지 지도자들에 대한 모트의 애정은 남달랐다. 이미 1895-1897년 첫 선교지 방문 여행부터 그의 이런 성향은 두드러졌다. 일본 YMCA 총무로 일했던 소이치 사이토는 모트를 '세계 젊은이들의 아버지'라 부르며 존경을 표했다.[7] 1911년 신해혁명 이후 공화국이 된 중국 상하이에서 1913년에 열린 중국 전국기독인대회의 대회장은 놀랍게도 존 모트였다. 당시 대회는 1910년 에든버러 대회 이후 세계 각지에서 열린 에든버러 후속 대회가 각 국가별 교회 연합 조직으로 편성되는 과정을 반영했다.[8] 때마침 중국에 온 모트가 세계 개신교계를 대표하는 인물로 중국 기독교인과 현장 선교사들에게 인식되었음을 의미했다. 아시아 선교 및 연합 기관의 형성 과정에서 남긴 모트의 흔적은 한국에도 뚜렷이 새겨졌다.

모트는 한국에 여섯 차례(1907년, 1913년, 1922년, 1925년, 1929년, 1935년) 방문했다. 첫 방문은 1907년 1월로, 한국과 일본이 을사늑약을 체결한 지 2년차 되는 해이자 역사적 평양대부흥이 막 시작된 무렵이었다. 당시 그는 왕실과 한국 기독교인의 엄청난 환대를 받았는데, 왕실 연회는 무려 3일간 진행되었다. 당시 그는 서울 YMCA가 배재학당에서 1901년에 설립된 후 한국에서 활동한 세 총무, 필립 질레트, 프랭크 브로크먼, 조지 그레그의 지도하에 회원이 900명이나 될 정도로 성장한 것에 깊은 인상을 받았다. 또한 며칠간 두 차례 오후 모임에 참석한 인원이 2,500명이나 된 사실, 그중 한 모임은 세 시간이나 이어진 것에 놀랐다. 모트는 이 기간 중에 존 워너메이커가 서울 YMCA 건물을 지으라고 4만 달러를 기부했다는 사실도 알렸다. 이때 받은 인상이 너무도 강렬했던 모트는 비슷한 내용의 보고서를 여러 매체에 기고했다. 차후에 이 보고서 내용 중 전 세계 선교사와 학자들에게 널리 알려지게 되는 내용이 있었다. 바로 한국 기독교가 이런 속도로 계속 성장한다면, 한국이 비기독교 세계에서

완전히 복음화한 첫 번째이자 유일한 기독교 국가가 되리라는 언급이었다.[9]

모트의 두 번째 방문은 1913년에 이루어졌다. 당시 방문은 1912-1913년에 인도, 중국, 만주, 한국, 일본 등 아시아 지역에서 에든버러 대회의 후속 위원회 활동이 진행되도록 하는 것이 목적이었다. 모트는 아내와 함께 1913년 3월 25일부터 29일까지 머물렀다. 당시 모트는 1907년에 방문했을 때보다 한국 교회가 더 경직되고 긴장된 상황에 처해 있다고 판단했다. 1907년과는 달리, 한국이 일본의 완전한 식민지가 되어 있었기 때문이었다. 따라서 한국 기독교인과의 공식 행사를 진행하기 전에, 먼저 외교 채널을 통해 일본 정부 관료들을 만나야 했다. 모트는 자신이 한국에 있는 동안 몇 가지 작은 폭력 사태가 일어났다고 기록하며, 특히 중요한 한국인 지도자의 상황도 기록으로 남겼다. 당시 한국 YMCA의 총무 중 한 사람이던 이승만은 자금 모금차 미국을 방문하고 있었고, 1907년 방문 당시 통역자이자 1910년 에든버러 대회의 유일한 한국인 참여자였던 윤치호는 정부 전복 음모 사건(105인 사건)으로 수감 중이었다. 후속 위원회 모임도 열렸지만, 더 인상적인 것은 모트가 당시 한국인을 대상으로 전도집회를 열었다는 사실이다. 집회를 위해 큰 천막이 세워졌는데, 건장한 한국인 3,000명이 참석했다. 모트는 이 집회를 "살아 있는 내내 잊지 못할 장면"이라고 했다. 이후 그는 "사랑스런 한국인의 얼굴들"이 자기 마음의 눈에 늘 보인다고도 회고했다.[10]

세 번째인 1922년 방문은 베이징에서 4월에 열릴 WSCF 집회를 주목적으로 가는 길에, 일본과 한국을 잠시 거치는 방문이었다. 따라서 별로 비중이 크지 않은 방문처럼 보이지만, 실제로는 꽉

찬 사흘을 보냈다. 서울에서 이틀을 지내며 왕실 인사와 선교사, YMCA 활동가들을 만났고, 한국인을 대상으로 집회에서 연설했다. 이번 일정에는 평양 방문도 있었는데, 한국에서 가장 큰 교회(아마도 장대현교회)에서 남성을 대상으로 집회를 인도했고, 동행한 아내는 다른 교회에 모인 여성을 대상으로 집회를 인도했다.[11]

1925년의 네 번째 방문에 대해서는 상대적으로 많은 문헌이 당시 상황을 전한다. 첫 번째 방문이 YMCA, 두 번째 방문이 에든버러 후속 위원회, 세 번째 방문이 WSCF 관련 일정이었다면, 이번 방문은 1921년에 창설된 IMC 의장 자격으로 찾은 방문이었다. 물론 이전과 마찬가지로 그가 여러 기관에 발을 걸치고 있었기에 IMC 및 YMCA 관련 인사들과의 만남이 중첩되었다. 일본을 먼저 들른 모트는 서울로 가기 전에 부산에 들러 윤치호와 하루를 보냈다. 1913년 방문 당시 윤치호가 감옥에 있던 터라 만나지 못했기 때문에, 편히 만난 이들은 일본 치하 한국의 정치 및 사회, 교회 상황을 놓고 교감을 나눴다. 이어서 서울로 이동한 모트는 사흘을 보냈다. 이 일정 중 가장 중요한 사건은 선교사와 한국인 기독교 지도자를 포함한 60여 명이 조선호텔에 모여 한국 기독교의 현실과 상황을 놓고 토론한 일, 그리고 1928년에 예루살렘에서 IMC 대회를 개최하는 것을 한국 기독교 지도자들에게 승인받은 일이었다.[12]

모트의 방문에 대한 소식은 「조선일보」와 「동아일보」 등의 신문이 간략히 전했고, 조선기독교봉역자회의의 분위기와 당시 논의된 사항은 한국에서 활동하던 선교사 앨프리드 왓슨의 기고문, 영어판 및 한글판 공식 보고서를 통해 확인할 수 있다.[13] 왓슨의 보고서에 따라 회의에서 상정된 질문을 쉽게 풀어 쓰면, '한국에서 당면한 문제들이 무엇이며, 이 문제들과 관련하여 세계기독교인들의 경험이 어떤 도움이 될 수 있을까?' 하는 것이었다. 특이한 점은 보통 회의와는 달리 이 회의의 발언자 대부분이 한국인이었고, 선교사들은 주로 듣기만 했다는 사실이다. 당시 약 20개의 주제가 등장했는데, 왓슨은 이 중 가장 중요하고 긴급한 것으로 판단한 일곱 가지를 보고서에 요약해 실었다.

1. 한국인의 더 나은 생활환경: 최소한의 생존에 필요한 상황이 구비되지 않으니, 복음 전파가 어렵다.

2. 교회 젊은이들의 구원: 교회 운영 학교들이 살아남기 힘들고, 기독교 정신을 잃어 가며, 학생들이 반기독교 선전으로 정신적 혼돈에 빠져 있다.

3. 선교사와 한국인 지도자 간 더 나은 이해와 협력: 초기 선교사들은 한국인과 더 친밀한 개인적이고 인격적인 교감과 상호 의존을 유지했으나, 차세대 선교사들은 오래된 책으로만 한국을 배우니 이런 선입견 때문에 상호 소통이 힘들다. 모든 사람에게 모든 사람이 되라는 바울의 본을 따라, 선교사는 더 한국화하여야 한다.

4. 더 폭넓은 교회 프로그램과 더 간명해진 교회 사역 방법론: 교회가 자기 생존에만 급급해서 사회를 구원하는 기관 역할을 못하므로, 조직은 가볍게 하고 방법론은 더 효율적이어야 한다.

5. 한국 내 기독교 조직들의 연합: 여러 서양 선교 조직의 자금과 행정을 대표 조직 하나로 통합하자.

6. 기독교의 본질에 대한 명료한 선언문: 선교사와 목회자가 제각각

기독교 본질을 다르게 주장하므로, 기독교를 적대하는 자들에게 분명한 답을 주기가 힘들다.

7. 명목상으로만 기독교인 지역이 참된 기독교에 덧붙여 씌운 악 제거: 반기독교운동은 선교사나 그리스도를 향한 것이 아니라, 군사주의·자본주의·제국주의를 향한 것이다.

당시 분위기에 긴장감이 서려 있었다는 사실은 왓슨의 보고서를 통해서도 어느 정도 읽어 낼 수 있다. 그런데 영어와 한국어 보고서에는 기록되지 않은 후문이 1970년대 한국어 문헌에 등장한다. 이 문헌에 등장하는 일화의 원 출처를 확인하기는 힘들지만, 아마도 왓슨이 정리한 3번 항목과 관련이 있는 것 같다. 당시 한국인 지도자 대표 중 하나이자, 장로교 최초 7인 목사 중 하나인 한석진이 "선교사들이 한곳에 오랫동안 체류하면 자기가 세운 교회며 학교라는 생각으로 우월감을 가지고 영도권을 행사하려고 하게 되니, 이것은 참된 복음 정신에 위배되며 교회 발전에 방해가 될 뿐이며, 조금도 도움이 안 됩니다"라며 선교사들을 비판했다. 이에 한석진에게 세례를 주고, 자신의 조사로 일하게 했던 30년 인연의 새뮤얼 마페트가 일어나 항의했다. 그러자 한석진이 "마 목사! 당신도 속히 이 나라를 떠나지 않으면 금후에는 유해무익한 존재가 됩니다. 마 목사는 처음부터 나와 함께 일한 친구요 동지로서 진심으로 사랑하기 때문에 하는 말이니 용서하시기 바랍니다"라고 했다고 한다.[14] 이 발언의 진위 여부를 정확히 확인하기는 힘들지만, 1920년대를 기점으로 한국인 지도자와 외국인 선교사와의 관계에 상당한 변화가 일어나고 있음을 감지할 수 있다. 모트는 이 회의에 대한 더 내밀한 기록을 남기지 않았지만, 이전부터 평균적인 현장 선교사들에 비해 현지인 지도자에게 지도권을 이양해야 하는 시기를 대체로 더 일찍 잡는 열린 태도를 보였다.[15] 이 점에서, 이 대회에서 한국인이 주장한 내용에 모트가 긍정적인 반응을 보였을 가능성이 크다.

모트의 다섯 번째 한국 방문은 1929년에 이루어졌다. 전년도에 IMC 예루살렘 대회가 열린 후, 대회 메시지를 각 지역에 전하기 위한 1928-1929년 8개월 순회 여행 일정의 일부였다. 당시 한국 방문은 닷새로 이전보다 길었는데, 이번 여행의 가장 중요한 수확은 1924년 9월에 조직된 조선예수교연합공의회(현 한국기독교교회협의회)가 주최한 대회에 참석한 일이었다. 여섯 차례 이상 설교와 연설을 했고, 한국·일본·미국 기독교인이 모인 작은 대화 모임을 만들어, 당면한 문제를 상호 조정하여 해결할 수 있게 도왔다.[16]

여섯 번째이자 마지막 한국 방문은 1937년 3월 30일부터 4월 3일까지였는데, 서울 도착과 퇴경을 당시 「동아일보」가 두 차례 보도했다. 당시 IMC 회장 '목덕박사'穆德博士로 표기된 모트는 3월 30일에 서울에 도착해서 조선기독교예수교연합공의회 대회와 YMCA 대회에 참석한 후 4월 3일에 서울을 떠났다.[17]

1860년대에 태어나서 1950년대에 사망한 모트는 서양 개신교 선교운동의 전성기를 오롯이 살아 냈다. 이 시기 개신교는 지리적으로 서양을 넘어 비서양 곳곳으로 퍼져 나갔다. 모트는 비서양 기독교가 인구와 영향력과 실제 활동에서도 세계의 주역이 되는 날을 생전에 목격하지는 못했다. 그러나 모트는 기독교의 세계화와 지역화의 다채롭고도 흥미진진한 만남과 통섭의 뿌리와 줄기를 만든 인물이었다. 세계기독교라는 거대한 숲에서 줄기와 뿌리로 모든 나무를 연결하며 숲 전체를 하나의 거대한 가족으로 만들었다. 모트는 20세기 전반기 세계기독교 숲의 한복판에 서 있는 가장 큰 나무였다.

17. 칼 바르트

칼 바르트는 20세기 신학계에서 거인이자 교부로 인정받는다. 조직신학의 거의 모든 주제를 광범위하게 다뤘고, 한 시대를 풍미한 신학의 흐름을 완전히 바꾸는 이정표를 만들었으며, 많은 신학자들에게 격렬한 반응을 불러일으켰다. 맹목적인 추종자 집단과 과격한 비판자 집단을 동시에 양산했으며, 자신이 활동했던 독일어권 스위스와 독일 및 개혁파 진영을 넘어 유럽의 다른 언어권, 다른 대륙, 비서양 지역, 다른 교파, 심지어 로마가톨릭과 동방정교회에까지 영향을 끼치며 논란을 불러일으킨 인물이었다. 예컨대 20세기 영어권 조직신학 세계의 지형도를 보여주기 위해 저명한 학자들의 글을 모은 『현대 신학 지형도』*Mapping Modern Theology*는 독자들에게 마치 바르트 신학 해설서처럼 읽히기도 한다. 이 책의 저자 13명 중에는 복음주의 신학자, 바르트의 영향을 받은 신정통주의자, 이들보다 더 폭이 넓은 주류 교단 소속 학자도 있지만, 이들이 각자의 주제를 다루면서 압도적인 분량을 인용한 신학자는 예외 없이 칼 바르트였다.[1]

한마디로 그를 영웅으로 숭배하든, 아니면 수구적 반동주의자 또는 정통으로 위장한 자유주의자라 비난하든, 바르트는 20세기 신학계의 모든 이가 숨을 헐떡이며 올라가야 할 거봉이자 다른 모든 경쟁자조차 고개를 들고 바라볼 수밖에 없는 거인이다.

그러나 이처럼 이름이 널리 알려져 있음에도(혹은 바로 그 때문에), 사실상 바르트만큼 다양한 꼬리표를 달고 오해를 산 인물도 많지 않을 것이다. 바르트 자신도 그런 오해를 사고 있다는 사실을 잘 알았기에 다음과 같이 말하기도 했다.

> 내가 수많은 사람들의 공상 속에서 … 편리한 대로 서둘러
> 받아들여져 무수히 베껴지는, 물론 또 그만큼 쉽게 버려지는 ─
> 대개는 어떤 사람이 어느 때 황급히 그려 내는 그림들이 대부분
> 백발인 형태로만 존재한다는 ─ 인상을 받는다면 내가 속는
> 것인가?[2]

20세기 세계기독교의 지성사 영역에서 바르트의 영향력은 가히 절대적이었다. 그가 20세기 세계 교회 역사의 흐름을 바꾸게 된 배경을 하나씩 살펴보자.

바젤

칼 바르트는 1886년 5월 10일 스위스 바젤에서 목사이자 신학자인 아버지 요한 프리드리히 바르트와 안나 카타리나 바르트의 맏

아들로 태어났다. 바르트 부모의 양가는 바젤 및 근교 독일어권 스위스의 유서 깊은 개혁파 목회자 집안으로 유명했다. 양 집안은 19세기 초까지 거슬러 올라가는 친증조부와 외증조부 시대부터 신학자, 목회자, 대학 교수를 수없이 배출한 집안이었다. 칼 바르트가 태어나던 때 아버지 프리드리히(프리츠) 바르트도 바젤의 자유교회신학원 교수로 활동하고 있었고, 아버지의 세 형제도 목사나 신학자였다. 칼 바르트는 태어난 지 3년 만에 아버지가 스위스의 다른 독일어권 도시 베른에 위치한 베른대학 조직신학 교수로 임용되면서 바젤을 떠나게 됐다. 그러나 베른에서 보낸 어린 시절 내내 집에서 '바젤 독일어'를 사용했고, 방학마다 자신의 가문과 사랑하는 조부모 및 친척들의 유산이 서려 있는 바젤로 찾아가 천국에서 축제를 즐기고 있다고 느낄 만큼, 평생 바젤을 고향으로 그리워했다. 48세이던 1934년 독일에서 교수직을 박탈당한 후, 그는 꿈에도 그리던 고향으로 돌아가 바젤대학 교수로 가르치다 은퇴했고 1968년 82세를 일기로 고향에서 사망했다.

바르트는 바젤의 정신이 "극단의 중간 어딘가에 머물러" "겉으로 자유와 절제를 건강하게 아우른 이미지를 항상 유지"하는 것이라고 했다.[3] 바르트의 이 표현은 극단의 권위주의와 부패에서 헤어나오지 못하는 가톨릭교회를 비웃고 저격하면서도, 전통과 질서를 해체하는 것처럼 보인 마르틴 루터의 개혁에는 동참하기를 거부한 데시데리위스 에라스뮈스Desiderius Erasmus를 상기시킨다. 바젤은 네덜란드 로테르담 출신이지만 바젤에서 활동하며 사망하기까지 오랜 시간을 보낸 에라스뮈스의 도시로 널리 알려져 있다. 그렇다면 한때 빠져들었던 합리주의적 자유주의, 그리고 그 반대편 끝에 있는 문자적 보수주의를 결국에는 모두 거부한 바르트의 '중도'via media 역시 "자유와 절제를 건강하게 아우르고" "극단의 중간 어딘가에 머무는" 바젤의 정신을 반영한 것이 아닐까? 바젤을 이토록 그리워하고 사랑했음에도, 바르트는 태어난 후 바젤에서 채 3년을 살지 못하고 스위스와 독일의 다른 지역을 유목민처럼 떠돌다 48세가 돼서야 고향으로 돌아갔다. 이 45년의 중간기는 그가 살았던 시대만큼이나 파란만장했다.

당시 독일어권 신학계에서 전통주의자와 유사한 의미로 사용되던 '실증주의자' 아돌프 슐라터의 후임 조직신학 교수로 지목된 아버지 프리츠는 1889년 4월부터 베른에 거주하기 시작했다. 아버지는 베른대학에서 가르치면서 동시에 초기에 '레르버학교'로 불리다 나중에는 '자유김나지움'으로 교명을 바꾼 기독교계 실증주의 학교의 종교 교사와 운영 이사로도 활동했다. 칼은 여섯 살이던 1892년부터 고등학교 과정을 졸업한 1904년까지 약 12년 동안 이 학교에서 유년 및 청소년기를 보냈다. 고등학교 시절에는 독서와 희곡 습작 등 인문학과 문학에 두각을 나타냈다. 칼은 1901-1902년 로베르트 에슈바허 목사의 견신례(입교) 수업을 "나를 완전히 매료시켰던 사건, 거의 흥분의 도가니로 몰아넣었던 사건"으로 기억한다. 그는 1902년 3월 23일 견신례를 받으면서 신학자가 되겠다고 굳게 결심했다. 결정적인 경험은 견신례 교육이었지만, 일평생 그가 지극히 존경했던 아버지의 신앙과 삶, 인격이 그의 결단에 가장 중요한 영향을 미쳤다.[4]

1904년부터 칼은 아버지의 조언을 따라 처음에는 아버지가 가르치던 베른대학에서 신학 공부를 시작했다. 그의 아버지는 실증주의자이긴 했지만 상대적으로 열린 실증주의자였고, 무엇보다 아들이 지식, 신앙, 진로 등 모든 면에서 스스로 내리는 판단을 존중했다. 신입생 칼은 베른에서 신학을 하던 이른 시기에는 아버지의 보수적인 신앙에 별로 공감하지 못했다. 오히려 이 시기에 그는 철학자 임마누엘 칸트를 읽으며 거의 회심 체험과 유사한 감동을 맛보았다.[5] 1906년 10월 예비시험을 1등급으로 통과한 바르트는 시험 통과 학생에게 외국에서 공부할 수 있는 자격을 주는 스위스 학제를 따라 베를린으로 유학을 떠난다. 그는 당대 최첨단 신학으로 더 유명했던 마르부르크로 가고 싶어 했지만, 아버지가 보수적인 할레나 그라이프스발트에 가라고 권하자, 중도 대안으로 베를린을 택했다. 그러나 베를린에도 당대 최고의 교회사가들인 라인홀트 제베르크, 카를 홀, 아돌프 폰 하르나크, 교의학자 율리우스 카프탄, 구약학자 헤르만 궁켈 등이 가르치고 있었다.

베를린에서 젊은 바르트의 마음을 사로잡은 이는 교리사학자 하르나크였다. 그는 고대교회의 교리는 그리스도의 가르침이 그리스철학의 옷을 입은 것이라고 가르쳤다. 하르나크의 인격과 강의에 너무나 매료된 나머지, 바르트는 베를린의 유명한 박물관, 극장, 콘서트홀에는 아예 가볼 생각조차 하지 못했다. "나는 하르나크를 보고 들었다. 그것도 아주 철저하게 보고 들었다고 말할 수 있을 것이다." 베를린에서 바르트가 추종하게 된 또 한 명의 인물은 마르부르크대학의 빌헬름 헤르만이다. 바르트는 당시 마르부르크에서 가르치고 있던 헤르만의 책 『윤리학』*Ethik*(1901)을 베를린에서 입수했다. 책을 읽은 바르트는 "이 책에서 영원한 움직임으로 이어질 하나의 자극을 받았다." 아버지가 보내고 싶어 하지 않았던 마르부르크를 향한 열망이 결국 베를린에서 불타오르고 만 것이다. 아버지는 다시 아들을 튀빙겐으로 보내 실증주의자 아돌프 슐라터의 강의를 듣게 했으나, 이미 첨단 현대 신학의 세례를 듬뿍 받은 칼에게 슐라터는 "격렬한 저항감을 느끼게" 할 뿐이었다. 결국 1908년 4월 아버지는 강제로 막는 것보다는 "아예 양동이 째로 들이키게 놔두는" 것이 낫다고 판단하고 베를린대학을 졸업한 아들의 마르부르크행을 허락했다.[6]

마르부르크에도 유명한 학자들이 많았으나, 바르트는 "나의 대학생 시절 최고의 신학 교사"는 단 한 사람이라고 고백할 만큼 헤르만을 경외했다. 바르트는 칸트와 초기 슐라이어마허의 제자인 "헤르만의 강의를 온 몸으로 빨아들였다." 마르부르크에서 바르트는 할아버지와 아버지의 전통적인 신앙을 완전히 버리고, 슐라이어마허와 리츨이 창시한 현대 신학의 추종자로 전적으로 거듭났다. 마르부르크에서 바르트는 1908년 가을부터 또 다른 교수 마르틴 라데가 발행하던 신학 잡지 「그리스도교세계」*Christliche Welt*의 편집 조교로 일했다. 그해 11월 아버지로부터 목사 안수를 받기 위해 베른에 다녀온 후 이듬해 8월까지 그는 마르부르크에서 편집자로 일했다. 특히 이 시기에 그는 "트뢸치, 부세, 베른데, 궁켈 같은 대가들의 원고도 일단 나의 검열을 거쳐야 했고, 제일 마지막으로 그 원고를 검토하는 것도 내가 아니었던가!"라며 기고만장해진 편집자의 마음을 표현하기도 했다.[7]

안수를 받은 바르트의 첫 목회지는 16세기 종교개혁자 장 칼뱅이 종교개혁을 주도하고 목회한 스위스 제네바였다. 그는 프랑스어가 주요 언어인 제네바에서 독일어를 쓰는 회중을 대상으로 목회하는 수련목회자가 됐다. 그러나 칼뱅의 강당, 칼뱅의 설교단, 칼뱅과 스코틀랜드 종교개혁자 존 녹스가 설교한 생피에르대성당 옆 강단에서 바르트는 칼뱅과 녹스의 것을 전혀 닮지 않은, 철저하게 학문적이고 자유주의적인 설교를 하고, 견신례 교육을 실시했다. 이 시기 그에게 목회보다 더 의미 있었던 사건은 그가 견신례 교육에서 가르친 18살의 여성 넬리 호프만과 약혼한 일이었다. 그는 2년 뒤에 호프만과 결혼한다.[8] 제네바에서 1년 반 정도를 보낸 1911년 4월 2일, 바르트는 스위스 아라우주의 작은 마을 자펜빌에서 설교 초대를 받았다. 이어서 5월에는 자펜빌교회 목사로 청빙됐다. 부임 당시에는 바르트 자신도 예상치 못했겠지만, 10년간의 자펜빌 목회는 아버지의 죽음, 나치의 등장, 로마서 연구와 함께 자유주의 목사 바르트가 완전히 다른 방향으로 전환하는 몇 가지 결정적 전기가 마련되는 시기였다.

놀이터 폭탄

자펜빌에서 바르트는 자신이 목회자라는 사실을 철저히 자각하게 됐다. 훗날 고백한 대로, "나의 신학은 내가 수업을 지도하고, 설교하고, 약간의 목회 상담도 수행해야 하는 상황에서 자라나기 시작했다." 자펜빌 목회 10년 동안 그는 약 500차례 설교했는데, 매번 사소한 것 하나 빠뜨리지 않고 꼼꼼히 원고를 작성했다. 초기 설교는 그가 신학교에서 배운 학문의 내용과 특징을 반영했는데 이것이 그를 좌절에 빠뜨렸다. "나는 언제나 벽에다 대고 소리치는 기분이었다." 자펜빌 주민들은 전반적으로 신앙에 별 관심이 없었다. 게다가 그의 설교와 자펜빌 사람들의 정서는 전혀 맞지 않았다. "내가 자펜빌의 목사로서 결국 처절하게 실패했다는 사실을 떠올릴 때마다 괴롭다"는 것이 바르트의 심정이었다.

1910년 당시 자펜빌은 247가구 1,625명이 살던 소도시로, 그중 개신교인이 1,487명이었고, 취학 아동은 318명이 있었다. 원래 시골 농촌이었으나, 이 당시 급속히 진행된 산업화로 전기가 들어오고 농사 짓는 사람도 급격히 줄어들었다. 바르트가 얼마 후 사회주의 노동조합운동에 투신하게 되는 계기도 이 산업화와 그로 인한 노동자들의 열악한 환경이었다. 이런 환경에서 이론적이기만 한 자유주의 신학 담론은 별로 활용될 여지가 없었다. 그는 공장주와 지주들에게는 '자펜빌의 빨갱이 목사'라는 험담을 들었고, 노동자들에게는 '목사 동지'로 불렸다. 그러나 목회 현장의 필요 때문에 노동자 편에 서서 노동운동을 했을 뿐이지, 그는 궁극적으로 사회주의자도, 공산주의자도 아니었다. 다만 그가 빠져들었던 자유주의신학이 목회 현장에서는 공허하고 무력하다는 사실을 절감하고 당혹감을 느끼지 않을 수 없었다.[9]

자펜빌에 온 지 반 년 정도 지난 1912년 2월, 55세 밖에 되지 않은 아버지가 갑작스런 패혈증으로 사망했다. 이때의 충격도 바르트의 방향 전환에 어느 정도 역할을 했으리라 추정된다. 얼마 전까지 베를린과 베른에서 강의를 하고 아들의 안수식을 직접 인도한 아버지의 임종 침상에서, 부자는 마지막 시간을 함께 보냈다. 아버지의 마지막 말은 다음과 같았다. "주 예수를 사랑하는 것, 그것이 전부다. 학문도 아니고, 교육도 아니고, 비판도 아니다. 우리에게 필요한 것은 하나님과의 살아 있는 관계다. 그러므로 우리는 주 하나님께 간절히 기도해야만 한다." 사실상 이때까지도 그는 아버지의 신학에 거의 공감하지 않았다. 그러나 아버지의 유언과 그의 목회 현장, 그리고 독일에서 1차대전과 연관되어 일어난 사건이 서로 이어져 그가 다른 방향으로 회심하는 데 큰 영향을 끼쳤다는 사실은 부인할수 없다.[10]

바르트의 완전한 방향 전환에 방점을 찍은 사건은 그가 거의 성인군자처럼 추앙하던 현대 신학 스승들이 모국 독일의 악한 전쟁을 무조건적으로 지지한 일이었다. 1914년 8월 1일 전쟁 발발 당일, 독일 지성인 93명이 독일 황제 빌헬름 2세와 수상 베트만-홀베크의 전쟁 결정에 찬성하는 성명서를 발표했다. 그런데 이 93명의 명단에, 마르틴 라데를 제외하고는 그가 존경한 독일인 스승의 이름이 모두 들어있었다. 바르트는 그때의 심경을 다음과 같이 표현했다.

어떻게 종교와 학문이 '모조리 지성의 42센티미터 대포'로
둔갑하는지를 보았을 때, '나는 이른바 신들의 황혼을 경험했다.'
'(나는) 독일에 있는 나의 모든 스승들, 그 위대한 신학자들의
가르침에 의심을 품게 되었다. 나는 그들이 전쟁 이데올로기 앞에서
실패했다고 느꼈으며, 그 실패로 인해 그들은 그야말로 구제불능의
나락에 떨어져 버린 것처럼 보였다.' 그들의 '윤리적 실패'는 '그들의
성서주석학과 교의학의 전제도 올바른 상태가 아닐 수 있다'는
사실을 암시했다. 그래서 '내가 그때까지 철저하게 신뢰할 만한
것으로 여겼던 세계, 곧 성서 주석, 윤리, 교의학, 설교의 세계
전체가 뿌리째 흔들리기 시작했으며, 당시 독일의 다른 신학자들이

주장하던 내용의 진실성도 덩달아 흔들리게 되었다.'

이는 성명서를 발표한 당대 독일 신학자들에 대한 실망과 비판이었지만, 결국 이 신뢰 상실은 자유주의 신학의 창시자에게까지 거슬러 올라갔다. "그 성명서를 통해, 그리고 그 이후에 (심지어 그리스도교 세계에도) 나타난 모든 것을 통해 정체가 드러난 그 신학의 기초를 세우고, 그 신학에 결정적인 영향을 끼친 사람이 바로 그(슐라이어마허)다!"[11]

독일 스승들의 신학을 더 이상 신뢰할 수 없게 된 바르트는 이제 설교, 교육, 심방을 위해 전적으로 다른 기초를 찾아내야만 했다. 자펜빌 부임 이후 둘도 없는 친구가 된 동향 친구이자 이웃 마을 로이트빌 목사이기도 했던 에두아르트 투르나이젠Eduard Thurneysen과의 오래되고 진솔한 대화를 통해, 바르트는 성경 자체가 말하는 소리를 들어야 한다는 결론에 도달했다. 이후 그는 목사관 근처 사과나무 아래에 앉아서 마치 처음 읽는 것처럼 로마서를 읽고 또 읽고, 마음에 떠오른 것을 계속해서 적어 나갔다. 바르트는 갓 서른이 된 1916년에 시작한 이 작업을 자신의 변화를 해명하기 위한 '글쓰기 연습'이라고 지칭했다. 이 과정에서 그는 자신이 얼마 전까지 거부했던 아버지의 신학이 가진 진정성과 가치를 재발견했고, 책의 1판 서문에 아버지에 대한 존경과 감사의 마음을 표현했다. 할아버지와 아버지가 존경했던 토비아스 베크의 주석도 그에게 가이드가 됐다. 마침내 1918년 8월 16일 완성된 원고는 이듬해 1월 책으로 정식 발행됐다.

이 책이 독일어권 전역에 즉각적인 반응을 불러일으킨 것은 아니었다. 출간 후 책은 주로 스위스에서만 유통됐다. 스위스 작은 마을 자펜빌의 젊은 개혁파 목사를 아는 독일인은 거의 없었다. 변화의 계기는 그해 9월 독일 튀링겐주 탐바흐에서 열린 종교사회주의자 대회였다. 100여 명이 참석한 그 대회에서 더 이상 종교사회주의자가 아닌 바르트가 「사회 안에서의 그리스도인」*Der Christ in der Gesellschaft*(1919)이라는 제목으로 한 강연이 유례없는 반향을 불러일으켰다. 이듬해 2월 뮌헨에서 루터파 목사이자 렘프 출판사*Verlag Lempp* 책임자인 게오르크 메르츠가 바르트를 독일 학자 및 출판인들에게 소개했다. 특히 크리스티안카이저 출판사 소유주 알베르트 렘프가 『로마서』*Der Römerbrief*의 스위스 출판사 판권을 계승한 후, 독일에서 남은 재고를 모두 팔았다. 이후 독일 신약학자 아돌프 율리허, 카를 루트비히 슈미트, 루돌프 불트만, 발터 쾰러, 심지어 하르나크의 서평이 쏟아졌다. 대개는 바르트의 견해를 고대 이단 마르키온, 열광주의 갱신운동, 급진 종교개혁자 슈벵크펠트, 토마스 뮌처 등의 견해와 유사한 급진적인 입장이라고 비판하는 내용이었다.[12]

초판의 열광적인 반응에 바르트는 신속히 제2판 개정 작업을 시작했다. 초판 발행 이후 11개월만인 1921년 9월 집필이 완료된 제2판은 "피상적이고 과장되고 애매모호한" 것 같았던 초판과는 달리, 더욱 선명하고 본질적으로 '절대타자'인 하나님을 하나님으로 인정함으로써, 오직 하나님의 전적인 선물인 구원의 계시를 선포하는 신학을 제시했다.[13] 널리 알려진 이 책에 대한 묘사는 가톨릭 신학자 카를 아담의 책에 등장한다.

바르트의 『로마서』는 처음 그 모습을 드러냈을 때 마치 …

신학자들의 놀이터에 터진 폭탄과 같았고, 그 후에 끼친 영향은 교황 비오 10세가 1907년 9월 7일에 반포한「주님의 양떼의 사목」의 반현대주의적 교서에 비견할 만하다.[14]

바르멘 선언

현대 독일 자유주의 신학자들이 놀던 놀이터에『로마서』라는 폭탄을 던진 바르트는 이제 주변부에서 적진 중심부로 이동해 전투력을 더 강화했다. 1921년 독일로 가서 괴팅겐대학 개혁신학 담당 교수로 옮긴 그는 칼뱅, 츠빙글리, 개혁파 신앙고백 등을 연구하고 강의하며 무기를 보강했다. 4년 뒤인 1925년 뮌스터대학 개신교신학부로 옮겨 교의학과 신약을 강의했고, 1930년 본대학으로 이동했다. 본에 있을 때는 중세 신학자 안셀무스를 읽으며 '이해를 추구하는 믿음'이라는 명제에 대한 새로운 해석을 시도하기도 했다.

본대학 시절 바르트는 그의 필생의 역작이 될『교회교의학』*Die Kirchliche Dogmatik*(1932-1967)을 집필해 자신의 사상을 통합할 준비가 됐다. 실제로 그는 1968년 사망할 때까지 이 대작 중 13권을 집필하지만, 결국 미완성으로 그쳤다. 그러나 1차대전에서와 마찬가지로, 1930년대에 다시 한번 독일 학계와 주류 교계가 독일 민족주의와 독일 문명을 기독교적 이상과 동일시하는 상황을 목격했다. 저명한 철학자 마르틴 하이데거는 1933년 5월 하이델베르크대학 총장 취임 연설에서 1933년 1월 독일 총리가 된 아돌프 히틀러를 열렬히 옹호했다. 파울 알트하우스, 에마뉴엘 히르쉬, 게르하르트 키텔 같은 저명한 신학자들도 이미 오래 전부터 히틀러와 그의 국가사회주의를 지지하고 있었다.

1934년 5월 29일부터 31일까지 바르멘 게마르케교회에서 이 분위기에 저항하는 소수파 독일 개신교인들의 연대 회의가 열렸는데, 이를 독일 개신교교회의 제1차 고백교회 총회라 부른다. 이 회의에 독일 전체에서 대표단 138명이 모여 교회를 이끌 제국형제단 12명을 선출하고, 신학 선언문을 채택했다. 이 「바르멘 선언」은 두 사람의 루터파 대표와 한 사람의 개혁파 대표, 즉 바르트가 모여서 작성한 것이었는데, 실제로는 바르트가 대부분 작성했다.[15] 바르멘 선언이 실제로 나치 정권에 대한 독일 교회의 저항을 이끌어 정권의 종교 정책에 어떤 변화를 끌어낸 것은 아니다. 그러나 바르트 자신은 자기가 작성한 이 선언의 정신을 가능한 영역에서 실천했다. 예컨대 그는 1934년 11월 본대학에서 총통에게 충성 서약을 하고 수업 시작 전에 히틀러식 경례를 하라는 정부 요구를 거부했다. 이에 따라 12월 해직 명령을 받고, 독일 내 모든 종류의 강연 금지 명령을 받은 그는 이듬해 5월 스위스로 돌아갔다. 다행히 7월부터 바젤대학 교수로 초청받으면서, 남은 33년 생애를 고향에서 마무리할 수 있었다.[16]

바젤로 돌아간 바르트는 대학에서 가르치며 『교회교의학』을 비롯한 여러 책을 쓰고 교회와 교도소에서 정기적으로 설교했다. 어릴 적부터 사랑했던 모차르트의 음악을 글 쓰는 내내 들었을 뿐 아니라 따로 연구하기도 했다. 영어권에서도 큰 명성을 얻었기에, 영국과 미국 등지의 학생들이 바젤로 가서 그의 가르침을 받았다. 1962년 교수직에서 은퇴한 후에는 미국으로 강연 여행을 떠나기도

했다.[17]

거대한 산과 같은 학자였던 만큼, 그에게는 추종자도 많았고 비판자도 많았다. 자유주의 진영은 그가 근대 이전의 무지한 초자연주의로 돌아갔다고 비난했다. 보수주의, 특히 미국 근본주의 진영에서는 그가 하나님의 말씀과 성경을 날카롭게 구별해 성경의 무오성을 거부했다고 비난했다. 1960년대에는 그가 젊은 시절 빠져든 것보다 더 급진적인 신학들이 부상하면서 그를 좌절시키기도 했다.

그 과격한 10년이 채 가기도 전인 1968년 12월 9일 밤, 바르트는 수면 중에 기도하듯 손을 가지런히 모은 채 조용히 사망했다. 아내가 남편을 깨우기 위해 매일 아침 틀어 준 모차르트의 음악은 그날 아침에도 울려 퍼졌다. 이렇게 그는 삶의 경주Lebenslauf를 끝마쳤다. 추모식이 열린 14일 바젤대성당에는 독일 신학자 대표 헬무트 골비처, 동구권 대표 요제프 로마드카, 가톨릭 대표 한스 큉, 젊은 신학자 대표 에버하르트 융엘, 세계교회협의회WCC 대표 빌름 피르스트 호프트가 참석해서 조사를 읽었다. 이 자리에서도 모차르트의 플루트 협주곡 G장조 1악장이 연주됐다.[18]

18. 마틴 루터 킹

현대 미국이 유색인을 법적으로나마 백인과 동등한 사람으로 대하고, 인간이자 국민으로서의 이들의 평등한 권리를 인정하기 시작한 지는 얼마 되지 않았다. 1950년대 이래로 진행된 대규모 흑인 민권운동Civil Rights Movement으로 당대 여러 사회 혁명과 더불어 흑인이 인간으로서의 기본권을 획득하는 계기가 만들어졌다. 1960년대 비폭력 대중 민권운동의 중심에 서서 정치사와 문화사, 종교사를 통틀어 20세기 역사에서 가장 중요한 아이콘이 된 인물이 바로 마틴 루터 킹 목사였다. 마틴 루터 킹 주니어Marin Luther King, Jr, 1929-1968는 39세라는 짧은 생애를 살다가 결국은 순교의 제물이 되었다.

미국 남부[1]

오늘날의 미국과 캐나다에 해당하는 영국령 북미 식민지에 아프리카 흑인이 도착한 첫해는 1619년이었다. 아직 청교도가 북부 뉴잉글랜드의 플리머스와 보스턴에 정착하기 이전인 이 시기에, 첫 영국령 아메리카 식민지 버지니아에 흑인이 '약정 고용 노동자'로 유입되었다. 당시 중남미 아메리카의 스페인 및 포르투갈 식민지에서 광범위하게 이뤄지던 흑인 노예제에 의한 대규모 플랜테이션 농업은 유사한 환경을 갖춘 북아메리카에서도 곧 정착되었다. 이로써 오늘날 미국(특히 남부 지역)에서 처음에는 피고용 노동자였던 흑인이 이후 노예로 신분이 바뀌면서, 서아프리카에서 흑인을 데려다 노예로 활용하는 생활 방식이 빠르게 정착되었다.

그러나 17세기 당시에는 백인이 노예제도나 노예 소유의 타당성에 의문을 제기한 사례가 거의 없었다. 단지 노예를 소유하는 문제가 아니었다. 흑인이 소위 문명 세계의 백인이나 동양인과 같은 수준의 인간이냐 하는 질문에 긍정적으로 대답한 이들도 거의 없었다. 영국령 북아메리카 식민지에서는 거의 유일한 예외가 보스턴의 청교도 지도자 코튼 매더였다. 그는 1706년에 흑인의 인간성을 열렬히 변호했으나, 그마저도 노예제도 자체를 공격하지는 않았다. 아마도 당대 백인 사회에서 노예제의 반기독교성과 비인간성을 지적한 거의 유일한 집단은 메노나이트나 퀘이커 같은 재세례파 계열의 소수파 공동체였던 것 같다. 이들은 산상수훈의 황금률, 즉 "남에게 대접을 받고자 하는 대로 너희도 남을 대접하라"(마 7:12)라는 말씀을 근거로 흑인 노예 편에 섰다. 그러나 예나 지금이나 극소수에 지나지 않는 데다, 사회적으로도 고립주의의 길을 걸은 이들의 목소리는 당대에 거의 영향력이 없었다.

미국 독립혁명(1775-1783) 전후에 노예제 자체를 거부하지는 않아도 흑인 노예를 대상으로 복음을 전하던 선교사나 목회자들은 적지 않았다. 그러나 노예를 소유한 노예주 중에는 노예에게 복음 전하기를 거부한 이들이 많았다. 크게 세 부류였다. 하나는 극소수의 극단적 백인 우월주의자로, 이들은 흑인이 백인과 같은 영혼을 지닌 인간이 아니므로 복음을 전할 필요가 없다고 믿었다. 이보다 좀 더 많은 노예주는 흑인과 백인이 같은 인간일지라도 백인에 비해 지성이나 인격성이 부족하므로 복음을 이해할 능력이 없다고 믿었다. 마지막으로 어떤 노예주들은 흑인이 집단적으로 기독교 신앙을 수용할 경우, 특히 이들 중 일부가 글을 읽을 줄 알아서 스스로 성경을 읽고 내부적으로 이를 공유할 수 있으므로, 일종의 의식화 작업이 일어나 흑백 평등과 노예해방을 주장할 수 있다며 흑인에게 신앙을 가르치기를 거부했다.

냇 터너Nathaniel Turner의 반란이 바로 농장주들이 우려한 그 실례였다. 어릴 때부터 읽고 쓰기를 깨친 노예였던 터너는 설교를 듣고 성경을 읽으며 개종하여 기독교인이 되었다. 농장주의 허락하에 동료 노예들에게 주일과 여러 행사에서 복음을 전했는데, 그는 신구약 성경에서 속박과 압제에서 해방된 유대인과 기독교인에 대한 메시지를 많이 발견했다. 그는 환상을 자주 보았기에, 이를 압제받는 자기 민족의 해방을 명하는 계시로 해석했다. 결국 터너의 주도로 반란이 일어나 적어도 50명의 백인이 죽고, 터너를 비롯하여 200명이 넘는 흑인이 백인 민병대에 죽임 당하는 결과를 낳았다. 이를 소재로 한 영화가 바로 「국가의 탄생」*The Birth of a Nation*(2016)이다. 이 사건 이후 백인들에게는 예배를 포함해서 노예들이 노동 이외에 집단으로 모이는 것 자체가 지독한 경계의 대상이었다.

그러나 신생국 미국 전역에 자극을 준 2차 대각성(1790년대-1840년대)은 백인뿐만 아니라 북부의 자유 흑인과 남부의 노예 흑인 모두에게 큰 영향을 끼쳤다. 그 결과 흑인 중에도 기독교인이 많이 생겼다. 특히 흑인의 정서와 문화적 배경에 더 잘 들어맞는 대중적인 침례교와 감리교에 흑인 신자 절대다수가 입교했다. 북부에서는 1785년에 뉴잉글랜드 회중교회의 레뮤얼 헤인즈가 첫 흑인 목사로 안수를 받았다. 1816년에는 첫 흑인 교단인 아프리카감리교회 AMEC가 창설되었다. 이로써 흑인 교회의 독립이 시작되어, 북부에는 1845년 당시 다섯 개 이상 흑인 교단이 존재했다. 이들은 라이베리아, 시에라리온 등 선조들의 고향 아프리카와 아이티에 선교사를 파송하고, 국내에서는 금주 및 절제운동에도 참여했다.

2차 대각성이 진행되던 와중 19세기에 이르러 북부에서는 대각성의 여파로 노예제 폐지운동이 활발하게 전개되었다. 부흥사 찰스 피니, 노예제 폐지 활동가 시어도어 드와이트 웰드와 윌리엄 로이드 개리슨, 장로교 신학파 소속 신학교로 부흥운동과 노예제 폐지운동의 중심부에서 활약한 오하이오주 신시내티의 레인신학교, 미국 최초로 남녀공학 및 인종 공학을 실시한 오벌린칼리지, 해리엇 비처 스토의 소설 『톰 아저씨의 오두막』*Uncle Tom's Cabin*, 노예해방운동 정신을 담은 조지 더필드 5세의 찬송 「십자가 군병들아」 등이 이 시대 유산이었다. 북부 운동가들은 신생 공화국 미국이 참되고 정의로운 민주주의국가를 완성하는 가장 중요한 길이 노예제 폐지라 주장했다.

남부에서는 전혀 다른 상황이 전개되었다. 남북전쟁 전에 노예법에 근거해 모든 집회와 교육 기회를 박탈당했던 흑인 중 극소수만이 교회의 분리된 좌석에서 예배를 드리거나, 자체 흑인 설교자를 세웠다. 그러나 결국은 여러 노예 폭동의 여파로 독립된 신앙 공동체를 허가받지도, 노예 상태에서의 해방되지도 못했다. 노예제 자체의 부도덕성에 대해서도 남부 지도자 대부분이 유보적이거나 중도적인 태도를 보였다. 그러나 이들이 이 제도를 적극적으로 변호하게 된 계기는 남부 사람들을 악마화한 북부의 가혹한 비난이었다. 이런 논쟁 와중에 남부 기독교인은 노예제도가 성경적이라며 변호하는 독특한 논리를 만들어 냈다. 첫째, 노예제는 흑인이 안정된 질서 속에서 백인의 기독교 신앙과 개화한 문명을 배우는 특권적 제도다. 둘째, 북부의 노예제 비판은 성경적이거나 건전한 민주주의라기보다는 급진적인 계몽 사상이나 무신론에서 유래한 세속적인 인권 주장이다. 이런 주장들과 더불어 1844년에서 1861년 사이에 남부 기독교인의 약 90퍼센트를 차지한 감리교회(1844), 침례교회(1845), 장로교회(1861)가 각각 북부 교회와 분리되어 남부만의 인종주의적이고 지역주의적인 교단들을 탄생시켰다. 미국 역사가 C. G. 고언이 쓴 1985년 고전 『갈라진 교회, 갈라진 나라』*Broken Churches, Broken Nations*(1985)의 제목은 이 점에서 의미심장했다. 미국이 남북으로 분열되어 전쟁을 치른 1861년이 되기 20년 전에 이미 미국의 주요 교회는 남북으로 갈라져 있었다. 나라가 교회를 가른 것이 아니라, 교회가 나라를 갈랐다! 기독교 자체가 전쟁의 원인은 아니었으나, 갈등과 전쟁의 원인과 현상을 심화하고 유통되는 창구와 네트워크 기능을 한 것은 분명한 사실이었다.

남북전쟁은 1861년부터 1865년까지 4년간 전개되었다. 남북전쟁은 외적으로는 둘로 분리된 나라가 맞서 싸운 정치적 내전이지

만, 내적으로는 종교 전쟁의 특징이 다분했다. 양편 다 자신들이 종
말론적 성전을 치르고 있다고 믿었고, 상대가 악의 화신이라 확신했
다. 북부는 노예해방 전쟁이 새 하늘과 새 땅의 도래를 촉진한다고,
남부는 북부의 세속주의를 막는다고 내면화했다. 전쟁 중 전국 규모
부흥회와 금식대회가 빈번하게 일어났고, 각 교회 목사, 신학 교수,
군목의 십자군식 설교가 만연했다. 군대 안에서 신앙 부흥이 일어났
으며 열정적인 신자들은 자원봉사(위생, 간호, 물자 보급, 문서 보급)로
복음의 대의를 실현하려 했다. 대통령 링컨은 이 시기 이후 미국 시
민 종교의 신화적 인물로 흔적을 남겼다. 전쟁이 끝난 후에도 남북
의 지역주의 시민 종교는 지속적으로 존재 의미와 당위를 찾아냈다.
북부 및 재통일된 연방 정부는 사악한 악의 세력을 극적으로 응징한
정의로운 십자군으로 자신을 정의했고, 남부는 패배의 경험을 참된
진리와 바른 대의를 위해 순교한 이들이 통과해야 하는 불 시험과
피 흘리는 시련의 도가니로 인식했다.

　　미국 남부의 시민 종교는 이렇게 태어나고 자랐다. 북부는 형식
적이고 법적으로나마 인종 통합을 이루었으나 남부는 달랐다. 남부
는 노예 상태에서 해방된 자유 흑인을 각 주정부의 철저한 인종 분
리와 차별법 아래 다시 준노예 상태로 환원했다. 마틴 루터 킹이 태
어난 1920년대, 그리고 그가 저항운동에 뛰어든 1950-1960년대까
지 남부의 흑인은 철저하게 열등한 인간이자 인종으로서, 제한된 빈
민 구역에서 2등 시민이자 하층민으로서 그들만의 격리된 공동체
를 이루고 살아야 했다. KKK단 등 백인 우월주의 기독교를 표방하
는 조직들의 집단 린치나 학대, 조롱도 일상이었다. 마틴 루터 킹이
블랙홀처럼 끌려 들어가서 저항하고 개혁하라고 요구받은 현실이

바로 이것이었다.

기독교[2]

1950-1960년대 민권운동에서 마틴 루터 킹을 다른 이들과 구별되는 독특한 지도자로 만든 가장 중요한 유산은 아마도 기독교 신앙이라 할 수 있을 것이다. 1929년에 미국 남부 조지아주 애틀랜타에서 태어난 킹의 가문은 독실한 흑인 기독교 명문 가문이었다. 증조할아버지, 할아버지, 아버지, 작은아버지, 형이 모두 흑인 침례교 목회자였다. 어머니도 목회자의 자녀였기 때문에, 어릴 때부터 깊은 신앙 전통을 누리며 자랐다. 바로 이런 이유로 그에게는 다른 선택의 여지가 별로 없었다. 부부간의 흔한 다툼도 없이 지극히 평온했고, 흑인이 처한 전반적인 처지에도 불구하고 그의 가족은 낙관적이고 화목하고 건강했다. 전국유색인지위향상협회NAACP 애틀랜타지부장을 맡고 있던 아버지는 자랑스러운 흑인으로서의 정체성을 자주 강조했다. 비열하고 이중적인 백인에게 당당하게 맞서라고 가르치며, 스스로도 모범을 보였다. 킹은 이런 부모를 지극히 존경했으며, 이들이 자신이 일평생 따라야 할 삶의 모델이었다고 자주 고백했다.

킹은 애틀랜타에서 공립 초등학교와 부커 워싱턴고등학교를 졸업했다. 부커 워싱턴은 남북전쟁 이후 자립이 필요한 흑인을 위해 앨라배마에 터스키기기술학교를 설립한 교육자로, 온건한 흑인 지위향상운동의 선구적인 인물이었다. 몇 차례 월반으로 15세라는 이른 나이에 킹은 무어하우스칼리지에 입학했다. 이 학교는 그의 할아버지와 아버지도 졸업한 학교로, 1867년에 오거스타학교로 설립되었다가 1879년에 애틀랜타로 옮겨 애틀랜타침례신학교가 되었고, 1913년부터는 무어하우스칼리지가 되었다. 무어하우스에 다니는 동안에도 목회자 가문의 유산은 늘 그를 따라다녔다. 가족의 모범을 따라 인류를 위해 봉사하는 일을 해야 한다는 의무감에 의사와 법조인의 길을 준비하고 싶었다. 목회자는 차선이었다. 대학을 다니는 동안 그가 자랐던 흑인 교회의 감정적이고 반지성주의적인 분위기에 의문을 품기 시작한 것 또한 목회자의 길을 주저한 중요한 이유 중 하나였던 것 같다. 그러나 학교에서 배운 성서학 강의와 두 스승(학장 메이즈 박사, 철학 및 종교학 교수 조지 켈시)을 통해 신앙과 학문의 조화가 가능하다는 점을 깨닫고, 또한 무엇보다 목사 아버지에 대한 존경심 때문에 대학교 4학년 때 그는 결국 목회자가 되었다.

킹이 정식으로 신학 공부를 시작한 것은 목회자가 되고 난 후였다. 펜실베이니아주 체스터에 소재한 크로저신학교에 입학했는데, 북침례교 소속으로 1857년에 설립된 이 학교는 일찌감치 흑백 인종이 함께 공부하는 문을 열었고, 현대 신학에도 열려 있는 상당히 진보적인 신학교였다.[3] 이 신학교는 두 가지 면에서 킹에게 영향을 주었다. 우선 차별받는 흑인으로서의 어쩔 수 없는 콤플렉스가 있던 킹은 백인 문화를 수용하고 이들과 경쟁하며 극복하려는 성향을 보였다.

나는 백인들이 생각하는 전형적인 흑인상이 어떤 것인지 잘 안다.
백인들은 흑인들이 게으르고 허세를 잘 부릴 뿐 아니라 항상 낄낄거리며 웃고 더럽고 추잡하다고 생각한다. 한동안은 나도 그런 모습을 보이지 않으려고 상당히 의식적으로 노력했다. 수업 시간에 조금이라도 늦게 되면 안달하면서 다른 사람들이 나를 어떻게 생각할까 안절부절못했다. 밝게 웃는 사람으로 보이기 싫어서 언제나 일부러 차갑고 심각한 표정을 지으려고 애를 썼던 적도 있었다. 나는 옷차림에 지나치게 신경을 썼고 방도 먼지 한 톨 없이 깨끗이 했으며 항상 반짝거리는 구두에 잔주름 하나 없이 다림질된 옷을 입었다.[4]

크로저신학교가 킹에게 준 두 번째 영향은 당시로서는 상당히 진보적인 학문 유산을 이 학교에서 습득한 것이었다. 그는 입학과 동시에 "사회악을 일소할 수 있는 방법을 찾고자"[5] 플라톤과 아리스토텔레스, 루소, 홉스, 벤담, 밀, 로크, 마르크스 등의 사회철학 및 윤리학 이론을 섭렵하려고 노력했다. 그러나 그에게 가장 큰 영향을 끼친 이는 미국 사회복음의 아버지로 불리는 월터 라우션부시였다. 라우션부시의 견해 전부에 동의하지는 않았지만, 복음의 사회성과 물질성에 대한 강조는 이후 킹의 이후 사회운동에 기반을 제공했다. 킹은 또한 마르크스 저작을 비판적으로 읽었는데, 역사에 대한 유물론적 해석 방식, 윤리적 상대주의, 정치적 전제주의에 거부감을 느꼈다. 이것이 차후 그의 민권운동이 좌파운동과는 맥을 달리하는 계기가 되었을 것이다.

킹의 사상 체계를 뒤흔들어 놓은 가장 강렬한 경험은 신학교 강의와 하워드대학 학장 모디카이 존슨 박사 강의를 통해 인도 마하트마 간디의 비폭력 평화주의를 배운 것이었다. 간디를 통해 킹은 산상수훈에 기록된 예수의 비폭력 저항이라는 메시지가 개인에게만이 아니라 인종과 국가 간의 관계에서도 실현 가능한 사회적 역량이라고 믿게 되었다. 신학교 마지막 학년에 재학 중일 때에는 라인홀드 니버에도 빠져들었다. 이상주의적인 평화주의 입장에 비판적인 현실주의 윤리학자였던 니버를 통해서 그는 침묵으로 일관하는 평화주의의 이상적 신념이 적용되기 어려운 정치적, 현실적 상황이 있을 수 있다고도 생각하게 되었다. 크로저신학교에서 보낸 3년간은 지적 호기심이 왕성했던 킹이 다양한 신학과 사회윤리학을 탐닉하듯 자유롭게 공부하면서 진로와 세계관을 형성해 나가는 의미 있는 과정이었다.

기독교 신앙과 신학, 역사와 윤리에 대한 학구적 열정이 넘쳤던 킹의 다음 진로는 보스턴대학BU(인근 BC와 구별하기 위한 고유 표기법) 기독교사회윤리학 박사과정이었다. 미국 감리교 최초의 신학교이자 진보의 메카 보스턴의 개방성을 대변하는 보스턴대 신학부는 당시 월터 멀더, 에드가 브라이트먼, 해럴드 드울프 같은 윤리학자들의 활약으로 미국에서 사회정의와 윤리를 가장 많이 강조하는 학교로 각광받고 있었다. 원래 킹은 에드가 브라이트먼의 제자로 박사학위를 받기 위해 입학했지만, 과정 중에 브라이트먼이 사망하면서 드울프가 새 지도교수가 되었다. 그의 박사학위 논문은 「폴 틸리히와 헨리 넬슨 위먼의 사상에 나타난 신 개념 비교」로, 종교철학 및 현대 신학 분야 논문이었다. 그러나 1954년에 박사과정을 끝내면서 킹은 "사회정의를 추구하는 피억압 대중이 사용할 수 있는 가장 강력한 무기는 비폭력적인 저항이라고 확신하게 되었다."[6] 다만 당시에는 이 사상을 세력으로 조직화하겠다는 결단을 하지 못했다. 그러나 우리가 이미 아는 것처럼, 그가 이 확신을 실험할 때와 장소는 이미 그 앞에 임박해 있었다.

비폭력 저항[7]

1955년 12월 1일, 이 자리에 있던 버스 정류장에서, 로자 파크스 여사는 버스에 오르는 백인들에게 자리를 양보하기를 거부했다. 이로 인해 그녀는 체포되었고, 유죄판결을 받았으며, 벌금을 선고받았다. 보이콧은 파크스 여사의 재판날인 12월 5일, 흑인들이 버스에서 받는 불공평한 대우에 대한 항의로서 시작되었다. 버스 승차를 거부하는 그들의 보이콧은 미국 대법원이 1년 후 대중교통에서의 흑백 분리 금지를 명령할 때까지 계속되었다. 마틴 루터 킹 목사가 보이콧을 이끌었고, 이는 현대 시민운동의 시작이 되었다.[8]

몽고메리 버스 보이콧(1955.12.-1956.12.)으로 알려진 이 사건이 미국 흑인 민권운동의 시작이었다. 킹은 보스턴대학에서 박사학위를 진행 중이던 1954년에 앨라배마주 몽고메리의 덱스터침례교회 담임목사직을 수락했다. 원래 킹은 대도시를 떠나 한적한 남부 소도시에서 목가적인 목회를 하면서 박사학위를 완성하려 했다. 그러나 논문을 제출하고 박사학위를 마친 후 채 몇 달이 안 되어, 그의 동네에서 역사적인 버스 보이콧운동이 일어났다. NAACP 앨라배마지부 간사이기도 했던 로자 파크스가 백인에게 자리를 양보하기를 거부한 일로 체포되었고, 4일 후인 12월 5일에 파크스와 동료 여성운동가들이 보이콧운동을 시작하기로 결의했다. 이들은 지역 목사들과 함께 몽고메리진보협회MIA를 조직한 후, 이 협회 회장으로 26세의 젊은 목사 마틴 루터 킹 박사를 선출했다. 짧게 20분 동안 준비해서 행한 이날의 수락 연설은 미국 역사상 가장 위대한 시민운동가의 탄생을 알린 역사적인 연설이었다. 여기서 이미 그가 기독교 신앙과 연결된 비폭력 저항 사상을 자기화했음을 확인할 수 있다.

우리는 오늘 저녁, 견딜 수 없기 때문에 이 자리에 모인 것입니다.
그러나 저는 폭력은 필요치 않다는 점을 말하고자 합니다. 우리는
그렇게 해본 적도 없습니다. 저는 몽고메리의 구석구석에, 그리고
이 나라의 구석구석에 우리가 기독교도라는 것을 알릴 수 있기를
바랍니다. 우리는 기독교의 진리를 믿습니다. 우리는 예수님의
가르침을 믿습니다. 오늘 저녁, 우리 손에 들려 있는 유일한 무기는
바로 저항이라는 무기일 따름입니다. 오직 그것뿐입니다.[9]

이 연설은 극적이고 역사적이었다. 그가 첫 연설에서 선언한 흑인 민권운동의 비폭력 정신은 킹이 암살된 1968년 이후에도 유산으로 남았다. 저항운동을 시작한 인물로 현장에 있던 로자 파크스는 이 정신이 예언자적이었다고 고백했다.

연설을 끝맺으며, 그는 내가 절대 잊지 못한 예언적인 말을 했다.
내게 있어 그 말은 아직까지도 우리의 비폭력 자유운동의 성격을
정의해 주고 있다. '훗날 역사가 쓰일 때에, 누군가는 말할 것입니다.

곱슬머리와 검은 피부색을 가진 한 종족이 살고 있었다. 그들은 도덕적 용기를 갖고서 자신들의 권리를 찾기 위해 투쟁했다. 그 투쟁을 통해 그들은 역사와 문명의 혈관에 새로운 의미를 불어넣었다'라고. … 킹 목사의 연설을 듣고 집으로 향하던 때, 나는 우리가 우리의 항거에 분명한 목소리를 부여해 줄 제대로 된 사람을 찾았음을 알았다. 몇 주가 가고 몇 달이 갈수록, 우리가 우리의 모세를 찾았으며, 그가 분명 우리 모두를 위한 자유와 정의가 있는 약속의 땅으로 인도해 주리라는 것이 내게는 더욱 분명해졌다.[10]

비록 시작이지만, 이미 이론적으로나 실천적으로나 상당히 원숙해 보이는 킹의 비폭력 저항 사상의 기원은 정확히 어디일까? 많은 이는 그가 이 사상을 간디에게서 배웠다고 알고 있다. 그러나 자서전에 따르면, 킹은 이 사상을 무어하우스칼리지에 15세로 입학한 1944년에 이미 접했다. 간디를 접하기 이전에 그에게 이 생각을 심어 준 인물은 미국 자연주의 철학자 헨리 데이비드 소로였다. 대학에 갓 입학한 후 킹은 소로의 『시민 불복종』을 읽고 너무도 큰 감명을 받은 나머지, 책을 몇 차례나 다시 읽었다. 소로는 멕시코에서 미군이 노예 구역 확장을 위해 전쟁을 하는 데 자신이 낸 세금이 사용된다는 것을 알고 세금 납부를 거부했다. 킹은 적극적으로 선을 따르는 것뿐만 아니라, 소극적으로 악에 협력하지 않는 것도 중요한 저항이라는 사실을 소로에게서 배웠다. 그가 관여한 1955년 앨라배마주 몽고메리 버스 보이콧운동, 1960년 런치 카운터 연좌운동, 1961년 조지아주 올버니 평화 시위 등이 바로 소극적이지만 악에 대한 강력하고 적극적인 저항으로서, 소로에게서 배운 바였다는 것

이다.[11]

신학교를 다니면서 배웠고 현장에서 무르익은 이 정신은 간디의 고향 인도를 직접 방문한 경험을 통해 더 구체화되었다. 몽고메리 버스 보이콧운동에서 승리한 후 몇 친구가 킹에게 인도 방문을 권했다. 마침 1956년에 간디의 후계자 네루 수상이 미국을 방문했는데, 그는 비서를 통해 킹에게 인도를 방문해 달라고 요청했다. 1959년 2월 초부터 3월 중순까지 한 달 반 정도의 기간 동안 방문한 인도는 킹에게 깊은 인상을 남겼다. 비폭력 저항운동이야말로 자유를 향한 피억압 민중의 투쟁에서 가장 강력한 무기라는 확신이 더 굳건해졌다. 귀국 4일 후 몽고메리에서 전한 설교에서 킹이 간디를 어떻게 인식하고 있는지 확인할 수 있다.

이 세상은 간디와 같은 사람을 좋아하지 않습니다. 이해할 수 없는 일이지만 이 세상 사람들은 예수와 같은 사람도 좋아하지 않고 링컨과 같은 사람도 좋아하지 않습니다. 이 세상은 인도를 위해서 모든 것을 바치고 자기 목숨까지 바친 사람, 4억의 인도 국민들을 독립운동에 나서게 만든 사람을 죽였습니다. … 인간에 대한 사랑을 가슴에 품은 간디는 증오심을 가슴에 품은 사람의 손에 죽고 말았습니다. 역사는 이렇게 비극적으로 진행되고 있습니다. 역사에는 예수님과 간디 두 분이 모두 금요일에 돌아가셨다고 기록되어 있습니다. 두 분이 같은 요일에 돌아가신 것도 어떤 의미가 있지 않을까요? … 하지만 신의 섭리는 여기서 끝나지 않습니다. 간디의 가슴에 총알이 박히는 순간 인류의 가슴속에는 간디의 사상이 깊이 박혔습니다. 에이브러햄 링컨과 마하트마 간디는 분열된 국가의 상처를 치유하기 위해서 노력하다가 목숨을 잃었습니다. 링컨이 저격당한 직후에 옆에 있던 스탠턴 장관은 이렇게 말했다고 합니다. '이제 링컨은 역사적인 인물로 남게 되었습니다.' 마하트마 간디도 저격당하는 순간, 역사적인 인물이 된 것입니다.[12]

순교

킹이 예수, 간디, 링컨의 죽음을 두고 했던 말은 의미심장하다. 인류에 대한 사랑을 가슴에 품은 예수, 간디, 링컨은 인류에 대한 증오를 가슴에 품은 사람에 의해 죽임을 당했다. 그러나 그들이 십자가에서, 또는 총탄에 맞아 죽음에 이르는 순간에, 인류의 가슴속에는 죽은 이들의 사상이 깊이 박혔다. 이로써 이들은 역사적인 인물이 되었다. 인류애, 희생 제사, 비폭력 저항(링컨의 경우는 다를 수 있지만), 역사적 기억이 만나고 교차되는 의미 있는 죽음을 우리는 순교, 순국, 순직, 취의, 선종 등으로 지칭한다.

킹의 민권운동은 미국에서 법적으로 크게 두 가지 성과를 이루어 냈다. 1964년에 민권법The Civil Rights Act이 통과되어 인종, 민족, 출신국, 종교, 성별에 따른 차별이 공식적으로 불법이 되었고, 남부에서 자행되던 인종 분리도 공식 철폐되었다. 1965년 선거권법Voting Rights Act으로 지방 정부가 선거 자격을 제한하거나 투표에 필요한 요건이나 절차를 요구하는 것을 금지시켰다. 이로써 인종이나 피부색 때문에 미국 시민의 투표권을 제한할 수 없게 되었다. 전쟁과 인종차별, 가난이 서로 맞물려 있다고 믿은 킹은 백인을 포함한 도시 빈민과 노동자의 연대 투쟁에도 동참했고, 베트남전 반대운동에도 투신했다. 이를 인정받아 1964년에는 역대 최연소 노벨평화상을 수상했다. 킹은 몇 차례 수감과 출소를 반복한 후 다시 1962년에 진행된 조지아주 올버니 자유승차운동(1961.10.-1962.8.)이 마무리되자, 비폭력에 반대하는 흑인들의 무장 소식을 듣고 우려 섞인 전보를 케네디 대통령에게 보냈다. 당시 흑인들의 전폭적인 지지를 받던 케네디에게도 그는 변함없는 비폭력 소신을 밝혔다.[13]

1968년 4월 4일, 킹은 테네시주 로레인호텔에서 제임스 얼 레이에게 암살당했다. 백인 인종주의자 레이는 킹을 살해한 후 영국으로 달아났으나, 체포된 후 99년형을 선고받고 감옥에서 사망했다. 킹의 죽음은 1963년 11월 22일에 암살당한 존 F. 케네디 대통령의 죽음과 함께 역사상 가장 논란이 많았던 죽음이었다. 킹의 죽음을 재심한 1999년 셸비카운티 순회 법정은 이 죽음을 레이의 인종주의적 단독 범행이 아니라, FBI와 CIA, 군 정보국 등 정부 수사 및 비밀 조직과 마피아가 연계하여 일으킨 조직적 살해 음모였다고 평결했다. 진실은 지금도 여전히 안개 속에 묻혀 있다. 그러나 1968년 4월의 죽음이 얼마 남지 않은 2월에 애틀란타의 애버니저침례교회에서 행한 설교에서, 킹은 죽음을 예견한 듯, 자기 삶과 죽음의 의미를 되짚는 연설을 했다.

나는 가끔 모든 인간은 인생의 공통분모인 죽음이 닥쳐올 순간을 늘 의식하고 있다는 생각을 할 때가 있습니다. 인간은 누구나 죽음을 생각합니다. 나는 이따금 나의 죽음과 장례식에 대해서 생각하곤

합니다. 나는 죽음을 음울한 것이라고 생각하지 않습니다. 나는 이따금 '내가 진정으로 듣고 싶은 말은 무엇일까?' 하고 자문합니다. 오늘 나는 여러분께 이 말씀을 드리고 싶습니다. 나는 그날이 오면, 마틴 루터 킹 2세는 자신의 인생을 남을 돕는 데 바치려고 노력했다는 말을 듣고 싶습니다. 그날이 오면, 마틴 루터 킹 2세는 누군가를 사랑하려고 노력했다는 말을 듣고 싶습니다. 그날이 오면, 내가 전쟁 문제에 대해서 올바른 태도를 가지려고 노력했다는 말을 듣고 싶습니다. 그날이 오면, 내가 굶주린 사람들을 배불리 먹이려고 노력했다는 말을 듣고 싶습니다. 그날이 오면, 내가 일생 동안 감옥에 갇힌 사람들을 만나려고 노력했다는 말을 듣고 싶습니다. 그날이 오면, 내가 인류를 사랑하고 인류를 위해 봉사하려고 노력했다는 말을 듣고 싶습니다. 나를 군악대장으로 부르고 싶다면, 정의를 알리는 군악대장, 평화를 알리는 군악대장, 평등을 위한 군악대장이라고 불러 주십시오. 나머지 사소한 것들은 아무래도 상관없습니다.[14]

마틴 루터 킹의 짧은 생애와 죽음은 단지 흑인 기독교인에게만이 아니라 20세기 기독교 세계 전체에 준 충격과 도전이었다. 킹이 예수, 간디, 링컨의 죽음을 두고 했던 말 그대로, 킹 자신의 죽음으로 그의 유산과 정신이 그를 쏜 사람들과 그들의 후손의 심장에 박혔다. 이 죽음으로 그는 인류애, 희생의 제사, 비폭력 저항, 죽음, 역사적 기억을 상기하는 역사적 인물이 되었다.

글쎄요. 앞으로 무슨 일이 벌어질지 저도 지금은 알지 못합니다.

우리 앞에는 다소 힘겨운 날들이 놓여 있습니다. 하지만 제게
그것은 문제가 되지 않습니다. 왜냐하면 저는 산 정상에 올라갔다
왔으니까요. 저는 개의치 않습니다. 다른 사람들과 마찬가지로,
저 역시도 오래 살고 싶습니다. 하지만 지금 저는 그것에 대해
염려하지 않습니다. 저는 다만 하나님의 뜻대로 살고 싶을
뿐입니다. 그분께서는 저에게 산 정상에 오르도록 허락해
주셨습니다. 그래서 주변을 둘러본 저는 약속의 땅을 보았습니다.
아마 여러분과 함께 그곳에 가지 못할지도 모릅니다. 하지만
저는 여러분이 오늘 밤, 우리가 한 국민으로서는 그 약속의 땅에
이르게 될 거라는 사실을 아시기 바랍니다. 저는 오늘 밤 너무도
행복합니다. 그 어떤 두려움도 제게는 없습니다. 저는 어느 누구도
두려워하지 않습니다. 제 눈은 이미 주님께서 오시는 영광을 보았기
때문입니다.[15]

19. 요한 바오로 2세

    로마 가톨릭은 단일 조직으로, 전 세계 곳곳에 거주하는 신도 수가 모든 기독교 종파 중 가장 많고, 여전히 영향력도 막강하다. 로마의 대주교, 즉 교황[1]은 이 거대한 세계 교회의 방향을 좌지우지하는 결정적 권한을 지녔다. 20세기에 로마 대주교, 즉 교황의 자리에 오른 인물은 총 아홉 명이었다.

    아홉 명에 해당하는 20세기 교황들의 재임기는 크게 네 번의 중요한 역사적 분기점으로 구분될 수 있다. 레오 13세부터 베네딕토 15세까지는 서양 제국주의 전성기와 열강들의 상호 분투로 요약되는 제1차 세계대전의 배경과 영향을 받은 시기였다. 비오 11세와 12세가 재위하던 시기는 중세 말기의 바벨론 포로기처럼, 가톨릭교회가 이탈리아와 독일, 일본의 파시즘에 저항하지 못하고 권력의 하수인 노릇을 한 암흑기로 평가된다. 20세기 후반기의 결정적인 분기점은 요한 23세와 바오로 6세 재임기에 진행된 제2차 바티칸공의회(바티칸 II)였는데, 이 공의회에서 논의된 주제와 결정 사항은

교황명	원래 이름	국적	재임기간	주요 사건
레오 13세	조아키노 빈첸초 페치	이탈리아	1878-1903	제1차 세계대전
비오 10세	주세페 사르토	이탈리아	1903-1914	제1차 세계대전
베네딕토 15세	자코모 델라 키에사	이탈리아	1914-1922	제1차 세계대전
비오 11세	아킬레 라티	이탈리아	1922-1939	제2차 세계대전
비오 12세	에우제니오 파첼리	이탈리아	1939-1958	제2차 세계대전
요한 23세	안젤로 주세페 론칼리	이탈리아	1958-1963	바티칸 II
바오로 6세	조반니 바티스타 몬티니	이탈리아	1963-1978	바티칸 II
요한 바오로 1세	알비노 루치아니	이탈리아	1978	바티칸 II 이후
요한 바오로 2세	카롤 보이티와	폴란드	1978-2005	바티칸 II 이후

20세기뿐만 아니라, 가톨릭 역사 전체를 통틀어 가장 혁신적인 개혁으로 평가된다. 이후 요한 바오로 1세와 2세, 그리고 21세기의 두 교황 베네딕토 16세와 현직 프란치스코 교황 재임기는 바티칸 II 정신에 대한 해석과 적용을 서로 달리하는 보수파와 개혁파 사이의 현재진행형 줄다리기 상태라 할 수 있다.

20세기에 재임한 아홉 명의 교황 가운데 한 명을 꼽기가 쉽지 않지만, 독특한 출신 배경에 가장 긴 재임 기간 동안 가장 많은 세계 교구를 방문하며 상당한 인기를 누린 인물이 있었다. 455년 만에 이탈리아인이 아닌 슬라브계 교황[2]이자 역사상 세 번째[3]로 긴 27년 동안 재임한 교황. 재임 중 130개 나라를 방문하고 대중매체에 자주 노출되어 유럽만이 아니라 전 세계 가톨릭 신자들을 위한 목자가 된 교황. 바티칸 II의 정신을 여러 사회 이슈에 온건하게 적용하여 평화의 사도로 널리 존경받은 교황 요한 바오로 2세Ioannes Paulus PP. II는 20세기를 대표하는 로마가톨릭교회의 수장이다.

폴란드인

15년간 재임한 바오로 6세가 1978년 8월에 선종하자, 교황 선출 회의 콘클라베Conclave는 후임자로 베네치아 총대주교 이탈리아인 알비노 루치아니를 선출했다. 그러나 요한 바오로 1세를 교황명으로 택한 그는 불행히도 즉위 34일을 넘기지 못하고 사망했다. 10월 22일에 다시 열린 콘클라베에서 선출되어 세상에 공표된 새 교황은 전 세계를 놀라게 했다. 선출된 인물은 사상 첫 슬라브계인 58세의 폴란드 크라쿠프 대주교로, 130년 만에 처음으로 60세 이전에 선출된 교황이었으며, 공산국가 폴란드에서 유명한 시인이자 극작가, 학자, 반공운동가였고, 최소 6개 언어(최대 10개 언어)에 능통하고 축구와 스키, 등산 등 스포츠에 재능이 뛰어난 인물 카롤 유제프 보이티와Karol Józef Wojtyła, 1920-2005였다.[4]

요한 바오로 2세라는 교황명을 택한 이 크라쿠프 대주교는 폴란드 출신이자 첫 슬라브인 주교라는 특징으로 큰 주목을 받았다. 폴란드인으로서 그가 당한 경험과 현실은 한 인간으로서, 운동가로서, 종교인으로서의 그의 삶과 신앙, 사상과 행동이 형성되는 데 결정적인 영향을 끼쳤다. 그가 성장하고 사제로 경력을 쌓던 시기의 폴란드는 2차대전기 히틀러 치하의 독일 나치즘과 종전 후 소비에트 공산주의에 직면해 있었다. 이 둘은 서로 유래가 다르지만 외국에서 들어온 전체주의라는 점에서는 동일했다. 세계는 이들 때문에 심각한 파멸 위기에 처해야 했다.

1920년 5월 18일에 폴란드 남부 마을 바도비체에서 3남매의 막내아들로 태어난 카롤 유제프 보이티와의 아버지는 예비역 육군 장교, 어머니는 리투아니아 출신 초등학교 교사였다. 그러나 그의 나이 9세에 어머니가, 그의 나이 12세에 큰 형이 사망한 것을 시작으로 카롤은 1946년에 26세의 사제가 되기 전에 가족을 모두 잃었다. 특히 스물한 살 성인이 될 때까지 그의 곁에서 삶의 멘토이자 모델 역할을 했던 아버지의 죽음이 끼친 영향이 컸던 것 같다. 바티칸 전문 역사가 지안 프랑코 스비데르코스키가 쓴 대중적인 전기에 따르면, 사람들에게 '대위님'이라고 불린 카롤의 아버지와 아들은 거의 일심동체였다. 군인 출신이었음에도 조금도 권위주의적이지 않았고, 아들에게 신앙을 강제하지 않으면서도 자신의 신앙과 삶의 원칙을 지키는 일에는 타협이 없었다. 매일 새벽에 일찍 일어나 무릎을 꿇고 기도하던 모습이 나중에 사제와 교황이 된 카롤에게 각인되어 있던 아버지의 이미지였다.[5]

바도비체에는 유대인이 많았기에 카롤도 어릴 때부터 유대인 친구나 이웃과 어울리는 데 익숙했다. 당시 바도비체 전체 인구 1만

8,000명 중 3분의 1이 유대인이었다. 유럽 전역에서 중세 이후 반유대주의 Anti-Semitism가 횡행했지만, 바도비체에서는 폴란드인과 유대인의 관계가 비교적 우호적이었다. 종교개혁기에도 타교파 신자를 화형에 처하는 배타주의가 강하지 않아 '장작더미가 없는 나라'라는 별명을 가졌던 만큼, 폴란드에는 관용과 포용이 오랜 전통이었다. 초등학교에 입학한 이후 평생 그의 단짝이 된 예지 클루거는 유대인회 회장 아들이었다. 9년간의 김나지움(인문계 중고등학교) 생활 중에도 그의 친한 동기생 가운데 반유대주의자 폴란드인이 있었지만, 유대인도 있었다. 친한 친구 사이였던 이들은 서로 치열한 입씨름을 벌이기는 했어도 그것이 폭력으로 이어지지는 않았다.[6] 그러나 독일에서 히틀러가 주도한 나치즘이 창궐하기 시작하면서, 이웃나라 폴란드에도 곧 어둠이 들이닥쳤다. 나치 정권이 독일에서 유대인을 집단 추방하자, 폴란드는 처음에 이 난민을 조건 없이 수용했다. 그러나 폴란드에서도 극우 민족주의 단체들이 힘을 얻으면서 김나지움과 대학을 비롯한 학교에서도 유대인 차별이 심해졌다.

1939년 9월 1일, 150만 명에 이르는 대규모 독일군이 폴란드를 침공하여 약 일주일 만에 폴란드 서쪽 반을 점령했다. 동쪽의 소련은 나치를 저지한다는 명분으로 9월 17일에 동부전선을 넘어 들어와 순식간의 폴란드 동쪽 절반을 차지해 버렸다. 폴란드는 역사상 네 번째로, 독일과 러시아에 의해 동서로 분할되는 비극을 맛보았다. 독일이 폴란드를 침공한 지 이틀 후 영국과 프랑스도 독일과의 전쟁에 들어갔다. 제2차 세계대전의 시작이었다.[7] 독일은 폴란드 지식인과 고유 문화를 압제하는 한편, 유대인 박멸 작전의 이상적인 실험지로 폴란드를 택했다. 당시 카롤은 크라쿠프의 야기엘론스키

대학 연극학과 학생이었다. 독일은 폴란드의 고등학교와 대학교, 신문사, 예술협회, 도서관을 모두 폐쇄하고, 쇼팽을 비롯한 폴란드 음악가들의 곡 연주와 청취를 금했으며, 사제를 체포하고, 교회의 성일 기념을 금하고, 교회의 모든 재산을 압류했다. 카롤은 독일 침공으로 학교가 폐교되자 1944년까지 화학 공장과 석회암 채석장에서 노동자로 일했다. 이 시기 크라쿠프에서 약 60킬로미터 떨어진 곳에 포로수용소가 설치되었는데, 폴란드인이 '오시비엥침'이라 부르던 이 수용소를 독일인은 '아우슈비츠'라 불렀다. 이곳은 단순한 포로수용소가 아니라 유대인 집단 학살 수용소였다.[8]

서부의 나치 독일만 문제가 아니었다. 동부에서는 소련이 장악한 지역의 총 인구 1,200만 명 중 최소 150만 명이 시베리아 노동 수용소로 끌려가 사상 재교육을 받았다. 독일군 못지않은 홀로코스트를 저지르기도 했다. '카틴숲 대학살'로 알려진 대표적인 사건은 1940년 4월에 일어났다. 선전포고 없이 폴란드를 침략한 소련은 폴란드 정규군 장교 8,000명과 예비군 병력 25만 명을 사로잡은 뒤 이들 중 2만 2,000명을 적군으로 분류하여 카틴숲과 다른 지역에서 총살하고 구덩이에 파묻었다. 그뿐 아니라, 희생자 가족 6만 명을 카자흐스탄 지역으로 강제 이주시켰다.[9]

어둠이 창궐하던 1942년에 카롤은 비밀 지하 신학교에 입학해서 공부한 후, 전쟁이 끝난 1946년에 사제로 서품받았다. 이어서 로마 아퀴나스교황청립대학에서 학위 공부를 한 후, 1948년에 십자가의 성 요한의 믿음 교리에 대한 논문을 써 박사학위를 받았다. 1948년에 폴란드로 귀국한 후에는 크라쿠프 근교 니에고비츠 시골 마을에서 처음 사목한 후, 크라쿠프의 성플로리아노 교구로 전임되었다.

크라쿠프에서 사목하는 동안 야기엘로인스키대학과 루블린가톨릭대학에서 윤리학을 가르쳤으며, 기도, 철학 및 신학 토론, 병자 및 시각장애인 간호를 목적으로 하는 청년 모임을 조직했다. 나들이 사목 형태로 진행된 이 모임에는 등산, 캠핑, 스키, 카누 등이 동반되었고, 야영장에서 모닥불을 피워 놓고 인생의 실존과 신앙, 사회문제 등을 토론했다. 심지어 이런 모임에서는 사제복을 입지 않았던 카롤의 친밀한 분위기 덕에 청년들은 그를 신부가 아니라 '삼촌'Wujek이라 부르기도 했다.[10]

그러나 전후 폴란드 정치 상황은 카롤의 사목 활동처럼 밝지 않았다. 전후 폴란드 정부는 선거 결과를 조작하고 반대하는 이들을 숙청하는 공산당 일당독재국이 되었는데, 그 배후는 소련이었다. 반종교 정책도 강화되었다. 동유럽의 가톨릭교회들은 바티칸과 관계를 끊으라는 요구를 끊임없이 받았고, 이를 거부하는 지도자들은 중형을 받아야 했다. 1953년 스탈린의 죽음 이후 공포정치는 오히려 더 강화되었다. 바티칸이 아니라 폴란드 정부가 폴란드 내 주교와 사제를 임명하는 것으로 헌법을 개정하려 시도하자, 폴란드 주교회의가 이에 반대하는 성명을 발표했다. 정부는 주교 8명, 사제와 수도사 1,000여 명을 체포하고, 이 중 두 사람에게는 사형을 선고했다. 가톨릭 주간지는 폐간되고, 학교 내 종교 교육이 전면 금지되었으며, 종교 시설에 엄청난 세금이 부과되었다. 폴란드의 가톨릭 수장 비신스키 추기경은 수도원에 3년 이상 연금되었다.[11]

카롤도 핍박의 희생자였다. 야기엘로인스키대학 기독교윤리학 조교수로 임용된 지 얼마 되지 않아 신학부가 폐지되면서 강사직을 잃었다. 1956년에 소련의 최고 권력자 니키타 흐루쇼프가 스탈린의 유산을 비판하기 시작하면서 동유럽 위성국가들의 시민 의식을 자극했다. 1956년 6월 폴란드 서부 보즈난의 스탈린 철강 공장에서 노동자 수천 명이 파업을 일으키며 봉기했다. 지식인, 학생, 시민이 가세하면서 시위 인구가 10만 명으로 늘어났다. 살인적 물가와 세금, 열악한 노동 환경에 대해 개선을 요구하면서 공산당 정부에 저항했다. 인민위원회는 탱크 400대와 1만 명의 군대를 출동시켜 시위를 진압했다.[12] 이 연대 저항에 폴란드 사제들도 함께했다. 38세가 된 1958년에 카롤은 교황 비오 12세에게 주교 서품을 받으면서, 폴란드에서 가장 젊은 주교가 되었다. 1962년에는 바티칸 II에 폴란드 대표 중 하나로 참석했고, 1963년에 교황 바오로 6세에 의해 크라쿠프대주교로 임명되었다. 이어서 1967년에는 추기경으로 임명되며 고속 승진했다. 주교, 대주교, 추기경으로 임명된 이 모든 과정에서 카롤 보이티와는 민중과 자유세계의 지지를 등에 업고 공산 정권에 맞서 폴란드 교회를 이끌었다. 그리고 1978년 10월 22일, 마침내 슬라브인 폴란드 추기경 카롤 유제프 보이티와는 264대 교황으로 즉위했다. 100년 전 폴란드의 대표 극작가이자 시인인 율리우시 스워바츠키는 다음 시로 폴란드인 교황을 예견한 바 있었다.

온 세상이 분쟁으로 치닫는 가운데,
하느님께서 거대한 종을 울리신다,
그분께서 슬라브인 교황에게 옥좌를 내어 주시니.

주님의 세상을 다시 세우는 데 큰 힘이 필요하기에,
그래서 슬라브인 교황이 오신다네,

모든 민족들의 형제로.[13]

나치 독일의 인종주의와 소련과 폴란드의 공산 전체주의 치하에서 성장한 교황 요한 바오로 2세에게는 갈등과 반목이 아닌 화해와 평화, 압제를 이기는 자유가 큰 관심사였다. 따라서 폴란드에 있을 때나 바티칸으로 이동한 후에나 종파와 이념, 인종을 뛰어넘은 화해를 강조했고, 공산 독재 치하의 노조 및 개혁개방운동에 힘을 실어 주었다. 특히 분쟁 지역을 자주 찾아 화해의 사도가 되고자 노력한 점이 두드러진다. 1982년 포클랜드전쟁 당시에는 영국과 아르헨티나를 동시에 방문해서 평화를 촉구했고, 1991년 유고슬라비아 연방 해체 후 연이은 인종 전쟁 중에도 특사를 파견해 화해를 중재했다. 2000년에는 이스라엘과 팔레스타인 사이에서 화해 조정을 위해서 힘썼다. 1993년에는 바티칸과 이스라엘 간 외교 관계를 수립했고, 개신교, 정교회, 성공회와도 교류했다. 요한 바오로 2세만큼 시리아 등 이슬람 국가 방문을 많이 한 가톨릭 지도자는 없었다. 1992년에는 갈릴레오에 대한 중세 재판이 오류였음을 인정했고, 2000년 3월에 열린 '용서의 날' 미사에서는 나치의 유대인 학살, 십자군 전쟁, 13세기 종교재판 당시 가톨릭교회의 참여와 묵인에 대해 참회했다. 1981년 5월에 튀르키예인 청년 메흐메트 알리 아자의 암살 시도에 총탄을 맞고 중태에 빠졌다가 회복되고, 2년 후에는 직접 감옥에 있던 청년을 찾아가 용서와 사면을 청했다.[14]

바티칸 II

    사실상 이탈리아인이 아니었던 카롤 보이티와가 요한 바오로 2세라는 교황이 될 수 있었던 데는 제2차 바티칸공의회가 닦아 놓은 기반 덕이 컸다. 1962년부터 1965년까지 네 차례 회기에 걸쳐 진행된 바티칸 II를 소집한 교황은 요한 23세였는데, 불과 5년밖에 재위하지 못했던 그는 추기경단 수를 70명에 제한했던 전통을 포기하고 세계 교회 규모에 맞춰 추기경단을 대폭 늘렸다. 투표권을 가진 추기경의 수가 많아진 결과, 이탈리아인이 아닌 인물이 교황에 등극할 가능성이 커졌다. 그 결과가 바로 요한 바오로 2세였다.[15]

    그러나 요한 23세가 가톨릭교회에 일으킨 혁명은 비이탈리아인을 교황으로 등극시킨 것에만 제한되지 않았다. 그는 가톨릭 역사상 가장 큰 변화를 가져온 공의회 중 하나라 할 수 있는 바티칸 II를 소집했다. 76세로 재위에 오른 요한 23세의 의도는 이 공의회 모토인 '아조르나멘토'aggiornamento에 들어 있었다. 이 단어가 현대화modernization, 업데이트update 등으로 번역되는 데서 알 수 있듯, 바티칸 II는 이전 공의회들이 시대정신에 저항하며 신앙의 보수화와 정통 회귀를 지향한 것과는 다른 길을 택했다. 오히려 '지금 여기'here and now에 초점을 맞추고, 오늘 이 세상이 변화하는 물결에 발맞추어 복음을 이 시대의 요구와 필요에 맞게 적용하고 적응하는 과정을 교회가 수용해야 한다고 판단했다. 따라서 이런 개혁 정신에 따라 3년간 진행된 공의회는 그 과정도 이전과 달랐고, 결과물도 특별했다.

    1962년 10월 11일에 시작된 바티칸 II는 4회기가 지속되는 동안 약 2,800명이 회의와 토론에 참석한 가톨릭 역사상 최대의 공의회였다. 이때 논의된 안건과 행사도 가톨릭교회 역사를 혁명적으로 전향시키는 사건들이었다. 밴쿠버기독교세계관대학원VIEW 최종원 교수는 「복음과상황」에 기고한 글에서 바티칸 II에서 일어난 주목할 만한 사건과 의미를 다음 몇 가지 키워드로 요약했다.[16] 첫째, 전례 수정. 미사를 드릴 때, 기존에 라틴어만을 사용했던 전통을 버리고 자국어를 사용할 수 있게 했고, 사제가 지성소, 즉 앞만 보고 미사를 집전하는 대신 회중석에 앉은 신자를 바라보게 했다. 또한 미사 여러 순서에서 사제 이외에 평신도도 능동적으로 참여할 수 있게 되었다. 요한 23세에 이어 교황이 된 후 바티칸 II를 이어 간 바오로 6세는 이 전례 개혁안을 토대로 「로마 미사 경본」을 작성해서 1970년에 공표했다. 둘째, 에큐메니컬 교제. 기독교 역사 속에서 서로 싸워 분열된 이들을 '이단'이 아닌 '형제'로 규정한 첫 공의회가 바티칸 II였다. 1964년 1월에 바오로 6세는 동방정교회 총대주교 아테나고라스와 만났는데, 여기서 1054년에 서로 파문했던 역사를 뒤집었다. 종교개혁 이후 '열교', 즉 찢겨 분리된 교회로 부른 개신교도 '분리된 형제'로 새롭게 정의했다. 셋째, 평신도의 능동적 참여. 미사 중 평신도에게도 역할이 주어진 것은 평신도 사도직이라는 가톨릭 내 혁신적 신학자들의 조언을 수용한 결과였다. 주로 '만인 제사장직'이라는 표현으로 16세기 종교개혁 이후 개신교의 모토가 된 평신도의 적극적인 목회 참여가 가톨릭에서도 중요한 일상으로 자리 잡은 계기가 바티칸 II였다. 이 모든 과정은 결국 가톨릭교회가 교리와 신학, 교계제도 중심의 전통을 '보수'하는 데만 급급한 수구적 집단이 아니라, 현대성과 대화하며, 시대의 필요에 맞추어 공동선을 증진하는 조직이 되겠다는 선언이었다.

그렇다면 요한 바오로 2세는 바티칸 II의 혁신 정신에 따라 교황직을 수행한 충실한 계승자였는가? 이 질문에 대한 대답은 '예'이기도 하고, '아니오'이기도 하다. 이미 언급한 것처럼, 폴란드인 카롤 보이티와는 바티칸 II가 닦아 놓은 다양성과 세계성 정신 덕에 교황이 될 수 있었다. 전 세계를 순례하면서 다양한 민족 및 인종, 기독교의 타교파 지도자, 타종교인을 만나고, 사회 및 인권 문제에 거리낌 없이 발언한 것도 아조르나멘토 정신의 구현이다. 특히 소비에트 공산권 전체주의 아래 신음하던 폴란드와 동유럽의 자유운동가와 시민들에게는 그의 존재 자체가 큰 희망이었다. 그의 이런 정신은 직접 저술한 책에서도 확인할 수 있다. 교황 즉위 15년을 맞은 1993년에 이탈리아 텔레비전 방송국에서 기획한 인터뷰 질문지에 교황이 직접 답변을 단 형태로 나온 『희망의 문턱을 넘어』는 여러 나라말로 번역되어 베스트셀러가 되었다. 이 책은 35개 주제를 담고 있는데, 가톨릭 신앙에 대한 전통적인 질문뿐만 아니라, 세계의 주요 종교, 공산주의 몰락, 인권, 여성 등에 대한 주제를 광범위하게 다루고 있다. 여기서 교황이 바티칸 II의 정신을 충실히 따르고 있는 것으로 보이는 내용, 즉 이전 가톨릭의 경직성과 대비되는 내용 몇 가지를 추려 보자.

"가톨릭교회는 이들 종교[세계의 거대 종교들]에서 발견되는 옳고 성스러운 것을 아무것도 배척하지 않는다. 그들의 생활과 행동의 양식뿐 아니라 그들의 규율과 교리도 거짓 없는 존경심으로 대한다. … 모든 사람을 비추는 참 진리를 반영하는 일도 드물지는 않다. 그럼에도 불구하고 교회는 그리스도께서 '길이요 진리요

생명'(요한 14:6)이라는 것…을 반드시 선포해야 한다."(바티칸
II, 「비그리스도인 선언 2항」). 저는 여러 차례 이것을 확신한 적이
있습니다. 동양의 여러 나라를 방문하면서, 특별히 역사적인 아시시
모임에서 각 종교들의 대표자들을 만나는 동안 말입니다. … 그러나
우리는 하나님의 섭리가 그토록 다양한 종교들을 낳게 하였다는
사실에 놀라기보다는, 그들 다양한 종교 안에서 발견되는 수많은
공통점들 때문에 놀라지 않을 수 없었습니다. (5장 '왜 그리 종교가
많은가?') [17]

남녀를 막론하고 젊은이들은 누구나 다른 사람을 위하여, 그리고
다른 사람과 더불어 함께 살아야 한다는 것을 알고 있습니다. 또한
자신들의 삶이 다른 사람에게 '거저 주는 선물'이 될 때라야 비로소
의미를 갖게 된다는 점도 알고 있습니다. 바로 여기에 모든 성소의
원천이 있습니다. 사제직이나 수도 생활뿐 아니라 결혼해서 가정을
이루는 것도 성소입니다. 결혼 역시 하나의 소명이고 하느님께서
주시는 선물인 것입니다. (19장 '젊은이에게 희망은 있는가?') [18]

상호 존중은 진정한 '일치운동'의 전제 조건입니다. 저는
조국에서의 경험을 회상하면서, 폴란드를 다양한 신앙과 다양한
민족들에 대한 관용을 허용하는 사회로 만든 역사적인 사건들을
지적한 바 있습니다. 서구의 역사에서 이교도를 화형에 처했던 그
시절에, 야기엘론 왕조의 마지막 왕은 이런 말을 통해 폴란드의
관용을 증명해 주었습니다. "나는 너의 양심까지 지배하는 왕은
아니다." (23장 '왜 분열되었는가?') [19]

제2차 바티칸공의회는 이런 점에서 그 이전의 공의회들과는 다릅니다. 아주 독특한 형식 때문이지요. 이 공의회는 방어 형태를 취하지 않았습니다. 이 공의회에서는 파문anathema sit이라는 단어를 한 번도 등장시키지 않았습니다. 이 공의회는 교황 바오로 6세께서 '구원의 대화'라고 표현하신 대로, 대화를 널리 개방하는 것이 특징인 보편적인 회의였습니다. … 진리는 가둬 둘 수 없습니다. 진리는 한 사람을 위함과 동시에 모두를 위해 존재하는 것입니다. … 이것이 제2차 바티칸공의회의 형식이었으며, 공의회 개최의 정신이었습니다. (25장 '구원의 대화')[20]

요한 바오로 2세의 이런 발언들을 보면, 그는 바티칸 II의 개혁과 개방 정신의 충실한 옹호자이자 실천자인 것으로 보인다. 그러나 바티칸 II를 더 깊은 개혁을 요구하는 시발점으로 보았던 이들은 요한 바오로 2세의 보수성을 비판한다. 예컨대 가톨릭 내 진보적 노동 및 사회운동을 대변하는 조직으로 널리 알려진 「가톨릭일꾼」Catholic Worker[21]의 한국어판 신문 발행 및 편집 책임을 맡은 한상봉은 요한 바오로 2세를 "진보 신학을 거절한 반개혁적 인민주의자"로 평가한다. 즉 그는 대중과 소통하고 전 세대를 만나 대화하고 널리 마음을 연 따뜻하고 친절한 인물이자, 교회 내 진보 세력에게 어느 정도 바람막이가 되어 준 '인민주의자'였지만, 그는 사제와 수녀의 정치 개입을 반대하고, 주교에게 순명하라고 요구하며, 사회와 가난에 대한 관심은 좋지만 행동주의에 빠지면 안 된다고 신신당부한 반개혁적 인사였다며, 그의 이중성을 비판한다.

특히 라틴아메리카가 처한 현실에서 파생된 해방신학과 기초

공동체는 교황청의 사찰 대상이었다. 1970년대 해방신학의 아버지 구스타보 구티에레스를 이어, 1980년대 브라질에서 이 신학을 대변한 레오나르도 보프는 1984년에 교황청의 심문을 받았다. 유럽에서 이론적으로 이들을 지지한 신학자 한스 큉과 에드바르트 스힐레베익스, 요한 밥티스트 메츠, 카를 라너 등도 당시 교황청 신앙교리성 장관으로 있던 요제프 라칭어 추기경(이후 교황 베네딕토 16세)에 의해 교수직을 상실하거나 처벌받았다. 물론 라칭어 추기경이 요한 바오로 2세보다 더 보수적인 교리주의자라서 이런 징계에 영향을 끼친 면도 있다. 그러나 이런 조치가 교황의 허용치 내에서 가능했다는 점에서, 가톨릭교회의 전통 개인 윤리(낙태와 인공 피임 반대), 신학, 교리에 대한 요한 바오로 2세의 보수성도 분명했다. 특히 사회 참여와 인권운동이 공산 독재에 대한 투쟁과 동일시되었던 동유럽 출신이었기에, 그로서는 라틴아메리카 등지에서 기독교인의 사회 참여의 적극성이 결국 마르크스주의에 대한 옹호 혹은 수용과 연결되는 상황을 우려했을 것이다.[22]

한국 천주교

요한 바오로 2세는 문자 그대로 전 세계의 교황이었다. 따라서 한국과도 관련이 깊었다. 한국을 찾은 첫 교황으로, 1984년과 1989년 두 차례 방문했다. 1984년은 한국 천주교 전래 200주년과 천주교 서울 대교구 설정(1831) 150주년이 되는 해였다. 당시 방문해서 조선 말기 순교한 이들 중 103위를 순교복자로 시성했다. 당시 전두환 정권은 대내외적으로 정통성을 인정받기 위해 교황 방한을 적극 추진했던 것으로 알려져 있다. 그러나 김대중 구명을 위해 친서를 보낼 정도로 한국 상황을 잘 알고 있던 교황청[23]이 군사독재 정권에 대한 지지로 보일 것을 우려하여 한국 방문을 보류하자, 한국 정부는 1983년 12월에 대학 내 전투경찰 철수, 학내 데모로 제적된 학생 복교 허용, 해직 교수 복직, 정치범 석방, 민주 인사 활동 금지 해제 등의 유화 조치를 취했다. 이런 일련의 조정으로 1984년 교황의 첫 한국 방문이 이루어졌다.

요한 바오로 2세는 도착 직후 공항에서 "순교자의 땅, 순교자의 땅"이라 말하며 한국 땅에 입을 맞추는 친구親口 의식을 행했고, 도착 첫 성명에서 「논어」의 "유붕자원방래 불역낙호"有朋自遠方來 不亦樂乎를 인용했다. 한국어로 "벗이 있어 멀리서 찾아오니 이 또한 즐겁지 아니한가!"라는 말로 인사한 후, 마무리에서도 한국어로 "여러분과 여러분의 가정에, 그리고 한반도의 온 가족에, 평화와 우의와 사랑을 베푸시는 하느님의 축복이 깃들기를 빕니다. 감사합니다"라고 말했다.[24]

교황의 첫 행선지는 5.18민주화운동의 상처가 남아 있는 광주였다. 미사 집전 장소가 무등경기장이었지만, 교황은 광주공항에서 경기장으로 바로 가지 않고 5.18항쟁 핵심 지역인 전라남도청과 금남로를 통과해서 경기장으로 갔다. 한국에서 가장 소외된 곳을 방문하고 싶다는 뜻에 따라 소록도로 간 교황은 한센병 환자들 머리에 하나씩 손을 얹고 축복을 베풀었다. 40만 명 정도 모인 것으로 추정되는 부산 강연에서는 노동자들의 정당한 임금 문제를 언급했고, 서울 장충체육관에서 청년들과 가진 대화 자리에서는 최루탄 상자를 선물로 받았는데, 이는 독재정권의 폭압을 세상에 알리겠다는 응답이었다. 서울 여의도광장에서는 김대건과 정하상을 포함하여, 한국 순교복자 103위 시성식을 거행했다. 시성식을 바티칸의 성베드로 대성당이 아니라 순교자가 발생한 현지에서 거행한 역사상 첫 번째 사례였다. 이 방문은 다른 나라 박해 역사와 비교해도 단기간 박해의 강도가 최고 수준이었던 아픔의 역사를 지닌 한국 천주교인에게 큰 위로를 주었다. 그뿐 아니라 독재정권의 폭압에 신음하나 저항을 멈추지 않은 한국민의 실상을 세계와 가톨릭교회가 어느 정도 인식하는 계기가 되었다고 평가할 수 있다.[25]

1989년의 2차 방문은 당시 서울에서 열린 제2차 성체대회에 참석하며 이루어진 일정이었다. 10월 8일에 65만 명이 운집한 여의도광장 성체대회 미사에서 그는 남북 화해를 촉구하는 평화 메시지를 전했다. 직접 한국을 찾은 것은 두 차례였지만, 조국 폴란드와 유사한 슬픔의 역사를 겪었다는 공감대 때문인지 2005년에 사망하기 전까지 몇 차례 한국에 메시지를 보내고 필요한 조치를 취했다. 2000년 남북 정상회담에 축하 메시지를 보냈고, 2002년 태풍 루사 피해, 2003년 대구 지하철 참사, 같은 해 태풍 매미 피해 때도 위로 메시지를 보냈다. 이전부터 관계를 유지한 김대중 대통령이 2000년 3월에 바티칸을 방문해서 북한 방문을 권하자, 요한 바오로 2세도 이를 긍정적으로 검토하고 평양에 대주교 파견, 수십만 달러 지원 등으로 물꼬를 트려 시도했다. 그러나 북한 정부가 북한 천주교 인정, 가톨릭 신부 입북을 거부하면서 최종적으로 무산되었다.[26]

요한 바오로 2세는 1996년부터 파킨슨병, 만성 무릎관절염, 여러 합병증 등으로 10년 이상 시달리다 2005년에 선종했다. 2013년

7월 4일에 프란치스코 교황은 요한 23세와 요한 바오로 2세를 공동 시성하기로 하고, 이듬해 2014년 4월 27일에 공동 시성식 미사를 거행했다.

20. 레슬리 뉴비긴

레슬리 뉴비긴J. E. Lesslie Newbigin, 1909-1998은 한국 기독교인에게 주로 『다원주의 사회에서의 복음』The Gospel in a Pluralist Society의 저자로 유명하다. 이 책은 「크리스채너티투데이」가 선정한 '20세기를 대표하는 최고 기독교 서적 100권'(2000), '복음주의 기독교인을 형성한 최고의 책 50권'(2006) 안에 당당히 자리를 잡았다. 뉴비긴은 이 책에서 회의주의와 종교적 다원주의가 대세가 된 탈기독교세계Post-Christendom에 진입한 서양 사회에서 자신감을 잃고 살아가는 기독교인에게 복음의 사실성과 가치에 근거한 자신감을 주문했다. 이는 한국을 비롯한 비서양 산업사회의 기독교인에게도 위기의식과 공감대를 불러일으켰다.

뉴비긴은 한국 기독교인에게 대체로 고정된 이미지이다. 일평생 인도에서 선교사로 일하다가 모국인 영국이 세속 국가가 된 것을 애통히 여기면서 서양 사회에 대한 역선교를 주창한 인물. 이런 이미지가 잘못되지는 않았으나, 평생 바쁘게 살면서 학생 선교 단체

간사, 인도 선교사, 남인도교회 주교, 에큐메니컬 조직 임원, 개혁교회 목사 및 총회장, 신학교 교수, 저술가, 탐험가, 연설가 등 다채로운 영역에서 활동한 이력을 축소한다. 경계를 넘나든 인물로서 뉴비긴은 복음주의적 확신과 에큐메니컬의 포괄성, 그리고 함께 만나기어려운 이질성이 대화와 조정을 통해 하나가 되는 마법을 보여준 유능한 실천가이자 신학자, 선교사, 운동가였다.[1]

　　우선 뉴비긴이 맡은 굵직한 직함을 나열하는 것만으로도 그가관여한 영역과 세계의 다채로움을 쉽게 파악할 수 있다. 뉴비긴은1909년에 잉글랜드 북동부 노섬브리아 지역의 뉴캐슬어폰타인에서 그 지역 토박이 아버지와 스코틀랜드 출신 어머니 사이에서 태어났다. 1928년에 케임브리지대학 퀸즈칼리지에 들어가서 공부하다가 학생기독운동SCM을 통해 기독교인이 되었다. 1931년 졸업 후 SCM 간사로 스코틀랜드 글래스고에서 2년간 일한 다음에는, 케임브리지에 소재한 웨스트민스터칼리지에서 신학 훈련을 받았다. 그는 스코틀랜드국교회Church of Scotland 에든버러노회에서 1936년 7월에 목사인 동시에 인도 파견 선교사로 안수받았다. 잉글랜드 장로교소속 학교에서 공부했지만, 혈통상 절반은 스코틀랜드 사람인 데다, 아마도 아내와 함께 스코틀랜드에서 SCM 간사로 일하며 스코틀랜드에 애정을 쌓은 탓이었을 것이다. 안수를 받은 직후 8월에 같은 SCM 스코틀랜드 지부 선배 간사이자 아일랜드 장로교회 출신 인도선교사의 딸이었던 헬렌 헨더슨과 결혼했다.

　　두 사람은 11년간 인도 칸치푸람의 농촌과 도시에서 전도를 담당하는 선교사로 활동했다. 그러다 1947년에 인도 남부에서 개별적으로 활동했던 성공회, 영국 감리교회, 스코틀랜드국교회, 영국 회중교회가 연합하여 결성된 남인도교회Church of South India의 마두라이 지역을 담당하는 교단의 첫 주교 중 하나가 되었다. 1959년에는 남인도교회 허락하에 런던에서 국제선교협의회IMC 총무가 되어 세계 에큐메니컬운동의 중심부로 들어갔다. 이어서 1961년에 IMC가 세계교회협의회WCC와 통합되면서, 1965년까지 WCC 부총무가 되어 세계선교와전도위원회CWME를 책임졌다. 인도로 복귀한 후에 다시 1974년까지 남인도교회 마드라스 주교로 활약하다 선교사와 주교직에서 은퇴했다.

은퇴 후 영국으로 돌아간 그는 1979년까지 신학 기관 연합체인 버밍엄 셀리오크칼리지스에서 에큐메닉스와 선교신학 교수로 가르치면서 서양 사회의 세속화라는 새로운 주제에 눈을 떴다. 귀국 후 잉글랜드 장로교회와 회중교회의 합병으로 1972년에 세워진 연합개혁교회United Reformed Church, URC에 가입한 그는 1978년에 총회장이 되었고, 1989년까지 버밍엄의 작은 연합개혁교회를 담임했다. 1982년에는 영국교회협의회 지원으로 '복음과 우리 문화'Gospel and Our Culture 프로젝트를 진행했는데, 이것이 『다원주의 사회에서의 복음』과 시리즈 저작에서 강조한 '공적 진리로서의 복음'이 논의된 플랫폼이었다.[2] 뉴비긴이 보여준 다채로운 여정은 그의 인생에서 전환점이 된 다음 몇 가지 조직 및 현장과의 만남에서 비롯되었다.

SCM

뉴비긴은 케임브리지대학에 다니다 SCM을 통해 회심했다. 그러나 그가 기독교를 처음 접한 곳이 케임브리지 SCM은 아니었다. 뉴비긴은 자서전에서 아버지는 "생각이 깊은 독실한 그리스도인"으로 "아침마다 기도하는 시간을 빠뜨리지 않고, 일하러 가기 전에 늘 침대 곁에서 겸손히 무릎을 꿇던 신자였다"고 했다.[3] 뉴비긴이 기독교에 대해 진지하게 고민한 첫 계기는 퀘이커계 기숙 중고등학교였던 레이튼파크스쿨에서 배운 성경 과목이었다. "지겹기 짝이 없던" 이 과목은 오히려 신앙을 등지게 했다. 체계화된 교리나 제도를 강조하지 않는 퀘이커 전통상, 이 학교는 어떤 신앙고백도 강요하지 않았고 생활이 전반적으로 자율적이었다. 뉴비긴에게 학교에서 배운 "'하나님'은 더 이상 타당한 가설이 아니었다." 그러나 어느 날 집회 인도차 뉴캐슬을 방문한 장로교 목사 허버트 그레이[4]가 선물한 책을 읽고 나서, 그는 최소한 "기독교 신앙이 비합리적이지는 않다는 것을 알게 되었다."[5]

케임브리지에 입학한 뉴비긴은 학교에서 공부보다는 주로 취미 동아리 활동에 더 많은 시간을 투자했다. 등산, 음악, 토론 클럽에 활발하게 참여했다. 가끔씩 주일 아침에 퀘이커 집회에 참석하고, 이들이 케임브리지 거리에서 방황하는 소년들에게 먹을 것이나 강연을 제공하면서 교화하는 프로그램에 동참하기도 했다. 그러나 그의 삶을 완전히 바꾼 SCM과의 결정적인 만남이 곧 찾아왔다. 케임브리지대학의 퀸즈칼리지에서 사귄 친구들 중에는 SCM에서 활동하던 이들이 여럿 있었다. SCM은 1889년에 탄생한 학생자원자선교연합SVMU에서 나왔는데, SVMU는 1886년에 미국 대학생들이 자원하여 세계선교에 동참하도록 격려한 학생자원자운동SVM의 영국 버전이었다. 1910년 에든버러 세계선교대회를 개최하는 등 에큐메니컬운동의 산파 역할을 하던 이 운동은 1920년대에 이르러 신학적으로 상당히 자유로운 성향을 띠게 되었다. 이 때문에 SCM의 방향성에 동의하지 않던 보수적인 복음주의 지도자들은 1928년에 독립하여 기독학생회 IVF[6]를 결성했다. 그러나 뉴비긴은 SCM 소속 친구들의 헌신적인 신앙뿐만 아니라, 회의적이고 어려운 질문에도 늘 열려 있는 그들의 태도에 깊은 영향을 받았다.

자서전에서 자주 묘사하듯, 그가 활동한 시기의 SCM은 자유주의 기독교의 대표적인 특징인 사회적 책임만이 아니라 경건, 기도, 전도, 믿음, 해외 선교라는 전통적인 복음적 개인 신앙도 같이 강조하는 상당히 균형 잡힌 기독교 단체였던 것 같다. 뉴비긴은 케임브리지 SCM 학생 대표 중 하나가 된 2학년 이후부터 1년에 두 차례 열리는 스완위크 수련회 경험담을 들려준다. 그는 여기서 기도, 설교, 공연, 소그룹을 통해 수차례 느꼈던 전율하는 경험을 "일종의 변화산상 경험"이라 묘사한다. 결국 이런 경험들이 모여 전임 사역자로의 소명 의식을 형성했다. 1931년 졸업과 함께 그는 SCM 전임 간사로 헌신하여 스코틀랜드 대학 담당자로 글래스고와 에든버러에서 살았다. 여기서 동료 간사로 만나 공개 연애를 시작한 뉴비긴과 헬렌 헨더슨은 선교사 훈련을 받은 후, 헬렌의 부모가 사역했던 인도에서 활동하며 선대의 유산을 계승하기로 합의했다.[7]

뉴비긴은 처음부터 사망할 때까지 주류 교회와 에큐메니컬운동권에서 활동했다. 생애 말기에 그의 영향력이 복음주의 진영으로 빠르게 확산되었지만, 사실상 그는 공식적으로 단 한 번도 복음주의 기관에 소속된 적이 없었다.[8]

남인도교회

　수백 년 신학 교육 전통을 가진 스코틀랜드 대학들에서 스코틀랜드국교회와 협력하며 SCM 간사로 일한 뉴비긴이 잉글랜드의 웨스트민스터칼리지에서 신학 교육을 받기로 한 것은 의외의 선택이었다. 그러나 케임브리지대학 시절에 대한 애정, 뉴비긴 가족과 웨스트민스터칼리지 학장 존 오먼과의 친분, 그리고 학비에 버금가는 장학금 때문에 그는 케임브리지로 갔다.[9]

　케임브리지 웨스트민스터칼리지에서 뉴비긴은 세 가지 중요한 변화를 경험했다. 첫째, 로마서를 공부하면서 갈보리 십자가에서 성취된 속죄의 중심성과 객관성을 더욱 확신하게 되었다. 이로써 구원론에서 확연하게 복음주의적 입장을 취하게 되었다. 둘째, 자유주의와 보수주의를 불문하고 개혁파 신학 전통이 강한 신학교가 경건 생활에 취약한 현상은 웨스트민스터칼리지에서도 마찬가지였다. 그러나 새로 취임한 허버트 파머 교수의 경건 생활 강조에 동참한 뉴비긴은 바쁜 사역과 학업 중에도 경건 생활을 유지할 당위성을 다시 확신했다. 셋째, 중등학교와 대학 시절에 익힌 퀘이커 전통에 따라 평화주의 입장을 취하던 그는 2차대전 직전 전쟁의 위협이 커지던 시기에 평화주의가 일종의 도피주의로 전락할 수 있다고 생각하기 시작했다. 낭만적이고 이상주의적인 평화주의가 현실 정치를 만나면, 결국 가장 무자비한 독재자와 침략자가 마음대로 활개 칠 수 있는 환경을 보장할 수 있기 때문이었다. 이런 이유로 그는 평화주의 입장을 포기했다.[10]

　뉴비긴이 케임브리지에서 신학을 공부하는 동안 헬렌은 간사

사역을 1년 더 한 후에, 런던대학 동양학대학원SOAS University of London
에서 인도 사역에 필요한 타밀어를 공부했다. 스코틀랜드국교회는
1936년 5월에 이들을 교단의 인도 마드라스선교회Madras Mission에
배속하기로 결정하고 파송식을 열었다. 6월에 강도권, 7월에 파송
선교사 안수를 받은 뉴비긴은 8월에 에든버러에서 헬렌과 결혼했
다. 뉴비긴 부부는 1936년부터 1959년까지의 1기 사역 23년, 1965
년부터 1974년까지의 2기 사역 9년 등, 총 32년을 인도에서 보냈다.

　　뉴비긴이 인도 선교사로 활동한 시절은 사람들이 일반적으로
생각하는 것보다 훨씬 중요한 시기였다. 선교, 문화, 다원성, 공공성,
연합과 일치, 전도와 회심, 교회 등 뉴비긴이 영국에 복귀한 후 저술
과 강연으로 널리 알린 사상이 실제로 모양을 갖춘 현장이 바로 인
도였기 때문이다. 선교사로서의 뉴비긴이 인도에 살면서 공헌한 일
은 크게 두 가지다. 하나는 인도 교회에서 선교사와 인도인 동료들
과의 관계를 새롭게 해 선교지 권한 이양 문제에 기여한 점이다. 두
번째는 선교지에 세워진 여러 서양 교파를 통합하여, 조직과 교리가
일치된 남인도교회를 설립하는 데 힘을 보탠 점이다. 그는 이 교파
의 초대 주교 중 하나가 되기도 했다.

　　먼저 선교지 권력 이양 문제를 살펴보자. 뉴비긴이 인도에 도착
한 1936년은 이 나라에 개신교가 진출한 지 200년이 훌쩍 넘은 시
기였다. 따라서 인도 개신교에는 이미 현지인 지도력이 탄탄하게 구
축되어 있었다. 그러나 여전히 서양 선교사 수가 많았고, 당시 인도
는 영국 식민지였다. 뉴비긴은 인도 도착 직후부터 선교사와 현지
기독교인 사이의 첨예한 갈등을 목격하고 충격을 받았다. 어느 선교
역사에서나 흔했던 가부장적 온정주의 문제였다. 선교사들이 인도

인을 훈련시킨 다음에도 어린 자녀로 취급하면서 책임과 권한을 이양하기를 꺼리는 현상이었다.[11] 뉴비긴은 권한 이양 문제가 단지 선교사와 현지인 간의 문제만이 아니라, 영국의 인도 통치 문제와도 결합된 정치적이고 문화적인 문제임을 잘 알고 있었다. 뉴비긴이 도착한 이후 10여 년간 이 문제가 인도 선교의 최대 이슈였다.[12] 뉴비긴은 선교하는 내내 현지인 지도자를 양성하고, 더 효율적이고 책임 있게 이양하는 일에 마음을 쏟았다. 뉴비긴과 현지 기독교인의 관계도 상당히 모범적이었던 것 같다. 자서전에는 서양인의 이름만큼이나 현지인의 이름이 자주 등장하며, 이들을 향한 비판이나 비하의 내용이 거의 나타나 있지 않다. 1950년대 이전 개신교 선교사들의 개인 편지나 보고서 같은 문헌에 현지 교회의 설립과 성장에 결정적으로 기여한 현지 기독교인 이름이 이니셜로 처리되거나 아예 언급되지 않는 경우가 많음을 생각할 때, 뉴비긴의 태도는 확실히 인상적이다.

　　뉴비긴이 인도 사역 중에 경험한 가장 큰 사건은 남인도교회 설립이었다. 1947년에 인도 동남부 마드라스의 세인트조지교회에서 공식 탄생한 남인도교회는 창립 당시 세 교단, 즉 성공회, 감리교회, 남인도연합교회South India United Church가 연합해서 탄생했다. 그런데 남인도연합교회가 1908년에 장로교회와 회중교회의 개혁파 연합으로 탄생했으므로 남인도교회는 사실상 성공회, 감리교회, 장로교회, 회중교회, 이렇게 네 교파가 하나가 된 결과였다. 이 연합의 기원은 1910년 에든버러 세계선교대회로 거슬러 올라간다. 당시 대회에서 선교회 간 협력을 강조한 결과로, 인도 남부에서는 서로 다른 교파 선교회들과 교회들이 모여 1918년 연합 전도집회를 열었다. 에

든버러 대회에 인도 대표로 참석한 V. S. 아자리아의 주도하에 이듬
해에 분열된 개신교회들 간의 일치를 논의하는 첫 대회가 열렸다.
그러나 일치를 이루는 데는 큰 난관이 있었다. 뉴비긴 자서전에 따
르면, 사도 계승을 따라 주교직을 보유하지 않은 신앙 공동체를 교
회로 인정하기를 꺼리는 성공회 내 고교회파 인사들의 반대가 심했
다.[13] 그러나 논란 끝에, 1888년에 제정된 램버스-시카고 4개 조항
Lambeth-Chicago Quadrilateral을 수용하기로 네 교단이 모두 동의하면서
남인도교회가 탄생했다. 네 개 조항은 계시된 말씀으로서의 66권
성경 수용, 신조로서 사도신경과 니케아신경 수용, 성사로서 세례와
성찬 수용, 역사적 주교직episcopate 수용이었다. 남인도교회는 주교
제를 채택한 교회와 그렇지 않은 교회들이 연합하여, 최종적으로 주
교제를 연합된 교회의 정치 제도로 선택한 역사상 첫 사례였다.[14]

　　뉴비긴은 남인도연합교회의 추천으로 신생 남인도교회의 첫
14인 주교 중 하나로 선출되어, 마두라이 지방의 책임자가 되었다.
뉴비긴은 교구 내 700개 교회를 할 수 있는 대로 찾아 심방하고자
했다. 서로 다른 전통에 속한 신자들을 통합하는 과업은 쉽지 않았
지만, 많은 이들에게 그는 묵묵하고 성실하게 자기 역할을 감당한
지도자로 기억되었다.

IMC와 WCC

　　SCM과 남인도교회는 뉴비긴이 처음 신앙을 가질 때부터 내면
깊숙이 뿌리박혔던 에큐메니컬 정신이 구현된 실체였다. 따라서 선

교운동으로 탄생한 에큐메니컬 지도자들은 자연스럽게 40대 후반의 중견 운동가인 뉴비긴을 주목했다. 인도에서 사역한 지 21년째인 1957년 말, 뉴비긴은 국제선교협의회IMC 총무직을 제안 받았다. IMC는 세계선교운동에서 효율적인 연합과 조율을 이루고자 1921년에 조직된 대표적인 에큐메니컬 기구였다. 당시 IMC가 당면한 두 과제는 비서양 세계의 기독교 지도자 양성을 돕는 400만 달러 신학교육기금Theological Education Fund, TEF의 출범과 1948년에 출범한 WCC와의 통합 문제였는데, 당시 총무였던 찰스 란슨이 TEF를 책임지기로 했다. 뉴비긴은 새로 임명된 총무로서 WCC와의 통합 문제를 맡게 되었다. 남인도교회는 뉴비긴에게 1959년 7월부터 5년간 "교구 책임을 맡지 않는 남인도교회 주교로서 국제선교협의회에서 일할 수 있다"고 허락했다. 이렇게 해서 뉴비긴은 인도를 떠나 IMC 본부가 있던 런던으로 이동했다. 맡겨진 과업을 수행한 결과, 뉴비긴의 IMC는 1961년에 WCC와 통합되었다. 뉴비긴은 WCC 내의 세계선교와전도분과Division of World Mission and Evangelism, DWME(1971년에 명칭을 CWME로 변경) 초대 총무이자, WCC 부총무가 되었다. WCC에서 활동하게 된 후에는 본부가 있는 제네바로 이주했다.

뉴비긴은 에큐메니컬운동의 주창자이자 핵심 일꾼이었는데도, WCC와의 통합 논의 초기부터 이 조직이 전통적인 선교 사역을 종교적 제국주의 및 식민주의로 폄하하는 것에 깊은 우려를 표했다.[15] WCC와의 통합 이후에 뉴비긴은 조직 내부에서 선교적 목소리를 지속적으로 내는 대변자가 되기로 작정했다. 그러나 이 작업은 쉽지 않은 것으로 판명되었다. 1960년대 세속주의 도래와 함께 선교 사상에는 급진적인 변화가 일어났다. 교회가 아니라 세상이 하나님께서 일하는 현장이라는 인식하에, 사람들에게 복음을 전해 회심과 세례에 이르도록 하는 활동은 비난받고, 정의와 개발이 주된 선교 활동이 되었다. 1962년에 잉글랜드 성공회 신학자 존 로빈슨은 하나님을 비인격적 존재로 보고 실존성을 부인한 『신에게 솔직히』를 출간하여 큰 인기를 끌었다. 뉴비긴은 로빈슨의 신학이 전통적 기독교 해석을 무너뜨린다고 판단하여, 삼위일체 교리에 근거한 선교학을 정립하는 글을 썼다.[16] 당시의 이 시도를 20년 뒤에 확장해서 출간한 책이 『오픈 시크릿』[17]이었다.

　　뉴비긴이 전통적인 선교를 지키려고 노력한 또 다른 시도는 's'를 둘러싼 싸움이었다. WCC에 몸담고 있던 1960년대 전반에 뉴비긴은 선교 학술지 *International Review of Missions*의 편집을 맡고 있었다. 이 저널은 에든버러 대회의 결과로 1912년에 탄생한 역사상 첫 선교 학술지였다. 당시 WCC를 비롯한 세계선교운동 지도자 다수는 'Mission'의 뒤에 붙은 's'를 제거하고, 저널의 이름을 'International Review of Mission'으로 바꾸라고 뉴비긴에게 압력을 넣었다. 뉴비긴은 교회가 복음을 전해서 불신자들을 기독교인이 되게 하는 전통적인 의미의 교회의 선교들missions 및 그 활동을 담당하는 선교회들missions의 중요성을 여전히 믿었다. 따라서 그는 '하나님께서 하나의 우주적 보편 교회를 통해 세상에서 이미 하고 계신 선교'Mission, Missio Dei를 강조한다는 명목으로 전도 활동을 약화하는 데 동참하기를 거부했다. 그러나 뉴비긴이 1965년에 WCC를 떠난 지 4년 후인 1969년부터 결국 저널명에서 's'가 빠졌다.[18]

　　WCC의 네 번째 총회인 1968년 웁살라 총회는 뉴비긴이 WCC가 지향하는 길을 함께 걷기를 거부한 전환점이었다. 뉴비긴은 "하나님과의 화해를 희생시키면서까지 인간화를 강조한 여러 세속주의 선교신학이 교회를 막다른 골목으로 몰아간다고 확신"했다.[19]

복음과 우리 문화

에큐메니컬운동의 주역 중 하나였던 뉴비긴은 이렇게 생애 후반기에 반대급부로 정통 개혁파 혹은 복음주의 입장을 더 강조하는 인물로 변모했다. 뉴비긴은 65세가 되던 1974년에 남인도교회 주교직을 은퇴했다. 은퇴해서 영국으로 돌아간 뉴비긴은 에든버러에 세 달간 머물다가, 셀리오크칼리지스 선교신학 및 에큐메니컬 연구 과정 담당 교수로 초대받아 버밍엄으로 이주했다. 이때부터 그는 영국 문화의 세속주의 현상을 더 분명하게 목격했다. 더구나 옛 영국 식민지 출신의 노동 이민자들과 그들 가족이 대거 이민하여 민족 및 종교 정체성을 유지하며 살고 있던 공업 도시 버밍엄의 다원주의적 특징도 새로운 현상이었다. 인권 감수성이 예민한 기독교인은 자신들이 이들 새로운 이웃에게 의식적으로든 무의식적으로든 인종차별로 간주될 만한 행위를 하지는 않을지 노심초사했다. 한 단계 더 나아가서, 이들 중 일부는 소수 종교 및 인종 공동체에 속한 이들을 존중하려면, 그들에게 자기 종교를 전해서도 안 된다는 논리를 폈다. 당시 한 신학자가 기독교인의 전도 행위를 '신학적 인종차별'이라고 비판하자, 뉴비긴이 그에게 '신학적 간음'을 조심하라고 충고했다는 일화는 널리 알려져 있다.[20]

뉴비긴이 1974년에 선교 사역에서 은퇴한 후 1998년 사망할 때까지 '다원주의적 서양 사회로 다시 파견된 선교사'라는 제2의 경력으로 널리 알려지게 되는 배경이 바로 이것이었다. 특히 고도의 혼합주의에 빠진 서양의 다원주의적 세계관에 대한 분석과 비평을 체계화하게 된 계기는 영국교회협의회 BCC의 후원 하에 뉴비긴이 주도한 '복음과 우리 문화' 프로젝트였다. 이 프로젝트 결과로 오늘날 널리 알려진 그의 작품들이 속속 빛을 보았다. 그중 가장 유명한 세 권이 『서구 기독교의 위기』 The Other Side of 1984(1983), 『헬라인에게는 미련한 것이요』 Foolishness to the Greeks(1986), 『다원주의 사회에서의 복음』(1989)이었다.[21]

　뉴비긴이 위의 여러 책에서 주장한 내용의 핵심이 무엇인지는 마이클 고힌의 분석의 도움을 받을 수 있다. 캐나다 트리니티웨스턴대학의 세계관 및 종교학 교수 마이클 고힌은 『다원주의 사회에서의 복음』 한국어 개정판에 해설을 썼다. 이 해설에서 고힌은 뉴비긴의 작품들을 관통하는 작업이 바로 고도의 다원주의적 혼합주의에 빠진 서구 문화의 중심에 있는 종교적 신념을 복음과 선교의 틀로 파헤치는 것이라고 설명한다. 이 작업은 각각 문화적, 신학적, 교회적, 인식론적인 사중적 작업이다. 먼저 문화적 작업이란, 선교지 문화를 분석하는 것이 필수이듯 서양 문화도 분석이 필요하다는 것이다. 과학과 이성을 객관적 사실의 영역으로 보고 기독교를 주관적이고 사적인 가치의 영역으로 환원하는 이원론이 바로 오늘날 서양 문화의 왜곡된 세계관이다. 둘째, 신학적 작업이다. 복음은 단순히 사적 진리가 아니라 공적 진리, 즉 역사, 사회, 문화의 전 영역에 영향을 끼치는 총체적 진리임을 인식시켜야 한다. 셋째, 교회적 작업이다. 뉴비긴은 의심으로 가득한 서양 세계에 복음의 권위와 구원의 맛을 제대로 보여줄 유일한 대리자로서 교회를 강조한다. 예수는 무함마드처럼 복음을 전하기 위해 경전을 쓰지 않았다. 오히려 그는 한 공동체를 형성하고, 이 공동체에 세상을 맡기셨다(요 20:21). 따라서 선교는 일부 교인의 과제가 아니라, 교회 자체의 존재 이유다. 마지막으로, 인식론적 작업이다. 이성은 하나님이 만든 피조물 중 하나일 뿐인데, 오늘날 이성은 하나님을 비롯한 모든 것을 판단하고 평가하는 기준이자 신이 되었다. 이 위상을 교정할 때에야 인간과 세상, 우주와 생명에 대한 바른 인식이 가능하다.[22]

에큐메니컬 진영에서 회심을 경험하고 신자와 목회자, 선교사가 된 뉴비긴은 교회 일치와 기독교 신앙의 포괄성과 공공성이라는 에큐메니컬운동의 유산을 몸소 익히고 구현한 인물이었다. 그러나 생애 후반기의 뉴비긴은 회의주의적 탈기독교 시대를 살아가는 기독교인에게 역사적 유산에 대한 자신감을 가지라고 권면하면서 복음의 절대성과 예수 그리스도의 최종성을 강조했다. 이에 복음주의자들은 뜨겁게 성원했다. 데이비드 네프는 지금까지 나온 복음주의 선교 및 신앙 선언문의 최종판이라 할 수 있는 2010년의 케이프타운 서약은 1974년 로잔언약을 발표한 이후의 복음주의가 뉴비긴의 사상을 치열하게 연구하고 적용한 결과 탄생한 작품이라고 주장했다.[23] 브라이언 스탠리도 "뉴비긴이 1998년에 사망할 즈음이 되면, 한때 WCC를 이끄는 빛이었던 그가 이제는 복음주의 진영에 속한 많은 이들의 마음을 사로잡은 인물이 되어 있었다"라고 평가한다.[24]
그러나 뉴비긴은 어느 한 진영이 독점할 수 없는 인물이다. 그리스도의 보편적 교회를 하나 되게 한 연합unity의 기수이자, 복음의 핵심 진리를 계승하고자 한 순결purity의 사도로서, 뉴비긴의 이 두 정체성은 분리될 수 없었다. 그는 지금도 은퇴하지 않고 우리 안에서 선교사로 일하고 있다.

21. C. S. 루이스

C. S. 루이스Lewis, 1898-1963는 미국이나 영국에서와 마찬가지로 한국에서도 기독교 출판계의 아이콘 중 하나다. 그가 영어로 쓴 글 대부분이 이미 한국어로 번역되었고, 수차례 판형을 바꾸어 출간되었다. 루이스가 쓴 글뿐만 아니라 루이스와 그의 작품에 대한 글도 끊임없이 나왔다. 저명한 루이스 전문 번역자와 전문 연구자가 참석하는 세미나와 강독 모임도 수시로 열린다. 영국과 미국을 제외한다면 한국만큼 루이스가 널리 읽히며 회자되는 나라는 드물 것이다.

따라서 본 글에서는 이미 많은 전문가가 소개한 루이스의 생애와 사상 일반에 대한 언급은 최소화하려 한다. 필자에게 가장 강렬하게 다가온 그의 인상은 '어정쩡함', '내키지 않음', '예기치 못함', '주저함', '모호함' 같은 단어로 집약된다. 이런 단어들이 가진 부정적 뉘앙스 그대로, 그는 전반적으로 두루뭉술한 면모를 지닌 인물이다. '교리'나 '체계'와 같이 명료하고 직선적인 단어들보다는 '문학', '신비', '상상', '직관'과 같이 모호하고 곡선적인 단어들이 루이스를 대변한다. 이런 그의 특징은 불확실성의 시대인 20세기 세계인에게 오히려 매력적으로 수용된 원인 중 하나일 수 있다. 필자는 이런 루이스의 모호한 면모에 집중하여 그의 삶과 인식의 특징을 드러내고자 한다.

어정쩡한 아일랜드인

루이스는 아일랜드인이지만 문화적으로는 잉글랜드인에 가까웠다. 오늘날의 영국 제도 남부를 지배하던 잉글랜드인들이 바다 건너의 아일랜드를 침공한 12세기부터, 아일랜드는 잉글랜드(나중에는 웨일스, 스코틀랜드와 통합된 영국)의 지배를 받았다. 약 700년 간 식민 상태로 있다가 1921년에 와서야 아일랜드자유국이 성립되었다. 아일랜드가 독립하기까지는 기나긴 갈등이 있었다. 아일랜드인들은 뼛속까지 가톨릭이었던 반면 잉글랜드와 웨일스, 스코틀랜드 사람들은 16세기 종교개혁 시기에 개신교로 전향해 문화가 서로 달랐기 때문이다. 이에 정부는 16세기부터 정책적으로 북아일랜드 얼스터 지역에 잉글랜드인과 스코틀랜드인을 이주시켰다. 따라서 아일랜드가 독립할 당시 북부 지방 얼스터에서 이미 400년 가까이 거주해 온 개신교인에게는 가톨릭 국가 아일랜드로의 복귀가 달갑지 않았다. 이들은 독립된 아일랜드가 아니라 영국령으로 남기를 희망했다. 오늘날 북아일랜드가 아일랜드공화국(1949년에 바뀐 국명)이 아니라, 영국 국왕의 수위권을 인정하는 영국의 일부로 남은 이유다.

C.S. 루이스가 태어난 1898년은 아일랜드인의 독립 요구가 무

르익기 시작한 시점과 일치한다. 오늘날 영국령 북아일랜드 수도이자, 아일랜드 독립 이전에도 얼스터 지방 최대 도시였던 벨파스트에서 루이스는 변호사인 아버지 앨버트 제임스 루이스와 성공회 성직자의 딸인 어머니 플로렌스 어거스타 루이스 사이에서 태어났다. 세대를 거슬러 올라가면, 웨일스 출신 보일러 제조업자였던 할아버지 리처드 루이스가 잉글랜드 리버풀 출신 아내를 데리고 북아일랜드 코크로 이주한 1850년대 초가 이 가문이 아일랜드에 정착하게 된 출발점이었다. 이후 할아버지는 벨파스트로 가서 기계 및 철선鐵船 제조 사업을 벌여, 1888년에 첫 타이타닉호를 건조할 만큼 성공한 사업가가 되었다. 할아버지 리처드의 아들인 아버지 알버트는 문화적으로 더 세련된 직업인 변호사를 택하며 얼스터 상류층에 확실히 진입했다. 루이스의 어머니 플로렌스의 할아버지와 아버지는 모두 아일랜드국교회(성공회) 성직자였다. 플로렌스는 벨파스트 최고의 기숙형 사립학교인 메소디스트칼리지(알리스터 맥그래스도 후에 이 학교를 다녔다)에서 중고등학교 과정을 밟고, 이어서 바로 맞은편에 있는 퀸스대학을 졸업하며 논리학과 수학에서 최고 성적을 받았다. 이는 19세기 중후반 당시 영국 여성으로는 최고 수준의 학문적 성취를 이룬 것이었다.

따라서 잉글랜드 및 웨일스 혈통, 지배자의 종교인 성공회 배경, 변호사와 성직자가 나온 고학력 집안이었음을 고려할 때, 북아일랜드 상류층 문화 한복판에서 태어나고 자란 루이스와 그의 가족은 아일랜드에 살기는 했지만 정서·문화·종교적으로는 잉글랜드인이었다. 아일랜드라는 땅에 외따로 강력한 성채를 두르고 세워진 영국 성British Castle, 혹은 주변 문화와 단절되어 자신들만의 세계를 형성한 영국인 구내British Compound가 바로 이들이 살았던 현장이었다. 이런 정체성은 루이스의 세 살 터울 형이자 유일한 형제인 워렌 해밀턴 루이스(애칭 '와니')의 회고에서도 확인할 수 있다. 그는 19살이던 1914년에 샌드허스트 왕립육군사관학교에 진학하고 나서야 자신과 같은 사회적 수준의 가톨릭 신자와 이야기를 처음 나누었다고 회상했다. 그전까지 워렌이 만난 가톨릭 신자들은 혈통상 켈트족 아일랜드인으로서, 신분과 계급이 자신의 가족보다 낮은 가정부, 혹은 도시의 가난하고 험한 지역에 사는 공장 및 거리 노동자, 시골에 사는 농부들이었다. 이처럼 루이스 가족에게 아일랜드인과 가톨릭은 타자이자, 열등하고 괴이하고 위협적인 대상이었다.[1]

그렇다고 해서 루이스가 아일랜드적인 것을 전적으로 타자화하는 외부자의 시선만 지녔던 것은 아니다. 그는 아일랜드의 자연과 풍경을 자기 영혼의 안식처이자 작품과 학문이 발현하는 영감의 원천으로 생각했다. 특히 어린 시절 놀이방 창밖으로 보이던 '초록빛 언덕', 즉 캐슬레이언덕Castlereagh Hills의 나지막한 능선은 성인이 된 그에게 늘 '동경'Sehnsucht의 대상이었다. 따라서 그의 표현에 따르면, 루이스는 "여섯 살이 채 되기 전에 미지의 푸른 꽃의 숭배자"가 되었다.[2] 1915년 편지에서는 "멀리 조선소에서 들려오는 윙윙거림, 넓게 펼쳐진 벨파스트호수, 케이브힐산, 그리고 도시 주변의 작은 협곡, 풀밭, 언덕들"을 추억했다. 1950년대 이후의 글에서도 아일랜드를 "내 나라, 내 고향"으로 부르고, 매년 아일랜드로 휴가를 갔으며, 미국인 조이 데이빗먼과 만혼한 1958년에도 신혼여행을 고향으로 떠났다. 작품에도 얼스터의 다운카운티를 떠올리게 하는 장면이 자주 나온다. 『천국과 지옥의 이혼』의 "에메랄드빛 녹색 땅"이 바로 그곳이고, 「나니아 연대기」*The Chronicles of Narnia*에 나오는 레거내니의 고인돌, 케이브힐산, 거인의 둑길 Giant's Causeway은 모두 다운카운티에 실재하는 곳이다. 말하자면 루이스가 창조한 나니아는 그가 실제보다 훨씬 높은 수준으로 이상화한 얼스터다. 옥스퍼드에 재직 중일 당시에 그는 "천국은 옥스퍼드를 들어다 다운카운티 한복판에 가져다 놓은 것일세"라고 아일랜드 출신 학생에게 말한 적이 있었다. 다른 말로, 그에게 천국은 태어난 고향 얼스터의 아름다운 자연에 제2의 고향 옥스퍼드의 지적 활력이 더해진 곳이었다.[3]

그러나 루이스는 아일랜드의 자치와 문화 회복 등 아일랜드성 Irishness을 규정하려 한 움직임을 반대한 외부자였다. "사상의 넓은 고속도로"를 달려가는 주류 학자로서, 특정 민족이나 지역 정체성에 국한되지 않은 보편성을 꿈꾸었다. 이 점에서 그의 아일랜드성은 민족과 종교가 아니라 자연과 환경에 제한되었다. 따라서 북아일랜드 출신으로 영국 학계와 교계 및 전 영어권에서 기독교계 명사名士가 된 알리스터 맥그래스, 크리스토퍼 라이트와 마찬가지로, 루이스 역시 '어정쩡한 아일랜드인' the ambivalent Irishman으로 평생 살았다.

내키지 않는 회심자

모들린의 방에 혼자 있을 때, 일만 잠시 놓으면 그토록 피하고 싶어 했던 그분이 꾸준히, 한 치의 양보도 없이 다가오시는 것을 밤마다 느껴야 했던 내 처지를 상상해 보기 바란다. 내가 너무나도 두려워했던 그 일이 마침내 일어나고야 말았다. 1929년 여름 학기에 나는 드디어 항복했고, 하나님이 하나님이라는 사실을 인정했으며 무릎을 꿇고 기도했다. 아마 그날 밤의 회심은 온 영국을 통틀어 가장 맥 빠진 회심이자 내키지 않는 회심이었을 것이다. 지금은 너무나도 찬란하고 선명해 보이는 그 일이 그 당시 내 눈에는 그렇게 비치지 않았다. 하나님은 얼마나 겸손하신지 이런 조건의 회심자까지 받아 주신다.[4]

1916년부터 옥스퍼드에서 고전학 장학생으로 공부하고 졸업한 후, 1924년부터 루이스는 옥스퍼드대 유니버시티칼리지에서 철학 강의를 시작했고, 이듬해부터 같은 대학 모들린칼리지 영문학과 연구원fellow이 되어 학생을 지도했다. 어린 시절에 성공회 사제의 딸인 어머니의 영향으로 세례를 받고 교회 출석도 했지만, 그는 중등학교에 입학한 무렵부터 신앙에 무관심해졌다. 이후 그가 회고록에서 명시한 1929년(혹은 1930년[5])까지, 당대 다수 지성인들처럼 그 역시 의문의 여지가 없는 무신론자 혹은 불가지론자로 남아 있었다. 그러다 1929년 이후 그는 무신론자에서 유신론자로 1차로 "맥 빠지고 내키지 않는" 회심을 했고, 이어서 서서히 1932년에 구체적으로 기독교 신앙으로 회심했다.

여기서 루이스가 경험한 회심의 두 가지 특징을 다룰 필요가 있다. 하나는 그의 회심이 영문학계 저명 문인들에게서 영향을 받았다는 사실이다. 우선 잘 알려진 대로, 판타지 문학 『반지의 제왕』*The Lord of the Rings*의 창조자인 저명한 J. R. R. 톨킨의 영향이다. 루이스보다 여섯 살 많고, 옥스퍼드 영문학과 석좌교수인 데다 이미 저명한 학자였던 톨킨은 성실한 가톨릭 신자였다. 루이스는 톨킨을 영문학부 교수 모임인 '영문학 티타임'에서 1926년 5월에 처음 만났다. 비록 생애 후반에 관계가 이전만 못해지기는 했지만, 톨킨은 여러 면에서 루이스의 롤모델이었다. 냉엄한 학문성이 요구되는 문헌학자로 명성을 떨쳤으나 내면에는 신화적, 문학적 상상력에 대한 열정을 갖고 있던 톨킨에게 루이스는 그의 열정을 이해하고 지지해 준 친구였다. 『호빗』과 『반지의 제왕』 시리즈의 출간과 성공은, 루이스를 비롯한 옥스퍼드 비공식 독서 토론 모임 잉클링스Inklings의 격려에 힘입은 바가 컸다. 톨킨은 루이스에게 기독교를 '사실이 된 신화'라 주장하며, 유신론과 기독교 신앙이 엄정한 영문학 연구와 상호 모순되지 않음을 확신시켜 루이스가 회심하도록 도왔다.[6]

톨킨이 루이스의 동료이자 멘토였다면, 조지 맥도널드는 그에게 분명한 스승이었다. 한 세기 전 스코틀랜드 출신의 목사이자 동화 작가였던 맥도널드를 한 번도 개인적으로 만난 적은 없지만, 루이스는 그가 쓴 글을 통해 여러 전환의 시기마다 영적이고 문학적인 조언을 얻었다. 이 빚을 갚으려는 시도가 아마도 그가 1947년에 조지 맥도널드 선집을 편집한 일일 것이다. 이에 더해, 1920-1930년대에 영문학계 저명인사들이 연쇄적으로 기독교 신자가 된 일도 영향을 주었을 것이다. G. K. 체스터턴은 1922년, 그레이엄 그린은 1926년, 에벌린 위는 1930년에 가톨릭 신자가 되었다. 시인 T. S. 엘리엇은 1927년에 성공회를 받아들였는데, 루이스의 회심(1929년 혹은 1930년)도 이 흐름 안에 있었다. 이들은 모두 문학적 관심사를 계기로 기독교인이 되었다. 기독교가 인간의 이성과 상상력을 자극하고 눈에 보이는 현실과 실재 너머의 것을 추구한다는 면에서, 문학과 입장을 공유하는 우군이었기 때문이다.[7]

둘째, 이 회심은 여러 면에서 소극적이고 '주저하는' 변화였다. 물론 기독교 역사 속에는 사도 바울이나 아우구스티누스처럼 갑작스럽고 즉각적인 회심을 경험한 이들도 있고, 칼뱅처럼 눈에 띄지 않게 점진적으로 회심에 이른 이들도 있다. 루이스의 경험은 수년에 걸친 점진적 과정이었다는 점에서는 칼뱅과 유사했다. 그는 1929년(혹은 1930년) 봄 학기에 유신론으로 개종한 후, 1931년에 기독교가 '참된 신화'임을 깨닫고(9월 19일), 유신론에서 성경의 초자연적 진술을 믿는 데는 아직도 주저하는 '합리주의적' 기독교로 넘어갔다(10월 1일). 그러다 이듬해 6월이 되어서야 최종적으로 그리스도의 신성을 비롯한 전통적인 신앙을 받아들였다.[8] 이런 일련의 과정에서 사용된 용어의 정의와 내용이 정확히 무엇인지는 여전히 미궁이다. 그 과정은 지난했고, 감정적이거나 체험적이기보다는 지적이었으며, 내키지 않는 중에 주저하며 진행되었다. 그러나 이후 기독교 신앙에 대한 합리적 확신을 하게 된 것만은 분명하다.

순전한 기독교

1932년에 기독교인이 된 후 루이스는 『순례자의 귀향』The Pilgrim's Regress(1933), 『침묵의 행성 밖에서』Out of the Silent Planet(1938)를 통해 알레고리와 비유로 기독교를 옹호했다. 그가 직설적으로 기독교를 변증한 첫 번째 책은 2차대전 직후인 1940년에 나온 『고통의 문제』The Problem of Pain(1940)였다. 1939년에 2차대전이 발발하자 루이스는 국토방위대에 편입되어 한 주에 한 번씩 밤새 옥스퍼드 거리를 순찰하는, 일종의 예비군 업무에 동원되었다. 영국 하늘에서 영국 공군과 독일 공군이 항공전을 치열하게 벌이던 1941년 2월, BBC 종교방송국장 J. W. 웰치 목사가 기독교 교리를 평이한 언어로 재진술하는 15분짜리 정규 프로그램을 시작해 보자고 루이스에게 제안했다. 당시 루이스가 지목된 이유가 있었다. 이전에도 전문 용어를 사용하는 성직자들의 방송은 많이 있었던 데다, 이전 연사들은 진보적이든 보수적이든 평화주의적이든 정치성을 너무 강하게 드러냈다. 루이스는 평신도였고 정치 이슈에 별로 관심이 없었으며, 또한 최근에 『고통의 문제』를 통해 대중과 소통할 수 있는 변증가로서 주목을 받은 터였다.⁹

    1941년 8월 6일에 시작된 1차 시리즈를 시작으로, 1944년 4월 4일에 끝난 4차 시리즈까지 총 네 차례의 시리즈 강연을 했다. 이 강연으로 루이스는 전국구 유명 인사가 되었다. 강의에 대한 반응은 극단적인 찬사부터 극단적인 경멸까지 다채로웠다. 이는 루이스에 대한 반응이기도 했지만, 그가 다룬 주제를 대하는 사람들의 입장이 그만큼 다양하기 때문이었다. 이 강연은 처음에 약간의 수정을 거쳐 각각 『방송 강연』*Broadcast Talk*(1942), 『그리스도인의 행동』*Christian Behaviour*(1943), 『인격을 넘어서』*Beyond Personality*(1944)로 출간되었는데, 이 세 권이 1952년에 단권으로 묶여 새로운 제목으로 나온 것이 바로 『순전한 기독교』*Mere Christianity*(1952)였다.¹⁰ 방송, 세 권의 책, 마지막 단행본에 이르기까지, 강연과 책은 엄청난 유명세와 판매고를 올렸다. 특히 악마가 쓴 편지를 소재로 삼아 저술한 또 다른 명작 『스크루테이프의 편지』*The Screwtape Letters*가 성공회 주간지에 연재되었다가 1942년에 단행본으로 나와 베스트셀러가 되자, 루이스는 2

차대전 시기와 그 이후 영어권 최고의 대중 신학자로 부상했다.

그런데 루이스가 말한 '순전한' 기독교가 의미하는 것이 무엇일까?『순전한 기독교』서문에서 루이스는 자신이 수많은 교파를 분열시킨 여러 교리 논쟁을 다룰 전문가가 아니므로, 리처드 백스터가 말한 '순전한'mere 기독교만을 다룰 수밖에 없다고 말한다.[11] 영문학자인 루이스는 17세기 청교도 학자이자 목회자인 백스터의 저작에서 이 표현을 찾아냈다. 그가 이해한 '순전한' 기독교는 "당대의 논쟁들을 균형 잡힌 시각에서 보게 해주는 명백하고 중심이 되는 기독교"였다. 루이스는 이 "기독교의 기준을 가지는 것이 새로 출간된 책들의 신학적 오류에 걸려 넘어지지 않을 최고의 안전망"이라고 생각했다. 잉글랜드 내전 중 성공회, 장로회, 청교도 회중교회의 신학 논쟁이 살육과 전쟁으로 연결되는 시대를 살았던 백스터는 논쟁과 분열, 당파를 초월한 공통의 신조를 따르는 "순전한 기독교, 신조, 성서"의 가능성을 믿었다. 그에게 순전한 기독교는 "논쟁과 신학적 당파성에 물들지 않는" 기독교 신앙의 일반적 비전, 곧 '보편적 기독교'Catholic Christianity를 뜻했다.[12] 루이스가 백스터에게서 빌려 와서 재정의한 순전한 기독교는 유명한 다음 비유에서 더 분명하게 확인된다.

> 순전한 기독교는 여러 방으로 통하는 문들이 있는 현관 마루에 더 가깝습니다. 누군가를 이 마루로 인도할 수 있다면, 제 할 일은 다 한 것입니다. 그러나 불과 의자와 음식이 마련되어 있는 곳은 방 안이지 현관 마루가 아닙니다. 현관 마루는 기다리는 장소이자 여러 문을 열어 볼 수 있는 장소일 뿐, 계속 머물러 살 곳이 못 됩니다.[13]

말하자면 기독교의 공통되는 보편적 교리를 받아들이는 순전한 기독교인들은 현관 마루, 응접실, 거실 등의 공유 공간에서 환담할 수 있다. 물론 이 순전한 개별 기독교인은 각기 다른 세부 교리와 신조, 입장에 따라 각 방으로 들어갈 수 있고, 실제로 들어가야 한다. 그 방은 각각 가톨릭, 성공회, 장로회, 감리회, 침례회, 제자교회, 성결회, 퀘이커, 메노나이트, 루터교회, 구세군 등의 이름으로 불린다. 그러나 어떤 한 방에 들어갔다고 해서, 자기와는 다른 방에 들어갔거나 아직 현관 마루에 머물러 있는 사람을 비난하거나 공격하지는 말라고 당부한다. 그것이 순전한 기독교인이 따라야 할 공통의 규칙이다.[14]

루이스의 이런 순전한, 혹은 사실상 애매모호한 입장이, 찬사와 비난을 동시에 받은 것은 충분히 예상할 만하다. 소설가 조지 오웰 같은 무신론자나 여러 반기독교 미디어는 공영방송인 BBC가 편협한 기독교인에게 마이크를 준 일 자체가 공정성 위반이라고 비난했다. 혹은 그의 강연이 전쟁이라는 위기를 틈타 약해진 대중의 마음을 사로잡으려는 인기 영합류 헛소리라고 공격했다. 그러나 대체로 주류 언론의 반응은 차분하고 긍정적이었다. 영국의 전통 유산으로서의 기독교가 이런 위기의 시대에 제대로 작동한다는 기능적 가치를 인정한 것이다.

종교계 간행물에 실린 서평은 신학적·교리적 당파성에 좌우되었다. 가톨릭의 경우, 루이스의 순전한 기독교에 개신교와 가톨릭을 가르는 분열선이 강조되지 않았으므로, 일부 개신교적인 구원론에 대한 우려를 제외하고는 전반적으로 칭찬하는 분위기였다. 개신교의 반응에는 날카로운 진영별 분열상이 반영되었다. 영국 기독교의 전반적인 특성상 대체로 온건했던 전통주의자는 우호적으로 반응했고, 진보적 개신교인은 루이스가 구식이자 미신적 기독교로의 퇴행을 주창한다고 비판했다. 미국의 분위기는 또 달랐다. 주류 언론과 진보 기독교인은 오히려 루이스에게 찬사를 보냈다. 세속화되어 가는 사회에서 인간성과 전통의 가치를 회복하는 데 기여했기 때문이다. 반면 영국 전통주의자보다 훨씬 '근본주의적'이거나 신조주의 입장이 강했던 미국 보수 기독교인은 루이스의 순전한 기독교를 의심했다. 루이스가 너무 성례주의적이라거나, 천국과 지옥에 대한 믿음이 불확실하고 교리적으로 엉성하고 위험하다는 반응이었다.[15] 중용이 핵심 가치인 영국식 기독교와는 달리, 맺고 끊는 구분선이 명확한 일부 미국 기독교인에게 루이스의 '현관 마루'는 어정쩡하고 두루뭉술하고 애매모호한 회색 지대일 뿐이었다.

예기치 못한 복음주의 아이콘

루이스는 먼저 기독교 변증으로 세계에 알려졌지만, 사후에도 여전히 널리 읽히고 주목받는 작가로 남았다. 「나니아 연대기」 (1950-1956) 시리즈 같은 판타지 문학의 성공을 통해, 어른뿐만 아니라 어린이까지 아우르는 전 세대에 호소력을 지녔음이 증명된 것이다. 루이스가 지닌 보편적인 감수성은, 특히 2차대전 이후 미국 기독교계의 변화와 맞물려 오늘날 개신교 복음주의권에서 극렬히 추앙받는 그의 인기를 탄생시켰다. 19세기 말부터 현대주의자들과 치열한 논쟁을 전개하다 고립의 길을 가게 된 근본주의자들의 새로운 세대는, 전후 시기에 이르러 선조의 유산을 거부하며 사회적으로 진취적인 기독교인으로 거듭나기를 갈망했다. 이렇게 탄생한 전후 '신복음주의자들'은 기독교 메시지가 시공간을 초월하여 지니는 타당성을 지성과 문학, 문화의 언어로 사회에 전할 더 효과적인 방법에 골몰했다. 이 시대적 필요에 부응하여, 루이스 스스로는 의도한 바가 없었지만, 그와 그의 작품들은 아주 짧은 시간 안에 미국 복음주의자들이 환호하는 아이콘의 지위로 올라섰다.

20세기 후반기에 미국 복음주의자 대부분이 루이스에 열광했지만, 그의 이런 급속한 부상에 가장 크게 기여한 세 기관으로 휘튼칼리지, 기독학생회출판부IVP, 잡지 「크리스채너티투데이」를 꼽을 수 있을 것이다. 복음주의권 대표 대학 휘튼칼리지의 영문학 교수 클라이드 킬비는 1950년대 후반부터 루이스에 매료되었다. 그러다 1964년에 루이스의 작품을 분석하는 『C. S. 루이스의 기독교 세계』 *The Christian World of C. S. Lewis*를 펴냈다. 당시 휘튼에서 가장 영향력 있는 교수 중 하나였던 킬비가 긍정적으로 소개한 루이스는 미국 복음주의권의 루이스 이해의 표준이 되었다. 이전 시기에 코넬리어스 반틸을 비롯한 더 보수적인 신학자들이 성경관이나 사후관 등을 비판하며 루이스를 배제하려 했던 시도는 킬비의 노력으로 뒤집혔다. 전후 복음주의자들이 보기에, 루이스가 변증서와 문학 작품으로 정통 기독교 교리 전반을 옹호하며 자연주의와 무신론에 맞선 노력과 그 성과는 사소한 교리적 오류를 상쇄하고도 남았다. 킬비는 1965년 휘튼칼리지에 C. S. 루이스 컬렉션(이후 '메리언 E. 웨이드센터')을 설립하여, 루이스뿐만 아니라 그의 동료와 지적·영적 스승들의 유산까지 수집해 적극적으로 루이스를 알리는 데 힘썼다. 심지어 「나니아 연대기」1권『사자와 마녀와 옷장』의 모델이 된 루이스의 '그' 옷장도 현재 미국 휘튼에 보관되어 있다.[16]

휘튼의 경계를 넘어 미국 전역의 복음주의 청년 학생들에게 루이스를 널리 소개한 일등 공신은 IVF의 출판사 IVP였다. 성공회 복음주의자들을 중심으로 영국에서 탄생한 IVF였기에, 미국 IVF는 영국인이자 성공회 신자였던 루이스가 영국을 통해 미국으로 전파되는 주요 네트워크였다. 미국 IVF의 진 토머스, 테리 모리슨, IVP의 밥 프라일링 등의 증언에 따르면, 루이스가 미국에 처음 소개된 지 30년이 지난 1970년대에는 선교 단체 지도자 다수가 루이스를 통해 신앙을 처음 받아들이거나 확신을 얻게 되었다. 실제로 세계 최고 대학의 교수로서 무신론자에서 기독교인이 되어 변증가와 문학 작가로 활약한 루이스의 여정은 미국 기독교인들에게 아주 강력하고 매력적인 권위를 부여했다.[17]

마지막으로 1956년 창간 이후 비공식적으로 미국 복음주의를 대변하는 잡지였던 「크리스채너티투데이」의 홍보가 큰 역할을 했다. 1969년에 이 잡지는 구독자들에게 루이스 대표작 다섯 권 합본을 사은품으로 증정했다. 이는 미국 복음주의가 루이스를 이 진영의 대표자 혹은 안전한 저자 중 하나로 인정했음을 의미했다. 지금까지 미국에서 루이스에 대한 글을 가장 많이 실은 저널 역시 「크리스채너티투데이」였다.[18] 새 밀레니엄이 된 2000년에 「크리스채너티투데이」가 교계 지도자들에게 20세기의 '그리스도인에게 가장 큰 영향을 끼친 100권의 책'을 설문했을 때도, 단연 1위는 루이스의 『순전한 기독교』였다.[19]

한국에서도 루이스의 인기가 매우 높다. 그 인기에 크게 기여한 인물 중 하나로 반드시 지목되어야 할 이는 루이스 책을 한국어로 가장 많이 번역한 전문 번역자 홍종락이다. 그는 루이스 번역에 오랜 기간 매진하면서 배우고 느낀 루이스와의 만남과 그의 애정을 『오리지널 에필로그』라는 에세이에 담아냈다. 에필로그에 해당하는 '왜 루이스인가?'를 마무리하며 그는 왜 루이스가 오늘날에도 여전히 그토록 열렬히 소비되는가 하는 질문에 답하면서 마지막 사족 하나를 보탠다. 개인의 '방'에서 나올 만한 사적인 감상이지만, 루이스를 읽은 사람 대부분이 '순전히' 공감할 '현관 마루'에서 들려주는 고백과도 같으므로, 여기에 인용한다.

사족이 분명하지만, 여기에 내 생각을 하나만 보태고 싶다. 루이스가 가진 매력은 결국 글에서 그가 전하고자 했던 바를 독자가 경험하게 해 주는 데 있다. 그는 온갖 장르를 능숙하게 구사하는 이야기꾼이자 교사이다. 그의 책을 읽다 보면 그가 소개하는 기독교와 하나님, 구원의 길, 신자의 삶에 대해 설명을 듣는 데 그치지 않고, 간접적으로나마 그 속에 들어간 듯 생생하게 경험하게 된다. 루이스가 어린 독자에게 쓴 편지에서 들려준 글쓰기 조언은 본인이 실천하는 원리였던 것이다. "(글을 쓸 때) 독자들이 느끼기 원하는 것이 있다면, 해당 형용사를 사용하지 말 것. '그 일은 끔찍했다'고 쓰지 말고 독자들이 끔찍하게 느끼도록 하라는 의미야."[20]

나가는 말

21세기가 시작된 후 22년이 벌써 지났다. 많은 역사가는 최소한 한 세대가 지나야 과거의 사건을 다면적이고 균형적으로 평가할 수 있다고 주장한다. 이렇게 본다면 20세기의 마지막 20년에 대한 평가는 아직 이르나, 그 이전 80년에 대한 평가는 이미 다채롭게 시도되고 있다. 20세기 역사 100년이 인류 역사의 그 이전 수천 년보다 더 변화무쌍한 시기였다는 평가가 적지 않다. 교회사 역시, 역사상 그 어떤 시기보다 변수가 많고 유동성이 컸다. 따라서 20세기 일반 역사를 특징 지은 주요 사건, 즉 세계대전과 대학살, 민족주의, 탈식민지화, 이데올로기 전쟁, 냉전 등은 20세기 교회사에서도 중요한 이슈다. 한편 그 이전 시기의 기독교 역사가 주로 유럽과 북미 등의 서양사에 의해 규정된 것과는 달리, 20세기 기독교는 후반부로 갈수록 점점 더 다중심적, 다문화적, 다인종, 다민족적인 양상을 띠었다. 따라서 다양한 대륙과 국가, 지역, 민족, 인종, 문화, 종교에 의해 규정되는 20세기 기독교의 양상을 고려한다면, 20세기 세계기독교를 기술하는 역사서는 그 이전 시대의 서양 중심적이고 획일적인 교회사와 전적으로 다른 관점과 방법론을 취할 수밖에 없다.

바로 이런 이유로, 2018년에 출간한 『20세기 기독교: 세계사』 *Christianity in the Twentieth Century: A World History*[1]에서, 저자 브라이언 스탠리는 영역과 주제, 방법론의 다면화를 시도한다. 조금 길지만 20세기 세계기독교사의 역동적인 단면을 맛볼 수 있도록 스탠리 책의 내용을 간략하게 정리해보려 한다.

- 역사상 가장 파괴적이었던 것으로 판명된 두 차례의 세계대전에서 영국과 미국, 독일 교회가 전쟁과 이념, 민족주의 등을 놓고 보인 다툼과 분열을 다룬다.
- 식민지 백성으로 살아가던 한국과 폴란드의 기독교인이 민족주의를 기독교 신앙과 어떻게 결합하고 이론화하여 독립운동에 적용했는지를 다룬다.
- 아프리카와 태평양 여러 섬에서 선포와 예언 등의 초자연적 경험으로 표현된 기독교의 토착적 신앙 양식이 어떻게 회심과 부흥으로 연결되었는지를 설명한다.
- 세속화된 프랑스와 공산화된 소련에서 소수파로 전락한 가톨릭과 정교회 신자들이 어떻게 더는 종교적이지 않은 정부와 타협하며 생존을 모색했는지 분석한다.
- 서로 다른 유형의 기독교 국가인 스칸디나비아와 미국에서 교회에 소속되는 것과 믿음을 가진다는 것이 각각 어떤 의미인지, 그 상호 관계의 양상이 어떻게 변해가는지를 논한다.
- 서로 다른 교회 역사와 정치 체제, 종교 유산을 가진 인도와

중국에서 일어난 에큐메니컬운동이 각국의 독특한 상황에서
얼마나 다른 양상을 띨 수 있는지 논의한다.

- 나치 독일과 르완다에서 서로 다른 부족이 기독교 신앙의
이름으로 상대를 학살할 때 어떤 이론적 정당화와 실천적 개입이
있었는지를 따진다.

- 무슬림이 지배적인 이집트와 인도네시아에서 소수파
기독교인으로 살아가는 이들이 생존과 계승을 위해 어떤 정치적,
사회적 선택을 하는지를 보여준다.

- 탈식민지 시대인 1960년대 이후 가톨릭교회와 개신교회가
바티칸공의회와 세계교회협의회, 로잔 대회 등을 통해
세계선교의 이론과 정책에 대해 어떤 결정을 내리는지를
서술한다.

- 우파 자본주의 독재 정부와 기득권화된 가톨릭교회,
적대적 지배자 이스라엘 정부가 민중과 원주민을 억압하는
라틴아메리카와 팔레스타인에서는 해방과 자유를 주창하는
신학이 어떤 역할을 하는지를 진술한다.

- 남아프리카와 캐나다에서 백인 기독교인이 아프리카 흑인과
캐나다 원주민을 문명화라는 명목하에 차별하거나 말살하려 한
역사를 들려준다.

- 미국과 호주 등 서양 기독교세계에서 인권, 젠더, 성 이슈들이
어떻게 주요 의제로 등장하여 교회의 문화 전쟁을 촉발시켰는지
토론한다.

- 가나와 브라질을 중심으로 세계 오순절운동이 토착 문화와
결합하여 얼마나 변화무쌍하게 지역화되고 동시에

세계화되는지를 보여준다.

- 역사적 기독교의 한 축인 동방정교회가 무슬림 터키가 지배하는 그리스 및 동유럽 국가들에서 어떻게 살아남았는지, 그리고 지배자와 피지배자 간의 종교적·민족적·문화적 갈등이 어떻게 인종 청소, 민족운동, 성지운동, 전통 보수와 전통 변혁을 유발했는지를 조명한다.
- 미국 남부 흑인, 자메이카인, 중국인이 이민과 난민, 디아스포라 상황에서 어떻게 기독교 정체성을 형성하고 네트워크를 유지하는지 알려 준다.

스탠리가 자신의 책에서 등장시킨 주제, 인물, 국가, 사건, 이론들은 20세기 기독교에서 다루어야 하는 내용 가운데 극히 일부에 지나지 않는다. 세계기독교학과 선교역사 분야의 대가인 스탠리도 많은 목록 중에서 일부만을 선별하는 일 자체가 얼마나 어려운지, 또 이들을 종합적으로 비교 분석해서 20세기 세계기독교의 양상이라고 소개하는 일이 얼마나 힘겨운지 잘 알고 있었다. 그래서 그 어려움과 고통을 제자인 필자에게 토로한 일도 있었다.

스탠리 저서의 목차만 보아도 20세기 기독교가 다룰 수 있는 내용이 얼마나 무궁무진한지 확인할 수 있다. 당연히 필자가 본서에서 다룬 21명의 인물과 그들을 둘러싼 내용이 스탠리의 책에 비해 얼마나 미비한지는 독자들이 쉽게 알아챌 수 있을 것이다. 따라서 본서는 세계기독교학에 관해 아직 초보 단계에 있는 한국 학계에서 가장 쉽게 구해 읽을 수 있는 세계기독교학 입문용 참고도서로 기획되었을 뿐이다. 후속 연구의 발전은 세계를 누비며 세계기독교의 역동적인 현장에서 활동하는 학구적인 한국인 선교사들과, 서양 여러 국가에서 학자와 유학생, 디아스포라 목회자, FBOFaith Based Organization(신앙 기반 단체) 및 NGO 활동가로 활약하는 다른 이들이 떠맡아야 할 과제이기도 하다. 21세기의 첫 22년을 보낸 시점에서, 새로운 역사의 지평을 열어 갈 이들이 보충할 한국 세계기독교학의 성장과 발전을 기대한다.

주

들어가는 말

1. 마크 A. 놀, 『나는 왜 세계기독교인이 되었는가: 마크 놀의 세계기독교 이야기』, 배덕만 역 (서울: 복 있는 사람, 2016), 22; 니콜라스 월터스토프, 『월터스토프의 하나님의 정의』, 배덕만 역 (서울: 복 있는 사람, 2017), 18.

2. 한국어 번역서는 필립 젠킨스, 『신의 미래: 종교는 세상을 어떻게 바꾸는가』, 김신권, 최요한 역 (서울: 도마의 길, 2009); 원서는 Philip Jenkins, *The Next Christendom: The Coming of Global Christianity*, Revised and Updated Edition (New York: Oxford University Press, 2007).

3. Nicholas P. Wolterstorff, *Journey toward Justice: Personal Encounters in the Global South* (Grand Rapids, MI: Baker Academic, 2013). 니콜라스 월터스토프, 『월터스토프의 하나님의 정의』, 배덕만 역 (서울: 복 있는 사람, 2017)

   Susan VanZanten, *Reading a Different Story: A Christian Scholar's Journey from America to Africa* (Grand Rapids, MI: Baker Academic, 2014)

   Mark A. Noll, *From Every Tribe and Nation: A Historian's Discovery of the Global Christian Story* (Grand Rapids, MI: Baker Academic, 2013). 마크 A. 놀, 『나는 왜 세계기독교인이 되었는가』

4. "20세기 '세계' 기독교를 만든 사람들 [인터뷰] 2018년 연재 필진 웨신대 이재근 교수,"「뉴스앤조이」 (2018.6.20.).

5. 연재에서는 20명을 다루었지만 책에서는 21명으로, 한 명이 늘었다. 2년 전 2020년에 복음주의 신학자 제임스 패커가 작고했기에, 다른 매체(「복음과도시」)에 기고했

422

던 그에 대한 회고를 개정하여 책에 실었다. 각 인물에 대한 원고의 양도 바뀌었다. 전반적으로 연재 때보다 원고의 분량이 많이 줄었다. 더 많은 독자가 읽을 수 있도록 내용과 문체를 평이하게 하는 데 중점을 두었다. 일부 인물, 예컨대 마틴 로이드 존스의 경우에는 원고를 아예 새로 썼다.

1. 칼 헨리

1. T. 조지, "칼 퍼디낸드 하워드 헨리," 티모시 라슨·D. W. 베빙톤·마크 A. 놀 편, 『복음주의 인물사』, 이재근·송훈 역 (서울: CLC, 2018), 949-954.
2. 미국에서 앵글로색슨계 주류 배경이 아닌 이민자들이 사회적 신분 상승을 위해 이름과 성을 바꾸는 일은 역사적으로 매우 흔했다.
3. 박찬호, 『칼 헨리: 복음주의 신학의 대변자』 (서울: 살림, 2006), 41-45.
4. Carl F. H. Henry, *Confessions of a Theologian: An Autobiography* (Waco, TX: Word Books, 1986), 44-58. 박찬호, 『칼 헨리』, 53-71.
5. 스탠리 그렌츠·로저 올슨, 『20세기 신학』, 신재구 역 (서울: IVP, 1997), 466.
6. 박찬호, 『칼 헨리』, 72-74.
7. 그렌츠·올슨, 『20세기 신학』, 466.
8. 박찬호, 『칼 헨리』, 74-76.
9. 실제로, 헨리는 1946년에 출간된 자신의 첫 저작 『현대 지성 재형성』*Rethinking the Modern Mind*을 자신의 스승인 "세 아테네 사람" 클락과 해리 젤레마, 코넬리어스 반틸에게 헌정했다. 1976년부터 1983년까지 발행한 대작 『신, 계시, 권위』*God, Revelation, and Authority*의 서문에서는 자신이 가장 큰 지적 빚을 진 스승이 고든 클락이라 언급하며, 세 아테네 사람 중 최고의 자리를 클락에게 헌정했다. 브라이언 스탠리, 『복음주의 세계 확산: 빌리 그레이엄과 존 스토트의 시대』, 이재근 역 (서울: CLC, 2014), 206. 박찬호, 『칼 헨리』, 77-81.
10. 박찬호, 『칼 헨리』, 81.
11. 그렌츠·올슨, 『20세기 신학』, 467.
12. 박찬호, 『칼 헨리』, 83f. 『복음주의자의 불편한 양심』(박세혁 역, IVP, 2009)의 원제는 *The Uneasy Conscience of Modern Fundamentalism*으로, 정확하게는 "현대 근본주의의 불편한 양심"이지만, 헨리는 이 책에서 근본주의와 복음주의를 큰 의미상 차이 없이, 전반적으로 보수주의 개신교인을 지칭하는 표현으로 상호 교차적으로 사용하므로, 한국어판 제목이 잘못되었다고 보기는 어렵다.
13. 박찬호, 『칼 헨리』, 87f. 스탠리, 236.
14. 칼 헨리, 『복음주의자의 불편한 양심: 복음주의 그리스도인의 현실 참여 선언문』, 박세혁 역 (서울: IVP, 2009), 13.

15. 스탠리 그렌츠, 『기독교 윤리학의 토대와 흐름』, 신원하 역 (서울: IVP, 2001), 232.

16. George M. Marsden, *Reforming Fundamentalism: Fuller Seminary and the New Evangelicalism* (Grand Rapids: Eerdmans, 1987), 60-68. 스탠리, 62f.

17. 박찬호, 『칼 헨리』, 112.

18. 스탠리, 『기독교 윤리학의 토대와 흐름』, 67f.

19. T. 조지, 『복음주의 인물사』, 949-954.

20. Marsden, *Reforming Fundamentalism*, 260. 박찬호, 『칼 헨리』, 245.

21. 마크 놀, 『복음주의 지성의 스캔들』, 이승학 역 (서울: 엠마오, 1996), 29.

22. T. 조지, 『복음주의 인물사』, 949-954. 헨리의 신학과 변증학 이론을 체계적으로 요약 정리한 대표적인 글로는 그렌츠·올슨, 『20세기 신학』에 실린 "칼 헨리: 현대주의에 대한 복음주의적 대안", 465-476과 스탠리, 『기독교 윤리학의 토대와 흐름』, 205-209가 있다. 그의 윤리학에 대해서는 그렌츠, 『기독교 윤리학의 토대와 흐름』, 232-235를 보라.

23. http://www.worldvision.or.kr/business/worldvision/global_worldvision/history.asp.

24. 박찬호, 『칼 헨리』, 248f, 255.

25. Henry, *Confessions of a Theologian*, 361. 박찬호, 『칼 헨리』, 254f.

26. Henry, *Confessions of a Theologian*, 358. 박찬호, 『칼 헨리』, 255.

27. 그렌츠·올슨, 『20세기 신학』, 464.

28. 위의 책, 463.

29. Bob E. Patterson, "Carl F. H. Henry," in *Makers of the Modern Theological Mind*, ed. Bob E. Patterson (Waco, TX: Word, 1983), 9.

30. R. Albert Mohler, "Carl Ferdinand Howard Henry," in *Baptist Thinkers*, ed. Timothy George and David S. Dockery (Nashville, TN: Broadman, 1990), 518.

31. 그렌츠·올슨, 『20세기 신학』, 465.

2. 마틴 로이드 존스

1. D. E. 데이비스, "데이비드 마틴 로이드-존스," 티모시 라슨 편, 『복음주의 인물사』, 이재근·송훈 역 (서울: CLC, 2018), 97-102에 많이 의존했다.

2. 이안 머레이, 『마틴 로이드 존스: 20세기 최고의 설교자』, 오현미 역 (서울: 복 있는 사람, 2016), 25에 실린 박영선의 해설.

3. 크리스토퍼 캐서우드 편, 『5인의 복음주의 지도자들』, 김영우 역 (서울: 엠마오, 1987), 141.

4. 데이비드 세리 존스, "로이드 존스의 웨일스," 앤드루 아더스톤·데이비드 세리 존스 편, 『로이드 존스를 말하다』, 김희정 역 (서울: 부흥과개혁사, 2014), 93-140.

5. 아더스톤, "로이드 존스와 영국국교회 분리 위기," 『로이드 존스를 말하다』, 411-462.

3. 존 스토트

1. 100인의 목록은 「타임」지 웹사이트에서 볼 수 있다. 선정된 각 인물에 대한 간략한 전기와 선정 이유가 설명되어 있는데, 스토트에 대한 글은 빌리 그레이엄이 썼다.
    http://content.time.com/time/specials/packages/completelist/0,29569,1972656,00.html
    http://content.time.com/time/specials/packages/article/0,28804,1972656_1972717_1974108,00.html
2. "Reverend John Stott dies aged 90", *Time* (July 28, 2011)
3. 로저 스티어, 『존 스토트의 생애』, 이지혜 역 (서울: IVP, 2010), 29-58.
4. J. P. 그린먼, "존 로버트 웜슬리 스토트", 티모시 라슨 편, 『복음주의 인물사』, 이재근·송훈 역 (서울: CLC, 2018), 755f.
5. 스티어, 『존 스토트의 생애』, 90-110.
6. 스티어, 『존 스토트의 생애』, 111-122; 그린먼, "존 로버트 웜슬리 스토트", 『복음주의 인물사』, 756.
7. 존 스토트, 『나는 왜 그리스도인이 되었는가』, 양혜원 역 (서울: IVP, 2004), 32f.
8. John R. W. Stott, *Fundamentalism and Evangelism* (London: Crusade Booklets, 1956).
9. 브라이언 스탠리, 『복음주의 세계 확산: 빌리 그레이엄과 존 스토트의 시대』, 이재근 역 (서울: CLC, 2014), 72-78.
10. 스티어, 『존 스토트의 생애』, 147-149.
11. 위의 책, 159-160.
12. 스탠리, 『복음주의 세계 확산』, 제6장; 이재근, 『세계 복음주의 지형도』 (서울: 복 있는 사람, 2015), 제5장.
13. 스탠리, 『복음주의 세계 확산』, 89f; 맥그래스, 『복음주의와 기독교의 미래』, 57-61; 크리스토퍼 캐서우드 편, 『5인의 복음주의 지도자들』, 김영우 역 (서울: 엠마오, 1987), 112-122.
14. 크리스토퍼 라이트 편, 정옥배 외 기고, 『존 스토트, 우리의 친구』 (서울: IVP, 2011), 167.
15. 스탠리, 『복음주의 세계 확산』, 제6장; 이재근, 『세계 복음주의 지형도』, 제5장.
16. 스티어, 『존 스토트의 생애』, 282.
17. J. P. 그린먼, "존 로버트 웜슬리 스토트", 티모시 라슨 편, 『복음주의 인물사』, 759f.
18. 크리스토퍼 라이트 편, 정옥배 외 기고, 『존 스토트, 우리의 친구』 (서울: IVP, 2011) 11f.

19. "목회자가 가장 선호하는 기독교 작가는 존 스토트", 「크리스천 노컷뉴스」(2010. 08.31.).
20. 존 스토트, 『새, 우리들의 선생님』, 이기반 역 (서울: IVP, 2001), 7f.
21. 라이트 편, 『존 스토트, 우리의 친구』, 328f.

4. 제임스 패커

1. 크리스토퍼 캐서우드, 『5인의 복음주의 지도자들』, 김영우 역 (서울: 엠마오, 1987), 1ff.
2. 이후의 글을 쓰는데 J. P. 그리넘, "제임스 인넬 패커," 티모시 라슨 편, 『복음주의 인물사』, 이재근·송훈 역 (서울: CLC, 2018), 628-633의 도움을 많이 받았다.
3. 앨리스터 맥그라스, 『제임스 패커의 생애: 현대 복음주의 형성의 선구자』, 신재구 역 (서울: CLC, 2004), 467.

5. 빌리 그레이엄

1. 이 글을 작성하기 위해 참고한 기사와 문헌은 다음과 같다.

그랜트 왜커, 『빌리 그래함: 한 영혼을 위한 발걸음』, 서동준 역 (서울: 선한청지기, 2021).

마크 놀, 『복음주의와 세계 기독교의 형성: 미국 기독교는 어떻게 세계 종교가 되었는가?』, 박세혁 역, 이재근 해설 (서울: IVP, 2015)

브라이언 스탠리, 『복음주의 세계 확산: 빌리 그레이엄과 존 스토트의 시대』, 이재근 역 (서울: CLC, 2014),

이재근, 『세계 복음주의 지형도: 세계 기독교 관점에서 보는 복음주의 역사』 (서울: 복 있는 사람, 2015),

L. W. 도셋, "윌리엄 프랭클린 빌리 그레이엄," 티모시 라슨 편, 『복음주의 인물사』, 이재근·송훈 역 (서울: CLC, 2018), 568-573,

"세기의 부흥사 빌리 그레이엄 별세", 「뉴스앤조이」(2018.02.22.).

"빌리 그레이엄의 명과 암: [대담] 배덕만 교수와 이강일 소장, '미국의 목사'를 말하다", 「뉴스앤조이」(2018.03.05.).

"빌리 그레이엄, 그는 여행을 끝내고 천국에 계십니다", 「국민일보」(2018.03.05.).

Brian Stanley, "Billy Graham (1918–2018): Prophet of World Christianity?," (Mar. 2, 2018). 원문은 http://www.cswc.div.ed.ac.uk 에서 볼 수 있다.

Collin Hansen and Mark Mellinger, "Noll, Moore, and George on the Legacy of Billy Graham," *The Gospel Coalition* (Feb. 21, 2018).

Justin Taylor, "An Interview with Mark Noll and George Marsden on Billy Graham", *The Gospel Coalition* (Feb. 21, 2018).

2. Stephen Prothero, "Billy Graham Built a Movement. Now His Son Is Dismantling It", *Politico Magazine* (Feb. 24, 2018).

6. 칼 매킨타이어

1. 이 시기 영미권, 특히 미국 근본주의에 대한 표준 연구서로는 조지 마스든, 『근본주의와 미국 문화』, 박용규 역 (서울: 생명의말씀사, 1997)이 있다. 이 책은 1980년에 미국에서 출간되자마자 근본주의 연구의 독보적 걸작으로 평가받았고, 오늘날까지도 이를 능가하는 책은 나오지 않았다. 미국에서는 저자 마스든이 옥스퍼드대학출판사를 통해 2006년에 한 장을 추가한 개정판을 발간했으나, 한국에서는 이 장이 아직 번역되지 않았다.

2. D. K. 라슨, "칼 매킨타이어", 『복음주의 인물사』, 이재근·송훈 역 (서울: CLC, 2018), 943-946.

3. 1875년에 Park College로 세워졌다가, 2000년에 Park University가 되었다. 선천 신성중학교와 평양 숭실전문학교 교장을 역임한 유명한 조지 매큔 선교사, 그의 제자이자 한국교회사의 선구적 학자로 연세대 총장을 역임한 백낙준도 이 학교 출신이었다.

4. 북장로교회 내부에서 1920년대까지 진행된 첨예한 논쟁의 다채로운 스펙트럼을 흥미진진하게 기술한 책으로 브래들리 J. 롱필드, 『미국 장로교회 논쟁』, 이은선 역 (서울: 아가페문화사, 1992)이 있다.

5. D. K. 라슨, 『복음주의 인물사』, 943-946.

6. EPC는 1965년에 개혁장로교회(Reformed Presbyterian Church, RPC), 1973년에는 미국 남장로교회(PCUS)에서 분리된 미국장로교(PCA)와 합동했다. 이로써 미국장로교회(PCA)는 1861년에 북장로교회(PCUSA)와 남장로교회(PCUS)가 분리된 이래, 최초로 남북이 통합된 (보수파) 장로교 전국 조직이 되었다. 1983년에는 북장로교회와 남장로교회가 미합중국장로교회(PCUSA)로 통합하여, 122년에 이르는 남북 분열을 종식했다.

7. 20세기 중후반기 미국 장로교 분열사 전체를 간명하게 보여주는 문헌으로는 데이빗 비일, 『근본주의의 역사』, 김효성 역 (서울: CLC, 1994), 341-356; 숀 마이클 루카스, 『장로교회에 오신 것을 환영합니다』, 김찬영 역 (서울: 부흥과개혁사, 2012), 267-289를 보라.

8. Brian Stanley, *Christianity in the Twentieth Century: A World History* (Princeton: Princeton University Press, 2018), 130f.

9. 이 시리즈 팸플릿 12권 목록은 다음과 같다. What is the difference between…①

Communism and Socialism? ② Capitalism and Communism? ③ Fundamentalism and Modernism? ④ Fundamentalism and New Evangelicalism? ⑤ The American Council of Christian Churches and the National Council of the Churches of Christ in the U.S.A.? ⑥ The World Council of Churches and the International Council of Christian Churches? ⑦ The Bible Presbyterian Church and the United Presbyterian Church? ⑧ The General Association of Regular Baptist Churches and the American Baptist Convention? ⑨ The Protestant and the Roman Catholic? ⑩ The Saved and Lost? ⑪ The Christian Beacon and the Christian Century? ⑫ Marxism and Christianity?

10. D. K. 라슨, 『복음주의 인물사』, 943-946.

11. George M. Marsden, *Fundamentalism and American Culture*, New Edition (New York: Oxford University Press, 2006), 232; Bobby G. Griffith Jr., "The Founding Father of the Religious Right," *The Gospel Coalition* (Jan. 20, 2016)

12. 마크 놀·캐롤린 나이스트롬, 『종교개혁은 끝났는가?: 현대 로마 가톨릭 신앙에 대한 복음주의의 평가』, 이재근 역 (서울: CLC, 2012), 72에서 재인용.

13. 위의 책, 68에서 재인용.

14. 브라이언 스탠리, 『복음주의 세계 확산: 빌리 그레이엄과 존 스토트의 시대』, 이재근 역 (서울: CLC, 2014), 59.

15. 장동민, 『박형룡의 신학 연구』 (서울: 한국기독교역사연구소, 1998), 384. 1977년 7월 30일에 강원도에서 교통사고로 사망한 말스버리의 부고 기사는 다음을 보라. "마두원 목사 타계," 「중앙일보」 (1977.8.6.).

16. 서영일, 『박윤선의 개혁 신학 연구』 (서울: 기독교역사연구소, 2000), 268; 장동민, 『박형룡의 신학 연구』, 384.

17. 교리 선언문에 서명한 고려신학교 교수진은 다음과 같다. 한국인 교수는 한상동, 박윤선, 박손혁, 외국인 교수는 헌트, 해밀턴, 치솜(이상 OPC 소속), 맬스버리(BPC 소속). "A Faithful Declaration: Faculty and Students of Koryu Theological Seminary State Position: Faculty's Letter to ICCC," *Bible Magazine* (October 1953): 29f. 박용규, 『가장 한국적인 미국 선교사 한부선 평전』 (서울: 그리심, 2003), 350, n.4.

18. 서영일, 『박윤선의 개혁 신학 연구』, 268-270.

19. 장동민, 『박형룡의 신학 연구』, 384.

20. 장동민, 『박형룡의 신학 연구』, 359, 385, 412; 서영일, 『박윤선의 개혁 신학 연구』, 268. 5년 뒤에 사당동에 세워진 총신대학교 캠퍼스 부지도 매킨타이어의 도움으로 구입했다는 일부 주장에 대해, 박용규는 사실무근이라고 반박한다. 박용규, "ICCC, WCC, 그리고 WEF/WEA(세계복음주의연맹)의 역사적 평가", 「신학지남」 85:1 (2018.3): 206f.

21. 박용규, 「신학지남」, 205-207.

22. 박윤선, "개혁주의 소고", 「신학지남」 46:3 (1979년 가을): 13-24. 같은 호에 실린 총

신 교수들의 신학 입장 해설도 참고하라. "총신의 신학적 입장", 「신학지남」 46:3 (1979년 가을): 6-12; 박용규, 「신학지남」, 208.

23. D. K. 라슨, 『복음주의 인물사』, 943-946.

7. 가가와 도요히코

1. 고대 일본에 경교(네스토리우스파)가 전파되었을 가능성을 인정하지 않는다고 하더라도 그렇다. 7세기인 635년에 중국(당나라)에 경교(景敎, Nestorian Christianity)가 전파된 사실이 확인된 후, 실크로드 무역로로 연결되어 있던 한국(신라)와 일본에도 경교가 전파되었을 가능성을 검토하는 연구가 많이 있었다. 그러나 단편 자료에 근거한 추측성 주장을 제외하고는, 한국과 마찬가지로, 일본에도 경교가 전파되었다는 명확한 증거가 없다. 나카무라 사토시, 『일본 기독교 선교의 역사』, 박창수 역 (서울: 홍성사, 2016), 26-30.

2. 나카무라 사토시, 『일본 기독교 선교의 역사』, 90.

3. 위의 책, 5, 64.

4. 사와 마사히코는 해방 후 한국에서 공부한 첫 일본인 유학생으로, 도쿄대 법대와 연세대 신학대학원, 프린스턴신학교에서 공부하고 한국에서 교수와 선교사로 활동한 지한파 일본 학자였다. 森山浩二·宋寅愛(번역자), "사와 마사히코의 생애와 학문", 「한국 기독교와 역사」 9 (1998), 11-33; 김흥수, "사와 마사히코의 한국교회사 연구", 「한국 기독교와 역사」 9 (1998), 35-45; 사와 마사히코 및 그의 가족과 관련된 에피소드는 "새로운 한-일 100년, 내 노래로 잇고 싶어요", 「뉴데일리」 (2010.02.01.)

5. 에비나 단조, 우에무라 마사히사, 하다노 시즈이치, 다카구라 도쿠다로, 와타나베 요시다, 구마노 요시다카, 기타모리 가조 등이 이들이다. 사와 마사히코, 『일본 기독교사』 (서울: 대한기독교서회, 1969), 167.

6. 기타모리 가조, 『하나님의 아픔의 신학』, 이원재 역 (서울: 새물결플러스, 2017).

7. 사와 마사히코, 『일본 기독교사』, 168; 기타모리 가조, 『하나님의 아픔의 신학』, 8.

8. 가가와기념관 편, 『가가와 도요히코: 일본 협동조합의 아버지』, 홍이표 역 (서울: 다행, 2013).

9. 로버트 실젠, 『가가와 도요히코 평전: 사랑과 사회정의의 사도』, 서정민·홍이표 역 (서울: 신앙과지성사, 2018), 26-30.

10. 위의 책, 30-34.

11. 위의 책, 34-42.

12. 위의 책, 42-52.

13. 위의 책, 56-66.

14. 위의 책, 48, 54-56, 58-63.

15. 위의 책, 66-69.

16. 위의 책, 70-80.

17. 위의 책, 88-110.

18. 위의 책, 110-126.

19. 위의 책, 163-176.

20. Kudo Eiichi, "Kagawa Toyohiko," Scott W. Sunquist, ed., *A Dictionary of Asian Christianity* (Grand Rapids, MI: Eerdmans, 2001), 430f.

21. 한글 번역판도 있다. 가가와 도요히코, 『우애의 경제학』, 홍순명 역 (홍성: 그물코, 2009).

22. 실젠, 『가가와 도요히코 평전』, 327.

23. 위의 책, 327.

24. 가가와기념관 편, 『가가와 도요히코』, 226f.

25. 실젠, 『가가와 도요히코 평전』, 509.

26. 위의 책, 250-259.

27. 위의 책, 262-266.

28. 위의 책, 311, 346.

29. 수차례 개정을 거듭한 액슬링의 가가와 전기 영어 출간본과 다양한 언어 번역본 목록은 다음을 보라. https://www.worldcat.org/title/kagawa/oclc/12863632/editions ?editionsView=true&referer=br.

30. 헬렌 토핑의 간략한 전기는 https://snaccooperative.org/ark:/99166/w61w3437에 서 볼 수 있다.

31. 위의 책, 311-313.

32. 위의 책, 313f.

33. Toyohiko Kagawa, *Meditations on the Cross*, Translated by Helen F. Topping and Marion R. Draper (Chicago and New York: Willett, Clark & Company, 1935).

34. 후스(胡適, 1891-1962)는 코넬대와 컬럼비아대 출신으로, 1917년부터 베이징대 철학 교수로 있으면서, 일상의 구어체 중국어를 작품에 그대로 반영하는 '백화白話운동' 과 '신문화운동'을 펼쳤다. 문학, 역사, 철학, 정치 평론 등 전 분야에서 중국(후에는 대만) 최고의 계몽 지식인 중 하나로 추앙받은 인물.

35. 실젠, 『가가와 도요히코 평전』, 542-544

36. 위의 책, 319-326.

37. 위의 책, 313, 330-334.

38. 위의 책, 220-222.

39. 나카무라 사토시, 『일본 기독교 선교의 역사』, 224; 실젠, 『가가와 도요히코 평전』, 221-224.

40. 실젠, 『가가와 도요히코 평전』, 224-226.

41. 위의 책, 278-282.

42. 위의 책, 354-356.

43. 위의 책, 372-380, 390.

44. 위의 책, 388-409.

45. 실젠, 『가가와 도요히코 평전』, 409에서 재인용.

46. "Religion: Hope of Japan?", *Time* (Jul. 23, 1945)

47. 실젠, 『가가와 도요히코 평전』, 340-447.

48. 위의 책, 494-496. 노벨상 후보자 데이터베이스 www.nobelprize.org에서 가가와 도요히코에 대한 정보를 찾을 수 있다.

49. 위의 책, 464.

50. 위의 책, 464, 496-500.

8. V. S. 아자리아

1. Robert Eric Frykenberg, *Christianity in India: From Beginnings to the Present* (Oxford: Oxford University Press, 2008), v.

2. 한국에서 일찍이 1962년에 아자리아의 소책자(『그리스도인과 헌금』, 곽안전·심재원 역, 대한기독교서회, 1962)가 번역 출간되었다. 이 책에는 영어판 편집책임자이자 선교 역사 분야의 저명한 학자인 스티븐 닐 성공회 주교가 아자리아의 생애를 소개하는 내용(9-33쪽)이 들어 있다. 그러나 이 문헌 이후 아자리아가 한국 학계와 교계에 따로 소개되거나 진지하게 다뤄진 사례는 없는 것 같다.

3. Mark A. Noll and Carolyn Nystrom, *Clouds of Witnesses: Christian Voices from Africa and Asia* (Downers Grove, IL: IVP, 2011), 142; V. S. 아자리아, 『그리스도인과 헌금』, 10f. 놀과 나이스트롬의 책에 기술된 아자리아 전기 대부분은 현재 아자리아에 대한 가장 탁월하고 권위적인 연구서인 Susan Billington Harper, *In the Shadow of the Mahatma: Bishop V. S. Azariah and the Travails of Christianity in British India* (Grand Rapids, MI: Eerdmans, 2000)을 요약한 것이다.

4. 아자리아, 『그리스도인과 헌금』, 10f.

5. Noll and Nystrom, *Clouds of Witnesses*, 142.

6. 위의 책, 143.

7. 위의 책, 143f.

8. 20세기 전반기 세계선교운동과 연합운동의 설계자로서의 존 모트에 대해서는 본서 4부 16장(321)을 보라.

9. 모트와 아자리아가 맺은 관계의 깊이와 비중이 어느 정도였는지는 모트 전기에 아자리아의 이름이 열 차례 이상 등장하는 것으로도 확인할 수 있다. C. Howard Hopkins, *John R. Mott, 1865-1955: A Biography* (Grand Rapids, MI: Eerdmans, 1979), 782.

10. Noll and Nystrom, *Clouds of Witnesses*, 144-146; 아자리아, 『그리스도인과 헌금』,

13-15.

11. Noll and Nystrom, *Clouds of Witnesses*, 147f; 아자리아, 『그리스도인과 헌금』, 15-18.

12. Noll and Nystrom, *Clouds of Witnesses*, 147f; 브라이언 스탠리, 『1910 에딘버러 세계 선교사 대회 어떻게 볼 것인가』, 이용원 역 (서울: 미션아카데미, 2010), 192.

13. 스탠리, 『1910 에딘버러 세계 선교사 대회 어떻게 볼 것인가』, 151-172, 193.

14. 위의 책, 193-196. 인용문은 스탠리의 원서에서 필자가 직접 번역한 것이다. Brian Stanley, *The World Missionary Conference, Edinburgh 1910* (Grand Rapids, MI: Eerdmans, 2009), 125.

15. 스탠리, 『1910 에딘버러 세계 선교사 대회 어떻게 볼 것인가』, 196-201.

16. 아자리아, 『그리스도인과 헌금』, 19.

17. Noll and Nystrom, *Clouds of Witnesses*, 151; 아자리아, 『그리스도인과 헌금』, 18.

18. 아자리아, 『그리스도인과 헌금』, 20-22.

19. 위의 책, 15f, 18.

20. 위의 책, 151-153.

21. 1947년에 탄생한 신생 남인도교회의 초대 주교 중 하나가 레슬리 뉴비긴이었다. 뉴비긴에 대해서는 본서 4부 20장(387)을 보라.

22. Carol Graham, "V. S. Azariah 1874-1945: Exponent of Indigenous Mission and Church Unity," in *Mission Legacies: Biographical Studies of Leaders of the Modern Missionary Movement*, ed. Gerald H. Anderson and others (Maryknoll, NY: Orbis, 1994), 327f.

23. Noll and Nystrom, *Clouds of Witnesses*, 154.

24. 위의 책, 155.

9. 구스타보 구티에레스

1. 마크 A. 놀, 『복음주의와 세계 기독교의 형성』, 박세혁 역, 이재근 해설 (서울: IVP, 2015), 31.

2. 김정용, "[20세기를 빛낸 신학자들]〈37〉 구스타보 구티에레스(상) '가난한 이들'의 관점에서 시작된 '해방신학', 문을 열다", 「가톨릭평화신문」 (2014.3.16.).

3. 추산치는 너무도 다양해서, 아메리카 대륙 전체에 850만에서 1억까지 범위가 상당히 넓다. 그러나 대체로 학자들은 5,000만 명에서 1억 명 사이로 잡는다. 주경철, 『대항해시대: 해상 팽창과 근대 세계의 형성』 (서울: 서울대학교출판문화원, 2008), 399. 이 책 전체가 대항해시대 서유럽 제국의 해상 팽창 과정에서 구세계와 신세계가 어떤 상호 영향을 주고받았는지를 다룬다. 특히 환경, 기독교, 문화의 세계화 과정을 다루는 3부(361-539)를 보라.

4. 8세기경 스페인이 속한 이베리아반도를 정복한 무슬림을 부르는 막연한 호칭으로, 원래는 모로코·모리타니아·알제리·튀니지 등의 베르베르인과 여러 원주민 부족을 지칭하는 표현이었다.

5. 스페인과 포르투갈이 라틴아메리카에 식민지 기독교를 건설하는 과정에 대해서는 후스토 L. 곤잘레스, 『중세교회사(개정증보판)』, 엄성옥 역 (서울: 은성, 2012), 285-349를 보라. 쿠바 출신인 곤잘레스는 자신이 속한 세계의 역사를 서양 교회사와 엮어서 상당히 균형 있게 다룬다.

6. 곤잘레스, 『중세교회사(개정증보판)』, 291-294.

7. 스탠리 그렌츠·로저 올슨, 『20세기 신학』, 신재구 역 (서울: IVP, 1997), 340f.

8. 김정용, 「가톨릭평화신문」(2014. 3. 16.).

9. 그렌츠·올슨, 『20세기 신학』, 344.

10. G. 구티에레스, 『해방신학(I): 원론편』, 편집부 역 (서울: 한밭출판사, 1984); 그렌츠, 올슨, 346-359; 김균진, 『현대 신학 사상: 20세기 현대 신학자들의 삶과 사상』 (서울: 새물결플러스, 2014), 621-641; 김정용, "[20세기를 빛낸 신학자들] 〈38〉구스타보 구티에레스(중) 그리스도의 사랑 안에서 인간 해방 위해 투신하도록 초대", 「가톨릭평화신문」 (2014.3.23.).

　　김정용, "[21세기를 빛낸 신학자들]〈39〉구스타보 구티에레스(하) 가난한 사람들에 대한 우선적 선택은 교회 사명", 「가톨릭평화신문」 (2014.3.30.).

11. Gustavo Gutiérrez, *A Theology of Liberation: History, Politics, and Salvation*, 15th anniversary ed., trans. Caridad Inda and John Eagleson (Maryknoll: Orbis, 1988), xxxviii. 그렌츠·올슨, 『20세기 신학』, 352에서 재인용.

12. 1979년 푸에블라 주교회의 문서. 김균진, 『현대 신학 사상』, 622에서 재인용.

13. "예수가 오늘 살아 있다면, 그 역시 게릴라가 되었을 것이다"라는 말로도 유명하다.

14. 김균진, 『현대 신학 사상』, 641-643.

15. 위의 책, 643-655; 그렌츠·올슨, 『20세기 신학』, 359-363.

16. 구티에레스, 『해방신학(I): 원론편』, 3; 그렌츠·올슨, 343; 김균진, 『현대 신학 사상』, 643.

17. J. 앤드루 커크, 『해방신학』, 전호진 역 (서울: 엠마오, 1989, 207-217); 그렌츠·올슨, 『20세기 신학』, 361f.

18. "계급투쟁·폭력혁명 거부. 한국천주교주교단, 「해방신학」 비판경명의 의미", 「중앙일보」 (1984.10.15.).

19. 김정용, 「가톨릭평화신문」 (2014.3.30.).

20. "알고 믿고, 믿고 알고 – 왜 다시 해방신학인가?", 「격월간 가톨릭 평론」 (2015.7.21.).

21. 서남동, 『민중신학의 탐구』 (서울: 한길사, 1983), 202, 183, 177.

10. 데즈먼드 투투

1. 아래 몇 단락에 정리한 아파르트헤이트와 남아프리카 기독교와의 관계는 주로 Steve de Gruchy, "Apartheid," in William A. Dyrness and Veli-Matti Kärkkäinen, eds., *Global Dictionary of Theology: A Resource for the Worldwide Church* (Downers Grove, IL: IVP Academic, 2008), 52-55에서 발췌 및 요약했다.

2. 남아프리카에서 아파르트헤이트를 정당화하는 데 성경이 활용된 사례들을 분석한 논문으로는 다음을 보라. Elelwani B. Farisani, "Interpreting the Bible in the Context of Apartheid and Beyond: An African perspective," *Studia Historiae Ecclesiasticae* 40:2 (Dec. 2014): 207-225.

3. 전체 이름이 Christiaan Frederick Beyers Naudé인 노드는 1718년에 케이프 지역에 이민한 프랑스 위그노 가문의 후손이었다. 초기에 남아프리카로 이민하여 나중에 '아프리카너'로 불리게 되는 집단의 조상 대부분은 네덜란드계 개혁파 신자였지만, 프랑스계 위그노, 독일 및 중부 유럽 출신 이민자도 적지 않았다.

4. 전문은 SAHO 페이지 https://www.sahistory.org.za/에서 확인할 수 있다. 남아프리카역사온라인(South African History Online, SAHO)은 2001년에 구축된 이래, 남아프리카 역사의 광범위한 주제와 인물에 대한 비평적이면서 비당파적인 글과 사료, 연구 자료를 전 세계 독자에게 제공하는데, 아프리카 대륙 전체에서 가장 규모가 큰 온라인 역사 웹사이트다.

5. 남아프리카의 주요 '저항적' 신학자들의 저술은 전 세계적으로 널리 읽혔지만, 한국어로 번역된 저서는 많지 않다. 한국어로 접할 수 있는 저서는 다음이 대표적이다. 데즈먼드 투투, 『용서 없이 미래 없다』, 홍종락 역 (서울: 홍성사, 2009; 사자와어린양, 2022); 알란 부삭, 『아프리카의 교회와 해방』, 김인주 역 (서울: 형성사, 1989); 존 W. 드 그루시, 『자유케 하는 개혁신학: 교회 일치적 논의를 위한 남아공 교회의 기여』, 이철호 역 (서울: 예영커뮤니케이션, 2008).

6. 벨하 신앙고백 한글 번역판은 다음을 보라. http://oga.pcusa.org/site_media/media/uploads/oga/pdf/belharconfession-korean.pdf. 이 고백서의 주 저자는 알란 부삭이다.

7. 카이로스 문서 초판, 개정판(1986), 이에 대한 반응으로 2009년까지 전 세계에서 등장한 여러 문서들을 모아 놓은 자료집이다. http://ujamaa.ukzn.ac.za/Libraries/manuals/The_Kairos_Documents.sflb.ashx.

8. 이하는 주로 SAHO 웹사이트에 실린 투투 전기에서 뼈대를 취한 후, 여러 다양한 자료로 살을 입혔다. https://www.sahistory.org.za/people/archbishop-emeritus-desmond-mpilo-tutu.

9. 투투, 『용서 없이 미래 없다』, 114f. 이 책에서 인용한 책은 2009년 홍성사판이다.

10. John Allen, *Rabble-Rouser for Peace: The Authorised Biography of Desmond Tutu*

(London: Rider, 2016), 87.

11. Shirley Du Boulay, *Tutu: Voice of the Voiceless* (London: Hodder and Stoughton, 1988), 59.

12. 투투, 『용서 없이 미래 없다』, 124.

13. 레소토는 남아프리카공화국에 둘러싸인 내륙 국가로, 1868년 영국 보호령이 되어 영국의 지배를 받다가 1966년 10월 영국식 입헌군주국으로 독립했다. 독립 후에도 지금까지 남아프리카에 경제, 문화적으로 종속되어 있는데, 같은 이유로 남아프리카 흑인 투투가 레소토 소재 대학으로 가는 것이 예외적인 일은 아니었던 것 같다.

14. 남아프리카에서 흑인신학이 수용되고 오늘날까지 발전하는 과정을 설명하는 다음 논문을 보라. Timothy van Aarde, "Black Theology in South Africa: A Theology of Human Dignity and Black Identity," *HTS Theological Studies* 72:1, 2016:1-9. 전문은 http://www.scielo.org.za 에서 온라인으로 읽을 수 있다.

15. 투투는 1976년부터 1978년까지 레소토 주교였고, 필립 모쿠쿠가 투투를 이어 19년 간 주교직을 맡았다. 남아프리카공화국에 국토 전체를 둘러싸인 내륙국 레소토는 1966년에 영국에서 독립했다. 남아프리카 아프리카너 정권의 아파르트헤이트 정책 와중에 많은 남아프리카 흑인 인권운동가들이 레소토에서 피난처를 구했는데, 레소토가 안식처가 되는 과정에서 필립 모쿠쿠의 역할이 컸다. 레소토 성공회 웹사이트 lesotho.tacosa.org 의 내용을 참고했다.

16. 1978년부터 2017년까지 투투가 전 세계 국가, 대학, 재단, NGO 단체, 국제기관, 종교 단체 등으로부터 수상한 저명한 상과 명예 학위 등은 120개가 넘는다.

17. 한국 학자가 이 주제에 대해 연구한 가장 탁월한 결과물은 다음을 보라. 윤형철, "남아공 진실과화해위원회(TRC)를 통해 본 기독교적 정의와 화해 담론" 『성경과신학』 83 (2017.10): 83-117.

18. 투투, 『용서 없이 미래 없다』, 125f.

19. 두산백과 '남아프리카공화국 진실화해위원회' 항목을 참고했다.
    https://terms.naver.com/entry.nhn?docId=1227359&cid=40942&category Id=34513

20. Dalai Lama, Desmond Tutu, and Douglas Carlton Abrams, *The Book of Joy: Lasting Happiness in a Changing World* (New York: Avery, 2016). 한국어로도 번역되었다. 달라이 라마·데즈먼드 음필로 투투·더글러스 에이브람스 공저, 『JOY 기쁨의 발견: 달라이 라마와 투투 대주교의 마지막 깨달음』, 이민영·장한라 역 (서울: 예담, 2017).

21. 투투, 『용서 없이 미래 없다』, 41f.

11. 마더 테레사

1. 2018년부터 한국 천주교 분도출판사에서 '그리스도교 신앙 원천'이라는 시리즈 제

목으로 교부들의 설교를 선별해 번역 출판한 책들을 읽어 보면, 초대·고대 교회가 이 주제에 얼마나 깊고 꾸준하게 천착했는지를 확인할 수 있다. 이 시리즈에 대한 필자의 서평은 다음을 보라. 이재근, "교부 문헌, 오래되고 은근한 아름다움의 재발견", 「기독교사상」(2018.5.).

2. 마더 테레사, 『가난, 마더 테레사의 생활 명상집』, 김순현 역 (서울: 오늘의책, 2008), 33.

3. 신흥범, 『마더 테레사: 그 사랑의 생애와 메시지』, 개정판, (서울: 두레, 2016), 108.

4. 영국령 인도의 수도였기에 당시 불리던 대로 영어식으로 '캘커타'Calcutta로 표기했다. 2001년부터 더 현지어 발음에 가까운 콜카타Kolkata로 개명되어 오늘에 이른다.

5. 맬컴 머거리지, 『마더 테레사의 하느님께 아름다운 일』, 이정아 역 (서울: 시그마북스, 2010), 22.

6. 신흥범, 『마더 테레사』, 14-20.

7. 신흥범, 『마더 테레사』, 20-23.

8. 신흥범, 『마더 테레사』, 24-31.

9. 신흥범, 『마더 테레사』, 31-35; 머거리지, 『마더 테레사의 하느님께 아름다운 일』, 112-114.

10. 신흥범, 『마더 테레사』, 36-40.

11. 한국 천주교에서는 번역어로 '데레사'를 쓴다. 따라서 다음 책처럼 '데레사'를 사용하는 출판사도 있다. 마더 데레사, 『마더 데레사의 단순한 길: 마더 데레사가 걸어온 길, 그리고 우리가 걸어갈 길』, 백영미 역 (서울: 사이, 2006).

12. 마더 데레사, 『마더 데레사의 단순한 길』, 22.

13. 신흥범, 『마더 테레사』, 40-43.

14. 머거리지, 『마더 테레사의 하느님께 아름다운 일』, 115.

15. 신흥범, 『마더 테레사』, 55-74.

16. 위의 책, 75-78.

17. 위의 책, 78-110.

18. 위의 책, 102f.

19. 머거리지, 『마더 테레사의 하느님께 아름다운 일』, 115.

20. Louise Slavicek, *Mother Teresa* (New York: Infobase Publishing, 2007), 90f.

21. 마더 데레사, 『마더 데레사의 단순한 길』, 17f.

22. 머거리지, 『마더 테레사의 하느님께 아름다운 일』, 204f.

23. 위의 책, 79f.

24. 위의 책, 20ff.

25. 위의 책, 234-249.

26. 위의 책, 277-293.

27. 머거리지, 『마더 테레사의 하느님께 아름다운 일』, 40f; 신흥범, 『마더 테레사』, 253.

28. 신흥범, 『마더 테레사』, 253.

29. 크리스토퍼 히친스, 『자비를 팔다: 우상 파괴자 히친스의 테레사 비판』, 김정환 역 (서울: 모멘토, 2008), 29.

30. Christopher Hitchens, *The Missionary Position: Mother Teresa in Theory and Practice* (New York: Verso, 1995). The Missionary Position은 문자 그대로는 전형적인 선교사 로서의 테레사의 자세라는 뜻이기도 하지만, 성교의 체위 중 정상위를 의미하는 풍 자적 의미도 있다.

31. 히친스, 『자비를 팔다』, 17-29.

32. 히친스는 2011년에 사망했으므로, 2016년에 이루어진 마더 테레사의 시성을 보지 는 못했다. 그러나 이미 2003년에 성인 이전 단계인 복자에 올랐고, 시성 절차가 진 행 중이었다.

33. 히친스, 『자비를 팔다』, 29-34.

34. 히친스, 『자비를 팔다』, 34.

35. 히친스, 『자비를 팔다』, 35. 히친스는 2007년에는 *God Is Not Great: How Religion Poisons Everything* (New York: Twelve/Hachette Book Group USA/Warner Books, 2007) 을 써서, 공격의 포문을 테레사뿐만 아니라 전 종교와 신앙으로 확장했다. 한국어 로도 번역되었다. 크리스토퍼 히친스, 『신은 위대하지 않다』, 김승욱 역 (서울: 알마, 2011). 히친스를 비롯해서, 리처드 도킨스, 샘 해리스, 대니얼 데닛 등의 새로운 무신 론운동을 분석하고 비판하는 책으로는 알리스터 맥그래스, 『신 없는 사람들』, 이철 민 역 (서울: IVP, 2012)를 보라.

36. 마더 테레사, 『마더 테레사의 단순한 길』, 30.

12. 페스토 키벵게레

1. AICs에 대한 간략한 소개로는 앤드루 월스, 『세계 기독교와 선교 운동』, 방연상 역 (서울: IVP, 2018)의 제9장 "아프리카 독립 교회의 도전"을 보라.

2. 티모시 라슨 편, 『복음주의 인물사』, 이재근·송훈 역 (서울: CLC, 2018), 291-293을 보라.

3. Kevin Ward and Emma Wild-Wood, *The East African Revival: History and Legacies* (London: Routledge, 2012), 3f.

4. 한국어 번역판도 있다. 로이 헷숀, 『갈보리 언덕』, 장기순 역 (서울: CLC, 2012).

5. 브라이언 스탠리, 『복음주의 세계 확산: 빌리 그레이엄과 존 스토트의 시대』, 이재근 역 (서울: CLC, 2014), 135-141.

6. 존 우드브리지 편, 『그리스도의 대사들』, 권성수 역 (서울: 횃불, 1995), 304f.

7. Festo Kivengere, "Testimony," in J. D. Douglas, ed., *Let the Earth Hear His Voice: International Congress on World Evangelization Lausanne, Switzerland, Official Reference Volume: Papers and Responses* (Minneapolis, MN: World Wide Publications,

1975), 416f.

8. 스탠리, 『복음주의 세계확산』, 137f.

9. 스탠리, 『복음주의 세계 확산』, 138.

10. 스탠리, 『복음주의 세계 확산』, 139-141.

11. 스탠리, 『복음주의 세계 확산』, 248.

12. Kivengere, "The Work of the Holy Spirit in Evangelization, Individually and through the Church," in J. D. Douglas, ed., *Let the Earth Hear His Voice*, 277f; Kivengere, "Testimony," ibid, 416f.

13. Kivengere, "The Cross and World Evangelization," ibid, 400-404.

14. 이재근, 『세계 복음주의 지형도』(서울: 복 있는 사람, 2015)의 제5장과 스탠리, 『복음주의 세계 확산』, 255-259를 보라.

15. 스탠리, 『복음주의 세계 확산』, 259-262.

16. 이디 아민의 생애를 묘사한 영화 「라스트 킹」*The Last King of Scotland*(2006)에 대해서는 다음을 보라. 이다혜, "아프리카의 검은 히틀러, 이디 아민", 「씨네21」(2007.3.22.)

17. Kevin Ward, *A History of Global Anglicanism* (Cambridge: Cambridge University Press, 2006), 184-186.

18. Festo Kivengere, *I Love Idi Amin: The Story Of Triumph Under Fire In The Midst Of Suffering And Persecution In Uganda* (Old Tappan, NJ: F. H. Revell Co., 1977).

19. 존 우드브리지 편, 『그리스도의 대사들』, 권성수 역 (서울: 횃불, 1995), 307에서 재인용.

20. Ward and Wild-Wood, *The East African Revival: History and Legacies*, 185.

21. 페스토 키벵게레, 『무한한 사랑』, 김대옥·정금년 역 (서울: 프리칭아카데미, 2010).

13. 판디타 라마바이

1. 토머스 E. 슈미트, 『사도행전 그 이후』, 윤종석 역 (서울: 아바서원, 2014), 253-263.

2. 이디스 블럼호퍼, "판디타 라마바이", 『복음주의 인물사』, 이재근·송훈 역 (서울: CLC, 2018), 1055-1059; 루스 터커, 『선교사 열전』, 오현미 역 (서울: 복 있는 사람, 2014), 678f; Mark A. Noll and Carolyn Nystrom, *Clouds of Witnesses: Christian Voices from Africa and Asia* (Downers Grove, Ill.: IVP, 2011), 127-131.

3. Noll and Nystrom, *Clouds of Witnesses*, 131.

4. ibid, 132f.

5. ibid, 138.

6. ibid, 136-137; 김창환, "은혜의 소나기: 20세기 초 인도 카시아 고원과 묵티선교회의 부흥 운동", 서원모, 장로회신학대학교 제5회 국제학술대회 준비위원회 편, 『20

세기 개신교 신앙 부흥과 평양 대각성 운동』(서울: 장로회신학대학교 출판부, 2006), 126f.

7. 블럼호퍼, "판디타 라마바이", 『복음주의 인물사』, 1055-1059.

8. 김창환, 『20세기 개신교 신앙 부흥과 평양 대각성 운동』, 129f.

9. 위의 책, 132-135.

10. Noll and Nystrom, *Clouds of Witnesses*, 134-136.

11. 터커, 『선교사 열전』, 681.

12. Noll and Nystrom, *Clouds of Witnesses*, 136f.

13. 공영수, "여성 운동의 선구자, 판디타 라마바이", 『또 다른 인도를 만나다』(서울: 평단문화사, 2014).

14. 박금표, "인도 여성 담론의 주체성과 신여성의 특성", 「남아시아연구」 21:3 (2016.2): 53-84.

15. 이지은, "'학식 높은 여사제' 판디타 라마바이 1", 「오마이뉴스」

14. 피터 와그너

1. 앨런 히튼 앤더슨, 『땅끝까지: 21세기 오순절 개론』, 유근재·조규형 역 (인천: 주안대학원대학교출판부, 2019), 27-50. 이 책은 현재 가장 권위 있는 오순절 운동 연구자인 영국 버밍엄대학의 앨런 앤더슨이 2004년에 처음 출간한 *An Introduction to Pentecostalism* (Cambridge, UK: Cambridge University Press)의 제2판(2019년)의 한국어 번역판이다. 같은 한국어 제목으로 다른 출판사에서 출간된 같은 저자의 『땅끝까지: 오순절주의와 세계 기독교의 변화』, 손승진 역 (서울: 대한기독교서회, 2019)는 2013년에 영어로 출간된 *To the Ends of the Earth: Pentecostalism and the Transformation of World Christianity* (Oxford, UK: Oxford University Press, 2013)의 번역판이다. 전자는 오순절 운동의 역사와 신학, 분포 전반을 다루는 교과서 유형의 개론서이며, 후자는 더 깊은 분석을 담은 연구서다. 오순절 운동의 전반적인 역사와 복음주의의 관련성에 대해서는 이재근, 『세계 복음주의 지형도』(서울: 복 있는 사람, 2015)의 제6장을 보라.

2. 앤더슨, 『땅끝까지: 21세기 오순절 개론』, 87-135, 247-251.

3. D. 헤지스, "찰스 피터 와그너", 티모시 라슨 편, 『복음주의 인물사』, 이재근·송훈 역 (서울: CLC, 2018), 923-926.

4. 피터 와그너, 『제3의 바람: 당신의 교회에서 문제를 일으키지 않으면서도 신유의 은사를 행하는 방법』(인천: 나눔터, 1990), 15-66.

5. D. 헤지스, 『복음주의 인물사』, 923-925.

6. 피터 와그너 편, 『신사도 교회들을 배우라』, 홍용표 역 (서울: 서로사랑, 1999).

7. 피터 와그너, 『신사도적 교회로의 변화』, 김영우 역 (서울: 쉐키나, 2006), 7, 9-10.

8. 피터 와그너, 『오늘날의 사도』, 박선규 역 (서울: 쉐키나, 2008), 229-233.
9. Ed Stetzer, "C. Peter Wagner (1930-2016), Some Thoughts on His Life and Passing: Missiologist, Missionary, Writer, Teacher, and Church Growth Specialist," *Christianity Today* (Oct. 22, 2016).

15. 조용기

1. 조용기는 1973년에 이미 세계에서 가장 영향력 있는 언론 「타임」지의 주목을 받았다. "Religion: The Spirit in Asia," *Time* (Oct. 08, 1973).
2. 김동수·류동희, 『영산 조용기 목사의 삶과 사상』 (용인: 킹덤북스, 2010), 25-75.
3. 한국기독교역사학회 편, 『한국 기독교의 역사 III: 해방 이후 20세기 말까지』 (서울: 한국기독교역사연구소, 2009), 109f.
4. 김동수·류동희, 『영산 조용기 목사의 삶과 사상』, 79-98.
5. 위의 책, 101-122.
6. 위의 책, 122-132, 161.
7. 위의 책, 131, 153-156.
8. 위의 책, 156-158. 조용기 스스로도 설교, 언론에서 새마을운동이 자신의 제안으로 시작되었다는 발언을 했고, 성인전(聖人傳)이나 위인전(偉人傳)류 전기에도 자주 언급된다. "사회 문제 해결 위해 기독교계가 나선다: 새마음국민운동중앙협의회 창립총회 개최", 「교회연합신문」 (2013.04.25.); "기독교 역사상 가장 큰 교회 목사 이야기 만화로", 「크리스천투데이」 (2011.09.26.).
9. 김동수·류동희, 『영산 조용기 목사의 삶과 사상』, 170-172, 219-223.
10. 위의 책, 161-233.
11. 조용기, 『나의 교회 성장 이야기』 (서울: 서울말씀사, 2005), 116-160.
12. 한국기독교역사학회 편, 『한국 기독교의 역사 III』, 121-126.
13. 김동수·류동희, 『영산 조용기 목사의 삶과 사상』, 264-268.
14. 위의 책, 101.
15. 조용기, 『나의 교회 성장 이야기』, 26-28.
16. 앨런 히튼 앤더슨, 『땅끝까지: 오순절주의와 세계 기독교의 변화』, 손승진 역 (서울: 대한기독교서회, 2019), 305-308.
17. 앤더슨, 『땅끝까지』, 309-317.
18. 조용기, 『나의 교회성장 이야기』, 22-24, 김동수·류동희, 『영산 조용기 목사의 삶과 사상』, 224-227, 343-352.
19. 한국기독교역사학회 편, 『한국 기독교의 역사 III』, 110f.
20. 박노자, "교회, 장기적 보수화의 일등 공신", 「한겨레21」 (2007.05.23.).
21. "조용기 목사 아내 김성혜 한세대학교 총장 별세", 「동아일보」 (2021.02.11.).

22. "조용기 목사, 경미한 뇌출혈로 입원…'수술 후 회복 중'" 「연합뉴스」 (2020.07.22.).
23. "여의도순복음교회 설립자 조용기 목사 별세", 「조선일보」 (2021.9.14.).

16. 존 모트

1. C. Howard Hopkins, *John R. Mott 1865-1955: A Biography* (Grand Rapids: Eerdmans, 1979), 701.
2. 이상의 내용은 C. Howard Hopkins, "John R. Mott, 1865-1955: Architect of World Mission and Unity," in *Mission Legacies: Biographical Studies of Leaders of the Modern Missionary Movement*, ed. Gerald H. Anderson, Robert T. Coote, Norman A. Horner, and James M. Phillips (Maryknoll, NY: Orbis, 1994), 79-84; 루스 터커, 『선교사 열전』, 오현미 역 (서울: 복 있는 사람, 2014), 511-517; 브라이언 스탠리, "존 랄리 모트", 『복음주의 인물사』, 이재근·송훈 역 (서울: CLC, 2018), 750-752에서 요약했다.
3. Hopkins, "John R. Mott," in *Mission Legacies*, 80-81.
4. 터커, 『선교사 열전』, 515f.
5. Brian Stanley, *Christianity in the Twentieth Century: A World History* (Princeton, NJ: Princeton University Press, 2018), 14-15.
6. 스탠리, "존 모트", 『복음주의 인물사』, 750-752.
7. Hopkins, "John R. Mott," in *Mission Legacies*, 83.
8. Stanley, *Christianity in the Twentieth Century*, 141.
9. Hopkins, *John R. Mott 1865-1955: A Biography*, 307-309. 모트의 보고서는 *The Korea Mission Field* 4 (May 1908): 65; Annual Report of the Board of Missions Methodist Episcopal Church South (1908): 10; *Addresses and Papers*, Vol. II: Student Volunteer Movement for Foreign Missions (New York: Association Press, 1946): 326f에 실렸다.
10. Hopkins, *John R. Mott 1865-1955: A Biography*, 400f. "Copy of a Letter from John R. Mott regarding his Visit to Japan and Korea" (May 2, 1913).
11. Hopkins, *John R. Mott 1865-1955: A Biography*, 606f.
12. 위의 책, 648f.
13. Alfred Wasson, "Observations on the Mott Conference, Seoul. Dec. 28-29, 1925" *The Korea Mission Field* (1926.2): 31f; Conference of Representative Christian Leaders of Korea, Seoul December 28-29, 1925; 『조선기독교봉역자의회』(1925).
14. 채필근, 『한국 기독교의 개척자 한석진과 그의 시대』 (서울: 대한기독교서회, 1971), 229-231.
15. Stanley, *Christianity in the Twentieth Century*, 185.
16. Hopkins, *John R. Mott 1865-1955: A Biography*, 673.
17. "국제기청회장國際基靑會長 목덕박사穆德博士 작일경성昨日京城에 도착到着", 「동아

일보」(1935.3.31. 조간 2면 사회); "목덕박사穆德博士 금일퇴경今日退京", 「동아일보」
(1935.4.3. 석간 2면 사회).

17. 칼 바르트

1. 켈리 M. 케이픽, 브루스 L. 맥코맥 편, 『현대 신학 지형도: 조직신학 각 주제에 대한 현대적 개관』, 박찬호 역 (서울: 새물결플러스, 2016), 669-678에 실린 색인을 보라. 바르트에 대한 색인은 672쪽에 나오는데, 한쪽의 절반을 차지한다. 그와 경쟁할 만한 유일한 현대 신학자는 현대 자유주의의 아버지라 불리는 프리드리히 슐라이어마허다. 그러나 그에 대한 색인도 바르트의 3분의 2 분량밖에는 안 된다. 원서 서지 사항은 다음과 같다. Kelly M. Kapic, Bruce L. McCormack, eds., *Mapping Modern Theology: A Thematic and Historical Introduction* (Grand Rapids, MI: Baker, 2012).
2. Karl Barth, "Foreword to the English Translation," in Otto Weber, *Karl Barth's Church Dogmatics* (London: Lutterworth, 1953), 7. 마이클 리브스, 『처음 읽는 신학자: 아우구스티누스에서 칼 바르트까지』, 장호준 역 (서울: 복 있는 사람, 2018), 338f에서 재인용.
3. 에버하르트 부쉬, 『칼 바르트』, 손성현 역 (서울: 복 있는 사람, 2014), 40, 58-63.
4. 부쉬, 『칼 바르트』, 63-74.
5. 위의 책, 81-83.
6. 위의 책, 89-92.
7. 위의 책, 98-107.
8. 위의 책, 107-120.
9. 위의 책, 125-177.
10. 위의 책, 137f.
11. 위의 책, 157-159.
12. 위의 책, 178-212.
13. 위의 책, 212-218.
14. K. Adam, "Die Theologie der Krisis, Hochland 23/II" (1925/1926), 271-286, 276f, in *Gesammelte Aufsätze zur Dogmengeschichte und Theologie der Gegenwart*, hg. von F. Hofmann, Augsburg 1936, 319 – 337. 칼 바르트, 『로마서』(제2판, 1922), 손성현 역 (서울: 복 있는 사람, 2017), 40에서 재인용.
15. 부쉬, 『칼 바르트』, 420-425.
16. 위의 책, 437-457.
17. 올슨, 『현대 신학이란 무엇인가』, 409f.
18. 부쉬, 『칼 바르트』, 849-851.

18. 마틴 루터 킹

1. '미국 남부' 항목을 쓰는 데 참고한 문헌은 다음과 같다. 마크 A. 놀, 『미국·캐나다 기독교 역사』, 최재건 역 (서울: CLC, 2005); 류대영, 『미국 종교사』 (서울: 청년사, 2007); 시드니 알스트롬, 『미국 기독교사』, 김영재 역 (서울: 복 있는 사람, 2019); 김형인, 『두 얼굴을 가진 하나님: 성서로 보는 미국 노예제』 (서울: 살림, 2003); Charles Reagan Wilson, *Baptized in Blood: The Religion of the Lost Cause, 1865-1920* (Athens, Georgia: University of Georgia Press, 1980); C. G. Goen, *Broken Churches, Broken Nations: Denominational Schisms and the Coming of the American Civil War* (Macon, Georgia: Mercer University Press, 1985); Mark A, Noll, *The Civil War as a Theological Crisis* (Chapel Hill, NC: University of North Carolina Press, 2006).

2. '기독교' 항목을 쓰기 위해 참고한 문헌은 클레이본 카슨, 『나에게는 꿈이 있습니다: 마틴 루터 킹 자서전』, 이순희 역 (서울: 바다출판사, 2000)이다. 킹은 생전에 자서전을 남기지 않았다. 1998년에 미국에서 출간된 이 책의 원서는 스탠퍼드대학 역사학 교수이자 '킹 목사 문헌 편집 프로젝트' 책임자인 클레이본 카슨이 킹 목사가 남긴 1차 자료를 섭렵하여, 편집자의 관점에서 자서전 형식으로 재구성한 편집서이다.

3. 1970년에 뉴욕주 로체스터의 로체스터신학교에 합병되었다. 로체스터신학교는 추가 합병을 거쳐 현재 Colgate Rochester Crozer Divinity School로 교명을 변경했다.

4. 카슨, 『나에게는 꿈이 있습니다』, 29.

5. 위의 책, 30.

6. 위의 책, 48.

7. 이 주제를 다루기 위해 주로 참고한 문헌은 다음과 같다. 카슨, 『나에게는 꿈이 있습니다』; 교회와사회연구원 편, 『기독교와 비폭력 저항: 마틴 루터 킹을 중심으로』 (서울: 성지, 1989); 클레이본 카슨·크리스 세퍼드 편, 『마틴 루터 킹의 양심을 깨우는 소리』, 양소정 역 (서울: 위드북스, 2005).

8. 로자 파크스가 버스에서 백인에게 자리를 양보하기를 거부한 사건을 기념하여, 파크스가 버스에 올라탔던 (지금은 사라진) 옛 클리블랜드애비뉴 정류장 위치에 세워져 있는 기념판.

9. 카슨·세퍼드 편, 『마틴 루터 킹의 양심을 깨우는 소리』, 22.

10. 위의 책, 17-18.

11. 카슨, 『나에게는 꿈이 있습니다』, 25.

12. 위의 책, 168.

13. 위의 책, 168.

14. 위의 책, 471.

15. 카슨·세퍼드 편, 『마틴 루터 킹의 양심을 깨우는 소리』, 17-18. (암살 전날인 1968년 4월 3일에 테네시주 멤피스 소재 찰스메이슨감독기념교회에서 한 연설 "나는 산 정상에 다녀왔습니다".)

19. 요한 바오로 2세

1. 전통적으로 '교황'(라틴어: papa, 그리스어: πάπας, 영어: pope)이라 불리던 호칭이, 2013년 3월 21일에 명동성당에서 열린 프란치스코 교황 즉위 경축 미사 강론에서 강우일 주교회의 의장이 새 교황을 '교종'(敎宗)으로 지칭하면서 혼란이 생겼다. 강우일 주교는 겸손과 섬김의 사도 프란치스코라는 이름을 택한 이에게 임금이나 황제를 뜻하는 교황은 어울리지 않는다는 취지로 이 호칭을 사용했다. 그러나 주교회의가 2000년에 펴낸 『천주교 용어집』에서 '교황'을 공식 용어로 채택했고, 강우일 주교의 강론 이후에도 여전히 교회 내외에서 교황이라는 호칭이 널리 쓰이므로, 여기서도 교황으로 사용한다.
2. 16세기 네덜란드인 교황 하드리아노 6세(재임 1522-1523)가 마지막 비이탈리아인이었다.
3. 초대 교황 사도 베드로의 34년, 19세기 중반 비오 9세의 32년(1846-1878)에 이어 세 번째로 길다.
4. 존 줄리어스 노리치, 『교황의 역사』, 남길영, 임지연, 유혜인 역 (서울: 바다출판사, 2014), 843.
5. 지안 프랑코 스비데르코스키, 『요한 바오로 2세 성인 교황』, 강우식 역 (서울: 가톨릭출판사, 2014), 99f.
6. 스비데르코스키, 『요한 바오로 2세 성인 교황』, 23, 38-40.
7. 위의 책, 45-66.
8. 위의 책, 67-79.
9. 위의 책, 80.
10. 위의 책, 246-272.
11. 스비데르코스키, 『요한 바오로 2세 성인 교황』, 269-277.
12. "기억할 오늘: 포즈난 봉기(6월28일)" 「한국일보」 (2017.6.28.).
13. 스비데르코스키, 『요한 바오로 2세 성인 교황』, 284-301.
14. 위의 책, 302-306.
15. 호르스트 푸어만, 『교황의 역사: 베드로부터 베네딕토 16세까지』, 차용구 역 (서울: 2013), 258, 267.
16. 최종원, "아조르나멘토, 인간의 존엄과 사회의 공동선 : 제2차 바티칸공의회", 「복음과상황」 352 (2020.2.19.).
17. 요한 바오로 2세, 『희망의 문턱을 넘어』, 박문수 역 (서울: 시공사, 1994), 95f.
18. 위의 책, 135.
19. 위의 책, 165f.
20. 위의 책, 172f.
21. "가톨릭 일꾼 운동이란 무엇인가", 「가톨릭뉴스지금여기」 (2011.9.14.).
22. 한상봉, "요한 바오로 2세, 진보 신학을 거절한 반개혁적 인민주의자", 「가톨릭일꾼」

(2019.1.21.).

　　푸어만, 『교황의 역사: 베드로부터 베네딕토 16세까지』, 277-281.

23. "죽음 앞둔 DJ 구한 '교황의 자비'", 「경향신문」 (2009.5.19.).

24. 김수환, "어둠을 밝히는 빛", 스비데르코스키, 『요한 바오로 2세 성인 교황』, 307-316.

25. "[교황 서거] 시련의 한국 역사 폴란드와 닮아", 「동아일보」 (2005.4.3.).

26. 위의 기사, 「동아일보」 (2005.4.3.).

20. 레슬리 뉴비긴

1. 실제로 이런 뉴비긴의 다면적인 영향력을 인식한 신학자이자 역사가 제프리 웨인라이트는 뉴비긴을 20세기 교회사를 작성할 때, 가장 영향력 있는 인물 10인 혹은 12인 안에 올려야 한다고 주장했다. Michael W. Goheen, "The Significance of Lesslie Newbigin for Mission in the New Millennium" in *Third Millennium* (2004): 99; 레슬리 뉴비긴, 『다원주의 사회에서의 복음』, 개정판, 홍병룡 역 (서울: IVP, 2007)에 실린 마이클 고힌의 한국어판 해설 "참으로 해방된 복음: 레슬리 뉴비긴이 20세기 교회에 준 선물"(461-470)에도 나온다.

2. 생애 구분은 다음 세 문헌에서 도움을 받았다. Charles C. West, "James Edward Lesslie Newbigin," in *Biographical Dictionary of Christian Missions*, ed. Gerald H. Anderson (Grand Rapids, MI: Eerdmans, 1998), 491; 레슬리 뉴비긴, 『아직 끝나지 않은 길』, 홍병룡 역 (서울: 복 있는 사람, 2011), 10-11에 실린 목차; 『다원주의 사회에서의 복음』 485-486에 실린 저자 연보.

3. 뉴비긴, 『아직 끝나지 않은 길』, 40-42, 45.

4. 스코틀랜드의 장로교 목사이자, 결혼 및 가정 관련 저술로 알려진 아서 허버트 그레이인 것 같다. 그러나 뉴비긴이 선물 받은 책이 어떤 책이었는지는 알기 어렵다.

5. 뉴비긴, 『아직 끝나지 않은 길』, 42-47.

6. 1928년에 Inter-Varsity Fellowship of Evangelical Unions로 설립되었지만, 이후 공식 명칭이 Universities and Colleges Christian Fellowship(UCCF)으로 바뀌었다. 그러나 여전히 여러 나라에서 두 이름이 혼용된다. 한국에서는 IVF로 활동한다.

7. 뉴비긴, 『아직 끝나지 않은 길』, 54-86.

8. 브라이언 스탠리, 『복음주의 세계 확산: 빌리 그레이엄과 존 스토트의 시대』, 이재근 역 (서울: CLC, 2014), 222.

9. 뉴비긴, 『아직 끝나지 않은 길』, 81-84.

10. 위의 책, 90-100.

11. 위의 책, 111f.

12. 위의 책, 112.

13. 뉴비긴, 『아직 끝나지 않은 길』, 192-202.

14. Chandran, "Church of South India," in *A Dictionary of Asian Christianity*, 175.

15. 뉴비긴, 『아직 끝나지 않은 길』, 345, 352f, 389.

16. 이 시도는 『레슬리 뉴비긴의 삼위일체적 선교』, 최형근 역 (서울: 바울, 2015)로 출간되었다.

17. 레슬리 뉴비긴, 『오픈 시크릿: 마침내 드러난 하나님의 비밀, 선교』, 홍병룡 역 (서울: 복 있는 사람, 2012). 원서는 초판이 1978년, 개정판이 1995년에 나왔다.

18. 뉴비긴, 『아직 끝나지 않은 길』, 395, 544.

19. 스탠리, 『복음주의 세계 확산』, 222; Brian Stanley, *Christianity in the Twentieth Century: A World History* (Princeton, NJ: Princeton University Press, 2018), 208-210.

20. 뉴비긴, 『아직 끝나지 않은 길』, 453f.

21. 스탠리, 『복음주의 세계 확산』, 223.

22. 고헌, "참으로 해방된 복음: 레슬리 뉴비긴이 20세기 교회에 준 선물", 『다원주의 사회에서의 복음』, 463-465.

23. 데이비드 네프, "사랑의 언어: 새로운 로잔언약은 우리 자신을 평가해 보도록 촉구한다", 『크리스채너티투데이』 한글판 (2010.12): 59. 변진석(한국선교훈련원 원장)의 해설의 글(13-28)을 뉴비긴, 『아직 끝나지 않은 길』, 27에서 재인용.

24. 스탠리, 『복음주의 세계 확산』, 226.

21. C. S. 루이스

1. 알리스터 맥그래스, 『C. S. 루이스: 별난 천재, 마지못해 나선 예언자』, 홍종락 역 (서울: 복 있는 사람, 2013), 24-31.

2. C. S. 루이스, 『예기치 못한 기쁨』, 강유나 역 (서울: 홍성사, 2003), 17f.

3. 맥그래스, 『C. S. 루이스』, 32-34.

4. 루이스, 『예기치 못한 기쁨』, 326f.

5. 맥그래스는 여러 편지들을 분석해서 루이스가 회심한 해가 1929년이 아니라 1930년의 트리니티 학기(3-6월)라고 주장한다. 오랜 시간이 지난 후 젊은 시절을 추억하며 쓴 많은 회고록에서 기억의 오류가 흔히 발견되는 점을 고려할 때, 맥그래스의 분석이 타당해 보인다. 맥그래스, 『C. S. 루이스』, 192-198.

6. 홍종락, 『오리지널 에필로그』 (서울: 홍성사, 2019), 60-62; 맥그래스, 『C. S. 루이스』, 175-178.

7. 맥그래스, 『C. S. 루이스』, 180-184.

8. 위의 책, 205-214.

9. 조지 M. 마즈던, 『C. S. 루이스의 순전한 기독교 전기』, 홍종락 역 (서울: 홍성사, 2018), 28-50.

10. C. S. 루이스, 『순전한 기독교』, 정경철, 이종태 역 (서울: 홍성사, 2001), 7.
11. 위의 책, 10.
12. 맥그래스, 『C. S. 루이스』, 287f.
13. 루이스, 『순전한 기독교』, 20.
14. 위의 책, 21.
15. 마즈던, 『C. S. 루이스의 순전한 기독교 전기』, 80-101.
16. 위의 책, 126-144.
17. 위의 책, 144f.
18. 위의 책, 145f.
19. "Books of the Century: Leaders and Thinkers Weigh in on Classics That Have Shaped Contemporary Religious Thought," *Christianity Today* (April 24, 2000).
20. 홍종락, 『오리지널 에필로그』, 258.

나가는 말

1. Brian Stanley, *Christianity in the Twentieth Century: A World History* (Princeton, NJ: Princeton University Press, 2018).

찾아보기